GW01463953

AUFKLÄRUNG
LES LUMIÈRES ALLEMANDES
Textes et commentaires

AUFKLÄRUNG
LES LUMIÈRES ALLEMANDES

Textes et commentaires
par
Gérard RAULET

GF Flammarion

*Traduit avec le concours
du Centre national du Livre*

© Flammarion, Paris, 1995.
ISBN : 2-08-070793-0

SOMMAIRE

PRÉFACE

Les textes de cette anthologie commentée de *l'Aufklärung* sont regroupés en cinq grands chapitres, divisés en sections et abordant les problématiques les plus importantes. Certains extraits sont en quelque sorte polyvalents et peuvent être exploités pour l'étude de plusieurs problématiques. C'est le cas par exemple de *L'Éducation du genre humain* de Lessing, qui repose sur un parallèle entre révélation et éducation et peut donc être utilisée tout à la fois pour aborder les rapports entre religion et raison et les rapports entre religion et éducation.

Les commentaires sont de longueur inégale. Dans le cas des « grands auteurs », c'est-à-dire des auteurs les plus connus, on s'est épargné les renseignements biographiques ; il ne pouvait non plus être question de présenter l'ensemble de leur œuvre en détail. On a cependant retenu dans les différentes parties (voir par exemple pour Kant ou pour Lessing) des textes couvrant toute l'évolution de leur pensée. Vouloir présenter en peu de pages, à partir de quelques textes — même si on leur reconnaîtra éventuellement la qualité d'avoir été assez judicieusement choisis — et de quelques commentaires, l'ensemble de la pensée de Leibniz ou de Kant aurait relevé dans le meilleur des cas de l'ingénuité, dans le pire de la cuistrerie. On s'est donc efforcé de tirer le meilleur parti des extraits

pour apporter dans les commentaires des explications
qui pourront, au prix d'un petit effort, être insérées
dans une approche globale dont elles posent les jalons.
Les « petits auteurs », en revanche, les auteurs moins
connus (Thomasius, Reimarus...) ou moins souvent
abordé (Wolff), appelaient des commentaires plus
substantiels et surtout d'un profil différent, car il est
assurément plus difficile au public auquel s'adresse
cette anthologie commentée d'accéder aisément à une
information suffisante pour entrer dans leur pensée et
en saisir l'importance dans le mouvement des idées du
XVIIIe siècle.

Notre but ne consistait donc ni à écrire une histoire
de la philosophie allemande des Lumières, ni à
répéter ce que tout un chacun trouvera aisément dans
un dictionnaire des philosophes, une encyclopédie
philosophique ou dans les nombreuses monographies
existant chez différents éditeurs, en France comme en
Allemagne. Il visait à réaliser un outil pédagogique
proposant aux enseignants et aux étudiants une initiation à la philosophie de l'*Aufklärung,* c'est-à-dire
fournissant les moyens indispensables pour entrer
dans les textes. Pour les mêmes raisons les commentaires n'ont pas tous le même caractère ; dans le cas
des auteurs moins connus, l'approche est délibérément plus large ; dans le cas des « grands auteurs »,
ils restent souvent proches de la lettre des extraits
proposés, et la monographie le cède à une sorte
d'explication de texte — sans qu'il soit pour autant
question de se livrer à l'exercice périlleux et discutable
de l'« explication modèle ». Nous avons volontairement ignoré toutes les directives qui peuvent exister
et qui divergent du reste selon les disciplines, les
niveaux de formation et les examens ou concours préparés. À chacun d'utiliser la matière fournie et de
l'adapter à la forme requise, voire — ce qui est en fait
le but visé — de l'exploiter tout simplement comme
une présentation d'ensemble des Lumières allemandes — textes à l'appui —, qui, sous cette forme,
n'existe pas encore sur le marché français.

Reste la question de fond : celle de la définition de l'*Aufklärung,* qui est celle du cadre *temporel et problématique* de cette anthologie. Dissipons d'emblée un malentendu : le premier chapitre, « Qu'est-ce que les Lumières ? », *ne répond pas* à cette question. Il propose seulement un aperçu des réponses qu'apportent les *Aufklärer* eux-mêmes à un moment décisif de l'*Aufklärung,* les années 1780. Mais les années 1780 ne résument pas l'*Aufklärung,* même si elles en offrent un instantané à un moment crucial. Le problème de sa définition, au sens propre du terme, reste entier, en amont comme en aval. Aussi s'est-on efforcé de ne jamais le perdre de vue dans les commentaires et de montrer tout à la fois en amont la gestation de l'*Aufklärung* dans le creuset du rationalisme, l'influence persistante du « leibniziano-wolffisme [1] » dans la « philosophie populaire » et, en aval, la préparation de l'idéalisme allemand auquel il est prévu de consacrer dans cette même collection un volume spécifique.

Une dernière remarque, technique : pour des raisons éditoriales tout autant que pédagogiques, tous les textes déjà disponibles en traduction française sont proposés dans l'une des traductions les plus répandues [2] ; les autres extraits ont été traduits par nous [3].

G.R.

1. Voir chapitre II.
2. Celle-ci ayant été contrôlée et, le cas échéant, corrigée lorsqu'une correction d'ordre plus que stylistique s'imposait absolument.
3. Les traductions reprises sont dûment indiquées en référence à la fin de chaque texte ; lorsque aucune traduction n'est indiquée, nous assumons donc la responsabilité d'un premier essai de traduction (signalé par ** après les références).

CHAPITRE PREMIER

QU'EST-CE QUE LES LUMIÈRES ?

Les textes qui suivent n'apportent qu'une réponse indirecte et datée à la question : « Qu'est-ce que les Lumières ? » Ils ont en effet tous trois été écrits dans les cinq années qui précèdent immédiatement la Révolution française, à un moment que l'on peut tout à la fois considérer comme l'apogée de l'*Aufklärung* et comme l'heure de sa décision. Décision politique, sociale, idéologique et épistémologique. L'heure des règlements de comptes est venu. L'heure des bilans : l'*Aufklärung* fait-elle plus de bien que de mal ? Jusqu'où peuvent ou doivent aller les Lumières ? *Comment* faut-il éclairer ? Le débat qui s'engage vers le milieu des années 1780 porte sur le bon usage des Lumières, et sur leurs abus. En tant que tel il n'est pas neuf [1]. Mais ce qui change les données du problème, c'est la radicalisation générale, sociale, politique, idéologique et épistémologique. Sociale et idéologique : la *Popularphilosophie* (philosophie populaire [2]) a fait son travail ; l'*Aufklärung* est devenue autre chose que le rationalisme de la philosophie savante — une idéologie pratique, une exigence éthique. Politique : la modernisation du despotisme éclairé touche à ses limites ; en outre Frédéric II est vieux et vers 1786-1787 on s'attend à sa mort et l'on redoute un *come-back* de l'absolutisme et de l'obscurantisme. Épistémologique : ces craintes prennent toute leur portée du fait de l'épuisement de l'*Aufklärung* populaire et de son inca-

---

1. On en trouvera la présence dans la correspondance de Frédéric II, quelque trente ans auparavant.
2. Sur ce courant voir au chapitre II.

pacité à répondre à la question du bon usage ou de l'abus
des Lumières. De cette incapacité naissent des stratégies
qui se replient sur la foi, soit positive, soit vécue [3].
N'oublions pas que nous sommes aussi à l'apogée du *Sturm
und Drang*. À Königsberg même, Hamann est le porte-
parole de cette réaction irrationaliste. Réaction extrême, à
laquelle s'ajoutent cependant celles de Herder [4], l'histori-
cisme d'un Justus Möser... S'il s'agissait ici d'écrire un
ouvrage sur Kant, on poserait volontiers la question dans
les termes suivants : le redéploiement complet de l'épistémé proposé par Kant va-t-il passer triomphalement cette
épreuve du feu ? Ajoutons encore, aussi étonnant que cela
puisse paraître, que le terme d'*Aufklärung* ne s'est imposé
dans l'usage qu'à partir de 1770 mais que, sur la brève
carrière qui le porte à son apogée, planent aussi pendant
ces années-là toutes les suspicions [5]. Les pamphlets et les
caricatures abondent [6], les liens entre les « Lumières » et
les « Illuminés » du baron Knigge ou d'Adam Weishaupt,
et bien sûr avec la franc-maçonnerie, sont un sujet général
de discussion [7]. Kant lui-même s'y réfère indirectement en
évoquant la maxime « *Sapere aude* » de la secte maçonnique
et wolffienne des « Alétophiles ». Or, quel est l'enjeu ?
L'opinion publique, justement. Seul un consensus peut
permettre à l'*Aufklärung* de surmonter l'épreuve. Un
consensus qui ne doit cependant pas reposer sur le fonds
d'idées « consensuelles » que défend depuis le début du
siècle la *Popularphilosophie* rationaliste.

Les trois textes qui suivent sont directement issus de la
controverse déclenchée en 1783 par un auteur anonyme, qui
s'était prononcé dans le numéro de septembre de la *Berlinische Monatsschrift* en faveur du mariage civil, question alors

3. Cf. infra dans le chapitre III : « La querelle du panthéisme ».

4. Voir au chapitre II sa « Métacritique » et au chapitre IV ses
positions en philosophie de l'histoire.

5. Selon le *Historisches Wörterbuch der Philosophie* le verbe
aufklären apparaît pour la première fois chez Brockes en 1727 ; le
substantif date du milieu du siècle et sa paternité revient peut-être à
Gottsched. Quant à l'*Aufklärer*, il est encore plus tardif (cf. Kluge,
Etymologisches Wörterbuch der deutschen Sprache, qui en situe l'émergence en 1786, dans les *Fables* de Möser). Kant, dans *Le Conflit des
facultés*, atteste la connotation péjorative qu'a rapidement prise ce
terme (trad. fr. in *Opuscules sur l'histoire*, Flammarion, 1990, p. 216
sq.).

6. Cf. Emil Ermatinger, *Deutsche Kultur im Zeitalter der
Aufklärung*, Potsdam, 1935, p. 5.

7. Cf. infra dans le chapitre III, « Religion et raison », la section
« Sectes et universalisme ».

brûlante en Prusse [8]. En décembre, le pasteur et *Popularphilosoph* Zöllner prend la défense du mariage religieux et proteste contre la « confusion provoquée dans les têtes et les cœurs au nom de l'*Aufklärung* ». Dans une note, il s'interroge : « Qu'est-ce que les Lumières ? Cette question, qui est presque aussi importante que de savoir ce qu'est la vérité, devrait commencer par trouver une réponse avant même que l'on entreprenne d'éclairer. » Ce sont donc les doutes des *Popularphilosophen* quant à l'usage de la Raison dont ils sont les vulgarisateurs qui déclenchèrent la parution de deux réponses à cette question — en septembre 1784 celle de Mendelssohn : « *Qu'entend-on par éclairer ?* », en décembre celle de Kant : « *Qu'est-ce que les Lumières ?* » [9]. Le débat porte sur le bon usage et les abus des Lumières, sur le passage d'une théorie inflexible à la pratique. C'est du reste à l'intersection de ces deux couples de concepts (usage/abus [*Gebrauch/Mißbrauch*], théorie/pratique) que se cristallise la différence radicale entre la conception d'un Mendelssohn — que l'on peut tenir pour représentative de la *Popularphilosophie* issue du rationalisme leibnizo-wolffien — et celle de Kant. Il s'agit d'une différence radicale dans la méthode même de la critique qui permet de distinguer le bon du mauvais usage et de fonder la continuité de la théorie et de la pratique [10].

MENDELSSOHN
Que signifie éclairer ?

Les mots de *Lumières, civilisation (Kultur), culture (Bildung)* sont dans notre langue encore des nouveaux venus. Ils n'appartiennent pour le moment qu'à la langue des livres. Le vulgaire ne les comprend guère. Cela suffirait-il à prouver que la chose est encore récente chez nous ? Je ne crois pas. On dit d'un certain peuple qu'il n'a pas de mots particuliers pour la *vertu,* pour la *superstition,* quoiqu'on puisse lui attribuer à bon droit une quantité non négligeable des deux.

8. Frédéric II y était d'ailleurs favorable.
9. Kant précise dans une note qu'il n'a pas eu connaissance du texte de Mendelssohn avant la publication de sa propre contribution.
10. Cf. mon article « Us et abus des Lumières. Mendelssohn jugé par Kant », in *Les Études philosophiques*, 1978, n° 3, p. 297-313.

Cependant l'usage, qui semble vouloir suggérer une différence entre ces termes de même signification, n'a pas eu le temps d'en fixer les limites. Culture, civilisation et Lumières sont des modifications de la vie sociale, des effets de l'industrie et des efforts des hommes pour améliorer leur état social.

Plus l'état social d'un peuple est mis en harmonie par les arts et le travail avec la destination de l'homme, et plus ce peuple a de *culture*.

La culture se décompose en *civilisation* et *Lumières*. La *civilisation* semble se porter davantage vers le *pratique* : la qualité, le raffinement et la beauté sont recherchés dans l'artisanat, les arts et les mœurs sociales (c'est l'aspect objectif) ; le savoir-faire, le travail soigné et l'habileté dans les premiers, les penchants, les instincts, les habitudes dans les dernières (c'est l'aspect subjectif). Plus ces dernières correspondent chez un peuple à la destination de l'homme, plus on lui reconnaît de civilisation, de même qu'à un terrain on attribue d'autant plus de culture et d'activité agricole qu'il a été mis par l'industrie des hommes en état de produire des choses utiles à l'homme. Les *Lumières* en revanche semblent se rapporter davantage au *théorique,* à une connaissance rationnelle (partie objective) et un savoir-faire (partie subjective) permettant une réflexion raisonnable sur les choses de la vie humaine en fonction de leur importance et de leur influence sur la destination de l'homme.

Je pose toujours la destination de l'homme comme mesure et but de toutes nos aspirations et de tous nos efforts, comme un point vers lequel nous devons diriger nos regards si nous ne voulons nous perdre.

Une langue acquiert des *Lumières* grâce aux sciences et de la civilisation grâce aux relations sociales, à la poésie et à l'éloquence. Par les premières, elle devient plus apte à l'usage théorique, grâce aux secondes à l'usage pratique. Les deux ensemble (Lumières et civilisation) donnent à une langue de la *culture.*

La civilisation, dans le domaine extérieur, cela s'appelle le *vernis.* Bienheureuse la nation dont le vernis est un effet de la civilisation et des Lumières ; dont l'éclat et le poli extérieurs se fondent sur une solide authenticité intérieure !

Les Lumières sont à la civilisation ce qu'en général la théorie est à la pratique, la connaissance à la moralité, la critique à la virtuosité. Considérées en soi et pour soi (de façon objective), elles sont l'une à l'autre dans le rapport le plus exact quoique, subjectivement, on puisse souvent les séparer.

On peut dire : les Nurembergeois ont plus de civilisation et les Berlinois plus de Lumières ; les Français plus de civilisation, les Anglais plus de Lumières ; les Chinois beaucoup de civilisation et peu de Lumières. Les Grecs eurent les deux, civilisation et Lumières. Ils étaient une nation *cultivée,* de même que leur langue est une langue *cultivée.* Plus généralement, la langue d'un peuple est le meilleur signe de sa culture, de sa civilisation comme de ses Lumières, de leur extension et de leur force.

D'autre part, la destination de l'homme peut être divisée en 1) destination de l'homme considéré comme *homme* et 2) destination de l'homme comme *citoyen.*

Par rapport à la civilisation, ces deux destinations coïncident, du fait que toutes les perfections pratiques n'ont de valeur que par rapport à la vie sociale ; elles doivent donc correspondre uniquement et seulement à la destination de l'homme, comme membre de la société. L'*homme en tant qu'homme n'a pas besoin de civilisation,* mais il a besoin de *Lumières.*

La condition et la profession dans la vie sociale déterminent pour chaque membre des devoirs et des droits, exigent en fonction de ceux-ci aptitudes et savoir-faire différents, penchants, instincts, mœurs sociales et habitudes distincts, une autre civilisation et un autre savoir-vivre. Plus ceux-ci sont dans toutes les conditions en accord avec leurs professions, c'est-à-dire avec leurs destinations respectives en tant que membres de la société, plus la nation a de civilisation.

Ils exigent cependant aussi pour chaque individu, en fonction de sa condition et de sa profession, d'*autres vues théoriques* et d'autres capacités à acquérir celles-ci, un autre degré de *Lumières*. Les Lumières qui intéressent l'homme en tant qu'homme sont universelles, sans distinction de conditions ; les *Lumières* de l'homme considéré comme citoyen se modifient selon la condition et la profession. La destination de l'homme fixe ici une fois de plus la mesure et le but de ses efforts.

En conséquence, les *Lumières* d'une nation seraient 1) comme la masse de la connaissance, 2) l'importance de celle-ci, c'est-à-dire son rapport à la destination a) de l'homme et b) du citoyen, 3) son extension à travers les conditions, 4) en fonction de la profession ; et ainsi le degré de diffusion des *Lumières* dans le peuple serait à déterminer selon un rapport composé de quatre éléments se subdivisant eux-mêmes en éléments plus simples.

Les *Lumières* de l'homme en tant qu'homme peuvent entrer en conflit avec les *Lumières* du citoyen. Certaines vérités, utiles à l'homme en tant qu'homme, peuvent parfois lui nuire en tant que citoyen. Dans ce cas il faut tenir compte des points suivants : la collision peut survenir entre des destinations de l'homme 1) essentielles ou 2) contingentes avec des destinations 3) essentielles ou 4) accessoires et contingentes du citoyen.

Sans ces destinations essentielles, l'homme retombe au niveau de la bête ; sans les destinations accessoires, il n'est pas une créature aussi bonne et magnifique. Sans les destinations essentielles de l'homme en tant que citoyen, la constitution de l'État cesse d'exister ; sans les destinations accessoires, elle ne reste plus la même dans certaines circonstances secondaires.

Malheureux l'État qui doit s'avouer qu'en son sein, la destination essentielle de l'homme n'est pas en harmonie avec la destination essentielle du citoyen, que les *Lumières*, indispensables à l'humanité, ne peuvent pas s'étendre à toutes les conditions de l'Empire sans que la constitution ne risque d'être ruinée. Que la philosophie ici mette la main sur sa bouche. La nécessité peut dans ce cas prescrire des lois ou plutôt forger des fers qui doivent être mis à l'humanité pour la courber et la tenir constamment opprimée !

Mais si les destinations accessoires de l'homme entrent en conflit avec les destinations essentielles ou accessoires du citoyen, alors il faut fixer des règles selon lesquelles les exceptions doivent être acceptées et les cas de collision tranchés.

Lorsque les destinations essentielles de l'homme sont entrées malheureusement en conflit avec ses propres destinations accessoires, lorsqu'il n'est pas permis de répandre certaine vérité utile et qui est l'ornement de l'homme sans abattre les principes de religion et de moralité qui sont en lui, alors le partisan vertueux des *Lumières* procédera avec prudence et précaution et préférera tolérer le préjugé plutôt que de chasser en même temps la vérité qui lui est si solidement attachée. Certes cette maxime a de tout temps été le bouclier de l'hypocrisie et nous lui sommes redevables de nombreux siècles de barbarie et de superstition. Dès qu'on voulait saisir le crime, il se réfugiait dans ce sanctuaire. Mais, malgré tout cela, le philanthrope devra, dans les périodes même les plus éclairées, tenir compte de cette considération. Il est difficile mais non impossible de trouver la limite qui sépare ici aussi l'usage de l'abus.

« Plus une chose est noble dans sa perfection, dit un écrivain hébreux, plus elle est horrible dans sa décomposition ». Un morceau de bois pourri n'est pas aussi horrible qu'une fleur pourrie, celle-ci n'est pas aussi rebutante qu'un animal pourri et celui-ci est moins affreux qu'un homme en train de se décomposer. Il en est de même avec la *civilisation* et les *Lumières*. Plus elles ont été nobles pendant leur période de floraison, et plus elles sont détestables lorsqu'elles se décomposent et se corrompent.

L'abus des *Lumières* affaiblit le sens moral, conduit
à la *dureté*, l'*égoïsme*, l'*irréligion* et l'*anarchie*. L'abus de
la civilisation engendre l'*abondance*, l'*hypocrisie*, l'*amol-
lissement*, la *superstition* et l'*esclavage*.

Lorsque les Lumières et la civilisation progressent
du même pas, elles sont l'une à l'autre leurs meilleures
défenses contre la corruption. Leur façon de cor-
rompre est diamétralement opposée.

La *culture* d'une nation qui, selon l'explication ter-
minologique donnée plus haut, se compose de *civilisation* et de *Lumières* sera par conséquent d'autant
moins exposée à la corruption.

Une nation *cultivée* ne connaît en elle d'autre
danger que l'*excès de félicité nationale* ; il peut en fait
déjà, comme la santé la plus parfaite du corps humain,
être appelé maladie ou être le passage à une maladie.
Une nation parvenue par sa *culture* au point culminant
de sa félicité nationale est précisément pour cette
raison en danger de s'effondrer parce qu'elle ne peut
monter plus haut. — Mais ceci nous éloigne beaucoup
trop de la question posée.

« *Über die Frage : was heißt aufklären ?* », *Berlinische Monatsschrift*, 4 (1784), p. 193-200 ; *Gesammelte Schriften*, Jubiläumsausgabe, tome VI-1, *Kleinere Schriften*, I, Friedrich Frommann Verlag (Günther Holzboog), Stuttgart/Bad Cannstatt,
1981, p. 114-119 ; trad. fr. in *Qu'est-ce que les Lumières ?*,
textes choisis et traduits par J. Mondot, Publications de
l'université de Saint-Étienne, 1991, p. 67-70 (traduction
modifiée).

*

La démarche de Mendelssohn frappe d'emblée par sa
rigueur. Procédant par décompositions et oppositions, elle
se veut fidèle à Leibniz et surtout à Wolff. Elle frappe aussi
par son orientation résolument pratique, que traduit le
choix du verbe « éclairer » et non du substantif abstrait.
Mendelssohn pose la question de la dynamique des
Lumières, de leur capacité à constituer un consensus populaire. C'est pourquoi il s'intéresse à l'*usage*, à la diffusion
même des trois concepts essentiels *Aufklärung, Bildung,*

Kultur [11] et constate un décalage entre les mots et la chose : entre la théorie de l'*Aufklärung* et la *Kultur* populaire. Mendelssohn inaugure — à la même époque que Herder — une conception qui ne sera pas sans lendemain dans l'idéalisme allemand : celle de la langue comme espace de la nation et comme mesure concrète de la *Bildung*. Mais en ce point il commet une bévue caractéristique de la *Popularphilosophie* rationaliste. Au lieu de se demander si la cause des éventuels abus n'est pas à chercher dans la conception même de la Raison, il va s'accrocher d'une part à un rationalisme intransigeant pour mieux le sacrifier de l'autre aux contraintes du consensus. La synthèse idéale serait celle de la *Bildung*, qui réunirait la formation théorique et la vie pratique, qui serait « la mesure et le but de toutes nos aspirations et de tous nos efforts » ; mais elle va le céder de plus en plus, dans la démarche de l'essai, à la *Kultur* [12]. Même si Mendelssohn, comme tout le XVIIIᵉ siècle, admet que l'essence de l'homme ne s'accomplit véritablement que dans la vie sociale, la « destination de l'homme en tant qu'homme » et la « destination de l'homme en tant que citoyen » vont se séparer — alors que tout l'effort de Kant sera de faire du citoyen le terme médiateur et de dépasser le dualisme du sujet pensant autonome et du « sujet » politique empirique [13]. La nation

11. Voir supra la note 5 concernant le terme *Aufklärung*. Le terme *Bildung* est pour sa part plus ancien mais avec un sens concret (création, formation). Le sens abstrait de « culture de l'esprit » se fraie une voie chez les mystiques (l'image de Dieu qui pénètre et forme l'âme), mais ne semble s'être implanté dans l'usage qu'après la traduction en allemand de Shaftesbury (*formation of a gentle character*), en 1738. Le mot *Kultur* a une tradition moins récente (fin du XVIIᵉ siècle), calquée sur l'usage latin ; il désigne à la fois l'agriculture et la culture de l'esprit (*cultura animi* chez Cicéron).

12. Il faudrait mettre en relation la typologie mendelssohnienne (*Aufklärung, Bildung, Kultur*) avec la façon dont les descendants de Wolff ou bien encore Christian Thomasius (cf. infra) s'efforcent d'articuler la théorie de la *gelehrte Philosophie* avec, dans l'ordre pratique, la *Weltweisheit* (la sagesse) et la *Klugheit* (la prudence). Les Lumières de Mendelssohn restent conformes au rationalisme de la *gelehrte Philosophie*, et c'est pourquoi se pose le problème de leur articulation avec la pratique. Il n'est pas exclu que les trois termes qu'il utilise reproduisent la typologie de la *Popularphilosophie* issue du wolffisme. Pour toutes ces raisons (cf. aussi la note 11), nous modifions la traduction de J. Mondot et retenons « civilisation » pour *Kultur*, « culture » pour *Bildung*.

13. Cf. infra chapitre IV, section 5 : « République et citoyenneté ».

devient chez Mendelssohn l'espace d'une synthèse réduite
au consensus établi et aux *possibilités* de développement des
Lumières. Les conséquences politiques sont tout à fait
concrètes : seules la théorie pure, l'*Aufklärung* telle que la
comprend Mendelssohn, et la *Bildung* dépassent la division
de la société en États ; accepter l'état de la *Kultur*, c'est
sanctionner la division de la société en États, s'accom-
moder de l'Ancien Régime. Aux connaissances rationnelles
qui ne connaissent pas de limites se substituent les « vues
théoriques nécessaires dans une profession ». Plus encore :
dès lors qu'il faut envisager le passage de la théorie en
pratique, *Aufklärung* et *Kultur* vont se révéler contradictoires. Ce qui est utile à l'homme en tant que tel ne présente pas nécessairement la même utilité pour le citoyen.
Il importe de distinguer entre « destinations [ou détermi-
nations] essentielles » et « inessentielles » de l'homme *ou* du
citoyen. Cette distinction ne produit pas moins de six cas
d'opposition possibles [14], qui débouchent sur la conclusion
que la limitation de la liberté de penser peut certes restreindre la détermination essentielle de l'homme en tant
qu'homme, mais pour le plus grand profit de sa détermination essentielle en tant que « citoyen ». Et la philosophie
doit « mettre sa main sur sa bouche » lorsqu'elle se trouve
confrontée à un tel conflit, c'est-à-dire qu'elle doit mettre
sous le boisseau ses exigences théoriques et accepter l'ordre
existant. Elle doit renoncer à faire passer la théorie en pratique, voire se l'interdire. Il ne faut pas s'étonner si Kant,
dans sa contribution à la « querelle du panthéisme [15] »,
qualifiera Mendelssohn, malgré toute l'admiration qu'il a
pour lui, de « philosophe impopulaire ». Mendelssohn justifie sa position de repli au moyen du terme de philanthropie, que Kant soumettra à une critique impitoyable car
pour lui la philanthropie est la feuille de vigne de l'absence
de Droit [16]. Le Droit est fondé en raison, alors que la philanthropie cède à des considérations empiriques. Il y va
pour Kant, dans cette distinction, du véritable critère de
l'usage et de l'abus. « Tout est perdu, écrit-il dans la préface de *Théorie et pratique* en 1793, si on transforme les
conditions empiriques, et de ce fait contingentes, de
l'accomplissement de la loi en conditions de la loi elle-
même et si, par conséquent, une pratique réglée sur un
succès probable selon l'expérience acquise à ce jour est

14. J'analyse ces différents cas dans mon article cité plus haut
(cf. note 10).
15. Cf. infra au chapitre III.
16. Cf. par exemple le *Traité de paix perpétuelle*.

autorisée à régenter la théorie qui subsiste en elle-même [17]. » Aux yeux de Kant la « philanthropie » de Mendelssohn n'est que complaisance à l'égard d'un principe d'autorité qui n'émane pas de la raison elle-même. Mais, redisons-le, il faut pour défendre une telle position une autre conception de la théorie que celle de la *Popularphilosophie* leibnizo-wolffienne. C'est ce que Kant essaie de démontrer dans son essai « Qu'est-ce que les Lumières ? », dans lequel la Raison, l'*Aufklärung,* intervient non comme raison théorique confrontée à son impact pratique, mais comme *publicité des maximes de la raison morale* [18].

*

* *

KANT
Qu'est-ce que les Lumières ?

Les Lumières, c'est la sortie de l'homme hors de l'état de tutelle dont il est lui-même responsable. L'état de tutelle est l'incapacité de se servir de son entendement sans la conduite d'un autre. On est *soi-même responsable* de cet état de tutelle quand la cause tient non pas à une insuffisance de l'entendement mais à une insuffisance de la résolution et du courage de s'en servir sans la conduite d'un autre. *Sapere aude !* Aie le courage de te servir de ton *propre* entendement ! Voilà la devise des Lumières.

Paresse et lâcheté sont les causes qui font qu'un si grand nombre d'hommes, après que la nature les a affranchis depuis longtemps d'une conduite étrangère (*naturaliter maiorennes*), restent cependant volontiers

17. *Sur l'expression courante : il se peut que ce soit juste en théorie, mais en pratique cela ne vaut rien,* trad. fr. par Louis Guillermit, Vrin, 1967, p. 13 sq.

18. Dans mon article sur Mendelssohn et Kant, je développe en conclusion les répercussions de la conception mendelssohnienne sur sa philosophie de l'histoire ; on peut, imparfaitement, les résumer ainsi : en prenant pour critère non plus la Raison mais l'état de *Kultur* des civilisations, Mendelssohn contribue à une vision historiste du Progrès. Il abandonne un critère transcendantal et atemporel pour une conception du progrès mesurée à l'aune des progrès empiriques — une conception qui le conduit dans son *Jérusalem* à parler de « petites oscillations » : toute civilisation progresse mais le progrès général reste douteux.

toute leur vie dans un état de tutelle, et qui font qu'il
est si facile à d'autres de se poser comme leurs
tuteurs. Il est si commode d'être sous tutelle. Si j'ai un
livre qui a de l'entendement à ma place, un directeur
de conscience qui a de la conscience à ma place, un
médecin qui juge à ma place de mon régime aliment-
taire, etc., je n'ai alors pas moi-même à fournir
d'efforts. Il ne m'est pas nécessaire de penser dès lors
que je peux payer ; d'autres assumeront bien à ma
place cette fastidieuse besogne. Et si la plus grande
partie, et de loin, des hommes (et parmi eux le beau
sexe tout entier) tient ce pas qui affranchit de la
tutelle, outre qu'il est très pénible, pour très dangereux, c'est que s'y emploient ces tuteurs qui, dans leur
extrême bienveillance, se chargent de les surveiller.
Après avoir d'abord abêti leur bétail et avoir empêché
avec sollicitude ces créatures paisibles d'oser faire un
pas sans la roulette d'enfant où ils les avaient empri-
sonnés, ils leur montrent ensuite le danger qui les
menace s'ils essaient de marcher seuls. Or ce danger
n'est sans doute pas si grand, car après quelques
chutes ils finiraient bien par apprendre à marcher ; un
tel exemple rend pourtant timide et dissuade d'ordinaire de toute autre tentative ultérieure.

Il est donc difficile à chaque homme pris individuellement de s'arracher à l'état de tutelle devenu pour
ainsi dire une nature. Il y a même pris goût et il est
pour le moment vraiment dans l'incapacité de se servir
de son propre entendement parce qu'on ne l'a jamais
laissé s'y essayer. [...]

Mais qu'un public s'éclaire lui-même est plus probable ; cela est même presque inévitable pourvu qu'on
lui accorde une certaine liberté. Car il se trouvera toujours quelques êtres pensant par eux-mêmes, même
parmi les tuteurs en exercice du grand nombre, pour
rejeter eux-mêmes le joug de l'état de tutelle et pour
propager ensuite autour d'eux l'esprit d'une appréciation raisonnable de la propre valeur et de la vocation
de tout homme à penser par soi-même. [...] Par une
révolution on peut bien obtenir la chute d'un despo-

tisme personnel ou la fin d'une oppression reposant sur la soif d'argent ou de domination, mais jamais une vraie réforme du mode de penser ; au contraire, de nouveaux préjugés serviront, au même titre que les anciens, à tenir en lisière ce grand nombre dépourvu de pensée.

Mais pour ces Lumières il n'est rien requis d'autre que la *liberté* ; et la plus inoffensive parmi tout ce qu'on nomme liberté, à savoir celle de faire un *usage public* de sa raison sous tous les rapports. Or j'entends de tous côtés cet appel : *ne raisonnez pas* ! L'officier dit : ne raisonnez pas mais exécutez ! Le conseiller au département du fisc dit : ne raisonnez pas mais payez ! Le prêtre dit : ne raisonnez pas mais croyez ! (Un seul maître au monde dit : *raisonnez* autant que vous voulez et sur ce que vous voulez, *mais obéissez* ! Ici il y a partout limitation de la liberté. Mais quelle limitation fait obstacle aux Lumières ? Quelle autre ne le fait pas mais leur est au contraire favorable ? — Je réponds : l'usage *public* de sa raison doit toujours être libre et il est seul à pouvoir apporter les Lumières parmi les hommes ; son *usage privé,* en revanche, peut souvent être très étroitement limité sans pour autant entraver notablement le progrès des Lumières. Mais ce que j'entends par usage public de sa propre raison, c'est celui qu'en fait quelqu'un, en tant que *savant,* devant l'ensemble du public *qui lit.* J'appelle usage privé celui qu'il lui est permis de faire de sa raison dans une *charge civile* qui lui a été confiée ou dans ses fonctions. Or, pour maintes activités qui touchent à l'intérêt de la communauté, un certain mécanisme est nécessaire au moyen duquel quelques membres de la communauté doivent se comporter de manière purement passive afin d'être dirigés, en vertu d'une unanimité artificielle, par le gouvernement vers des fins publiques ou, du moins, d'être empêchés de détruire ces fins. Sans doute n'est-il alors pas permis de raisonner ; on est obligé d'obéir. Mais dans la mesure où cette partie de la machine se considère en même temps comme membre de toute une communauté, voire de la société cosmopolite, il peut par suite, en sa

qualité de savant qui s'adresse avec des écrits à un
public au sens propre du terme, en tout état de cause
raisonner sans qu'en pâtissent les activités auxquelles
il est préposé en partie comme membre passif.

« *Beantwortung der Frage : Was ist Aufklärung ?* », in *Berlinische Monatsschrift*, 4 (1784), p. 481-494 ; *Werke*, éd. par
W. Weischedel, Insel, Frankfurt/Main, 1964, tome VI,
p. 53-57 ; trad. fr. : « Qu'est-ce que les Lumières ? » in Kant,
*Vers la paix perpétuelle, Que signifie s'orienter dans la pensée ?,
Qu'est-ce que les Lumières ?* et autres textes, introduction,
notes, bibliographie et chronologie par Françoise Proust,
traduction par Jean-François Poirier et Françoise Proust,
Flammarion, Paris, 1991, p. 43-46 (traduction modifiée).

*

Dans ses quatre premiers alinéas, la réponse de Kant à la
question soulevée par le pasteur Zöllner définit (a) le but des
Lumières [19] : le libre usage de son entendement par un être
devenu majeur, c'est-à-dire affranchi de toute tutelle, (b) les
facultés que l'individu doit mobiliser pour atteindre ce but,
et (c) les conditions auxquelles ce but peut être atteint :
l'*Aufklärung* n'est pas un progrès individuel dans la connaissance mais un progrès collectif, la notion de public remplace
en ce point le « bon sens » qui était chez les philosophes
populaires le corollaire pratique du progrès spéculatif individuel et dont on a vu les effets funestes chez Mendelssohn.
  On peut se demander pourquoi Kant parle du libre usage
de l'entendement et non pas de la Raison. Comme la philosophie populaire, il estime que le bon sens est la chose du
monde le mieux partagée mais il n'entend pas par là que
l'on puisse s'en remettre à lui, comme c'est le cas chez Mendelssohn, lorsque les prétentions spéculatives se révèlent
« démesurées », mais plutôt que tout homme est par nature
capable d'un « *entendement sain* » (*gesunder Menschenverstand*).
Car l'*aptitude* à la raison fait partie des *dispositions* dont la
nature a doté l'homme [20]. Comme toutes les autres dispositions naturelles, celle-là doit cependant être développée.
L'essai de Kant s'attaque donc aux causes qui empêchent ce

19. Notons que le substantif allemand *Aufklärung* a un sens actif.
20. Le troisième alinéa parle en ce sens du « mauvais usage des
dons naturels ».

développement. Elles sont de deux ordres : intérieures et anthropologiques d'une part — le manque de courage, la faiblesse des dispositions morales face aux autres penchants, notamment la paresse et la lâcheté —, extérieures d'autre part — l'existence de « tuteurs », de dominations théoriques, éthiques et politiques. Mais elles se rejoignent dans cette conception qui a suscité de toutes parts [21] incompréhension et réprobation : si l'homme est dominé, il l'est par servitude volontaire. Il l'est parce qu'il n'a pas la force — le courage — de trancher la lutte de ses penchants dans le sens de la raison et de la morale, d'assumer son autonomie, et s'en remet « volontairement » à ceux qui décident à sa place. L'explication de la « minorité » de l'homme est donc conforme à l'anthropologie kantienne. La conception de sa « majorité » est quant à elle conforme à la façon dont la critique kantienne de la raison comprend les rapports de la raison et de l'entendement. Assumer son autonomie, renoncer aux tutelles, serait « se servir de son entendement sans la conduite d'un autre » : ce serait donc l'entendement qui ne connaît d'autre guide que la faculté des principes, à savoir la raison. Dans *Qu'est-ce que s'orienter dans la pensée ?* Kant définira deux ans plus tard le « penser par soi-même » (*Selbstdenken*) dans les termes suivants : « Penser par soi-même signifie chercher le critère suprême de la vérité en soi-même (c'est-à-dire dans sa propre raison), et la maxime qui commande de penser à tout instant par soi-même résume l'*Aufklärung*. »

La démarche de Kant ne consiste cependant pas à exiger de manière irréaliste, au nom de la *Selbstver-schuldung,* de la responsabilité ou culpabilité de l'individu mineur, que ce dernier trouve en lui-même le « courage » de « décider » de s'émanciper par ses propres forces. Elle cherche bien plutôt une réponse appropriée à la *conjonction* des causes intérieures et extérieures de la dépendance — une réponse qui puisse débloquer la situation et mettre fin au cercle vicieux selon lequel celui qui est mineur s'en remet aux tuteurs et permet à ceux-ci de le maintenir sous tutelle. Cette réponse, c'est la « publicité », *Öffentlichkeit*.

Le public n'est plus chez Kant une notion statique comme l'était le sens commun de la *Popularphilosophie* mais une notion dynamique : c'est une opinion publique qui se constitue, se forme et progresse au fur et à mesure que les Lumières gagnent du terrain. Ce sens dynamique est affirmé par le champ sémantique du terme *Öffentlichkeit*, qui signifie plus qu'*opinion publique* et est lié à la *publication* des pensées,

---

21. Par exemple de la part de Hamann ; voir ci-après.

donc à la liberté d'opinion, à la liberté d'écrire et de rendre
publiques ses réflexions. Rejoignant ainsi la « publicité des
maximes » requise par la raison morale, la *Öffentlichkeit*
devient un concept clé de l'articulation entre théorie et pratique. C'est la courroie de transmission entre la raison pure
pratique et la sphère politique. Grâce à elle, le passage de la
théorie en pratique n'entraîne aucune limitation pragmatique
des exigences théoriques (en l'occurrence morales) et la
Raison n'a pas — comme chez Mendelssohn — à « mettre la
main devant sa bouche » par peur des abus qu'une diffusion
trop rapide des Lumières pourrait engendrer. À un idéal
théorique qui doit en rabattre face aux conditions de son
application pratique, Kant substitue une continuité dynamique entre théorie et pratique dont la publicité est le moteur.
Non qu'il ne tienne aucun compte des éventuels abus des
Lumières ; mais il les tient pour les effets de l'articulation
entre théorie et pratique dans la philosophie traditionnelle et il
tente d'apporter une autre réponse, qui préserve à la fois le
maintien nécessaire de l'ordre : l'ordre du *droit,* qui est fondamental puisqu'il est la seule base solide sur laquelle la civilisation acquise puisse être sauvegardée et à partir de laquelle le
progrès moral peut être envisagé, et la dynamique des
Lumières qu'il importe de n'arrêter à aucun prix.

Si la condition primordiale, nécessaire sinon suffisante,
est donc la liberté de penser et de publier, les alinéas 5 et
6 en précisent les conditions d'exercice et distinguent entre
l'usage public et l'usage privé. Kant donne aux deux
notions « public » et « privé » un sens nouveau et à première vue contraire au « sens commun » : le public, la
publicité, se réfère à une communauté spirituelle et non à
la sphère politique, le privé à l'usage que l'individu peut
faire de sa raison dans un ordre politique donné, sans
mettre en question à la fois cet ordre et sa propre contribution à son maintien. Jusqu'à un certain point il s'agit
d'une reprise de l'idée luthérienne du *Beruf* et de la distinction luthérienne des deux règnes, le règne intérieur de
la liberté et le règne extérieur de l'obéissance à l'autorité
temporelle. Mais avec une différence de taille : la liberté
intérieure n'est plus celle de la foi (qui confinait la raison
dans son rôle de servante et parfois de « putain »[22]).
L'autonomie intérieure est celle de la Raison et elle revendique un pouvoir de transformation de l'ordre temporel par
la « publicité ». Au dualisme luthérien Kant substitue une
conception dynamique grâce à laquelle la Raison reven-

22. « Die Hure Vernunft » (Luther).

dique un plein exercice dans les deux règnes. Il s'agit certes de préserver l'ordre de droit, mais en pleine connaissance du fait qu'il est imparfait et qu'il ne doit servir que de plate-forme pour le progrès vers la morale. Tandis que cet ordre, qui n'a plus rien d'une mission de droit divin, est limité et transitoire, dépendant de circonstances particulières, les idées qui peuvent — et même doivent — être publiées sont pour leur part universelles, car conformes à l'exigence d'autonomie de la raison ; si elles lui sont conformes — au sens de l'autodétermination absolument autonome que requiert Kant dans la *Critique de la raison pratique* —, alors elles sont morales, donc universellement valables, et elles peuvent être publiées, rendues publiques. En fait, ce redécoupage des rapports privé-public recouvre l'opposition kantienne entre le destin de l'individu et celui de l'espèce, et la notion de publicité se révèle aussi être la catégorie médiatrice entre individu et espèce. Comme dans l'écrit de la même année, *Idée d'une histoire universelle d'un point de vue cosmopolitique*, les individus ne peuvent à eux seuls accomplir les fins de l'Humanité ; de même que le plein épanouissement des dispositions dont la nature a doté les individus ne peut être atteint qu'à l'échelle de l'espèce tout entière, « il est difficile à chaque homme pris individuellement de s'arracher à l'état de tutelle devenu pour ainsi dire une nature » mais « qu'un public s'éclaire lui-même est plus probable ».

Enfin, puisque l'étape de l'État, du droit établi, ne peut être sautée (et c'est bien pourquoi dès le § 4 est exclue une révolution brutale qui, faute d'un progrès moral général, substituerait seulement une dépendance à une autre et ne permettrait pas cette « réforme du mode de penser » qui seule peut faire reculer les préjugés [23]), les trois derniers alinéas confrontent cette conception avec les possibilités qu'offre le « despotisme éclairé » de Frédéric II, à propos de qui le cinquième alinéa dit qu'il est le seul maître au monde qui proclame : « raisonnez autant que vous voulez et sur ce que vous voulez, *mais obéissez !* ». La question que pose Kant est la suivante : dans quelle mesure cette position du roi correspond-elle à la redéfinition des rapports privé-public ou du moins dans quelle mesure est-elle exploitable par elle ?

★
★ ★

23. Voir sur ce point le commentaire des alinéas 7 à 10 dans la section « Théorie et critique du despotisme éclairé » du chapitre IV.

HAMANN
Contre Kant

Königsberg, le 18 décembre 1784

Clarissime Domine Politice ! [24]

Puisque ma vieille carcasse toute raide ne se prête plus guère au péripatétisme philosophique et que mes instants de promenades labyrinthiques n'interviennent pas toujours *avant,* mais de temps à autre aussi pendant les repas, et ce *ab ouis ad poma* [25], il me faut bien chercher mon salut au moyen d'une plume d'oie macaronique afin de vous transmettre mes remerciements pour le Noël berlinois [26] qui me parvient, un numéro en *cant style* — ainsi que le comique auteur de l'*Histoire de la littérature comique* [27] traduit *per e* et comme dans le cas d'un *asmus cum puncto* le *style de Kant* [28].

Le *Sapere aude !* ne va pas sans cet autre précepte de la même veine : *Noli admirari ! Clarissime Domine Politice !* Vous savez à quel point j'aime notre Platon et combien j'aime à le lire ; aussi m'accommoderai-je *cum grano salis* de sa tutelle pour guider mon propre entendement, sans craindre de me rendre moi-même responsable par manque de cœur.

Ce serait presque de la haute trahison que de rappeler les règles de la démonstration à un professeur de logique qui est aussi le critique de la raison pure ;

24. « Illustre Maître en Politique ». La lettre est adressée à Christian Jacob Kraus, professeur de science politique.
25. Littéralement : « des œufs jusqu'aux fruits », donc de l'entrée au dessert, du commencement à la fin ; se dit des préliminaires trop longs.
26. Le numéro de décembre de la *Berlinische Monatsschrift,* dans lequel parut « *Was ist Aufklärung ?* ».
27. Carl Friedrich Flögel (1729-1788), auteur de la *Geschichte der komischen Literatur* en 4 tomes, parue à Liegnitz et Leipzig entre 1784 et 1787.
28. « *Per e* » : au prix d'une légère modification (littéralement : la suppression d'un *e*) ; *asmus cum puncto* : en mettant un point sur le *m* de *asmus,* ce qui donne *asinus* (âne).

comme par surcroît vous m'avez repris votre Hutchinson sans me restituer sa morale, je n'ai d'autre organon dans ma pauvre bibliothèque. Et je suis tout aussi peu à même de m'expliquer l'accord du judaïsme et du christianisme en matière de liberté de pensée sous tutelle [29] car la bibliothèque royale m'a refusé avec une rigueur impitoyable la consultation de la deuxième année ; et ce malgré tout ce que j'ai fait de toutes mes forces, sous forme de souhaits, de mémoires, de suppliques et d'actions de grâce, pour la venue au monde du chiliasme platonicien cosmopolitique.

C'est pourquoi je m'accommode bien volontiers de voir l'*Aufklärung*, sinon démontrée, du moins explicitée et augmentée de façon plus esthétique que dialectique, grâce à la parabole de la minorité et de la tutelle. Sauf qu'à mes yeux le πρῶτον ψεῦδος (un terme technique lourd de sens et qui ne se laisse pas traduire sans lourdeur dans notre langue maternelle allemande) réside dans le maudit adjectif « soi-même responsable ».

L'incapacité n'est en vérité pas une faute, ainsi que notre Platon lui-même le concède ; et elle ne devient une culpabilité que par la *volonté* et lorsque font défaut à cette dernière le *courage* et la *décision* — ou bien encore comme *conséquence* de fautes commises antérieurement.

Mais qui est donc cet *autre* indéfini qui apparaît par deux fois de façon anonyme. Constatez, *Domine Politice*, comme les métaphysiciens tournent tels des chats autour du pot au lait et comme ils répugnent à nommer les choses et les personnes par leur nom ; or, pour ma part, je ne regarde pas les Lumières de notre temps avec des yeux de chat mais d'un œil humain clair et sain dont les années, et les élucubrations [30], et les sollicitations ont certes un peu

29. De toute évidence une allusion aux deux réponses de Kant et de Mendelssohn à la question « Qu'est-ce que les Lumières ? ».

30. C'est-à-dire, étymologiquement, des travaux accomplis en veillant.

émoussé mais que je tiens pour dix fois plus efficace
que les yeux éclairés par le clair de lune d'une Αθηνη
γλαυκωπις [31].

C'est pourquoi je demanderai une fois encore, avec
toute la liberté du catéchisé [32] : qui est donc cet *autre*
dont le chiliaste cosmopolitique se fait le prophète ?
Qui est cet autre montreur d'ours, cet autre meneur
que notre auteur n'a pas le cœur de nommer ?
Réponse : l'affreux tuteur qu'il faut bien admettre comme corrélat implicite de ceux qui sont
mineurs. C'est l'homme de la Mort [33]. Responsabilité
des mineurs dans leur tutelle, non dans leur minorité...

Pourquoi donc le chiliaste traite-t-il si précaution-
neusement cet enfant de David, cet Absalom [34] ?
Parce qu'il se range lui-même dans la catégorie des
tuteurs et veut par là s'assurer du respect des lecteurs
mineurs. La minorité n'implique donc une responsabilité de celui qui la subit que pour autant qu'elle s'en
remet à la conduite d'un tuteur aveugle ou *invisible*
(comme un catéchisé de Poméranie le lança à la face
de son pasteur), d'un guide. Ce guide est véritablement l'homme de la Mort.

En quoi consiste donc l'*incapacité* ou la *culpabilité*
du mineur injustement accusé ? Dans sa paresse et sa
lâcheté ? Que non : elle réside dans l'aveuglement de
son tuteur qui se fait passer pour voyant, et qui pour
cette raison doit porter toute la responsabilité.

Un raisonneur et un esprit spéculatif peut-il donc
en toute conscience, de derrière son poêle et coiffé
de son bonnet de nuit, reprocher ainsi aux mineurs
leur lâcheté alors que leur aveugle tuteur dispose

31. « Athéna aux yeux de chouette ». La chouette était, comme
on sait, l'animal sacré d'Athéna. Dans le raisonnement métapho-
rique de Hamann son regard est un regard nocturne mais il met en
doute qu'il puisse percer la nuit.
32. De celui qui apprend et veut savoir.
33. Samuel XII, 1-5. De toute évidence, Hamann utilise ces versets pour dénoncer des rapports de domination qui frappent les plus
faibles.
34. Fils de David révolté contre son père.

pour garantir son infaillibilité et son orthodoxie d'une armée nombreuse et bien entraînée ? Peut-on ainsi se gausser de la paresse de tels êtres mineurs alors que leur tuteur éclairé et pensant par lui-même — ainsi que le présente le badaud qui a le privilège d'être à l'écart de tout ce cirque — ne les considère même pas comme des machines mais comme les simples ombres portées de sa grandeur titanique, et dont il n'a pas à avoir crainte puisque les *esprits* qui lui sont tout dévoués sont les seuls à l'existence desquels il croit.

Est-ce qu'il n'en résulte pas du même coup clairement : croyez, marchez, payez ! si vous ne voulez pas que le diable vous emporte. Mais n'est-ce pas *des trois parts*[35] une sottise ? Et laquelle des trois est la plus énorme et la plus grave ? Une armée de curés ou une armée de sbires, de bourreaux et de voleurs ? Face au cours imprévu et déconcertant des choses humaines, où presque tout est, à grande échelle, paradoxal, la foi me devient plus difficile que déplacer des montagnes[36], que faire l'exercice et la parade — et faire rendre gorge aux êtres mineurs, *donec reddant nouissimum quadrantem*[37].

Les Lumières de notre siècle ne sont donc qu'une lumière polaire qui n'augure aucun autre chiliasme cosmopolitique que celui de derrière le poêle et avec un bonnet de nuit. Rien d'autre que des bavardages et des ratiocinations de mineurs qui se tiennent à l'abri mais qui se posent en tuteurs d'autres tuteurs tout aussi mineurs mais armés pour leur part de poignards et de *couteaux de chasse*[38]. C'est une froide lumière lunaire, une lumière inféconde, incapable d'éclairer l'entendement paresseux et de réchauffer la volonté lâche. Et toute cette réponse à la question posée n'est qu'une illumination aveugle pour chacun

---

35. En français dans le texte : de ces trois côtés.
36. Job IX, 5.
37. Jusqu'à ce qu'ils aient payé le dernier centime (cf. Matthieu V, 26).
38. En français dans le texte.

des mineurs qui évoluent à la clarté du soleil, en plein *midi*.

Écrit la sainte veille du quatrième et dernier
            dimanche d'avent 84 entre chien et loup
par le tout dévoué du Clarissimi Domini Politici et
                                Morczinimastix [39]
        dépouillé de sa liberté éso- et exotérique
        méconnu des poètes comme des statisticiens
                            Magus in telonio [40].

Dans l'obscurité aussi il y a de beaux devoirs divins
                            à accomplir. Et discrètement.

                                    Matthieu XI, 11 [41].

P.-S. Mon illumination [42] de l'élucidation kantienne
vise donc à établir que les *vraies lumières* consistent dans
la sortie de l'homme mineur hors d'*une tutelle dont il est
au plus haut point responsable*. La crainte du Seigneur est
le début de la sagesse — et cette sagesse nous rend
lâches à mentir et paresseux à affabuler, donc d'autant
plus courageux contre des tuteurs qui peuvent tout au
plus tuer les corps et vider les bourses, d'autant plus
miséricordieux envers nos frères mineurs et d'autant
plus généreux en bonnes œuvres immortelles. La distinction entre l'usage public et l'usage privé de l'entendement est tout aussi comique que celle de Flögel entre
sujets risibles et sujets de dérision. Il est clair qu'il s'agit

39. Surnom de Kraus, qui s'était attaqué en 1784 au prétendu
baron de Mortczinni, imposteur et escroc. Ce surnom est forgé sur
le modèle des « Homeromastix », les « otages d'Homère », philo-
logues qui traquaient les moindres problèmes.
40. Littéralement : « le Mage dans le bureau du collecteur
d'impôts ». Il se trouve en effet que Hamann avait obtenu, du reste
par l'entremise de Kant, un emploi à l'administration des douanes.
41. Référence au jugement de Jésus sur saint Jean-Baptiste : « En
vérité, je vous le déclare, parmi ceux qui sont nés d'une femme, il
ne s'en est pas levé de plus grand que Jean le Baptiste ; et cependant, le plus petit dans le Royaume des Cieux est plus grand que
lui. » Cf. aussi Luc VII, 28. Ces versets opposent le temps de Jean et
celui de Jésus ; le Royaume commence avec Jésus et Jean est resté
sur le seuil.
42. *Verklärung*, cf. ci-après le commentaire.

de réconcilier les deux natures *du mineur et du tuteur,* mais faire ainsi de tous deux des hypocrites se mentant à eux-mêmes n'est en rien un mystère qui doive être prêché ; c'est là au contraire le nœud de la tâche politique. Qu'ai-je à faire de *l'habit de cérémonie* de la liberté si, en privé, je porte la tunique de l'esclave ? Platon n'appartient-il pas aussi au *beau sexe,* quoiqu'il le calomnie comme un vieux célibataire ? Il faudrait que les femmes *se taisent dans l'assemblée* — et *si tacuissent, philosophi mansissent* [43]. En privé (c'est-à-dire en chaire, sur scène, *ex cathedra*), on peut toujours bavarder à loisir. Car on parle alors en qualité de tuteur, mais on doit tout oublier et dire tout le contraire dès qu'en vertu de sa minorité dont on est soi-même responsable on accomplit la corvée au service de l'État. En conséquence l'usage public de la raison et de la liberté n'est rien qu'un dessert, un dessert luxurieux. Et l'usage privé, c'est le *pain quotidien* dont nous devons nous passer en l'attendant. Cette *minorité dont on est soi-même responsable* est une calomnie tout aussi offensante qu'il [44] l'est envers le beau sexe tout entier, et mes trois filles ne sont pas prêtes à l'accepter. *Anch'io sono tutore !* Et je ne suis ni le valet ni le perroquet d'une autorité supérieure — seulement le tuteur de l'innocence encore mineure. Amen !

Lettre à Christian Jacob Kraus, in Johann Georg Hamann, *Briefwechsel,* éd. par Arthur Henkel, tome V (1783-1785), Insel-Verlag, Frankfurt/Main, 1965, p. 289-292**.

*

La réaction de Hamann au numéro de la *Berlinische Monatsschrift* sur le bon usage des Lumières se réfère au premier chef à l'essai de Kant et est, quoique adressée en

43. « Si elles s'étaient tues, elles seraient demeurées philosophes. »
44. Kant, qui estime ne pas pouvoir étendre la revendication de la liberté de penser publiquement aux femmes parce qu'elles sont, comme les domestiques, dans un état de dépendance.

principe à Christian Jacob Kraus, une lettre ouverte aux chefs d'État et à leurs serviteurs. L'essai de Kant était d'ailleurs lui aussi un appel au despote éclairé. L'intention de Hamann est de montrer que la conception kantienne de la publicité est inefficace et vaine : ou bien on mise sur la publicité, ou bien on en appelle au Prince. Hamann pense pouvoir « démontrer » que ce double langage de Kant correspond à une falsification du problème auquel sont confrontées les Lumières : l'assimilation kantienne de la non-liberté extérieure à une responsabilité, voire à une culpabilité intérieure de chaque homme. La solution qu'il propose, en rejetant toute la responsabilité sur l'ordre politique, débouche cependant sur une réaffirmation de la doctrine luthérienne des deux règnes.

Malgré ses excès de style et de langage, Hamann procède fort méthodiquement en trois temps, la forme ne devant pas dérouter et le « post-scriptum » devant être considéré comme la conclusion. Tout comme l'adresse « *Clarissime Domine Politice* » définit l'angle d'attaque véritable, le prétendu ajout tire les conclusions décisives. Dans les trois premiers paragraphes, Hamann annonce — ironiquement — son intention : rappeler le logicien Kant aux règles de la logique ; chez Kant le péripatétisme rationnel aurait pris la forme d'une « errance labyrinthique » (*labyrinthische Spaziergänge* [45]), et s'il faut vraiment tenir cela pour de la philosophie Hamann déclare préférer encore le genre « macaronique [46] ». Kant est un bouffon du prétendu despotisme éclairé [47]. À la maxime « *Sapere aude* » il importe donc d'adjoindre cette autre : « *Noli admirari* ». Hamann dit ne pas mépriser pour autant la philosophie et en particulier Platon ; mais il l'entend, au sens propre, que fera valoir Schiller dans ses *Lettres sur l'éducation esthétique* : l'amour de la sagesse [48]. Amour : le mot clé est ainsi introduit — le « cœur » (*Herz*). La culpabilité de l'homme opprimé est affaire non d'entendement mais de cœur. Ou plus exactement : il va falloir déterminer si la créature non émancipée

---

45. Le « style de Kant » (*Kant-Stil*) est comparé au *cant style* d'un prédicateur anglo-saxon appelé Cant, dont les raisonnements étaient si contournés que nul ne le comprenait. Ce calembour est censé être à l'image des jeux de mots sur lesquels repose toute la démarche de Kant.
46. En 1761, il avait ajouté à ses *Curiosités socratiques* de 1759 un épilogue en forme de comédie à la manière d'Aristophane.
47. Dans son *Traité de paix perpétuelle*, Kant s'efforcera de démontrer que les bouffonneries des philosophes touchent aux enjeux essentiels.
48. Cf. infra, chapitre IV, section 7.

manque de cœur ou si elle est tout simplement opprimée extérieurement.

Cette apparente « radicalisation » des Lumières va cependant les reconduire dans le giron de la religion. En effet, le rappel à l'ordre — la démonstration d'une bévue rationnelle — ne pourra user des seuls moyens de la logique. Constamment Hamann introduit les thèmes essentiels au détour d'arguments apparemment formels, mettant ainsi en œuvre cette autre façon de penser qu'il revendique. Ainsi le thème de la haute trahison est-il introduit ironiquement par la remarque que rappeler au logicien les règles de la logique équivaudrait à un acte de haute trahison. Or, il s'agit d'un aspect capital de la philosophie politique de Kant : le rapport entre la liberté de penser et l'obéissance du citoyen. Hamann suggère que la façon dont Kant conçoit ce rapport est un sophisme et que la « haute trahison » est intérieure à sa pseudo-logique. Il n'y a haute trahison que pour cette logique-là. Au moyen de sa démarche non logique, Hamann met ainsi en cause une conception centrale de la philosophie pratique kantienne. Les autres arguments associés à l'idée de haute trahison peuvent paraître décousus, mais ils sont tout aussi décisifs. L'évocation d'Hutchinson constitue une référence à la philosophie morale anglaise issue du sensualisme de Bacon [49]. L'allusion aux difficultés rencontrées à la bibliothèque royale pour emprunter certains ouvrages permet de dessiner l'axe majeur de la polémique : la « liberté de penser sous tutelle » (*vormundschaftliche Denkungsfreiheit*), une liberté de penser soigneusement contrôlée. Or, prétend Hamann, les ouvrages qui lui font défaut lui permettraient sans doute de comprendre ce mélange de loi et de liberté qui traduit à ses yeux un étrange accord du judaïsme et du christianisme. Contre le chiliasme judéo-chrétien qu'il soupçonne chez Kant, il plaide pour un authentique chiliasme philosophique.

Les paragraphes suivants tentent donc de faire ressortir de façon, comme dit Hamann, « esthétique » la bévue de Kant, sa « trahison » ou son « mensonge », son *proton pseudos*. Contre les élucubrations logiques de la philosophie savante, la démarche esthétique prétend à l'évidence du bon sens [50].

49. Cf. Rudolf Unger, *Hamann und die Aufklärung. Studien zur Vorgeschichte des romantischen Geistes im 18. Jahrhundert*, Niemeyer, Tübingen, 1963, p. 50 sq.

50. Hamann exige du philosophe socratique qu'il se garde de toute philosophie érudite (*gelehrte Philosophie* — sur la « philosophie érudite », voir infra, chapitre II) et qu'il reste proche du sentiment (*Empfindung*) — cf. Rudolf Unger, *Hamann...*, ibid., p. 157 sq.

Le πρωτον ψευδος, c'est l'assimilation abusive, illogique,
de l'incapacité et de la culpabilité. Comment puis-je être
« moi-même responsable » de ce qui n'est pas en mon
pouvoir ? Quel est *l'autre* anonyme dont parle Kant
lorsqu'il dit « se servir de son entendement sans la conduite
d'un autre » ? La responsabilité et la culpabilité est selon
Hamann à chercher du côté de cet autre, c'est-à-dire du
côté du ou des tuteurs ; Hamann dénonce l'alliance implicite entre le philosophe et le pouvoir, l'alliance d'une philosophie impuissante et aveugle avec un pouvoir aveugle
mais bien armé. Kant, on le sait, considère bien le prince
comme un des tuteurs, mais il en appelle au despote éclairé
pour qu'il permette aux tuteurs éclairés de publier leurs
pensées et d'éclairer leurs concitoyens. Pour Hamann cette
stratégie est vaine et le prétendu *Aufklärer* ne voit rien.
Toute la fin de la polémique repose sur cette image des
Lumières aveugles. Kant protestait en ces termes contre les
restrictions imposées aux Lumières : « j'entends de tous
côtés cet appel : *ne raisonnez pas* ! L'officier dit : ne raisonnez pas mais exécutez ! Le conseiller au département du
fisc dit : ne raisonnez pas mais payez ! Le prêtre dit : ne
raisonnez pas mais croyez ! ». Se référant expressément à
ce passage, Hamann se demande lequel des trois « tuteurs »
est le plus dangereux ; il répond : l'armée des prêtres. Kant
réservait dans son écrit un statut particulier à la foi : elle
était le domaine où, avant tout autre, devait être rendue
possible la liberté de conscience, mais sa démarche consistait à passer de la foi à « toutes les questions de conscience ». Hamann remet en question cette généralisation et
tend à dissocier la foi du problème politique général de la
liberté de conscience et d'expression. Dans le « post-
scriptum » il va dès lors chercher la solution dans la liberté
intérieure de la foi. Cette stratégie peut être rendue manifeste à partir d'une citation de la Bible : « déplacer des
montagnes » (Job, IX, 5). Le dilemme de Job est déjà la
contradiction entre la foi authentique et la croyance dogmatique en un Dieu déplaçant les montagnes ; dans le
Nouveau Testament en revanche (Paul, 1 Corinthiens,
XIII, 2), c'est la foi elle-même qui déplace les montagnes.
C'est à cette foi, qu'il conçoit de façon piétiste, qu'en
appelle Hamann. Pour lui la ligne de démarcation entre
liberté et non-liberté ne passe pas entre l'obéissance privée
et la liberté publique (cf. le « post-scriptum »), mais entre
l'obéissance en tous domaines (y compris le domaine religieux) et la foi authentique. C'est toute la sécularisation du
protestantisme accomplie par Kant qui est remise en ques-

tion [51], car ce que rejette Hamann, c'est la solution politique, qu'il tient pour seulement extérieure et donc incapable de nous rendre intérieurement libres [52].

La polémique débouche sur une attaque en règle de la prétendue « Lumière du Nord », une lumière lunaire à laquelle fait défaut selon Hamann la chaleur du soleil qui réchauffe les cœurs de ceux qui évoluent en pleine lumière, « en plein midi ». « Le post-scriptum » lui oppose une autre conception des Lumières, une « transfiguration » (*Verklärung*) intérieure seule capable de révolutionner l'extérieur. Il manque au chiliasme kantien cette illumination intérieure pour qu'il cesse d'être une *Aufklärung* « entre chien et loup », une demi-*Aufklärung* donc, mêlant l'ombre de l'obéissance à la lumière d'une liberté promise mais inaccessible.

51. La conception kantienne est qualifiée de fausse solution, de solution « biaise », qui révèle son côté « tordu » par le sort qu'elle fait aux femmes, exclues de la solution politique de l'émancipation parce qu'elles sont dans une situation de dépendance. Pour Hamann les femmes ont en revanche le même accès à la liberté intérieure de la foi.

52. Cf. *Hamann...*, Unger, *op. cit.*, p. 127 sq.

CHAPITRE II

DU RATIONALISME
À LA CRITIQUE DE LA RAISON

1. LEIBNIZ ET WOLFF

La présence de Leibniz dans une anthologie de l'*Aufklärung* appelle une justification. Il est vrai qu'il meurt en 1716, à l'aube du siècle des Lumières. Pourtant, l'influence de sa pensée demeure considérable jusqu'à la fin du siècle. Victor Delbos a parfaitement raison d'affirmer que « c'est de Leibniz que dérive le rationalisme allemand ; c'est la pensée leibnizienne qui a mis fin à l'empire exercé dans les universités de l'Allemagne par cet aristotélisme très voisin encore de la scolastique que Melanchton avait accommodé à la Réforme et qui était devenu le fondement de la dogmatique protestante [...]. La doctrine des monades, en son sens authentique ne rencontra guère de partisans. En revanche, certaines idées générales incluses dans son système, dès qu'elles commencèrent à se répandre, eurent une grande fortune ; en se resserrant et se limitant, elles entrèrent pour une large part dans la composition de l'esprit du XVIIIᵉ siècle : telle l'idée d'une science formée de concepts clairs et bien liés, capable de trouver à tout une raison suffisante, d'assurer aussi par l'extension des connaissances un accroissement continu de perfection et de bonheur dans la nature humaine ; telle l'idée d'un ordre providentiel qui, en se réalisant dans le monde donné, en fait le meilleur des mondes possibles, et selon lequel la finalité même de la nature aboutit par un progrès certain à l'accomplissement des fins morales. Une conception optimiste de la raison et de la science permettait d'accorder immédiatement la moralité, d'une part avec l'intérêt général aussi bien qu'avec le contentement de chacun, d'autre part avec la piété et la foi en ce qu'elles ont de conforme à la pratique et à la vérité salutaires [1] ». De fait l'*Aufklärung*, même si l'on entend par là l'époque de Kant, se compose de leibniziens, de wolffiens et bien entendu aussi de tous ceux qui, ouverts notamment à la philosophie anglaise, combattent le « leibniziano-wolffisme ». Mais il y a encore ceux, en particulier parmi les *Popularphilosophen* (philosophes populaires), qui sont passés par l'école de Wolff mais reviennent à Leibniz : Nicolaï, Mendelssohn, Lessing. Bref, Leibniz appartient encore pleinement à l'horizon des Lumières allemandes.

Le « leibniziano-wolffisme » : c'est ainsi qu'on a coutume de désigner (depuis le XVIIIᵉ siècle d'ailleurs [2]) la métaphysique récusée par Kant, en négligeant au demeurant tout ce qui sépare Wolff de Leibniz — au premier chef son refus de l'harmonie préétablie, mais aussi le fait qu'il dénie aux substances simples toute perception [3]. Wolff n'en est pas moins responsable de cette globalisation, car c'est lui qui introduisit les idées leibniziennes dans l'enseignement universitaire allemand. Il n'est, quant à lui, pratiquement jamais abordé dans l'enseignement français. On lui a fait une réputation affreuse : « La pensée si vivante et si savoureuse de Leibniz laisse peu de courage pour aborder la doctrine inerte de Wolff [4]. » Wolff, poursuit Émile Bréhier « fut celui qui

1. Victor Delbos, *La Philosophie pratique de Kant*, PUF, 1969, p. 12 sq.

2. La désignation « leibniziano-wolffisme » a été créée par G. B. Bilfinger — ou Bülfinger (1693-1750).

3. De son propre aveu Wolff n'a jamais bien compris l'utilité de la monadologie (cf. sa « métaphysique allemande », c'est-à-dire les *Vernünftige Gedanken von Gott, der Welt und der Seele des Menschen, auch allen Dingen überhaupt*, Leipzig, 1719). Les deux premiers extraits retenus ici sont tirés de la *Theologia naturalis* de 1736 ; ils permettent de mettre en évidence cette relation de Wolff à Leibniz. Le fait que les substances simples puissent ne pas être dotées de perception est d'une importance considérable, car il s'agit de corps se mouvant dans l'espace. Ce dernier n'est donc plus un *phaenomenon* au sens platonicien, comme chez Leibniz, mais devient une détermination de l'être : la réalité des êtres immatériels. Cette conception va se répercuter (cf. infra) sur l'articulation du savoir en sciences rationnelles et sciences empiriques.

4. Émile Bréhier, *Histoire de la philosophie allemande*, Vrin, 1933, p. 40. La trentaine de pages que Bréhier consacre au passage « de Leibniz à Kant » n'en reste pas moins remarquable par son information et du même coup aussi son approche non réductrice de l'*Aufklärung*. On y relève *a contrario* que « la seconde moitié du

imprima à la philosophie allemande un caractère scolaire et universitaire », quoiqu'il faille reconnaître qu'il a constitué « une doctrine philosophique remarquable par son enchaînement systématique ». Il fut, selon le mot de Hegel, « l'instituteur de l'Allemagne ». C'est là toucher le cœur du problème : pour tout le XVIIIᵉ siècle, la présence massive du wolffisme était incontournable. Si, de manière générale, il est d'usage de faire comme si l'*Aufklärung* ne commençait qu'après lui, cette opinion se révèle à l'examen absolument fausse. Non seulement Wolff fut le maillon intermédiaire entre le rationalisme de Leibniz et l'*Aufklärung* de la deuxième moitié du XVIIIᵉ siècle, non seulement la « philosophie d'école » et la métaphysique avec lesquelles Kant dut en découdre sont wolffiennes, mais on aurait tort de schématiser et de croire que le kantisme a chassé le wolffisme. Deux remarques s'imposent. La première concerne l'interrogation fondamentale du kantisme : les conditions *a priori* grâce auxquelles la réalité peut exister ; c'est bien la question que pose Wolff. C'est la réponse qui est différente : la domination, chez Wolff, du principe de contradiction qui permet seul d'attribuer *a priori* tels prédicats à l'être [5]. La seconde concerne la présence du wolffisme dans la culture des Lumières de l'Europe continentale. « *Sapere aude* », la devise que Kant cite au début de « Qu'est-ce que les Lumières ? », en 1784, vient certes d'Horace, mais elle est aussi l'exergue d'une médaille frappée par un cercle wolffien, la société des

---

XVIIIᵉ siècle [...], l'époque des Lumières [est une] époque assez banale où prévalent la pensée superficielle, l'appel au sens commun, le style élégant, en un mot la philosophie populaire » (*ibid.*, p. 47).

5. Lorsqu'il définit l'ontologie comme la « science des choses en tant que telles, c'est-à-dire de la possibilité de notre connaissance *a priori* des choses, indépendamment de l'expérience », Kant reprend la définition wolffienne de la métaphysique comme « la science de toutes choses possibles, montrant quand et comment elles sont possibles » ; cf. infra, note 43. Le maître de Kant, Martin Knutzen, et Baumgarten, dont la *Metaphysica* de 1739 constitua des années durant la matière de son enseignement de la métaphysique, étaient l'un et l'autre wolffiens. Pour eux comme pour Wolff, la métaphysique est une pure doctrine des principes, l'ontologie une théorie de la connaissance. C'est de l'école wolffienne que Kant reprend du reste le terme « transcendantal » ; pour les wolffiens les *proprietates transcendantales* étaient l'unité, la vérité et la bonté ; ces propriétés étaient données avec l'être de tout étant, donc, *a priori*, et ne dépendaient pas d'une expérience particulière. Pour Kant, toutefois, il ne s'agit plus de données fondées ontologiquement et objectivement dans l'être de l'étant, mais logiquement et subjectivement dans le sujet connaissant.

Alétophiles [6], et par cette citation Kant reconnaît indirectement droit de cité au wolffisme dans le mouvement de
l'*Aufklärung*. Le wolffisme est, toute philosophie d'école
qu'il soit, la référence intellectuelle de toute la *Popularphilosophie* (philosophie populaire). Le wolffisme sous-tend
l'esthétique philosophique de Baumgarten [7] tout autant que
la pensée de Mendelssohn et les différentes variantes du
déisme, notamment Reimarus [8]. Sa présence dans la culture de l'*Aufklärung* est infiniment plus importante que
celle du kantisme. Via la *Popularphilosophie*, cette présence
est particulièrement influente dans le domaine de la philosophie pratique et de la pensée politique. Wolff est le
penseur du « despotisme éclairé [9] ». Sa pensée en est une
des données doctrinales essentielles, notamment du josé-
phisme, et c'est pourquoi elle est diffusée largement tant
dans les séminaires théologiques que dans les universités
protestantes aussi bien que catholiques. De surcroît, la
pensée de Wolff, qui s'exprimait tantôt en allemand [10],
tantôt en latin [11], ou bien encore en français, connaît une
diffusion européenne. La marquise du Châtelet, compagne
de Voltaire, diffuse Wolff en France, relayant les efforts des
wolffiens de langue française établis à Berlin ou aux Pays-
Bas, dont le pasteur Jean Deschamps, précepteur des

6. La pénétration du wolffisme dans les loges maçonniques
semble avoir été considérable ; on la relève chez les Illuminés de
Bavière. Cela recoupe la problématique inhérente à l'*Aufklärung*
entre sectes et publicité (voir le cas exemplaire, seul retenu ici, des
Dialogues maçonniques de Lessing).

7. Jusqu'à Lessing les philosophes allemands qui s'intéressent au
domaine esthétique — Gottsched, Bodmer... — sont tous disciples
de Wolff.

8. Cf. infra les textes et les commentaires sur ces auteurs.

9. Cf. infra chapitre IV, « Histoire et politique », section 3,
« Théorie et critique du despotisme éclairé ».

10. Cf. l'extrait des *Vernünftige Gedanken von dem gesellschaftlichen Leben der Menschen* (*Pensées rationnelles sur la vie sociale des
hommes*, 1722) ; on citera aussi : *Vernünftige Gedanken von Gott, der
Welt und der Seele, auch allen Dingen überhaupt* (*Pensées rationnelles
sur Dieu, le monde et l'âme ainsi que sur toutes choses possibles*, 1719),
Vernünftige Gedanken von der Menschen Tun und Lassen (*Pensées
rationnelles sur les activités des hommes*, 1720).

11. Cf. les deux extraits de la *Theologia naturalis* (1736-1737) ;
autres œuvres majeures en latin : *Philosophia rationalis sive logica*
(1728), *Philosophia prima sive ontologia* (1729), *Cosmologia generalis*
(1731), *Psychologia empirica* (1732), *Psychologia rationalis* (1734),
Jus naturae (1740-1748), *Jus gentium* (1749), *Philosophia moralis*
(1750-1753), *Oeconomica* (1750).

enfants de Frédéric II [12]. La contribution de Formey, pasteur réformé, secrétaire perpétuel de l'Académie des sciences et belles-lettres de Berlin et collaborateur influent de l'*Encyclopédie*, fut également considérable, notamment dans le domaine du droit [13]. Membre de l'Académie des sciences de Paris, Wolff a dominé dans la première moitié du siècle la philosophie du droit naturel de l'Europe continentale, supplantant celle de Pufendorf. Théophile Funck-Brentano a pu affirmer, à la fin du XIXᵉ siècle, que le *Contrat social* de Rousseau ne faisait que démarquer les idées de Wolff [14]. Les sources romandes privilégiées de Rousseau, Jean Barbeyrac et Jean-Jacques Burlamaqui, qui greffèrent Wolff sur Pufendorf, rendent cette affirmation à tout le moins plausible.

LEIBNIZ
« *Mathesis universalis* »
et « *scientia generalis* »

Quel grand bonheur ce serait, croyez-moi, si un tel langage s'était déjà établi il y a cent ans ! Car les arts se seraient développés avec une rapidité miraculeuse et, du fait que les capacités de l'esprit humain auraient été étendues à l'infini, les années seraient devenues des siècles. Ni le télescope, ni le microscope n'ont autant apporté à l'œil que ce qu'aurait apporté à la pensée cet instrument [...]. Tentons donc, après la découverte d'instruments pour la vue et l'ouïe, de construire pour l'esprit un nouveau télescope qui ne nous rapprochera pas seulement des étoiles mais des

12. Cf. au chapitre IV, section 3, l'extrait « Le philosophe-Roi et le Roi-philosophe... », traduit du latin par Jean Deschamps.

13. Cf. Marcel Thomann, « Influence du philosophe allemand Christian Wolff sur l'*Encyclopédie* et la pensée juridique et politique du XVIIIᵉ siècle français », in *Archives de philosophie du droit*, tome XIII, 1968. Formey fut, avec Boucher d'Argis et le chevalier de Jaucourt — à qui l'on doit au moins 28 % des articles de l'*Encyclopédie* —, le diffuseur des idées wolffiennes dans le milieu des Encyclopédistes. Dans les nombreux tomes de sa *Belle wolffienne*, Formey se proposa même de rendre la pensée de Wolff accessible au beau sexe.

14. Th. Funck-Brentano, « Essai de démonstration », in *Bulletin de la Société internationale des Études pratiques d'économie sociale*, tome VI, Paris, 1879, p. 107-115 ; cf. Marcel Thomann, *ibid.*, cf. note 13.

intelligences elles-mêmes et qui ne rendra pas seulement visibles la surface des corps mais également les
formes intérieures des choses.

Je méditai donc sur mon vieux projet d'un langage
ou d'une écriture rationnelle dont l'universalité et la
communication entre des nations différentes ne serait
que le moindre des effets. Sa véritable utilité résiderait
en ceci qu'il ne reproduirait pas seulement [...] les
mots mais aussi les pensées et qu'il parlerait plus à
l'entendement qu'aux yeux. Car si nous en disposions
sous la forme que je me représente, nous pourrions
alors argumenter en métaphysique et en morale pratiquement de la même façon que nous le faisons en
géométrie et en analyse car les caractères donneraient
un coup d'arrêt aux pensées par trop vagues et par
trop fugaces que nous avons en ces matières ; l'imagination ne nous y est en effet d'aucun secours, si ce
n'est au moyen de tels caractères.

Voici ce à quoi il faut arriver : que chaque paralo-
gisme ne soit rien d'autre qu'une erreur de calcul et
que chaque sophisme, exprimé dans cette sorte de
nouvelle écriture, ne soit en vérité rien d'autre qu'un
solécisme ou un barbarisme que l'on puisse corriger
aisément par les seules lois de cette grammaire philosophique.

Alors il ne sera plus besoin entre deux philosophes
de discussions plus longues qu'entre deux mathémati-
ciens puisqu'il suffira qu'ils saisissent leur plume,
qu'ils s'asseyent à leur table de calcul (en faisant appel
s'ils le souhaitent à un ami) et qu'ils se disent l'un à
l'autre : « Calculons ! »

J'aurais souhaité pouvoir proposer une sorte de
caractéristique universelle dans laquelle toutes les
vérités de raison pussent être ramenées à une sorte de
calcul. Il pourrait s'agir en même temps d'une sorte
de langage ou d'écriture universels mais qui seraient
infiniment différents de tous ceux que l'on a projetés
jusqu'à maintenant. Car en eux les caractères et les
mots guideraient d'emblée la raison et les fautes
(mises à part les erreurs matérielles) n'y seraient que

des erreurs de calcul. Il serait très difficile de constituer ou d'inventer cette langue ou cette caractéristique, mais en revanche fort aisé de l'apprendre sans aucun dictionnaire. Elle serait également utile pour évaluer les degrés de probabilité (lorsque nous n'avons pas de données suffisantes pour parvenir à des connaissances certaines), afin de voir également de quoi l'on a besoin pour y remédier. Et cette évaluation représenterait l'un des aspects les plus importants eu égard à l'utilité pratique et à la délibération des actions, lors de laquelle le plus souvent on se trompe plus qu'à moitié en évaluant les probabilités.

Scientia generalis, in *Philosophische Schriften*, éd. C.I. Gerhardt, tome VII, p. 14 sq. **.

*

Dans une de ses premières dissertations écrite à l'âge de vingt ans, *De arte combinatoria* (1666), Leibniz avait conçu le projet d'un « alphabet des pensées humaines » qui devait permettre en toutes matières des démonstrations rigoureuses, de type mathématique. Un des enjeux, et non des moindres, est, comme le souligne la fin de notre extrait, l'application de cette méthode aux questions pratiques et notamment à la jurisprudence (la même année que la *Dissertatio de arte combinatoria*, Leibniz soutint sa thèse de doctorat sur le sujet *De casibus perplexis in jure*). Une dizaine d'années plus tard, le vaste projet inachevé *Plus ultra, sive initia et specimina scientiae generalis* entend élaborer une « doctrine des signes et des principes » qui constituerait le fondement d'une méthodologie universelle et, par là même, du système des sciences. Ce qui restera de ces tentatives, c'est la primauté accordée par Leibniz à la démonstration formelle plutôt qu'à l'évidence, comme c'était le cas chez Descartes [15]. Ainsi (cf. infra sur le deuxième extrait), Descartes s'est arrêté à des notions comme celle d'étendue qu'il eût fallu, selon Leibniz, encore soumettre à une analyse.

15. Cf. les *Animadversiones in partem generalem Principiorum Cartesianorum* (*Remarques sur la partie principale des « Principes » de Descartes*), 1692. Sur cet ouvrage, voir Yvon Belaval, *Leibniz critique de Descartes*, Gallimard, 1960.

Cette exigence, qui fonde la méthode leibnizienne, est fondamentalement la même que celle qui guide sa monadologie (cf. infra), et c'est bien pourquoi le but poursuivi par la formalisation des démonstrations n'est en rien purement formel mais concerne en dernière analyse l'être même des possibles. Logique et métaphysique sont inséparables et, sans trop exagérer [16], on pourrait dire que la logique de Leibniz est une logique transcendantale qui anticipe la problématique kantienne : à quelles conditions y a-t-il accord entre les phénomènes et les lois, c'est-à-dire à quelles conditions y a-t-il *connaissance* ? De même que la monadologie distingue substance composée et substance simple, l'analyse consiste à décomposer les propositions en concepts simples. Ces derniers peuvent être alors représentés par des symboles — des « caractères » — , en sorte que les raisonnements deviennent des combinaisons de caractères et que « toutes les vérités de raison [peuvent] être ramenées à une sorte de calcul ».

Ce calcul devait non seulement permettre des jugements rigoureux mais également fonder une logique de l'invention, car, dans une telle combinatoire, les notions nouvelles ne sont jamais que des combinaisons d'autres notions. Dès 1666, Leibniz affirme deux principes qui demeureront intangibles et qu'on retrouvera encore dans *La Monadologie* en 1714 : les principes de contradiction et de raison suffisante. Ces deux principes s'appliquent aux vérités de raison et aux vérités de fait. Dans le cas des premières, qui nous intéresse ici, la démonstration consiste à mettre en équation les éléments simples dont elles se composent de telle sorte qu'elles se résolvent en propositions identiques. À la différence des idées claires et distinctes de Descartes, les « vérités de raison » de Leibniz sont toujours démontrées et répondent toujours à ce principe d'identité, et toute proposition est démontrable, c'est-à-dire que l'on peut en prouver la raison suffisante. Il n'y a de « science » que lorsque les vérités de fait sont transformées en de telles vérités de raison, c'est-à-dire que l'univers tout entier repose sur un ensemble de propositions scientifiques universelles et démontrables. L'enjeu de ce calcul symbolique est donc capital : sans lui les limites qui affectent notre point de vue humain (cf. infra sur la hiérarchie des monades) nous confineraient dans des

16. Ni entrer dans la question de savoir si la métaphysique de Leibniz se réduit à sa logique (cf. Louis Couturat, *La Logique de Leibniz*, Alcan, 1901, et Bertrand Russell, « Recent Work on the Philosophy of Leibniz », in *Mind*, n° 12, 1903).

limites qui nous interdiraient de dépasser les « vérités » tirées de l'observation empirique.

Si Leibniz, pour ces raisons fondamentales, n'abandonna jamais son projet de *mathesis universalis* [17], il ne s'illusionnera toutefois pas sur son caractère utopique (cf. « j'aurais souhaité ») ou du moins purement régulateur. Pour qu'il fonctionne parfaitement, il faudrait que l'esprit humain ait des termes primitifs des connaissances claires, distinctes et adéquates [18], c'est-à-dire que l'analyse parvienne vraiment aux ultimes éléments simples. À défaut — et même dans la science la plus claire, celle des nombres —, on est contraint de s'en remettre à l'expérience. Au fur et à mesure de l'évolution de sa pensée, le projet de « caractéristique universelle » s'est également transformé [19]. Dans la dissertation de 1666, le modèle de cette combinatoire est arithmétique. L'approfondissement de sa réflexion mathématique pendant son séjour parisien entre 1672 et 1676 l'amène à se rendre compte que la figure géométrique n'est pas réductible au nombre et à élaborer une « caractéristique géométrique » qui devrait permettre, comme il l'écrit à Huygens en septembre 1679, de décrire « par exemple au moyen des seules lettres de l'alphabet » n'importe quel mécanisme complexe et de le rendre aisément maîtrisable par l'esprit sans qu'il soit besoin d'avoir recours à l'intuition sensible. Mais la raison profonde pour laquelle ce projet était inachevable tient plus fondamentalement au fait qu'il aurait dû être une « analyse de l'infini », selon l'expression que Leibniz emploie fréquemment, c'est-à-dire qu'il devait répondre à deux exigences apparemment inconciliables : d'une part, l'exigence analytique propre à l'intelligibilité et, d'autre part, l'infinitisme résultant — comme on va le voir — du caractère inexhaustible de ce qui est véritablement réel. Dans le cas des vérités de fait, qui ne reposent que sur l'observation et

17. Dans *De primae philosophiae emendatione, et de notione substantiae* (*De la réforme de la philosophie première et de la notion de substance*) en 1694, critiquant les termes généraux dont use la métaphysique (substance, cause, action, relation, etc.), termes qui rendent les notions concernées obscures, il dira encore qu'afin de procéder en métaphysique « avec non moins de certitude que par la méthode d'Euclide », il convient de se doter d'un lexique rigoureux.

18. « ... ajustées et convenables », dit le § 11 des *Principes rationnels de la nature* (voir ci-dessous notre troisième extrait), un point de vue qui n'est possible qu'à Dieu.

19. Voir notamment, pour ne citer que quelques étapes : *Generales Inquisitiones de analysi notionum et veritatum ; Principia calculi rationalis ; Difficultae logicae ; De formae logicae comprobatione per linearum ductus*.

l'induction, l'analyse à la recherche d'une raison suffisante prend la forme d'une régression à l'infini à laquelle seul Dieu met fin. Dans la nouvelle géométrie qu'il élabore à Paris, Leibniz a pourtant cru trouver le fondement d'une logique de l'infini à partir de l'idée que le point est l'élément géométrique le plus simple ; dans le cas d'une ligne droite, ces points sont en nombre infini [20] mais chacun d'eux est du même coup une ligne infinitésimale qui ne change rien aux propriétés de la courbe, par rapport par exemple à sa tangente. Les travaux sur le calcul infinitésimal publiés entre 1684 et 1686 avaient en somme pour but de fonder une « logique de l'infini » qui eût définitivement assuré le principe de raison suffisante puisque le calcul infinitésimal permet de montrer qu'il n'y a pas de variété, aussi arbitraire soit-elle en apparence, qui ne dérive d'une loi.

La monade

3. Tout est plein dans la nature, il y a des substances simples partout, séparées effectivement les unes des autres par des actions propres qui changent continuellement leurs rapports et chaque substance simple ou Monade distinguée qui fait le centre d'une substance composée (comme par exemple d'un animal) et le principe de son unicité, est environnée d'une Masse composée d'une infinité d'autres Monades qui constituent le corps propre de cette Monade centrale suivant les affections duquel elle représente, comme dans une manière de centre, les choses qui sont hors d'elle. Et ce corps est organique, quand il forme une manière d'Automate ou de Machine de la Nature, qui est machine non seulement dans le tout, mais encore dans les plus petites parties, qui se peuvent faire remarquer. Et comme à cause de la plénitude du Monde tout est lié et que chaque corps agit sur chaque autre corps, plus ou moins, selon la distance, et en est affecté par réaction, il

20. Cette phase de la pensée de Leibniz est en même temps la base de sa critique de Descartes, comme on va le voir à l'occasion des extraits suivants : l'étendue de Descartes n'est nullement une « substance » mais, en réalité, plutôt une succession de points, un « être par agrégation ».

s'ensuit que chaque Monade est un Miroir vivant ou doué d'action interne, représentatif de l'univers, suivant son point de vue et aussi réglé que l'univers lui-même. Et les perceptions dans la Monade naissent les unes des autres par les lois des Appétits ou des causes finales du bien et du mal qui consistent dans les perceptions remarquables, réglées ou déréglées : comme les changements des corps et des phénomènes au-dehors naissent les uns des autres par les lois des causes efficientes, c'est-à-dire des mouvements. Ainsi il y a une harmonie parfaite entre les perceptions de la Monade et les mouvements des corps, préétablie d'abord entre le système des causes efficientes et celui des causes finales, et c'est en cela que consistent l'accord et l'union physique de l'âme et du corps, sans que l'un puisse changer les lois de l'autre.

4. Chaque Monade, avec un corps particulier fait une substance vivante. Ainsi il n'y a pas seulement de la vie partout, jointe aux membres ou organes ; mais même il y en a une infinité de degrés dans les Monades, les unes dominant plus ou moins sur les autres : mais quand la Monade a des organes si ajustés, que par leur moyen il y a du relief et du distingué dans les impressions qu'ils reçoivent et par conséquent dans les perceptions qui les représentent (comme par exemple, lorsque par le moyen de la figure des humeurs des yeux, les rayons de la lumière sont concentrés et agissent avec plus de force), cela peut aller jusqu'au sentiment, c'est-à-dire jusqu'à une perception accompagnée de mémoire, à savoir, dont un certain écho demeure longtemps pour se faire entendre dans l'occasion ; et un tel vivant est appelé Animal, comme sa Monade est appelée une Âme. Et quand cette Âme est élevée jusqu'à la Raison, elle est quelque chose de plus sublime, et on la compte parmi les esprits.

Vernunftprinzipien der Natur und der Gnade — Principes de la nature et de la grâce fondés en raison, Französisch-deutsch,

Auf Grund der kritischen Ausgabe von André Robinet (1954) und der Übersetzung von Arthur Buchenau mit Einführung und Anmerkungen herausgegeben von Herbert Herring, Felix Meiner, Hamburg, 1956, § 3 et 4, p. 4-6.

*

Si l'œuvre de Leibniz, mathématicien, jurisconsulte, historien, diplomate et philosophe, est immense et touffue, on y trouve de nombreux petits traités dont chacun reprend presque en entier l'exposé de tout le système ; ainsi *La Monadologie* fut écrite en 1714 pour le prince Eugène de Savoie et, dans les *Principes de la nature et de la grâce* dont sont tirés nos extraits, Leibniz expose à nouveau l'essentiel de sa conception à l'intention de correspondants français. La tâche du commentateur n'en est pas simplifiée pour autant, bien au contraire. Chaque phrase de ces traités est si concise et si dense qu'elle requiert de lui qu'il développe dans son commentaire l'ensemble du système. Ainsi peut-on dire que les deux paragraphes des *Principes de la nature et de la grâce* proposés ici résument toute la monadologie. C'est bien pourquoi nous les avons choisis, sans pour autant prétendre en épuiser l'interprétation. On partira, comme il se doit, de la lettre du texte et donc de la première phrase de l'extrait : « Tout est plein dans la nature... »

Cette proposition peut permettre de situer Leibniz dans l'horizon épistémologique dans lequel intervient sa pensée. D'un côté elle reprend à son compte l'ambition métaphysique d'une explication globale du monde, de l'autre elle place cette ambition sur le terrain de la physique. D'emblée les deux extrêmes qui cadrent la pensée de Leibniz — la physique et la théologie — sont énoncés. On dira, sans trop schématiser, que l'enjeu de la monadologie est de les articuler et de les réconcilier.

Cependant cette proposition a un contenu plus précis. Elle prend position sur la physique de Newton qui, pour sa part, admet les vides et les actions à distance, alors que pour Leibniz les substances simples ne sont séparées que « par des actions propres qui changent continuellement leurs rapports » : « ... à cause de la plénitude du Monde tout est lié et [...] chaque corps agit sur chaque autre corps, plus ou moins, selon la distance et en est affecté par réaction... » (§ 3).

Cette conception est donc mécaniste. Mais elle est aussi dynamique en un sens qui la distingue radicalement de la physique cartésienne. D'une part la notion essentielle chez

Leibniz est celle de force et non celle d'étendue, d'autre part la force n'est pas chez lui seulement une donnée quantifiable. Sous sa forme quantifiable, elle n'est, comme dit ailleurs Leibniz, que « l'état présent du mouvement qui tend à un état suivant ou implique ce dernier ». Elle est avant tout l'« impulsion », le *Streben*, ou « appétit » (*Begehrung*), qui habite chaque monade. Ce n'est pas d'une autre, extérieure, qu'elle reçoit cette impulsion qui la rend active mais d'une *vis activa* qu'elle a en elle-même [21]. Les forces dont s'occupe la physique ne sont en réalité que des « forces dérivées », par opposition à la *vis primitiva* ou *entelechia primitiva* de la monade. Il faut relier à ce principe la fameuse formule selon laquelle la monade est « sans fenêtres » [22] : elle a son principe d'être en elle-même, son « entéléchie ». Chaque monade est active, douée d'une force interne ou « force primitive » (cf. « par des actions propres », « doué d'action interne » — § 3). Elle est *vivante*. D'où le débat sur la conservation de la force, à partir duquel se produisit la rupture de Leibniz avec la physique de Descartes : *mv* chez Descartes, soit la seule conservation de la *quantité de mouvement*, mv^2 (le produit de la masse par le carré de la vitesse) chez Leibniz, c'est-à-dire la quantité *de l'action motrice* [23]. De cette loi Leibniz va également tirer la conception nouvelle et décisive de la conservation de la quantité *de progrès*.

La plénitude sans faille du monde renvoie à l'idée que Dieu a « programmé » les monades de telle façon qu'elles soient à la fois individuelles et pourtant en relation et en accord avec toutes les autres. Plus : étant ainsi en phase avec tout le reste du monde, chaque monade est affectée par le tout ; elle est, dit Leibniz, un miroir représentatif de l'univers selon son point de vue individuel propre. Elle est à la fois individuelle et image du tout. Elle « représente comme dans une manière de centre les choses qui sont hors d'elle ». C'est cela que Leibniz appelle chez la monade « perception » — un terme qui, on va le voir, n'implique nullement d'emblée que la monade soit douée de conscience au sens où on l'entend habituellement. Car, d'une certaine façon, pour Leibniz, *toutes* les monades ont une conscience, mais une conscience qui présente des degrés divers — sommeil, rêve, conscience éveillée — selon la nature de cette monade. De plus, dans le sommeil sans rêves, une monade humaine

---

21. Cf. notamment *De la réforme de la philosophie première...*, 1694 (cf. supra note 17).

22. *La Monadologie*, § 7.

23. Cf. Martial Gueroult, *Dynamique et métaphysique leibniziennes*, Belles-Lettres, 1934 ; rééd. Aubier, 1967.

ne se distingue plus d'une monade inférieure [24] — une idée
qui conduit Leibniz à faire de la mort elle-même un état de
léthargie passager. La nature, en effet, ne fait pas de sauts ;
elle est entièrement régie par le principe de continuité ; la
naissance et la mort ne sont que des dénominations
humaines pour un processus de transformation, de *métamorphose* [25]. Au fil du temps, toutes les composantes matérielles
d'un organisme peuvent être remplacées par d'autres, sans
que pour autant il s'agisse d'un autre organisme ; sa structure, son entéléchie, demeure.

Il y a bien une « révolution leibnizienne », qui distingue
fondamentalement sa pensée de celle de Descartes, et cette
révolution était plus résistante à la « révolution copernicienne » requise par Kant que ne pouvait l'être le cartésianisme [26]. C'est sans doute ce qui explique l'influence
durable du leibnizianisme pendant tout le XVIIIᵉ siècle. Descartes est dualiste, Kant aussi. Leibniz était le seul qui
offrait, dans la « querelle du panthéisme » [27], des bases permettant de ne pas rester confiné dans le choix entre le cartésianisme dualiste, qui avait besoin de Dieu pour mettre en
rapport la *res extensa* et la *res cogitans,* et le *hen kai pan*
spinoziste. La différence réside en ceci : Descartes veut
partir de la certitude du *cogito* ; Leibniz, lui, part des « perceptions » de l'univers qui sont celles des monades, ou plus
exactement *que sont* les monades ? Car ce que Leibniz
appelle une monade n'est avant tout que l'individualité
d'une perception de l'univers. Il substitue au débat entre
réalisme et idéalisme la représentation de l'univers. Il en
découlera, pour la conception de la connaissance, que
l'expérience ne vient pas « remplir » la conscience et que rien
n'est dans les sens qui ne soit auparavant dans l'entendement (et non, selon la formule scolastique : *Nihil est in intellectu quod non prius fuerit in sensu*) ; dans la monade, il n'est
rien qui ne soit inné puisqu'elle trouve déjà tout en elle-
même. La monadologie fournit donc à Leibniz la solution
du problème des idées innées et lui permet de prendre position en 1704, dans ses *Nouveaux essais sur l'entendement*

24. *La Monadologie*, § 20.
25. Et Leibniz précise qu'il s'agit bien de métamorphose, et non
de métempsycose, comme ce serait le cas si l'âme quittait le corps
pour un autre corps. Cf. plus bas sur les rapports entre l'âme et le
corps.
26. C'est la raison pour laquelle il nous a paru indispensable
d'intégrer une présentation de Leibniz à cette anthologie de
l'*Aufklärung*.
27. Cf. infra chapitre III.

humain [28] sur l'empirisme de Locke [29] auquel il objecte : « *Nihil est in intellectu quod non prius fuerit in sensu, nisi intellectus ipse* » (si ce n'est l'entendement lui-même). « L'âme renferme l'être, la substance, l'un, le même, la cause, la perception, le raisonnement et quantité d'autres notions que les sens ne sauraient donner [30]. » Pour Leibniz le problème n'est du même coup pas tant celui du rapport du sujet au monde extérieur, du *cogito* à la *res extensa*, puisque la monade est toujours déjà pleine du monde et que si cette représentation est dans l'âme, c'est bien qu'il existe un monde hors de l'âme ; c'est plutôt celui de la distinction entre les représentations imaginaires et les représentations de phénomènes réels, qui n'est autre que celui des *mondes possibles*. Ce qui permet de distinguer le possible du réel est la *compossibilité*. Par opposition au simple possible, le réel est une représentation associée et en accord avec d'autres représentations possibles avec lesquelles elle forme un ensemble cohérent, *non contradictoire* [31].

La monade n'a pourtant pas en tant que telle de réalité corporelle — et c'est du reste en cela que réside sa nature indivisible et indestructible (§ 2) ; elle n'a d'autre réalité que celle de ses perceptions et de ses « appétitions » [32], c'est-à-dire ce qui la fait passer d'une perception à une autre. On pourrait la définir, dit Leibniz, comme un « atome immatériel », qu'il appelle cependant aussi « atome substantiel ». Car Leibniz refuse de confondre substance et corps ; la monade est une substance [33], mais elle n'est pas un corps. Et, à l'inverse, il faut se garder de confondre les corps (composés) avec les seules véritables substances, les monades (il s'agit là à nouveau d'une critique envers Descartes) : « *Monada solam esse substantiam, corpus substantias, non sub-*

28. Qui ne seront publiés qu'en 1765.

29. *An Essay concerning Human Understanding* (1690), *Essai philosophique concernant l'entendement humain*, Vrin, 1972.

30. *Nouveaux essais sur l'entendement humain*, livre II, chapitre I, GF-Flammarion, 1966, p. 92.

31. Ce qui fait d'ailleurs dire à Leibniz que la réalité est « *complementum possibilitatis* ».

32. Sur un autre plan, celui de la problématique liberté-nécessité, cette conception pose évidemment le problème de la liberté de la monade, à laquelle Leibniz dénie tout autre pouvoir que celui de représenter le monde et de passer d'une perception à une autre en vertu de l'accord entre causes efficientes et causes finales.

33. Et sur ce point Leibniz est en accord avec Descartes comme avec Spinoza, pour qui ne peut être substance que ce qui possède tout en soi, mais en revanche cette substance ne saurait être une étendue : la monade est un « point dynamique ».

stantiam [34]. » Le « corps propre » de cette monade lui est en fait extérieur ; c'est la « masse » constituée par « une infinité d'autres monades » et cette masse est donc une substance composée. Les substances qui ont une réalité physique sont les substances composées. La monade, elle, est une substance simple (§ 1). Ce qui toutefois ne veut pas dire, comme le précise le paragraphe 2, que son unicité n'inclue pas une diversité et une multiplicité ; car il en va de ce « centre » comme de tout point en géométrie : il implique les innombrables angles que forment les lignes qui se recoupent en lui. Il s'agit là d'un aspect fondamental de la conception leibnizienne : tout être est à la fois un et infini ; l'unité est une multiplicité indicible. L'être de chaque monade est aussi inépuisable que l'est l'infinité actuelle de l'univers que constituent les monades.

Dans le cas des monades que l'on peut appeler des âmes — et qui ne sont pas seulement les hommes mais également les animaux (cf. infra sur le § 4) — cette conception pose évidemment *le problème des rapports entre l'âme et le corps* (cf. la fin du § 3). Leibniz l'a envisagé en 1696 dans un court essai « Sur l'harmonie préétablie », dans lequel il reprend la *parabole des horloges* utilisée par les occasionnalistes. L'âme et le corps sont comparés à deux horloges, et il s'agit de comprendre à quelles conditions elles peuvent marcher de concert, indiquer « la même heure ». Il existe trois solutions à ce problème : ou bien une interaction de l'une sur l'autre (ce que Leibniz exclut puisque les monades ne reçoivent pas d'impulsions extérieures), ou bien l'intervention d'un *deus ex machina* qui remet les pendules à l'heure quand il le faut (solution exclue pour la même raison, outre qu'elle reviendrait à accepter un miracle permanent), ou bien encore — et c'est la solution de Leibniz — *l'harmonie préétablie*, c'est-à-dire qu'en vertu de leurs forces internes propres les deux « horloges » fonctionnent indépendamment, mais sont pourtant toujours accordées, ce qui suppose qu'elles font partie, quoique indépendantes, d'un même monde régi par une harmonie générale [35].

34. *Die philosophischen Schriften von G.W. Leibniz,* éd. C.I. Gerhardt, Berlin, 1875-1890, tome II, p. 262.
35. La liaison de l'âme et du corps — ou, plus généralement, de la monade-centre avec les monades qui l'entourent et constituent son corps — es. néanmoins demeurée un point problématique de la philosophie de Leibniz, qui, dans les dix dernières années de sa vie, a introduit pour le résoudre le *vinculum substantiale,* c'est-à-dire une liaison existentielle synthétique assurant l'unité de la multiplicité des monades et expliquant comment de plusieurs substances sim-

Avec son « corps propre » la monade constitue un organisme — « une manière d'automate ou de machine de la nature » (§ 3) ; c'est-à-dire que chaque « corps » est à l'image de la physique, de l'organisation générale de l'univers, qu'il en est le « miroir » — une conception que Leibniz semble avoir reprise de Giordano Bruno. Chaque microcosme est à l'image du macrocosme et, comme ce dernier, est doté d'une activité propre et d'une évolution propre. Chacune des substances simples qui compose le corps propre (« dans les plus petites parties qui se peuvent remarquer ») est miroir de l'univers.

En vertu du même principe — la plénitude sans faille du monde et le fait que toutes les monades soient « en phase » les unes avec les autres —, « il y a une harmonie parfaite entre les perceptions de la monade et les mouvements des corps », une harmonie « préétablie ». Les causes efficientes résultant de l'action de chaque monade deviennent par là même des causes finales, « programmées » à l'avance, en quelque sorte, et s'inscrivant dans l'harmonie du tout (conception qui articule physique et métaphysique).

Si, dès lors — et comme le suggère ici Leibniz à la fin du paragraphe 3 —, on assimile l'« atome immatériel » de la monade à l'âme, cette façon de concevoir sa relation à son « corps » permet de repenser radicalement les rapports de l'âme et du corps. La coupure — insurmontable chez Descartes, sinon par le recours à Dieu — entre la *res cogitans* et la *res extensa* disparaît.

Ce qui ne veut pourtant pas dire que Leibniz renonce à Dieu — et c'est bien pourquoi son système, à la différence du spinozisme, resta acceptable par le christianisme. L'infinité des monades et de leurs « points de vue » sur l'univers ne saurait du reste constituer la totalité de cet univers sans un principe unificateur suprême. C'est en ce point qu'intervient (§ 4) la hiérarchie des organismes et des perceptions qui permet à Leibniz de dépasser la discontinuité quasiment

---

ples peut résulter une substance composée ayant une unité intrinsèque — un organisme. Il s'agit donc en même temps de la réalité de la causalité — les interactions entre les monades dont nous avons parlé plus haut — et de la réalité même de l'existence des substances composées, auxquelles seul le *vinculum substantiale* confère un autre statut que celui de « phénomènes », fussent-ils « bien fondés » (*phenomena bene fundata*), c'est-à-dire d'illusions. Cf. Sur cette question Y. Belaval, *Leibniz. Initiation à sa philosophie*, Vrin, 1969, p. 240 sq. ; A. Boehm, *Le Vinculum substantiale chez Leibniz*, Vrin, 1962 ; Jean-Marie Vaysse, « De la catégorie de communauté », in Gérard Raulet, Jean-Marie Vaysse, *Communauté et modernité*, L'Harmattan, 1995.

infranchissable entre Dieu et les choses que maintenait
Descartes, et d'articuler là encore sa physique et sa métaphysique. On y a vu non sans raison une version moderne
du platonisme : « L'essence de l'univers est conçue comme
une force de nature spirituelle dont les effets vont peu à
peu se dégradant depuis l'origine jusqu'au monde matériel [36]. » Seule cette hiérarchie qui va de la matière inorganique à Dieu permet d'éviter qu'à la coupure on ne
substitue le *hen kai pan* de Spinoza. « Il y a une infinité
de degrés dans les monades » (§ 4). Cette idée de « degrés »
permet de corriger celle des « points de vue », conformément au fait que la monade est *force* et non *étendue*. Des
différents traités qui développent cette hiérarchie [37] se
dégagent, pour schématiser, trois degrés principaux.
D'abord les monades « nues » ou « simples », qui sont dans
un état d'étourdissement ou de sommeil et n'ont que des
perceptions confuses. Ensuite les monades qui ont à la fois
des perceptions confuses et des perceptions claires et auxquelles revient l'appellation d'*âmes*. « Chaque âme, dit Leibniz au paragraphe 13 des *Principes de la nature,* connaît
l'infini, connaît tout, mais confusément. » Enfin les
monades capables de perceptions claires et distinctes ; ce
sont les *esprits*. Relevons cependant à propos de ces derniers — les monades humaines — que l'accord de l'esprit
et de l'âme se traduit chez eux par un « ajustement » supérieur des organes dont résultent la clarté et la distinction
de leur perception, c'est-à-dire par un accord plus harmonieux et plus efficient de la monade-centre et de son
corps.

Les monades supérieures, les âmes humaines ou angé-
liques, ont un rapport spécial avec Dieu et, comme l'écrit
Émile Bréhier, « le règne de la grâce vient s'ajouter au
règne de la nature », en sorte qu'est résolu en même temps
le problème de la liberté et de la nécessité : « l'acte libre
implique simplement un degré supérieur de distinction
dans les perceptions [38] ». Dans cette hiérarchie, il y a évidemment une infinité de degrés dans la clarté et la distinction de la représentation de l'univers, puisqu'il y a une
infinité de « monades » qui sont le miroir du tout. Certes,
chaque monade, étant en phase avec le tout, va potentiellement le refléter le plus parfaitement possible « depuis
son point de vue » ; ce *conatus*, comme dirait Spinoza (Lei-

36. Émile Bréhier, *Histoire de la philosophie allemande, op. cit.,*
p. 32.
   37. Notamment les § 19 à 30 de la *Monadologie.*
   38. É. Bréhier, *ibid.,* p. 36.

bniz reprend en réalité ce terme de Hobbes [39]), n'est donc en fait dans la monade que le simple fait de son appartenance irrévocable au tout, son aspiration à la perfection n'est que l'accomplissement de ce qu'elle est et tient seulement au parfait accord de ses causes efficientes et de ses causes finales. Mais chaque monade étant pour les mêmes raisons « à sa place », elle va le refléter à la mesure de son point de vue. Seul Dieu, qui est absolument immatériel, possède une perception sans la moindre indistinction, une aperception pure. Les monades inférieures vivent dans un état de sommeil ou de somnolence. Les monades animales, qui sont selon Leibniz douées d'âme (*anima*), n'expriment pour leur part que confusément et sans le savoir la totalité du monde. En revanche, les monades humaines, douées de raison, de sentiment et même d'un sens de la durée (« jusqu'à une perception accompagnée de mémoire », § 4), sont des « âmes spirituelles », des esprits doués de « réflection », capables de perceptions distinctes et reflétant de telle sorte le système divin de l'univers qu'elles entrent dans un commerce privilégié avec Dieu.

Cette hiérarchie fonde en même temps une métaphysique et une théologie politique : la Cité de Dieu, une « universelle république des esprits » dont Dieu est le monarque et dont la loi est la justice, indissociable, du côté de Dieu, du « *meilleur des mondes possibles* » (cf. infra) et, du côté des monades-esprits, de l'aspiration à l'accomplissement de leur perfection.

Dieu et le meilleur des mondes possibles

7. Jusqu'ici nous n'avons parlé qu'en simples physiciens ; maintenant il faut s'élever à la métaphysique, en nous servant du grand principe peu employé communément, qui porte que rien ne se fait sans raison suffisante, c'est-à-dire que rien n'arrive sans qu'il soit possible à celui qui connaîtrait assez les choses, de rendre une raison qui suffise pour déterminer pourquoi il en est ainsi, et non pas autrement. Ce principe posé : la première question qu'on a droit de faire sera pourquoi il y a plutôt

39. Cf. la *Théorie du mouvement abstrait* de Hobbes datée de 1671.

quelque chose que rien. Car le rien est plus simple et plus facile que quelque chose. De plus supposer que des choses doivent exister, il faut qu'on puisse rendre raison, pourquoi elles doivent exister ainsi, et non autrement.

8. Or, cette raison suffisante de l'existence de l'univers ne se saurait trouver dans la suite des choses contingentes ; c'est-à-dire des corps, et de leurs représentations dans les âmes : parce que la matière étant indifférente en elle-même au mouvement et au repos, et à un mouvement tel ou autre ; on n'y saurait trouver la raison du mouvement, et encore moins d'un tel mouvement. Et quoique le présent mouvement qui est dans la matière vienne du précédent, et celui-ci encore d'un précédent, on n'en est pas plus avancé, quand on irait aussi loin qu'on voudrait : car il reste toujours la même question. Ainsi, il faut que la raison suffisante, qui n'ait plus besoin d'une autre raison, hors de cette suite des choses contingentes, et se trouve dans une substance, qui en soit la cause, et qui soit un être nécessaire, portant la raison de son existence avec soi. Autrement on n'aurait pas encore une raison suffisante, où l'on puisse finir. Et cette dernière raison des choses est appelée Dieu.

9. Cette substance simple primitive doit renfermer éminemment les perfections contenues dans les substances dérivatives, qui en sont les effets ; ainsi elle aura la puissance, la connaissance et la volonté parfaites, c'est-à-dire elle aura une toute-puissance, une omniscience et une bonté souveraines. Et comme la justice, prise fort généralement, n'est autre chose que la bonté conforme à la sagesse, il faut bien qu'il y ait aussi une justice souveraine en Dieu. La raison, qui a fait exister les choses par lui, les fait encore dépendre de lui en existant et en opérant ; et elles reçoivent continuellement de lui ce qui les fait avoir quelque perfection ; mais ce qui leur reste d'imperfection vient de la limitation essentielle et originale de la créature.

10. Il suit de la perfection suprême de Dieu qu'en produisant l'univers il a choisi le meilleur plan possible où il y ait la plus grande variété avec le plus grand ordre ; le terrain, le lieu, le temps, les mieux ménagés ; le plus d'effet produit par les voies les plus simples ; le plus de puissance, le plus de connaissance, le plus de bonheur et de bonté dans les créatures que l'univers en pouvait admettre. Car tous les possibles prétendants à l'existence dans l'entendement de Dieu à proportion de leurs perfections, le résultat de toutes ces prétentions doit être le monde actuel le plus parfait qui soit possible. Et sans cela il ne serait point possible de rendre raison, pourquoi les choses sont allées plutôt ainsi qu'autrement.

11. La sagesse suprême de Dieu l'a fait choisir surtout les lois du mouvement les mieux ajustées et les plus convenables aux raisons abstraites, ou métaphysiques. Il s'y conserve la même quantité de la force totale et absolue ou de l'action ; la même quantité de la force respective ou de la réaction ; la même quantité enfin de la force directive. De plus, l'action est toujours égale à la réaction et l'effet entier est toujours équivalent à sa cause pleine. Et il est surprenant que, par la seule considération des causes efficientes ou de la matière, on ne saurait rendre raison de ces lois du mouvement découvertes de notre temps, et dont une partie a été découverte par moi-même. Car j'ai trouvé qu'il y faut recourir aux causes finales, et que ces lois ne dépendent point du principe de la nécessité comme les vérités logiques, arithmétiques, et géométriques ; mais du principe de la convenance, c'est-à-dire du choix de la sagesse. Et c'est une des plus efficaces et des plus sensibles preuves de l'existence de Dieu, pour ceux qui peuvent approfondir ces choses.

Vernunftprinzipien der Natur und der Gnade — *Principes de la nature et de la grâce fondés en raison*, Französisch-deutsch, Auf Grund der kritischen Ausgabe von André

Robinet (1954) und der Übersetzung von Arthur Buchenau
mit Einführung und Anmerkungen herausgegeben von
Herbert Herring, Felix Meiner, Hamburg, 1956, § 7 à 11,
p. 12-16.

*

La monadologie repose, comme on vient de le voir, sur un
dynamisme. Or, selon Newton, la physique doit se garder de
la métaphysique. Pourtant — et non sans raison [40] — Leibniz adresse à Newton le même reproche qu'à Descartes :
celui de n'avoir pu se passer d'un *deus ex machina*. Contre
l'un et l'autre, il s'efforce de montrer que la physique et la
métaphysique, comme du reste la théologie, sont inséparables, non pas cependant au sens où l'on aurait besoin de la
métaphysique là où la physique ne suffit pas, mais parce que
les monades et les forces elles-mêmes sont foncièrement
métaphysiques et pas seulement physiques.

Le principe qui articule physique et métaphysique est le
principe de raison suffisante — « peu employé communément », parce qu'il a été discrédité au profit des causes efficientes — selon lequel « rien n'arrive sans qu'il soit possible
à celui qui connaîtrait assez les choses, de rendre une raison
qui suffise pour déterminer pourquoi il en est ainsi, et non
pas autrement » (§ 7) [41]. On doit être attentif dans cette
formulation à l'assertion : « à celui qui connaîtrait assez les
choses » ; elle signifie que le passage de la physique à la
métaphysique, si l'on voulait l'opérer sur la base des seules
connaissances physiques, requerrait une connaissance qui,
sans doute, n'est pas à la portée de l'esprit humain. Or, nous
l'avons signalé dans le commentaire du premier extrait,
l'idéal est bien de transformer les vérités de fait en vérités de
raison — auxquelles peut s'appliquer l'autre grand principe,
le principe de contradiction —, mais, dans le cas des vérités
de fait, les nier — affirmer le contraire — n'entraîne pas une
contradiction, en sorte que ces vérités sont contingentes.
Elles ne sont vraies que pour des raisons factuelles, tirées de
l'expérience, et non pour des raisons logiques ; ce sont celles
dont nous disions à la fin du commentaire du premier
extrait qu'elles sont établies par l'expérience et l'induction
mais résistent à l'analyse intégrale. Car une telle analyse
serait infinie et impossible à l'esprit humain. Cette infinité

40. Cf. infra notre présentation de la période précritique de Kant
(section 3).
41. Cf. aussi *La Monadologie*, § 32.

qui est une série inachevable, Leibniz l'appelle « syncatégo-
rématique ». Elle désigne une loi de la série, un « infini
catégorématique » auquel l'entendement humain est cependant incapable d'accéder, alors même qu'il s'impose logiquement. De plus, outre ce problème de démonstration, se
pose le problème plus radical de *l'existence* même de ce qui
« est ainsi et pas autrement ». Il ne faut en effet pas oublier
que les éléments simples auxquels devrait parvenir l'analyse
ne sont pas, selon la monadologie, n'importe quoi, quelques
vagues notions, mais des êtres, les substances simples, les
monades, qui sont elles aussi en nombre infini. Le problème
posé n'est donc autre que celui de l'être des substances
simples et de leur appartenance à un ensemble cohérent, tel
que, d'un point de vue qui ne serait pas fini mais « connaîtrait assez les choses », il puisse être démontré aussi rigoureusement que les vérités de raison. Dans l'un et l'autre cas,
sur le plan logique comme sur le plan ontologique, se révèle
nécessaire un infini « hypercatégorématique » — Dieu. Lui
seul peut mettre fin à la régression à l'infini : « Et quoique le
présent mouvement qui est dans la matière vienne du précédent, et celui-ci encore d'un précédent, on n'en est pas
plus avancé, quand on irait aussi loin que l'on voudrait »
(§ 8).

Il faut donc, en quelque sorte, une « archisubstance
simple » — une « substance simple primitive » (§ 9). Aucune
substance simple ne recevant ses déterminations de l'extérieur, cette « archisubstance » contiendra nécessairement en
puissance toutes « les perfections contenues dans les substances dérivatives », tant en ce qui concerne la force que la
connaissance et la volonté, c'est-à-dire ce qui fait l'être des
monades (la force interne qu'elles possèdent), le degré de
connaissance distincte auxquelles elles parviennent et la
faculté d'agir, de *faire exister*. En Dieu ces deux dernières
facultés sont l'entendement qui se rapporte aux essences et
la volonté qui se rapporte aux existences (cf. « en existant et
en opérant », c'est-à-dire en créant des œuvres — § 9).

Dieu, l'infini hypercatégorématique, est le point de vue de
tous les points de vue ; il inclut la totalité de tous les mondes
vus par toutes les monades. Dieu est donc aussi cette
monade particulière en (ou pour) laquelle le possible et le
réel ne font qu'un. Telle est la réinterprétation que Leibniz
propose de la preuve ontologique de l'existence de Dieu
(sans se priver par ailleurs de recourir aux autres preuves
traditionnelles, la preuve cosmologique — le monde créé
prouve l'existence du Créateur — et, comme on l'a vu, la
preuve téléologique — toutes les monades trouvent leur

concordance dans la référence à Dieu, principe unificateur
originel ou suprême).

La restriction qui conclut le paragraphe 9 — « mais ce qui
leur reste d'imperfection vient de la limitation essentielle et
originale de la créature » — permet d'aborder le problème
de l'imperfection et du mal — auquel Leibniz consacrera sa
Théodicée en 1710 — en relation avec le paragraphe 10, qui
traite du « meilleur des mondes possibles ». Comparées à
Dieu toutes les monades sont déficientes ; cette déficience
est la raison du mal et de la souffrance. Ce mal est un « mal
métaphysique » (*malum metaphysicum*), auquel il est d'une
certaine façon impossible de remédier, pour les raisons suivantes.

Dieu, qui est le point de vue de tous les points de vue et
en qui possibilité et réalité ne font qu'un, avait (et a actuellement) en vue la totalité des mondes possibles et des
mondes réels compossibles. De ce point de vue absolu ne
peut résulter que le meilleur « choix » — qui en réalité n'est
pas un choix mais une nécessité : l'option pour la compossibilité absolue de toutes les « options ». Dieu « ne pouvait
faire autrement » que de choisir le meilleur des mondes
(§ 10) ; il a donc « choisi » les lois du mouvement les plus
conformes à la cohérence générale du monde — lesquelles
se trouvent ainsi fondées, quoiqu'on ne puisse les démontrer
et qu'on doive s'en tenir à leur conformité avec les causes
finales, à savoir à la « constatation » qu'elles seules sont
conformes à l'ordonnancement général (§ 11). Du même
coup, on peut dire que sa responsabilité est dégagée en ce
qui concerne l'existence du mal physique et du mal moral,
qui peuvent, certes, susciter le doute des créatures quant à
l'harmonie de la création, mais résultent des points de vue
déficients et des perfections relatives des créatures, non
d'une « volonté » de Dieu de punir ou de faire souffrir ses
créatures. Au reste, le mal physique n'est un mal que relativement, du point de vue de l'individu mais pas nécessairement du point de vue de sa conservation et de celle de
l'espèce, puisqu'il accompagne et peut même motiver des
actions utiles. Il en va de même du mal moral, qui peut,
paradoxalement, être source du bien.

Tel est le sens du « meilleur monde possible ». On aurait
donc tort, comme on le voit, d'interpréter cette formule en
un sens trop progressiste, comme va cependant le faire tout
le XVIIIe (exception faite bien sûr de ceux qui, comme Voltaire, s'en gaussent et confondent les vérités de fait avec la
cohérence métaphysique de la construction leibnizienne). Le
monde de Leibniz est ce qu'il est. À sa façon, il est clos et

achevé, à l'échelle de Dieu. À l'échelle des monades humaines, il reste évidemment la possibilité de progresser dans l'accomplissement de la perfection de leurs « points de vue » et de leur être.

★
★ ★

CHRISTIAN WOLFF
Nécessité et contingence

§ 665 — **Où l'on explique en quoi réside la liaison des choses dans cet univers.** *Dans cet univers ou monde visible la liaison de ce qui coexiste réside dans la dépendance de la fin par rapport au moyen ; la liaison d'existences qui se succèdent réside en revanche dans la dépendance de ce qui est causé par rapport à la cause et tout à la fois dans la dépendance du moyen et de l'action de la cause efficiente par rapport à la fin.* Il est certes établi, parce que l'expérience l'enseigne, que l'être réel de qualités dans un coexistant a sa raison suffisante dans un autre coexistant, ce qui est la particularité des qualités (*Ontologie*, § 160). Ce qui advient dans le temps advient en vertu d'une décision de Dieu (§ 522), car, avant, ce qui se produit est seulement possible dans la nature de Dieu en vertu des idées de Dieu (§ 192) et seulement susceptible d'exister en vertu de la puissance divine, mais sans aucune certitude quant à son existence un jour. Aussi ne doit-on pas douter que Dieu ait voulu la coexistence de ce qui coexiste dans cet univers ou monde visible, afin que les modifications qui sont possibles dans l'un des coexistants se produisent réellement (§ 497). Or si deux étants, dont l'un contient la raison suffisante de modifications dans l'autre, sont ainsi engendrés en même temps par un acteur intelligent, afin que les modifications qui, dans l'un d'eux, sont possibles se produisent réellement, alors la liaison entre eux réside dans la dépendance de la fin par rapport au moyen (*Cosmologie*, § 39). C'est pourquoi la liaison des choses qui coexistent dans cet univers réside dans la dépendance de la fin par rapport au moyen [...].

Afin que la vérité de ce que je viens de démontrer soit rendue plus claire par un exemple particulier, qui ne doit toutefois en rien affecter la généralité de la démonstration, je vais donner à cette dernière une force de conviction plus grande de la manière suivante. Chacun sait qu'il y a sur cette terre des choses qui naissent et des choses qui disparaissent parce que le soleil la réchauffe de ses rayons ; si le soleil n'était plus là, naissance et disparition prendraient complètement fin et la terre ne serait plus un lieu habitable pour les hommes et les bêtes, tout comme il n'y aurait plus d'atmosphère non plus pour la moindre végétation. Nous admettrons donc que le soleil est d'une utilité toute particulière pour la terre (§ 646). Et parce que Dieu a intentionnellement fait de cette utilité une fin (§ 648), personne ne doutera qu'il ait voulu la coexistence du soleil et de la terre afin que la terre devînt un lieu habitable pour les bêtes et les hommes. Or, si deux étants, dont l'un contient la raison suffisante de modifications dans l'autre, sont engendrés ensemble par un acteur intelligent afin que les modifications qui sont possibles dans l'un d'eux se produisent réellement, alors la liaison entre eux réside dans la dépendance de la fin par rapport au moyen (*Cosmologie*, § 39). La liaison entre le soleil et la terre consiste donc, pour autant qu'on les considère comme des mondes physiques coexistant dans cet univers, dans la dépendance de la fin par rapport au moyen. Si nous remplaçons maintenant le soleil et la terre par n'importe quels autres coexistants, la démonstration demeure exactement la même, et c'est pourquoi l'on peut dire de façon tout à fait générale que la liaison de ce qui coexiste dans ce monde réside dans la dépendance du moyen par rapport à la fin. *Tel est le premier point.*

Parce que dans cet univers la réalité du contingent, et du même coup aussi de ce qui existe successivement (*Cosmologie*, § 80), est déterminée par la série des choses contingentes qui sont dépendantes les unes des autres comme l'effet est dépendant de sa cause

(*Cosmologie,* § 83), ce qui, dans la série des existences qui se succèdent, vient avant est la cause de ce qui suit. Parce que, par ailleurs, ce qui existe dans le monde devait exister en vertu d'un décret divin (§ 522), cela est réalisé parce que Dieu a voulu le réaliser (§ 497) ; on ne peut donc douter que Dieu ait voulu l'existence de la cause afin que ce qui est causé puisse exister. Or, si un acteur intelligent engendre ainsi une cause afin que ce qui est causé puisse exister, alors la liaison des choses qui existent successivement réside dans la dépendance de ce qui est causé par rapport à la cause et tout à la fois dans la dépendance de la fin par rapport au moyen et de l'action de la cause efficiente par rapport à la fin (*Cosmologie,* § 34). C'est pourquoi la liaison de ce qui existe successivement dans cet univers réside dans la dépendance de ce qui est causé par rapport à la cause et tout à la fois dans la dépendance de la fin par rapport au moyen et de l'action de la cause efficiente par rapport à la fin.

Theologia naturalis (1736), pars I, 1. Édition critique avec introduction, notes et index par Jean École, Olms, Hildesheim, 1978, p. 615 sq.**

*

L'intérêt de cet extrait de la *Theologia naturalis* tient entre autres aux renvois qu'il contient à la *Philosophia prima sive ontologia* de 1729 et à la *Cosmologia generalis* de 1731. Ils montrent la cohérence générale de la pensée de Wolff, laquelle réside dans l'application d'une même démarche à « toutes les choses possibles », de l'ontologie à la cosmologie, à la psychologie rationnelle, au droit et à l'économie. La théologie rationnelle, ou naturelle, démontre la nécessité de l'existence de Dieu *a contingentia mundi* ; l'unité de l'univers est rapportée au Dieu qui le gouverne et qui « veut » la liaison entre les corps étendus coexistants dans le monde. Ces êtres finis qui constituent la totalité du monde agissent physiquement les uns sur les autres — c'est ce que montre la cosmologie — mais si l'effet a sa raison suffisante [42] dans la cause, cela n'explique en rien ni le fait premier de la coexistence des corps finis, ni que l'effet d'une cause se produise réellement dans le temps, c'est-à-dire que le possible et le virtuel deviennent réels. C'est précisément en ce sens que la philosophie est définie par Wolff comme la science des choses possibles ; la *res possibilis* est d'abord *potentia*. « J'appelle possible tout ce qui peut être, que cela soit réel ou ne le soit pas [43]. » Dans le monde tout se produit de façon nécessaire en vertu du principe de raison suffisante, mais le monde en tant que tel est dans son ensemble contingent. Il faut donc un décret divin ; toutefois il n'est pas sans importance de noter que ce décret de Dieu ne porte pas sur la réalité des effets mondains, dont la cause est toujours à chercher dans d'autres états mondains, mais sur l'existence du monde en tant que tel — ce qui veut dire en clair que la science ne saurait invoquer la volonté de Dieu, et il est donc possible de lire cette thèse dans le sens d'une sécularisation ; selon la propre expression de Wolff, le monde est une machine (*Vernünftige Gedanken von Gott... — Pensées rationnelles sur Dieu... —* § 559) ; tout ce qu'accomplit cette machine est conforme à la volonté de Dieu — et inversement ! Certes,

42. Si le principe de non-contradiction est le principe premier de l'ontologie wolffienne (« Nous faisons l'expérience que la nature de notre esprit est telle que lorsqu'il juge que quelque chose est, il ne peut juger en même temps que cette chose n'est pas », *Ontologie,* § 27), le principe de raison suffisante — objet de vives controverses à l'époque — lui succède immédiatement en importance : « Rien n'est sans une raison suffisante établissant pourquoi ce quelque chose est plutôt que n'est pas, c'est-à-dire que lorsque nous posons quelque chose comme étant il faut que soit également posé autre chose en vertu de quoi devient concevable pourquoi ce quelque chose est plutôt que n'est pas » (*Ontologie,* § 70). Dans ce même § 70, Wolff s'efforce de démontrer que les deux principes sont indissociables, le rien ne pouvant être fondement de quelque chose et tombant donc sous le coup du principe de non-contradiction. La science rationnelle, constituées de vérités établies en raison (*Vernunftwahrheiten*), et la science empirique, constituée de vérités de fait (*Tatsachenwahrheiten*), la connaissance *a priori* obéissant au principe de non-contradiction et la connaissance *a posteriori* qui est tirée des faits et procède du principe de raison suffisante, forment donc un tout. Il est ce faisant important de noter qu'à la différence de Leibniz le savoir d'expérience n'est plus seulement pour Wolff un premier degré vers le savoir rationnel, mais qu'il en est aussi la mise à l'épreuve. Cela se traduit par le fait qu'il flanque chaque science rationnelle (l'ontologie et la logique faisant seules exception) d'une science empirique.

43. *Deutsche Logik* (1713), § 3.

Wolff récuse véhémentement « la libre pensée des Anglais », ainsi que « le déisme, le matérialisme et le scepticisme dissolvants des Français » [44] ; chez lui la révélation est supérieure à la raison mais elle ne saurait la contredire [45]. Dieu est bien plutôt le « philosophe suprême », l'entendement qui pense tout le pensable et le possible. Cette position fera de lui l'inspirateur de cette variante du déisme qu'est le courant des « harmonisateurs » [46]. Il reste qu'il faut que Dieu ait voulu la coexistence *afin que* les corps agissent les uns sur les autres et qu'il faut que la nécessité soit nécessaire, c'est-à-dire qu'elle s'accomplisse ainsi et pas autrement, que ce monde possible soit nécessaire. Par là, et tout en reprenant le vieil argument de Thomas d'Aquin, la théologie naturelle fonde un finalisme, dont Wolff tire également la conclusion que Dieu a créé la terre et le soleil qui agit sur elle pour que cette dernière devienne la demeure des hommes et des animaux. Tout l'univers existerait donc en vue des êtres vivants et notamment de l'homme. Cette « *teleologia* » — un terme que Wolff a sans doute créé —, dont il donne une esquisse dans les *Vernünftige Gedanken von den Absichten des natürlichen Dinge* (*Pensées rationnelles sur les desseins des choses naturelles*, 1724 sq.), établit qu'il existe entre les êtres un lien voulu par Dieu, qui consiste dans l'aide mutuelle qu'ils se prêtent. Ainsi se manifeste dans la *Théologie naturelle* elle-même l'intention pratique de Wolff [47].

Le bien et le mal

§ 674 — Où l'on explique comment le mal physique et le mal moral sont inclus dans les fins des choses. *Le mal physique et le mal moral sont inclus dans les fins intentionnées par Dieu dans [une] série*

44. Il entend par « déiste » « celui qui admet certes que Dieu existe mais qui nie qu'il se soucie des affaires humaines ou bien nie la providence » (*Theologia naturalis*).

45. Cf. particulièrement *Deutsche Metaphysik* (*Métaphysique allemande*), § 1007 sq.

46. Cf. infra chapitre III, « Religion et raison ».

47. Conformément à la distinction entre sciences rationnelles et sciences empiriques, la téléologie est en fait la théologie empirique, tout comme il y a une psychologie empirique et comme la physique est la cosmologie empirique. Il faudra nous en souvenir quand nous traiterons au chapitre IV de la téléologie.

*de choses de telle sorte que l'assignation de leur fin à ces
choses et celle de la fin dernière ne seraient plus possibles
ainsi qu'elles le sont si on les en retirait.* Car si le mal
physique et le mal moral étaient retirés de cette série
générale de choses, celle-ci ne pourrait pas demeurer
la plus parfaite de toutes les séries possibles (§ 556).
Parce que la perfection du monde repose sur la possibilité de l'assignation (*subordinatio*) des fins particulières et de la fin dernière (§ 671) et parce que du
même coup la perfection suprême qui est propre à ce
monde (§ 326) ne pourrait en fin de compte plus
exister si les fins particulières et la fin dernière
n'étaient pas subordonnées les unes aux autres telles
qu'elles le sont, il s'ensuit que les maux physiques et
moraux sont inclus dans les fins intentionnées par
Dieu pour cette série de choses de telle façon qu'en
les en retirant l'assignation de leur fin à ces choses et
celle de la fin dernière ne seraient plus possibles ainsi
qu'elle le sont [...].

§ 675 — **Où l'on explique comment le mal est
inclus dans le bien.** *Le mal physique et le mal moral
sont dans cette série inclus de telle sorte dans le bien que
si l'on en retirait le mal on en retirerait en même temps
le bien.* Car dans cette série de choses les maux physiques et moraux sont inclus de telle sorte dans les
fins intentionnées par Dieu qu'en les en retirant
l'assignation de leur fin à ces choses et celle de la fin
dernière ne seraient plus possibles ainsi qu'elles le
sont (§ 674). Or, la perfection du monde repose sur
la possibilité de l'assignation des fins particulières et
de la fin dernière (§ 671), et, pour cette raison, ces
fins, ou bien encore ce qui dans le monde joue le
rôle de fins (§ 645, § 648 sq.), sont indispensables
à la perfection du monde. Si l'on appelle Bien ce qui
est indispensable à la perfection du monde (§ 370),
alors les fins elles-mêmes sont bonnes. Et par là
même il est clair que les maux physiques et moraux
sont inclus de telle sorte dans cette série de choses
qu'on ne peut les en retirer si l'on ne veut pas en
même temps en retirer aussi le bien [...].

Theologia naturalis (1736), pars I, 1. Édition critique avec introduction, notes et index par Jean École, Olms, Hildesheim, 1978, p. 631 sq.**.

*

Ce deuxième extrait de la *Theologia naturalis* permet d'établir un lien entre la philosophie théorique (qui inclut l'ontologie, la psychologie rationnelle, la cosmologie et la théologie [48]) et la philosophie pratique. La distinction entre philosophie théorique et philosophie pratique reprend celle que faisait Leibniz entre représentation ou faculté connaissante et aspiration ou faculté désirante. Comme la philosophie théorique, la philosophie pratique comprend des sciences rationnelles et des sciences empiriques ; l'éthique, la politique et l'économie sont les sciences rationnelles ; elles sont flanquées d'une technologie éthique, d'une technologie politique et d'une technologie économique. C'est dans la philosophie pratique que se révèle l'appartenance de Wolff aux Lumières ; son intérêt de connaissance n'est plus exclusivement métaphysique, mais vise avant tout à promouvoir le bonheur des hommes par la diffusion d'idées claires et distinctes sur lesquelles va pouvoir se fonder l'activité humaine. Le savoir philosophique doit être utile [49]. L'organisation du système des sciences en philosophie pratique et philosophie théorique, ne signifie du

48. La cosmologie, la psychologie et la théologie naturelle forment ensemble la *metaphysica specialis* et correspondent aux trois substances de Descartes : la nature, l'homme et Dieu. On retrouve du reste cette division traditionnelle chez Kant avec les trois idées de la raison pure (le monde, l'âme et Dieu) ou encore avec les trois postulats de la raison pratique (la liberté, l'immortalité de l'âme et l'existence de Dieu). En distinguant une *metaphysica generalis* — l'ontologie — et une *metaphysica specialis* dont relève la théologie, Wolff libère l'ontologie de la théologie ; il met fin à la tradition aristotélicienne et scolastique de l'onto-théologie. L'ontologie, que Francis Bacon — un des premiers à amorcer cette émancipation — appelle en ce sens « philosophie première », est la science philosophique fondamentale ; sa tâche est une théorie générale de l'être, c'est-à-dire établir à partir de principes premiers des lois fondamentales valant pour tous les objets pensables. Elle est en ce sens une pure science rationnelle. Elle ne traite donc pas de la réalité mais des « choses possibles », c'est-à-dire pensables car non contradictoires (principe de non-contradiction).

49. Ce « principe de l'utilité » (*Prinzip des Nutzens*), également affirmé par Thomasius (cf. infra), est fondamental dans toute la *Popularphilosophie* et explique l'importance qu'a revêtue pour cette dernière la pensée wolffienne.

reste pas qu'il y ait une coupure entre ces deux domaines ; si l'action résulte de la faculté désirante qui s'élève à la volonté, elle n'en est pas moins dépendante de la faculté connaissante, qui consiste à discerner le bien et le mal. C'est d'ailleurs ce qui sépare la philosophie pratique de Wolff de celle des philosophes populaires comme Thomasius : le but de la philosophie n'est pas déterminé à partir de son utilité, mais son utilité résulte de sa rigueur théorique ; pas plus que chez eux la philosophie n'est seulement « érudition » (*Gelehrtheit*) ou « savoir » (*notitia*), mais elle est pour lui avant toute chose « connaissance » (*cognitio*) ou « science » (*scientia*), ainsi qu'il le souligne fortement dès 1703 dans le premier paragraphe de sa *Philosophia practica universalis* ou encore dans sa *Deutsche Logik* (*Logique allemande*) de 1713, également dans le premier paragraphe, où il définit la « sagesse » (*Weltweisheit*) comme « science » (*Wissenschaft*).

Il en va d'abord du bien et du mal comme de la connexion de toutes choses dans le monde. Dieu a voulu qu'elle existe et elle est sous cet aspect nécessaire. Mais le bien et le mal représentent cependant des cas extrêmes : on ne peut supprimer le mal sans supprimer en même temps le bien ; s'ils sont aussi indissolublement liés, c'est que le monde est « le meilleur des mondes possibles ». De ce point de vue, la contingence du monde (*contingentia mundi*) se révèle être une proposition abstraite. C'est à cet égard que Wolff reste le plus fidèle à Leibniz. Dieu, qui est « un être indépendant en qui se trouve la raison de la réalité du monde et des âmes » (*Vernünftige Gedanken von Gott...* — *Pensées rationnelles sur Dieu...* — § 945), pense tous les mondes possibles et ne retient que celui qui est « le plus parfait possible » car, si d'un côté il est totalement libre, de l'autre il n'a pas vraiment de choix face à la nécessité du meilleur ordonnancement possible (*ibid.,* § 980 sq.). L'affirmation selon laquelle tout dans le monde est organisé selon une finalité est inséparable de cette thèse (§ 1026 sq.). Mais on ne manquera pas, là encore, de noter que les normes fondamentales de l'éthique — et du même coup aussi du Droit, comme on le verra — sont déduites des principes premiers de la métaphysique ; comme cette dernière est indépendante de la théologie [50], l'éthique de Wolff est indépendante de la croyance en ce Dieu qui a choisi le meilleur des mondes. Convertie en maxime pratique, la théorie du meilleur des mondes devient : « Fais ce qui te rend, toi ou

---

50. Laquelle n'intervient que dans la *metaphysica specialis* (cf. note 48).

ton prochain, plus parfait et évite ce qui rend moins parfait »
(*Vernünftige Gedanken von der Menschen Tun und Lassen
— Pensées rationnelles sur les activités des hommes* — § 12). Le
principe fondamental de la philosophie pratique est donc
l'idée de perfectionnement, que Wolff reprend de Leibniz et
qu'il oppose au principe de bonheur des Anglais [51]. On en
arrive ainsi au fondement du droit naturel. La nature — le
monde — voulu par Dieu constitue le cadre qui sanctionne
la bonté des actions. Mais les motivations de ces dernières
sont à chercher dans l'âme humaine, plus précisément dans
la « nature de l'âme » (*ibid.*, § 15). Ce qui, on le voit aisément, est fort ambigu : d'une certaine façon, Wolff ouvre
une brèche entre le fondement objectif de la loi morale dans
l'ordre de la nature (l'ordre du monde voulu par Dieu) et
son fondement subjectif dans l'ordre « naturel » de l'âme
humaine : « Ainsi un homme raisonnable n'a-t-il besoin
d'aucune autre loi, par sa raison il est à soi-même la loi »
(*ibid.*, § 38).

51. D'où le conflit, au sein de la *Popularphilosophie*, entre l'inspiration wolffienne et la réception de la philosophie sensualiste
anglaise.

2. La « Popularphilosophie » bourgeoise
Christian Thomasius

La personnalité et la pensée de Thomasius méritent d'être
présentées immédiatement après celles de Wolff et, en réalité, parallèlement à elles. Il est même, en fait, souvent de
règle de traiter Thomasius avant Wolff et d'insister sur ses
limites. Si nous avons inversé cette convention, c'est qu'à
nos yeux les limites mêmes de Thomasius sont révélatrices
de la naissance d'une *Aufklärung* bourgeoise, alors que Wolff
est le stabilisateur d'une modernisation de l'absolutisme [52].
Il mise sur l'*État*, alors que Thomasius est le porte-parole
d'une *société civile* naissante. Wolff et Thomasius, qui contribuèrent tous deux à fonder une philosophie allemande,
c'est-à-dire en langue allemande, et eurent tous deux
une influence considérable sur la *Popularphilosophie*,
s'affrontèrent directement [53]. Thomasius fut l'un des pre-

_____

52. Cf. infra chapitre IV, « Histoire et politique », section 3,
« Théorie et pratique du despotisme éclairé ».

53. En conflit avec la scolastique de Leipzig, Thomasius fut
promu à Halle par le Grand Électeur de Brandebourg en 1690 et
prit une part active à la création de l'université. C'est là que, jusqu'à
sa mort en 1728, il professa sa théorie du droit. C'est là aussi qu'il
entra en conflit avec Wolff, qui avait quitté Leipzig menacée par les
troupes suédoises en 1706 et qui, grâce à la recommandation de
Leibniz, avait obtenu une chaire à l'université de Halle en 1707. Le
conflit entre les « thomasiens » (les partisans de Thomasius) et les
piétistes d'une part, les partisans de Wolff de l'autre, mériterait à lui
seul toute une étude qui n'a pas sa place ici. On a valorisé dans la
recherche l'alliance « objective » du thomasianisme et du piétisme
comme un front commun dirigé à la fois contre l'orthodoxie luthérienne et contre le wolffisme. Les choses sont assurément plus compliquées, quoique ce soit là saisir quelques grandes tendances
importantes qui convergent dans la quête d'identité d'une philoso-

miers à employer l'allemand dans ses cours comme dans ses écrits afin de créer une *philosophia aulica* [54] ; en 1687, il prononça à Leipzig le tout premier cours en allemand et, vers 1710, le thomasianisme devint la philosophie dominante dans les universités prussiennes.

Faut-il, avec Ernst Bloch, mettre l'accent sur l'œuvre juridique de Thomasius ou sur sa réflexion radicale concernant l'articulation traditionnelle de la philosophie théorique et de la philosophie pratique et se demander laquelle des deux fut la plus importante pour la pensée du droit naturel [55] ? En réalité, ces aspects sont inséparables. Thomasius est un monument de la pensée bourgeoise montante (et bien sûr aussi de ses contradictions et de ses limites) [56]. Dans sa grande *Histoire de la philosophie* de 1903, le néo-kantien Karl Vorländer estime que son impact ne saurait masquer son manque de profondeur : « un sensualisme superficiel, qui remonte moins à Locke qu'à une interprétation personnelle d'Aristote, remplace les distinctions scolastiques [57] ». Il n'empêche que ce « sensualisme superficiel » et spontané fut l'arme que Thomasius utilisa contre le pédantisme pour faire valoir les exigences de la vie pratique. Une arme qu'il met au service de la conscience individuelle contre toutes les autorités. Sa « modernité » s'arrête devant la physique cartésienne ; il critique en elle la dévaluation du facteur spirituel et tient, avec Paracelse, Boehme et Weigel, qu'il faut retrouver l'esprit dans la nature elle-même, puisque aussi bien tous deux ont leur commun principe en Dieu. Cela le conduit à des positions contradictoires. D'un côté, il prend

---

phie bourgeoise. En fait, Wolff dut sans doute sa révocation en 1721 à des allusions appuyées à Confucius (contre lesquelles les piétistes et les orthodoxes firent front commun) — des allusions qui ouvrent un nouveau chapitre : celui du mythe de la Chine, dont Wolff fut incontestablement le promoteur. Ajoutons que Wolff dut, en quittant Halle pour Marburg, revenir au latin. Frédéric II le Grand le rappela à Halle en 1740.

54. Titre d'un des premiers ouvrages de Thomasius.

55. Cf. Ernst Bloch, « Christian Thomasius, ein deutscher Gelehrter ohne Misere » (1953), publié en appendice à *Naturrecht und menschliche Würde, Gesamtausgabe,* tome VI, Frankfurt/Main, 1961 ; trad. fr. en appendice à *Droit naturel et dignité humaine,* Payot, 1976. Sur la contribution de Thomasius à la théorie du droit naturel, voir au chapitre IV l'introduction de la section sur « Le droit naturel rationnel ».

56. C'est dans cette optique que les extraits proposés ici doivent être lus.

57. Karl Vorländer, *Geschichte der Philosophie,* Hamburg, 1903 ; rééd. Rowohlt, 1963, 1990, tome III, p. 290.

fait et cause pour le piétisme et contre son collègue Wolff au nom de la liberté intérieure ; de l'autre, il s'oppose à Pufendorf en niant la liberté individuelle et en se réclamant pourtant ce faisant de Luther.

Il nous semble que Vorländer a bien vu le problème auquel est confronté cette pensée bourgeoise en évoquant « une interprétation personnelle d'Aristote » ; ce ne peut être un hasard si Thomasius publia en 1688 une *Introduction à la philosophie de cour*, largement inspirée d'une éthique humaniste d'un rayonnement considérable, celle du jésuite espagnol Gracian (*Oraculo manual y arte de prudencia*, Madrid, 1637). À ses débuts, Thomasius, disciple de Christian Weise, est un penseur typique du rococo. Son *Programme de l'imitation des Français* loue le raffinement, la politesse et la galanterie. Il s'agit en effet de convertir à l'époque bourgeoise tout un code de valeurs hérité de l'Antiquité et assimilé par le christianisme [58]. Pour Thomasius, les deux valeurs qui peuvent contribuer à la paix intérieure sont l'*honestum* (valeur centrale de l'éthique) et le *decorum* (fondement de la prudence, *Weltklugheitslehre*), la seule valeur permettant de régler les conflits extérieurs étant le *justum*, qui, chez Thomasius, revient à la force du droit établi. Vorländer estime à juste titre que Thomasius « se replie sur une conception individualiste du droit » ; mais c'est précisément la spécificité de ce moment bourgeois et de ses limites qu'il incarne. Cette conception individualiste présente cependant,

---

58. Cette ambiguïté reflète la situation économique et sociale propre aux petits États princiers luthériens. Leur base économique est un mercantilisme qui offre des possibilités limitées de développement aux formes d'activité et aux modes de vie bourgeois. Le rôle des bourgeois est de contribuer par leur profession (*Beruf*), par le commerce et l'artisanat, au bien-être de l'État. Traditionalistes et protectionnistes, les États princiers sont au fond gérés comme des petites entreprises. Leur esprit est bourgeois, mais la distinction des statuts sociaux (des *Berufe*) ne permet pas à une éthique bourgeoise de s'affirmer. Au milieu du XVIIe siècle, des auteurs bourgeois comme Rist et Moscherosch tentèrent de promouvoir une littérature anticourtoise ; face à la désolation dans laquelle la guerre de Trente Ans a laissé l'Allemagne, ils en appellent aux vertus traditionnelles de la bourgeoisie. En cela résident aussi les limites de leur mouvement : la bourgeoisie est appelée à remplir son *Beruf* dans le cadre économique et social traditionnel. Christian Weise représente une deuxième étape des aspirations bourgeoises. On peut même déceler chez lui un embryon de libéralisme économique. Son éthique repose sur deux valeurs : le succès et le bonheur ; mais elle exprime avant tout l'idéologie de la bourgeoisie aisée et n'aspire en réalité qu'à rendre la culture de cour accessible à cette frange supérieure de la société traditionnelle.

comparée au fondement de la loi civile sur la loi naturelle que l'on trouve chez Wolff, une propension regrettable au positivisme juridique, et c'est très exactement ce que Wolff ne peut accepter.

L'idéal de l'homme du monde érigé en modèle par le *Programme de l'imitation des Français* manifeste cependant à plusieurs égards une orientation nouvelle qui devient explicite dans les *Monats-Gespräche*. S'inspirant de l'épicurisme de Weise, Thomasius associe l'exemple français à une défense et illustration d'Épicure contre le stoïcisme et le cartésianisme. Par ce biais, l'idée de bonheur fait une entrée en force dans le programme bourgeois de Thomasius. En outre, il rapporte l'infériorité des Allemands à leur penchant aux abstractions métaphysiques. Contre la *Medicina mentis* de Tschirnhaus, il requiert une forme d'érudition orientée vers *l'utilité*. Par là se dessine une conversion de l'idée de succès, prônée par Christian Weise, qui transgresse la distinction des *Berufe*. Désormais la philosophie devient aussi une affaire bourgeoise. Elle vise un « savoir pratique », la connaissance n'est pas un but en soi — le *summum bonum* de Tschirnhaus —, seule l'utilité en fait une véritable « érudition » (*Gelahrheit* [59]). L'érudition ne porte donc pas sur le surnaturel, qui relève des « choses inconnues », mais elle enseigne « comment on doit utiliser sa raison conformément à la nature ». Dans son *Kurzer Entwurf der politischen Klugheit (Bref exposé de prudence politique)*, en 1710, Thomasius résumera l'intention générale de sa pensée : aucune doctrine philosophique n'est indépendante du contexte de sa conception et notamment du statut de son auteur ; elles sont donc toutes hypothétiques et il convient donc de préférer aux spéculations inutiles une pensée dirigée vers la connaissance et la morale quotidiennes [60]. Au début des années 1690, Thomasius a entrepris de redéfinir sur ces bases le système du savoir ; en 1691, il publie sa *Vernunft-Lehre (Doctrine de la raison)*, suivie en 1692 d'une *Sitten-Lehre (Doctrine des mœurs)*. L'originalité de cette systématisation ne réside pas dans ce découpage, qui reste tout à fait traditionnel, mais dans la conception même de la rationalité mise en œuvre. Si la *Doctrine de la raison* a pour mission, dans sa partie théorique (*Einleitung in die Vernunft-Lehre — Introduction à la*

---

59. *Gelehrtheit* ou *Gelehrsamkeit* en allemand moderne. Voir ci-après la définition de l'érudition dans l'extrait de l'*Introduction à la doctrine de la raison*, en particulier le paragraphe d'introduction et le § 38 : « On n'appellera pas érudition ce qui dans la vie de l'homme n'apporte rien d'utile ni ne conduit à la félicité. »

60. Voir le premier extrait ci-après.

doctrine de la raison), de prémunir contre le mauvais usage de
l'entendement dans les deux domaines de l'art de juger
(vérité, fausseté et probabilité des énoncés) et de l'art
d'inventer (découvrir de nouvelles vérités), l'accent porte
sur le contenu des énoncés et non plus sur leur rectitude
formelle. À la place de la méthode mathématique, Thomasius en appelle à la « saine raison » qui est le bien commun
de tous les hommes. Le but de la *Doctrine de la raison* dans
sa partie pratique (*Ausübung der Vernunft-Lehre*) est d'améliorer la volonté grâce à cette nouvelle maîtrise de l'entendement [61]. La *Sitten-Lehre,* qui a également deux parties
— l'*Introduction,* publiée en 1692 et l'*Application,* achevée en
1696 —, entend établir les fondements d'une éthique rationnelle ; mais elle reste encore dépendante tout à la fois de
l'éthique rococo de Weise et de la « philosophie érudite »
(*gelehrte Philosophie*). Le *summum bonum* est la paix de l'âme,
que seul l'intellect peut atteindre en régissant les affects
désordonnés qui dominent la volonté ; cette dernière apparaît donc comme le mal, sur lequel le bien, la raison, doit
l'emporter. Ici encore, Thomasius pense pouvoir transformer l'éthique contemplative de la philosophie érudite en
une éthique de la vie active, en remplaçant la raison spéculative par la saine raison et l'amour de l'absolu, central chez
Spinoza, Malebranche ou Tschirnhaus, par l'« amour
rationnel », par quoi il entend en réalité, tout en évitant le
terme, l'amour du prochain. Car la véritable dimension de
la vie active est la société : « L'homme ne serait rien dans la
société humaine [...]. Un homme ne serait pas un homme
rationnel sans la société qui l'entoure. De quelle utilité lui
seraient ses pensées s'il n'y avait pas d'autres hommes ? [...]
Les pensées sont un discours intérieur : à quoi lui servi-
raient-elles s'il n'y avait personne à qui les communiquer ?
Ce discours intérieur suppose un discours extérieur [...].
Sans société humaine un homme adulte n'aurait aucune
satisfaction quand bien même il posséderait le monde. » Ce
bien naturel commun à tous les hommes qu'est l'entendement devient ainsi le fondement d'une éthique sociale reposant sur les devoirs réciproques et la dépendance des
hommes les uns par rapport aux autres. Sur ces bases
l'*Application de la doctrine des mœurs* établit le lien entre
l'éthique et la théorie du droit naturel. L'homme est destiné
à renoncer à sa volonté individuelle au profit de la volonté
collective ; la moralité consiste dans cette transformation de
l'homme en *Bürger* — bourgeois et citoyen se confondent

61. Voir les extraits suivants tirés de la *Vernunft-Lehre.*

dès lors dans ce terme. Le passage à la société reste du ressort de la liberté individuelle ; à tout moment l'individu peut se rétracter. Cette possibilité garantit cependant l'égalité naturelle de tous les citoyens, qui ne sont nullement tenus de se soumettre à un ordre injuste.

La *Sitten-Lehre* présente malgré tout des contradictions énormes. On ne tiendra pas pour contradiction le syncrétisme délibéré de Thomasius — qui s'est toujours réclamé de l'éclectisme et ne fait aucun cas des philosophies ou théologies d'école — dans son rapport au christianisme réformé. Par bien des aspects il reste fidèle à Luther, notamment par l'idée que la destination humaine de l'homme est l'amour du prochain, sa destination spirituelle la réunion avec Dieu, l'*unio mystica* du paragraphe 12 du traité *De la liberté du chrétien* [62]. La différence décisive tient au fait que Thomasius établit une véritable continuité entre ces deux formes de réunion, c'est-à-dire entre les deux règnes et entre le spirituel et le domaine de l'activité terrestre, et qu'il se rapproche par là du calvinisme. Rapprochement dont l'importance ne saurait être sous-estimée : il renforce l'idée que la vie active est le domaine du salut et, du même coup, vise à réveiller la bourgeoisie allemande assoupie dans l'idéologie des *Berufe*. Jusque-là, peut-on dire, tout va bien, et Thomasius assume son rôle de fondateur d'une philosophie bourgeoise. En revanche, la fin de la *Doctrine des mœurs* achoppe sur un problème capital : comment articuler la *vernünftige Liebe* (l'amour rationnel) avec la réalité des mœurs, c'est-à-dire l'enjeu même : la vie active ? Dans le chapitre XV (« De l'insuffisance de l'art rationnel à modérer les passions »), Thomasius désespère d'atteindre la vertu, à savoir la pureté de la volonté maîtrisée par l'entendement éclairé. Ce dernier ne sert plus guère qu'à faire prendre conscience à l'homme de sa nature pécheresse et à l'inciter à la pénitence. Ce pessimisme moral fait écho à la conversion de Thomasius au piétisme et semble annuler toute l'entreprise rationaliste d'émancipation de la raison par rapport à la religion. Thomasius ne parvient pas à passer de l'*amour* du prochain au *service* du prochain, soit à une théorie du Droit véritablement sécularisée. Conjuguée avec le positivisme juridique dont on a parlé plus haut, la constatation que le but de l'éthique est certes la perfection et la pureté, mais que la réalité, la dépendance et l'impureté de la volonté, imposent comme seul critère l'action juste — le *justum* — rétablit le dualisme de la vie intérieure et de la vie extérieure. Des trois

---

62. Luther, *Von der Freiheit eines Christenmenschen*, 1520. Trad. M. Gravier, GF-Flammarion, 1992.

règles du bonheur et de la paix exposées par le *Fundamentum iuris naturae et gentium (Fondement du droit de la nature et des peuples)* de 1705, le *justum* s'applique à la paix extérieure ; il est régi par le droit exigible dont la maxime est la suivante : « Ne fais pas aux autres ce que tu ne veux pas qu'il te soit fait » ; elle est complétée par la règle positive du *decorum* : « Fais aux autres ce que tu veux qu'il te soit fait. » L'*honestum*, en revanche, concerne la paix intérieure. Le commandement de l'*honestum* procède du for intérieur ; il s'agit d'une morale de l'intention. Dans son essai « Christian Thomasius », Ernst Bloch veut y voir la reprise de l'antithèse paulinienne et luthérienne de la justice et de l'amour, mais aussi une anticipation de la distinction kantienne entre le droit exigible et la morale non exigible [63].

Prudence, sagesse et érudition

I

§ 2 — En réalité ni la sagesse, ni la prudence [64] ne consistent seulement dans la spéculation et la contemplation et la *contemplation des choses divines sans vraie piété ou la contemplation des choses humaines sans une conduite honorable, décente et juste ne sont même que folie.* Or, on ne peut appeler la folie ni sagesse, ni prudence.

63. Ernst Bloch, « Christian Thomasius... », *op. cit.*, p. 298 sq.
64. Selon l'usage établi, nous traduisons par « prudence » le terme *Klugheit*, transposition allemande de la φρόνησις, l'une des quatre vertus cardinales (avec le courage, la tempérance et la justice) considérées par Platon comme constitutives de la perfection morale. Par « sagesse » nous traduisons *Weisheit* — la σοφία grecque, qui est avant tout une connaissance englobante. Leibniz, par exemple, la définit comme la parfaite connaissance (1) des principes de toutes les sciences (2) et de l'art de les appliquer (art de bien juger ou raisonner, art d'inventer des vérités inconnues, art de se souvenir de ce qu'on sait à point nommé). En associant constamment *Klugheit* et *Weisheit*, Thomasius insiste sur la dimension pratique de la vraie sagesse, qui ne consiste « pas seulement dans la spéculation et la contemplation », et n'a de valeur que dans sa dimension éthique, donc en association avec la prudence, laquelle doit cependant être authentique (et pas seulement technique). Cette association est dirigée contre la philosophie purement spéculative, la *Gelahrheit* (*Gelehrtheit* en allemand moderne). Kant reprendra cette opposition de façon tout à fait semblable.

§ 53 — Il s'ensuit que la prudence du jugement est une *vertu ou la qualité que possède un homme sage* (ou un homme qui commence à être sage) *de juger des actes humains passés ou bien présents en se demandant s'ils ont été commis avec prudence et avec sagesse.* La prudence donnant des conseils est quant à elle *la qualité d'un sage* (qui a déjà fait des progrès plus grands sur le chemin de la sagesse) *consistant à prescrire pour des actes humains futurs ou sur le point d'être accomplis une règle grâce à laquelle ils pourront être commis avec prudence et sagesse.*

§ 54 — Le terme *judicium*, ou jugement, est donc pris ici en un sens plus étroit qu'on n'a coutume de le faire en philosophie puisqu'il signifie une faculté de l'entendement humain opposée à l'esprit (*ingenium*) et à la mémoire [65] ; car, dans cette acception, la faculté de juger s'étend aussi aux choses futures et un individu qui a un jugement (*judicium*) corrompu ou bien n'en a aucun ne pourra bien sûr pas donner de conseil avisé (conforme à la prudence).

Kurtzer Entwurff der Politischen Klugheit, aus dem Lateinischen des Herrn Thomasii übersetzet. Frankfurt/Leipzig, 1710 ; rééd., Athenäum, Frankfurt/Main, 1971, p. 4-11, p. 17-19 **.

II

1) *L'érudition [Gelahrheit] est une connaissance par laquelle un homme est mis en mesure de bien distinguer le vrai du faux, ainsi que le bien du mal et d'en indiquer de façon bien fondée les vraies causes ou, le cas échéant, les causes probables afin de promouvoir par là son propre bonheur temporel et éternel, tout comme celui des autres hommes dans leur existence commune.*

2) Elle a son siège dans l'entendement de l'homme et, dans la mesure où ce dernier est commun à tous

---

65. L'« esprit » (*Witz*) se contente de repérer des occurrences identiques au niveau des sens ; la « mémoire » (*Gedächtnis*) stocke les impressions des sens.

les hommes, *tous les hommes* sont donc également en mesure d'acquérir l'érudition, même si pour de multiples raisons la plupart ne la possède pas.

3) Certes, dans l'état d'*innocence* dans lequel l'homme n'avait aucune imperfection tous les hommes auraient certainement été érudits et même ils n'auraient vraisemblablement eu nullement besoin des enseignements des autres.

4) Mais après que le *péché originel* eut considérablement obscurci l'entendement et qu'on se fut trouvé du même coup dans l'obligation de l'éclairer par différents et laborieux moyens, la différence entre les érudits et les non-érudits est apparue.

5) Après sa naissance chaque homme, quel que soit l'état auquel il appartienne, est complètement ignorant en sorte que s'il lui advenait d'être élevé dans cette condition sans contact avec les autres hommes il ferait bel et bien montre de tout aussi peu de raison que bien des bêtes, sinon de moins encore.

6) Mais si grâce à une bonne éducation, la conversation avec les autres, la lecture de bons livres, l'expérience personnelle qu'il acquiert et de mûres réflexions, sans oublier bien sûr au premier chef la grâce de Dieu, il dissipe le brouillard de son ignorance, il peut finalement accéder au degré supérieur de la sagesse auquel il est possible de parvenir dans cette existence [...].

10) Je tiens pour un homme érudit celui qui connaît avec certitude un petit nombre de vérités qu'il sait appliquer utilement pour tous et dont il sait tirer, dans toutes sortes de sciences, d'autres vérités, tout en comprenant bien par ailleurs l'adage populaire selon lequel le monde est rempli d'illusions ; il peut alors exposer aisément et distinctement aux autres tant ses propres vérités que ces vaines illusions.

11) Cependant un tel homme doit *persévérer* chaque jour pour améliorer son entendement, car il aura chaque jour l'occasion de découvrir des vérités nouvelles et de débusquer tant chez lui-même que

chez les autres de nouveaux préjugés qui font obstacle à la recherche de la vérité.

12) Autant dès lors l'érudition tire l'homme de son imperfection et autant du même coup *tous les hommes doivent s'efforcer sincèrement de devenir érudits, il ne s'en trouve pas moins que l'état de la société humaine peut ne pas le permettre* parce que la différence entre les états [*Stände*] donne aux uns tant à faire qu'ils doivent utiliser le temps qui est nécessaire pour acquérir l'érudition en accomplissant d'autres tâches pour le plus grand bien de la collectivité.

13) Toutefois ces hommes-là doivent eux aussi s'efforcer de faire en sorte que leur manque d'érudition ne puisse passer pour crasse ignorance et donc, par leur expérience quotidienne et en demandant conseil aux érudits, apprendre suffisamment pour qu'à leur place et *selon leur état* ils puissent contribuer autant que faire se peut à leur félicité et à celle de la communauté, et ce quoiqu'ils n'aient aucune connaissance des autres états et qu'ils ne puissent même rendre clairement compte du leur propre.

14) Quant aux autres, qui ont des loisirs et la possibilité d'améliorer plus précisément leur entendement, ils doivent, même s'ils ne font pas de l'érudition une profession, s'efforcer autant que possible de s'élever au-dessus de la condition des premiers de façon, même s'ils ne peuvent passer pour érudits, qu'on ne puisse leur reprocher une *absence d'érudition* [...].

21) La connaissance qui provient des Saintes Écritures est une érudition appelée *savoir divin* ; celle qui provient de la raison humaine se nomme sagesse temporelle (*Welt-Weisheit*). Et, selon que l'homme organise son existence selon l'une ou l'autre, on dira qu'il mène une vie *vertueuse* ou une vie *pieuse* [...].

25) En ce qui concerne par ailleurs la *sagesse temporelle,* celle qui raisonne sur les créatures, il est incontestable qu'elle ne s'étend pas seulement aux choses présentes, mais pour une large part aussi aux choses

éloignées ou *passées,* desquelles elle ne peut cependant pas tirer de conclusions rationnelles si elle ne présuppose pas à tout le moins quelques relations historiques.

26) Du même coup la *Doctrine de la raison* et l'Histoire sont deux instruments qui sont communs au *savoir divin* et à la *sagesse temporelle,* avec toutefois la différence notoire suivante.

27) La *sagesse temporelle* a besoin de la *doctrine de la raison* comme fondement de toute sa science et présuppose les relations historiques qui proviennent de la Révélation uniquement comme des postulats et des hypothèses qui lui permettent d'exercer son art, quand bien même le souci de ce dernier n'est point de savoir si l'Histoire est d'origine divine ou humaine [...].

38) De tout ce qui a été précédemment exposé on espère que les brèves remarques suivantes découleront avec évidence et ne requerront pas d'autre démonstration. *(1) On ne saurait qualifier d'érudition un savoir qui ne possède aucune utilité dans la vie humaine et ne conduit pas à la félicité.*

39) *(2) Savoir beaucoup de langues n'est que la moindre part de l'érudition.*

40) *(3) Pour s'adonner à l'érudition il n'est nul besoin d'avoir une profession spéciale.*

41) *(4) Les personnes du sexe féminin sont tout aussi capables d'érudition que celles du sexe masculin.*

42) *(5) Savoir beaucoup de choses ne fait pas pour autant un homme érudit.*

43) *(6) N'est pas érudit qui n'est pas capable de le montrer dans les faits.*

44) *(7) N'est pas érudit qui mélange la lumière naturelle et la lumière surnaturelle.*

Einleitung zu der Vernunft-Lehre, Halle, 1691 ; rééd., Olms, Hildesheim, 1968, p. 75-88 **.

3. IMMANUEL KANT

Période précritique
Histoire générale de la nature et théorie du ciel

Pour aborder l'œuvre précritique de Kant et la formation progressive des questions auxquelles entendra répondre le criticisme, il n'est pas inintéressant de remonter aux premiers écrits — en l'occurrence l'*Histoire générale de la nature et théorie du ciel* de 1755. La *Dissertation* de 1770, *De mundi sensibilis atque intelligibilis forma et principiis* (*Sur la forme et les principes du monde sensible et du monde intelligible*), représente en effet, avant la gestation proprement dite de la *Critique de la raison pure* au cours des dix années qui suivent, l'aboutissement d'une réflexion prenant son origine au cœur même des grands débats et des grandes mutations épistémologiques qui agitent les Lumières : *le triple affrontement entre cartésianisme, leibnizianisme et newtonisme*. La pensée de Kant est née dans ce triangle. Dès son tout premier essai, « *Gedanken von der wahren Schätzung der lebendigen Kräfte* » (*Pensées sur une véritable estimation des forces vivantes*), en 1746, il ambitionne de départager « les géomètres d'Europe » à propos du calcul de la force à partir de la masse et de la vitesse en donnant raison aux cartésiens pour ce qui est du calcul des « forces inertes » (F = m. v) et aux leibniziens pour les « forces vives », celles des actions libres (F = m. v²) [1]. À ces dernières, il attribue une force active indépendante de l'extension. Il est déjà à la recherche d'un dynamisme qui serait une synthèse de Leibniz et de Newton, comme le montre la *Monadologia physica*, dix ans plus tard, en 1756.

1. Cf. supra le commentaire des *Principes rationnels de la nature et de la grâce* de Leibniz (extrait 2 : « La monade »).

Le terrain originaire de ce triple affrontement est la cosmologie. Et, sur ce terrain, se posent les questions fondamentales qui constitueront encore en dernier recours
l'horizon de la pensée critique. Aussi n'est-ce pas un hasard
si, dans les dernières années de sa vie, Kant travailla à la fois
à une troisième édition de la *Critique de la raison pure* et à la
révision de sa *Théorie du ciel,* en vue de sa réédition en 1791.
Du reste Kant n'a cessé de s'occuper de cosmologie — ainsi
dans l'opuscule « Sur les volcans lunaires » qu'il publia en
1785 dans la *Berlinische Monatsschrift.* « Ce caractère privilégié de la cosmologie dans l'œuvre de Kant, écrit Jean Seidengart dans son introduction à la traduction française de
l'*Histoire générale de la nature et théorie du ciel,* tient au fait
qu'en elle se recoupent nécessairement la physique et la
métaphysique, le connaître (*Erkennen*) et le penser (*Denken*)
dont seule une discipline limitatrice sera à même de fixer
l'articulation légitime [2]. » Comme il le dira lui-même, ce
sont les questions qui se posent dans l'ordre cosmologique
qui l'ont sorti de son sommeil dogmatique — au premier
chef les antinomies de la raison pure à partir desquelles on
peut suivre l'évolution de sa réflexion vers le criticisme [3].
Dans la *Monadologia physica* (1756), l'antinomie est définie
comme la confusion de la sensibilité et de l'entendement
— une position qui se maintient pour l'essentiel jusqu'à la
Dissertation de 1770 : pour que la métaphysique cesse de
« rouler éternellement son rocher de Sisyphe » (*Dissertation,*
§ 23), elle doit veiller à ce que « les principes propres à la
connaissance sensible ne dépassent pas leurs limites et
n'affectent pas la sphère intellectuelle » (*ibid.,* § 24).
Quoique d'autre part la *Dissertation* accomplisse un pas
décisif vers l'idéalisme transcendantal avec l'idée, qui sera
celle de l'esthétique transcendantale, que les représentations
de l'espace et du temps ne viennent pas de l'expérience,
comme le croient les empiristes, mais sont des intuitions
pures (*ibid.,* § 13-15), Kant tient encore la connaissance des
choses en soi pour la tâche de la raison pure. Il faut attendre

---

2. *Histoire générale de la nature et théorie du ciel,* Vrin, 1984, p. 12.
3. « Ce n'est pas l'étude de l'existence de Dieu, de l'immortalité
de l'âme qui fut mon point de départ, mais l'antinomie de la raison
pure — le monde a un commencement, il n'a pas de commencement, etc., ainsi jusqu'à la quatrième : "il y a de la liberté en
l'homme, au contraire il n'y a aucune liberté, seulement la nécessité
naturelle". C'est cela qui me tira d'abord de mon sommeil dogmatique et me conduisit à la critique de la raison pour faire disparaître
le scandale du conflit apparent de la raison avec elle-même » (lettre
à Christian Garve, 21 septembre 1798, *Akademie-Ausgabe,*
tome XII, p. 256 sq.).

les années 1770 pour que l'antinomie soit rapportée à la
confusion du phénomène et de la chose en soi, c'est-à-dire à la
méconnaissance par la raison de son incapacité à connaître
cette dernière, et pour que se pose *la* question qui constitue
le cœur de l'idéalisme transcendantal : si je ne connais pas
les substances et si la possibilité, la nécessité, la substance, la
cause ne sont jamais en tant que tels objets d'une expérience
et n'entrent dans aucune représentation sensible, comment
se fait-il que l'entendement puisse s'appliquer aux intuitions
des sens [4] ? Une autre question, ou si l'on veut un autre
aspect de cette même question, est le problème du fini et de
l'infini, de l'existence ou non d'un commencement et d'une
fin absolus. Dans la *Dissertation*, cette question est abordée,
contre la conception leibnizienne de l'univers comme synthèse de substances simples, à partir de l'impossibilité pour
la connaissance de parvenir en amont au simple et en aval à
une telle synthèse, soit de déterminer un commencement
absolu et, ce qui est l'évidence même, de saisir la synthèse
ultime alors que l'univers continue de se créer dans le
temps. Problème qui est déjà au cœur de la cosmologie de
1755 et qui engage les rapports entre la physique et la théologie.

Newton s'est avant tout préoccupé d'établir les principes
de la connaissance physique, sans s'aventurer lui-même
dans la cosmologie. Sa physique ne se pose pas la question
du commencement et de la fin, mais postule implicitement
l'infinité du temps *a parte ante* et *a parte post*. Ce n'est nullement un trait prémoderne si Kant affronte ces questions
dans son *Histoire générale de la nature* ; car il est symptomatique qu'en procédant ainsi Newton finit, comme toute la
physico-théologie anglaise de son époque, par réintroduire
Dieu. L'alternative, ainsi que Kant la résume dans sa « Préface », est en effet la suivante : ou bien la physico-théologie
sert à prouver la sagesse du Créateur, ou bien le monde est
abandonné au hasard. Dans la philosophie wolffienne, la

---

4. En réalité cette position est peu à peu préparée par la critique
des conceptions les plus fondamentales du « leibniziano-wolffisme ».
Dans la *Nova dilucidatio* (*Principiorum primorum cognitionis metaphy-
sicae nova dilucidatio*) de 1755, Kant récuse, comme le fait aussi de
son côté Christian August Crusius (1715-1775), l'assimilation wolffienne entre les raisons réelles et les raisons rationnelles, les vérités
de fait et les vérités de raison — une critique qu'il radicalisera dans
son *Essai pour introduire le concept de quantité négative en philosophie*
en 1763. La même année, 1763, il met en question, dans *L'Unique
fondement possible d'une démonstration de l'existence de Dieu,* la capacité du rationalisme à démontrer une *existence*.

cosmologie, partie intégrante de l'ontologie spéciale [5], a pour but essentiel d'apporter des preuves de l'existence de Dieu. Ce n'est certes pas le cas chez Newton mais, du même coup, il ne peut échapper à l'hypothèse du hasard qu'en recourant à Dieu lorsqu'il s'agit d'expliquer la *stabilité du système du monde,* c'est-à-dire la constance et la régularité des lois physiques, mais également le fait que le monde, en vertu même de la gravitation, ne soit pas condamné à l'entropie. Car « la nature a plus de penchant à ce que le mouvement périsse qu'à ce qu'il naisse ». S'il y a chez Kant un geste moderne, c'est bien de refuser de se laisser acculer, pour sortir de telles conséquences de la physique, à faire intervenir la main de Dieu. Pour le *terminus ad quem,* Kant trouve, provisoirement [6], une « solution » qu'il expose dans *Meditationum quarundam de igne succinta delineatio* — sa thèse de doctorat soutenue le 12 juin 1755, donc la même année que la *Théorie du ciel.* Cette solution, c'est le feu destructeur et régénérateur tout à la fois, qui assure la continuité de l'univers à travers ses transformations. Par là, Kant reprend donc à son compte la théorie traditionnelle de la création continuée. En revanche, pour l'origine absolue, Kant reste créationniste ; il peut ainsi espérer demeurer en accord avec la religion révélée, comme il le dit lui-même ; cependant la raison essentielle est sans nul doute que ne pas trancher cette question consiste à l'inverse à livrer la philosophie à la théologie !

Dès la « Préface » à l'*Histoire générale de la nature,* dont sont tirés nos extraits, Kant met en scène un dialogue entre le défenseur de la religion et le naturaliste ; l'enjeu de ce débat sur la constitution de l'univers est de mettre fin au conflit de la science et de la foi [7] en critiquant tout autant l'argumentation physico-théologique traditionnelle [8] que les limites de la physique, qui peut certes ramener la diversité des phénomènes à des lois, mais ne peut fonder la régularité et la constance de ces lois autrement que « par un hasard qui aurait pu tout aussi facilement se montrer défavorable » (cf.

5. Cf. supra la section 1, sur Wolff.
6. La question ne cessera de le préoccuper et il y reviendra à la fin de sa vie dans « La fin de toutes choses ».
7. Cf. extrait : « La concordance que je trouve entre mon système et la religion élève ma confiance. »
8. Cf. extrait : « Je reconnais toute la valeur de ces preuves que l'on tire de la beauté et de l'ordre parfait de l'univers pour confirmer l'existence d'un auteur souverainement sage [...]. Mais j'affirme que les défenseurs de la religion, en se servant mal de ces raisons, éternisent le conflit avec les naturalistes... »

extrait). L'originalité de la critique à laquelle le jeune Kant soumet la physico-théologie consiste, non pas à la récuser, mais *à la refonder sur les bases mêmes de la physique newtonienne* [9] : « Découvrir le système qui relie les grands membres de la création dans toute l'étendue de l'infinité, faire dériver des lois mécaniques la formation des corps célestes eux-mêmes et l'origine de leurs mouvements du premier état de la nature » (cf. début de l'extrait). On ne s'étonnera pas du même coup de l'importance accordée par Kant au matérialisme antique. L'atomisme antique véhicule la réputation d'athéisme. Il connaît au tournant du XVIIIᵉ un regain d'actualité — notamment la théorie du mouvement tourbillonnaire de Démocrite [10]. Il s'agit en même temps d'un affrontement entre les cartésiens, adeptes de la conception tourbillonnaire, et les newtoniens, qui défendent celle de la gravitation universelle. Il fallut les expéditions géodésiques initiées en 1736-1737 par Maupertuis, qui deviendra en 1746 le président de l'Académie des sciences de Berlin jusqu'à sa mort en 1759, pour que la preuve de l'aplatissement des pôles et du renflement équatorial consacrent la victoire des seconds et que le newtonisme l'emporte en Allemagne. La position de Kant a fait date, associée à l'hypothèse de la naissance du monde que formulera Laplace en 1796 (on parle en astronomie de la « théorie de Kant-Laplace ») : par le jeu de l'attraction et de leurs entrechocs, les particules tourbillonnantes finissent par former des noyaux massifs — les corps célestes.

L'ouvrage procède en trois temps, dont Kant résume les enjeux dans sa « Préface ». La première partie est consacrée à « la constitution de l'univers en général » et rend compte des hypothèses en présence. La deuxième, « qui comprend le propos le plus original de cet essai », tente de « développer la constitution de l'univers à partir de l'état le plus simple de la nature, uniquement par des lois mécaniques » [11]. Dans cette deuxième partie, la version kantienne de la physico-théologie adopte un point de vue génétique qui en fait proprement, conformément au titre, une « histoire générale de la nature ». Usant abondamment du principe d'analogie qu'il récusera plus tard [12], Kant étend l'ordre de notre sys-

9. Tentative qu'avait déjà entreprise Pierre Estève — que Kant, bizarrement, ne cite pas — dans son *Origine de l'univers expliquée par un principe de la matière*, publiée à Berlin, en 1748.

10. Cf. Christian Huygens, *Discours sur la cause de la pesanteur*, 1690.

11. Voir la fin de l'extrait.

12. Voir infra au chapitre IV sa critique de la méthode de Herder.

tème planétaire à l'univers tout entier par une progression des raisons du local au global qui, en même temps, doit assurer la concordance du spatial (la validité dans l'espace) et du temporel (la validité dans le temps), du synchronique et du diachronique, et surtout (ce qui reste l'enjeu d'un penseur pris entre Newton et Leibniz) des séries rationnelles et des séries causales [13]. À la fin de la « Préface », Kant reconnaît lui-même qu'on trouvera dans sa troisième partie « quelque chose de plus que de l'arbitraire quoique toujours quelque chose de moins que de l'indubitable ». Il s'agit de s'interroger, du point de vue moral autant que physique, sur la place de l'homme dans l'Univers. Il peut paraître étrange que Kant le fasse en envisageant la pluralité des mondes et l'existence d'autres êtres sur d'autres planètes ; mais, outre l'actualité du thème à l'époque, il n'y avait guère d'autre moyen de porter à son terme la réflexion cosmogonique. Il fallait bien, si du moins son importance était aussi fondamentale, qu'elle débouchât sur un embryon de philosophie pratique (Kant raisonnant en l'occurrence encore selon les schémas de la métaphysique leibnizo-wolffienne). Il en résulte donc une hiérarchie cosmique des habitants du système solaire en fonction de leur dépendance plus ou moins grande de l'attraction solaire. Dans cette hiérarchie, les hommes, les terriens, occupent une position intermédiaire qui les soustrait à la dépendance totale et à l'immersion dans la matérialité mais les situe à mi-chemin entre la liberté et la nécessité : la future philosophie morale de Kant ne dira au fond rien d'autre — mais sur des bases bien différentes.

*

J'ai choisi un sujet qui, tant par sa difficulté intrinsèque qu'en ce qui concerne la religion, peut dès l'abord prévenir défavorablement une grande partie des lecteurs. Découvrir le système (*das Systematische*) qui relie les grands membres de la création dans toute l'étendue de l'infinité, faire dériver des lois mécaniques la formation des corps célestes eux-mêmes et l'origine de leurs mouvements du premier état de la nature, de telles perspectives semblent dépasser de très loin les forces de la raison humaine. De l'autre

---

13. C'est du reste au moyen du principe leibnizien de continuité qu'il passe du local au global.

côté, la religion met en garde, en une accusation solennelle, contre la témérité qui ose s'avancer jusqu'à attribuer à la nature laissée à elle-même de telles conséquences, dans lesquelles on voit à juste titre la main immédiate de l'Être suprême, et elle craint de trouver dans la curiosité indiscrète de telles considérations un plaidoyer du négateur de Dieu. Je vois bien toutes ces difficultés, et cependant je ne perds pas courage. [...]

Si le système du monde, avec tout son ordre et toute sa beauté, est seulement un effet de la matière laissée à ses lois générales de mouvement, si la mécanique aveugle des forces de la nature a le pouvoir de se développer à partir du chaos de façon si splendide et si elle atteint d'elle-même à une telle perfection, alors est invalidée la preuve de l'existence d'un auteur divin, preuve que l'on tire de la vue de la beauté de l'univers ; la nature se suffit à elle-même, le gouvernement divin est inutile, Épicure revit au milieu du christianisme et une philosophie profane piétine la foi qui lui offre pour l'éclairer une vive lumière.

Si je trouvais ce reproche fondé, la conviction que j'ai de l'infaillibilité des vérités divines est en moi si forte que je tiendrais pour suffisamment réfuté par elles et que je rejetterais tout ce qui les contredit. Mais précisément, la concordance que je trouve entre mon système et la religion élève ma confiance, pour ce qui concerne toutes les difficultés, à une tranquillité inébranlable.

Je reconnais toute la valeur de ces preuves que l'on tire de la beauté et de l'ordre parfait de l'univers pour confirmer l'existence d'un auteur souverainement sage. À moins de résister obstinément à toute conviction, on doit laisser triompher des raisons aussi irréfutables. Mais j'affirme que les défenseurs de la religion, en se servant mal de ces raisons, éternisent le conflit avec les naturalistes en présentant à ceux-ci sans nécessité leur côté vulnérable.

On a l'habitude de remarquer et de mettre en évidence dans la nature les concordances, la beauté, les fins, une relation parfaite des moyens à ces fins. Mais, tandis que de ce côté-ci on élève la nature, on cherche d'un autre côté à l'amoindrir à nouveau. Ce bel accord (*Wohlgereimtheit*), dit-on, lui est étranger et, si elle était laissée à ses lois générales, elle ne produirait rien d'autre que du désordre. Les concordances sont le signe d'une main étrangère qui a su contraindre en un plan sage une matière dépourvue de toute régularité. Mais je réponds : si les lois générales d'action de la matière sont pareillement une conséquence du dessein suprême, elles ne peuvent alors vraisemblablement avoir d'autres déterminations que de tendre à accomplir d'elles-mêmes le plan que s'est proposé la Sagesse suprême ; ou bien, s'il n'en est pas ainsi, ne devrait-on pas succomber à la tentation de croire que la matière et ses lois générales seraient tout au moins indépendantes, et que la puissance suprême qui a su se servir d'elles de manière si glorieuse est assurément grande mais cependant pas infinie, assurément puissante mais cependant pas absolument suffisante.

Le défenseur de la religion craint que ces concordances qui peuvent s'expliquer par une tendance naturelle puissent démontrer l'indépendance de la nature à l'égard de la Providence divine. Il l'avoue sans confusion : si on peut découvrir pour tout l'ordre de l'univers des fondements naturels capables de réaliser cet ordre à partir des propriétés les plus générales et les plus essentielles de la matière, il est alors inutile d'en appeler à un gouvernement supérieur. Le naturaliste trouve son compte à ne pas contester cette supposition. Il met au contraire en évidence des exemples montrant la fécondité des lois générales de la nature dans des résultats parfaitement beaux, et il met le croyant en danger par de telles raisons qui dans ses mains pourraient devenir des armes irrésistibles. [...]

Voyons comment ces raisons dont on appréhende les dégâts dans les mains des adversaires sont bien plutôt des armes puissantes pour combattre ceux-ci. La matière qui se détermine selon ses lois les plus générales produit par un processus naturel ou, si on veut le nommer ainsi, par une mécanique aveugle, des conséquences convenables (*anständig*) qui semblent être le projet d'une sagesse suprême. Air, eau, chaleur, engendrent, si on les considère laissés à eux-mêmes, des vents et des nuages, de la pluie, des fleuves qui arrosent les terres, et toutes les conséquences utiles sans lesquelles la nature devrait rester triste, déserte et stérile. Cependant, ils ne produisent pas ces conséquences par une pure contingence ou par un hasard qui aurait pu tout aussi facilement se montrer défavorable, mais on voit qu'ils sont astreints par leurs lois à n'agir d'aucune autre manière que celle-ci. Que faut-il donc penser de cette concordance ? Comment serait-il seulement possible que des choses de nature différente dussent tendre à réaliser en liaison les unes avec les autres des concordances et des beautés aussi parfaites ; et cela même aux fins de choses qui, dans une certaine mesure, se situent en dehors de ce que comprend la matière inerte, à savoir au service des hommes et des animaux, si elles ne connaissaient pas une origine commune, à savoir un entendement infini en lequel la constitution essentielle de toute chose a été projetée ? Si leurs natures étaient nécessaires pour elles-mêmes et de manière indépendante, quel hasard étonnant ou plutôt quelle impossibilité ne constituerait pas le fait qu'elles s'accordent entre elles avec leurs tendances naturelles aussi précisément que si un choix intelligent et réfléchi avait pu les accorder. [...]

Les théoriciens, mentionnés ci-dessus, de la production mécanique de l'univers déduisaient tout l'ordre que l'on perçoit en celui-ci du hasard approximatif qui faisait se rencontrer les atomes de manière si heureuse qu'ils formaient un tout bien ordonné. Épicure était suffisamment impertinent pour prétendre que les atomes s'écartent de leur mouvement rectiligne sans aucune cause pour pouvoir se rencontrer. Tous ensemble menèrent cette absurdité si loin qu'ils attribuèrent l'origine de toutes les créatures vivantes également à cette convergence aveugle, et qu'ils déduisent réellement la raison de la déraison. Dans ma conception, au contraire, je trouve la matière liée à certaines lois nécessaires. Je vois dans toute sa décomposition et dispersion se développer tout naturellement à partir de ces lois un tout, beau et ordonné. Celui-ci ne se produit pas par hasard et de manière contingente, mais on remarque que des propriétés naturelles l'engendrent par nécessité. Ne sera-t-on pas motivé par là à demander : pourquoi la matière devait-elle donc avoir précisément de telles lois visant ordre et mesure ? Était-il donc possible que tant de choses, chacune ayant sa nature indépendante des autres, dussent se déterminer d'elles-mêmes les unes les autres de telle sorte qu'un tout bien ordonné en surgisse ? Et si elles le font, n'est-ce pas là une preuve indéniable de la communauté de leur première origine qui doit être un entendement suprême absolument autosuffisant, dans lequel les natures des choses ont été projetées suivant des intentions préétablies ?

La matière qui est la substance originaire de toutes choses est donc liée à certaines lois, et, laissée librement à ces lois, elle doit produire nécessairement de belles combinaisons. Elle n'a pas la liberté de s'écarter de ce plan de la perfection. Puisqu'elle se trouve ainsi soumise à une intention suprêmement sage, elle doit nécessairement avoir été fixée dans de tels rapports harmonieux par une cause première régnant sur elle, et *il y a un Dieu précisément pour cette raison que la nature, même dans le chaos, ne peut procéder autrement que de façon régulière et ordonnée.* [...]

Dans la deuxième partie qui comprend le propos le plus original de cet essai, je tente de développer la constitution de l'univers à partir de l'état le plus simple de la nature, uniquement par des lois mécaniques. [...]

De fait, je me suis gardé avec la plus grande circonspection de toute invention arbitraire. Après avoir transporté le monde dans le chaos le plus simple, je n'ai appliqué d'autres forces que celles de l'attraction et de la répulsion pour le développement du grand ordre de la nature, deux forces qui sont toutes deux également certaines, également simples et tout à la fois également originaires et universelles. Toutes deux sont empruntées à la philosophie newtonienne. La première est une loi de la nature mise désormais hors de doute. Je ne prends ici la seconde, à laquelle la science newtonienne de la nature ne peut sans doute accorder autant de clarté qu'à la première, que dans un sens où personne ne peut la contester, à savoir dans la plus fine dissolution de la matière comme par exemple dans les vapeurs. C'est à partir de fondements aussi simples que j'ai déduit le système qui va suivre ; sans artifice, sans imaginer d'autres conséquences que celles auxquelles doit aboutir tout à fait d'elle-même l'attention du lecteur.

Allgemeine Naturgeschichte und Theorie des Himmels, in *Werke*, éd. par W. Weischedel, Insel, Wiesbaden, 1960, tome I, p. 227-242 ; trad. fr. : *Histoire générale de la nature et théorie du ciel*, traduction, introduction et notes par Pierre Kerzberg, Anne-Marie Roviello, Jean Seidengart, sous la coordination de Jean Seidengart, Vrin, Paris, 1984, « Préface », p. 65-78.

*
* *

Critique de la raison pure
(Préface de la seconde édition)

Il faut donc que la raison se présente à la nature en tenant d'une main ses principes, qui seuls peuvent donner aux phénomènes concordant entre eux l'autorité de lois, et de l'autre l'expérimentation qu'elle a imaginée d'après ces principes, pour être instruite par elle, il est vrai, mais non pas comme un écolier qui se laisse dire tout ce qu'il plaît au maître, mais, au contraire, comme un juge en fonction qui force les témoins à répondre aux questions qu'il leur pose. La Physique est donc ainsi redevable de la révolution si profitable opérée dans sa méthode uniquement à cette idée qu'elle doit chercher dans la nature —, et non pas faussement imaginer en elle —, conformément à ce que la raison y transporte elle-même, ce qu'il faut qu'elle en apprenne et dont elle ne pourrait rien connaître par elle-même. C'est par là seulement que la Physique a trouvé tout d'abord la sûre voie d'une science, alors que depuis tant de siècles elle en était restée à de simples tâtonnements.

La *Métaphysique,* connaissance spéculative de la raison tout à fait isolée et qui s'élève complètement au-dessus des enseignements de l'expérience par de simples concepts (et non pas, comme la Mathématique, en appliquant ses concepts à l'intuition), et où, par conséquent, la raison doit être son propre élève, n'a pas encore eu jusqu'ici l'heureuse destinée de pouvoir s'engager dans la voie sûre d'une science ; elle est cependant plus ancienne que toutes les autres et elle subsisterait quand bien même toutes les autres ensemble seraient englouties dans le gouffre d'une barbarie entièrement dévastatrice. Car la raison s'y trouve continuellement dans l'embarras, même quand elle veut apercevoir *a priori* des lois que l'expérience la plus vulgaire confirme ou, du moins, a la prétention de confirmer. En elle, il faut sans cesse rebrousser chemin, parce qu'on trouve que la route qu'on a suivie ne mène pas où l'on veut arriver. [...]

Or, d'où vient qu'on n'a pas pu trouver encore ici la sûre voie de la science ? Cela serait-il par hasard impossible ? Pourquoi donc la nature a-t-elle mis dans notre raison cette tendance infatigable qui lui fait en rechercher la trace, comme si c'était un de ses intérêts les plus considérables ? [...] Jusqu'ici on admettait que toute notre connaissance devait se régler sur les objets *(sich nach den Gegenständen richten)* ; mais, dans cette hypothèse, tous les efforts tentés pour établir sur eux quelque jugement *a priori* par concepts, ce qui aurait accru notre connaissance, n'aboutissaient à rien. Que l'on essaie donc enfin de voir si nous ne serons pas plus heureux dans les problèmes de la métaphysique en supposant que les objets doivent se régler sur notre connaissance, ce qui s'accorde déjà mieux avec la possibilité désirée d'une connaissance *a priori* de ces objets qui établisse quelque chose à leur égard avant qu'ils nous soient donnés. Il en est précisément ici comme de la première idée de COPERNIC ; voyant qu'il ne pouvait pas réussir à expliquer les mouvements du ciel en admettant que toute l'armée des étoiles évoluait autour du spectateur, il chercha s'il n'aurait pas plus de succès en faisant tourner l'observateur lui-même autour des astres immobiles. Or, en Métaphysique, on peut faire un pareil essai pour ce qui est de l'intuition des objets. Si l'intuition devait se régler sur la nature des objets, je ne vois pas comment on en pourrait connaître quelque chose *a priori* ; si l'objet, au contraire (en tant qu'objet des sens), se règle sur la nature de notre pouvoir d'intuition, je puis me représenter à merveille cette possibilité. Mais, comme je ne peux pas m'en tenir à ces intuitions si elles doivent devenir des connaissances, et comme il faut que je les rapporte, en tant que représentations, à quelque chose qui en soit l'objet et que je le détermine par leur moyen, je puis admettre l'une de ces deux hypothèses : ou les *concepts* par lesquels j'opère cette détermination se règlent aussi sur l'objet, et alors je me trouve dans la même difficulté pour la question de savoir comment je peux en connaître quelque chose *a priori*, ou bien les objets, ou, ce qui revient au même, l'*expérience* dans laquelle seule ils sont connus (en tant qu'objets donnés) se règle sur ces concepts — et je vois aussitôt un moyen plus facile de sortir d'embarras. En effet, l'expérience elle-même est un mode de connaissance qui exige le concours de l'entendement dont il me faut présupposer la règle en moi-même avant que les objets me soient donnés par conséquent *a priori*, et cette règle s'exprime en des concepts *a priori* sur lesquels tous les objets de l'expérience doivent nécessairement se régler et avec lesquels ils doivent s'accorder. Pour ce qui regarde les objets en tant qu'ils sont simplement conçus par la raison — et cela, il est vrai, nécessairement — mais sans pouvoir (du moins tels que la raison les conçoit) être donnés dans l'expérience — toutes les tentatives de les penser (car ils doivent malgré tout se laisser penser) fourniront donc une excellente pierre de touche de ce que nous regardons comme un changement de méthode dans la façon de penser, à savoir que nous ne connaissons *a priori* des choses que ce que nous y mettons nous-mêmes [...].

On sera amené, par un coup d'œil rapide jeté sur cette *œuvre*, à penser que l'utilité n'en est que *négative*, c'est-à-dire que nous ne pourrons jamais, avec la raison spéculative, nous risquer au-delà des limites de l'expérience, et c'est là, effectivement, sa première utilité. Mais cette utilité deviendra *positive*, dès qu'on s'apercevra que les principes sur lesquels la raison spéculative s'appuie pour se hasarder au-delà de ses limites ont en réalité pour conséquence inévitable non pas une *extension*, mais bien, à y regarder de plus près, un *rétrécissement* de l'usage de notre raison. En effet, ces principes menacent d'étendre réellement à tout les limites de la sensibilité dont, quant à eux, ils relèvent, et d'annihiler entièrement l'usage pur de la raison (pratique). C'est pourquoi une critique qui limite la raison spéculative est *négative* en tant que telle ; mais supprimant du même coup un obstacle qui en menace l'usage pratique, ou qui menace même de l'anéantir, elle est en réalité d'une utilité *positive* et très importante, dès qu'on est convaincu qu'il y a un usage pratique absolument nécessaire de la raison pure (l'usage moral), dans lequel elle s'étend inévitablement au-delà des limites de la sensibilité — en quoi, en vérité, elle n'a besoin d'aucun secours de la part de la raison spéculative, mais doit aussi être assurée contre toute opposition venant de cette dernière, afin de ne pas tomber en contradiction avec elle-même. [...]

Mais, comme, au point de vue de la morale, j'ai seulement besoin que la liberté ne soit pas contradictoire en elle-même, et qu'ainsi, du moins, elle se laisse concevoir sans qu'il soit nécessaire de l'examiner plus à fond, que, par suite, elle ne mette aucun obstacle au mécanisme naturel du même acte (envisagé sous un autre rapport), ainsi la doctrine de la moralité garde sa position et la physique aussi la sienne. Or, cela ne serait pas le cas si la Critique ne nous avait pas instruits auparavant de notre inévitable ignorance par rapport aux choses en soi et si elle n'avait pas limité à de simples phénomènes tout ce que nous pouvons *connaître* théoriquement. La même illustration de l'utilité positive des principes critiques de la raison pure se montrerait si nous envisagions le concept de *Dieu* et celui de la *nature simple* de notre âme, mais je n'y insiste pas pour être court. Je ne peux donc jamais *admettre Dieu*, la *liberté*, l'*immortalité* en faveur de l'usage pratique nécessaire de ma raison, sans enlever en même temps à la raison spéculative ses prétentions injustes à des vues transcendantes. Car, pour arriver à ces vues, il faut qu'elle emploie des principes qui ne s'étendent en fait qu'aux objets de l'expérience positive, mais qui, dès qu'on les applique à ce qui ne peut pas être un objet d'expérience, transforment réellement aussitôt cette chose en phénomène et déclarent impossible toute EXTENSION *pratique* de la raison pure. Je dus donc abolir le *savoir* afin d'obtenir une place pour la *croyance*. Du reste, le dogmatisme de la Métaphysique, c'est-à-dire le préjugé d'avancer dans cette science sans une Critique de la raison pure, est la vraie source de toute l'incrédulité qui s'attaque à la moralité — incrédulité toujours très dogmatique, elle aussi.

Critique de la raison pure, « Préface » de la 2ᵉ édition (1787), in *Werke,* éd. par W. Weischedel, Insel, Wiesbaden, 1956, tome II, p. 23-33 ; trad. fr. par A. Trémesaygues et B. Pacaud, PUF, Paris, 1944, p. 17-22.

*

La seconde édition de la *Critique de la raison pure* paraît en 1787. Les six ans qui la séparent de la première édition sont

des années de durs combats pendant lesquelles Kant doit
défendre son criticisme et son transcendantalisme — ainsi
dans les *Prolégomènes à toute métaphysique future qui pourra se
présenter comme science* en 1783, ou encore lors de la « querelle du panthéisme » de 1786 [14]. « Mon intention, écrit
Kant dans les *Prolégomènes*, est de convaincre tous ceux qui
jugent utile de s'occuper de métaphysique, qu'il leur est
absolument indispensable d'interrompre provisoirement leur
travail, de considérer comme inexistant tout ce qui s'est fait
jusqu'ici et de soulever avant toute la question de savoir si
une chose telle que la métaphysique est seulement possible [15]. » Les courts extraits de la « Préface » à la seconde
édition que nous proposons ici réaffirment une fois de plus
l'enjeu global de la critique et constituent à ce titre, en peu
de pages, une introduction générale à la *Critique de la raison
pure*. On peut aisément les organiser en trois moments. Les
deux premiers présentent une structure identique : Kant y
oppose la physique et la métaphysique et s'interroge sur les
raisons pour lesquelles la seconde n'est pas et ne peut être
une science. Au terme de cette confrontation, qui s'achève
par la définition — au sens strict du terme, c'est-à-dire au
sens d'une délimitation — de ce qui mérite le nom de
connaissance, la métaphysique semble disqualifiée au profit
de la science. Telle n'est toutefois par l'intention de
Kant [16] ; car la métaphysique traite de questions dont la
raison humaine ne parvient pas à se détourner et envers
lesquelles elle ne peut affecter de l'indifférence [17] : l'existence de Dieu, l'immortalité de l'âme, la liberté [18]. Le troisième moment fait donc, selon la formule fameuse, « place à
la foi », ou plus exactement, ainsi qu'on va le voir, il établit
à côté du domaine limité du savoir la spécificité de la raison
pure pratique.

Dès le premier moment, la façon dont Kant caractérise la
démarche de la raison en physique énonce déjà les deux
composantes indissociables de toute connaissance digne de
ce nom : *les principes et l'expérience,* en d'autres termes l'association *d'un réalisme empirique et d'un idéalisme transcendantal.*
Passant en revue les différentes formes de « savoir »
— logique, métaphysique, mathématique, physique —, Kant

14. Sur la « querelle du panthéisme », cf. infra chapitre III ; sur
Kant et Jacobi voir également la section 4 du présent chapitre.
15. *Prolégomènes...*, trad. fr. par J. Gibelin, Vrin, 1941, p. 7 sq.
16. C'est le sens du « provisoirement » dans l'introduction des
Prolégomènes (cf. note précédente).
17. Préface de la 1re édition, *op. cit.*, p. 5 sq.
18. *Critique de la raison pure*, « Introduction », *op. cit.*, p. 35.

constate que la métaphysique est à cet égard une « connaissance spéculative tout à fait isolée », coupée de l'expérience et à part des autres formes de savoir, car même les mathématiques, quoiqu'elles nous montrent « combien nous pouvons aller loin, indépendamment de l'expérience, dans la connaissance *a priori* [19], retrouvent dans la nature les « principes mathématiques de la philosophie naturelle » (Newton) [20]. Kant tire de la démarche de la physique l'enseignement suivant : « Il faut que la raison se présente à la nature en tenant d'une main ses principes, qui seuls peuvent donner aux phénomènes concordant entre eux l'autorité de lois, et de l'autre l'expérimentation qu'elle a imaginée d'après ses principes. » Ainsi, Galilée et Torricelli « comprirent que la raison ne voit que ce qu'elle produit elle-même d'après ses propres plans et qu'elle doit prendre les devants avec les principes qui déterminent ses jugements, suivant des lois immuables, qu'elle doit obliger la nature à répondre à ses questions et ne pas se laisser conduire pour ainsi dire en laisse par elle [21] ». Plus loin Kant dira, de façon encore

19. *Ibid.*, p. 36.

20. Plus loin dans l'introduction Kant caractérise les jugements *a priori* des mathématiques et de la physique comme des jugements *synthétiques a priori* ; sans être tirés de l'expérience, ils sont synthétiques *comme* les jugements d'expérience ; ils établissent une relation entre un sujet et un prédicat (par exemple, une relation de causalité), qui va pouvoir s'appliquer aux relations empiriques établies par les jugements d'expérience ; les jugements de la métaphysique sont en revanche également *a priori* mais analytiques, c'est-à-dire qu'ils se contentent d'expliciter ce que contient déjà un concept donné ; non seulement ils ne partent pas de l'expérience mais de ce concept, mais ils peuvent être poursuivis tout à fait abstraitement, en se passant entièrement de toute expérience et sans jamais s'y appliquer. Ce faisant, il est significatif que la métaphysique veuille pourtant se réclamer de l'autorité de l'expérience ou du sens commun (de « lois que l'expérience la plus vulgaire confirme ou du moins a la prétention de confirmer »). À propos de cet « embarras » dans lequel elle se retrouve, la préface de la première édition disait plus nettement encore : « Elle part de principes dont l'usage est inévitable dans le cours de l'expérience et en même temps suffisamment garanti par cette expérience. Aidée par eux elle monte toujours plus haut [...], vers des conditions plus éloignées. Mais, s'apercevant que de cette manière son œuvre doit toujours rester inachevée puisque les questions n'ont jamais de fin, elle se voit dans la nécessité d'avoir recours à des principes qui dépassent tout usage possible dans l'expérience et paraissent néanmoins si dignes de confiance qu'ils sont même d'accord avec le sens commun » (*op. cit.*, p. 5).

21. *Critique de la raison pure*, trad. fr. par A. Trémesaygues et

plus provocante, que « nous ne connaissons *a priori* des choses que ce que nous y mettons nous-mêmes [22] ».

Il s'agit là d'une véritable « révolution », et d'abord au sens d'un renversement de perspective : partir des moyens dont dispose la raison pour connaître, des conditions de possibilité de la connaissance, et non plus de la pseudo-évidence d'une réalité qui se donnerait spontanément à connaître. Au début du second moment de nos extraits, Kant la comparera à la « révolution copernicienne ». Copernic, dit Kant, « voyant qu'il ne pouvait pas réussir à expliquer les mouvements du ciel en admettant que toute l'armée des étoiles évoluait autour du spectateur, chercha s'il n'aurait pas plus de succès en faisant tourner l'observateur lui-même autour des astres immobiles ». Cette comparaison signifie que l'*activité* est du côté du sujet et que le *mouvement* dans la nature n'est connaissable que pour autant que le sujet connaissant a en lui-même les moyens de le percevoir ; ce qui, réinscrit dans le grand débat qui anime toute la philosophie des Lumières depuis sa découverte de Newton, signifie que la physique comme *dynamique* n'est possible pour Kant que pour autant que l'esprit possède en lui-même les moyens de percevoir le mouvement. Pour Leibniz, cette capacité tenait à la *vis activa* de la monade [23]. La *Critique de la raison pure* apporte ainsi une conclusion aux efforts de la période précritique de Kant pour trouver son chemin entre Leibniz et Newton ou pour les concilier [24]. De même que l'espace et le temps ne doivent pas être confondus avec l'étendue (Newton) et ne sont pas non plus purement relatifs (exprimant la relation entre les monades — Leibniz) mais sont des formes *a priori* de la sensibilité, les concepts de force, d'action, de cause et d'effet sont impensables sans cette forme logique du jugement qu'est la catégorie *a priori* de la causalité.

La raison qui ne se laisse pas « conduire en laisse » — ici par la nature, mais il y va globalement de la capacité à penser par soi-même (*Selbstdenken*) —, c'est la raison guidée par les *principes*. Au lieu de devoir reconnaître *a posteriori* les bornes de la raison et de pratiquer une censure dogmatique des résultats acquis pour se cantonner ensuite dans une atti-

---

B. Pacaud, *op. cit.*, p. 17 ; cette phrase précède immédiatement le début de notre extrait.
   22. *Ibid.*, p. 19.
   23. Voir dans la section précédente de ce chapitre.
   24. Voir ci-dessus la présentation de la période précritique.

tude sceptique [25], la *Critique de la raison pure* requiert donc
une critique de l'usage des principes, critique qui va établir
leur statut et leur fonction à deux niveaux : en tant que
principes de l'entendement d'une part, principes de la raison
d'autre part. À quel point cette « épistémologie du principe »
est-elle décisive, il suffit pour s'en convaincre de constater
que la nécessité de critiquer l'usage qu'en fait la raison est le
point de départ des deux éditions de la *Critique de la raison
pure* et que la « Préface » de la première édition s'attelait déjà
immédiatement à cette tâche dès sa première page. L'usage
des principes est « le point précis du malentendu de la raison
avec elle-même » et la clé de « la question de la possibilité ou
de l'impossibilité d'une métaphysique en général et la détermination aussi bien de ses sources que de son étendue et de
ses limites » [26]. L'impasse dans laquelle s'enlise la métaphysique tient au fait qu'elle ne s'interroge pas sur le statut et
l'usage de ses principes. Telle est la tâche que s'assigne la
Critique de la raison pure. Ce faisant, elle est amenée à distinguer rigoureusement (« critique ») principes constitutifs et
principes régulateurs. C'est la confusion entre principes
constitutifs et principes régulateurs qui conduit la raison
spéculative à dépasser de façon illégitime les possibilités
effectives de la connaissance et à devenir une métaphysique
dogmatique. Les premiers, les principes de l'entendement
dont s'occupe l'« Analytique des principes », sont les « règles
de l'usage objectif des catégories » ; ils « constituent » des
connaissances en permettant de subsumer les intuitions à
des concepts ; sans eux les objets empiriques demeureraient
inconnaissables. C'est manifestement d'eux qu'il est question au début de notre extrait. La première phrase est clairement dirigée contre le scepticisme de Hume, pour qui la
concordance de phénomènes n'autorise nullement à inférer
une relation nécessaire — par exemple de cause à effet
— constituant une loi universellement valable — valable *a
priori* —, mais relève seulement de l'expérience et de l'habitude.

Dans le deuxième moment se révèle cependant clairement
que l'objectif de la critique de la métaphysique, en tant que
critique de la raison pure, ne vise nullement à invalider la
possibilité d'une pensée pure, d'une pensée portant sur « des
objets que l'on ne fait que concevoir, c'est-à-dire des objets
de la raison pure isolée » [27]. Les principes, qui ne sauraient

25. Cf. « Discipline de la raison pure au point de vue polémique », *Critique de la raison pure, op. cit.*, p. 518 sq.

26. Préface de la 1re édition, *op. cit.*, p. 7.

27. *Ibid.*, p. 19, note.

être tirés de l'observation, sont justement la marque du pouvoir de la raison transcendantale, de sa capacité à accéder à des connaissances pures *a priori*. Kant se demande même, au début de ce deuxième moment, si la fatalité qui accable la métaphysique ne viendrait pas de ce pouvoir qui l'habite et qui la fait succomber à la tentation « dialectique » (cf. la « Dialectique transcendantale ») et à s'aventurer dans des « régions obscures »[28], au-delà du savoir certain. Car si les principes sont pour l'entendement les règles par lesquelles il unifie les phénomènes en leur appliquant des concepts, la raison — qui est le pouvoir des principes — vise au moyen des principes l'unification des règles elles-mêmes : elle vise à donner à l'entendement une unité dont il n'a et ne peut avoir aucun concept ; situés au-dessus de l'activité de l'entendement et lui conférant sa cohérence, les principes de la raison sont habités par une volonté systématique ; ils orientent la pensée vers un idéal de perfection et de systématicité ; par eux la raison spéculative « regarde toute liaison dans le monde comme si elle dérivait d'une cause nécessaire absolument suffisante »[29].

Loin de vouloir accabler la métaphysique, Kant entend donc, dès ce deuxième temps du raisonnement, la faire en quelque sorte bénéficier de la « révolution copernicienne », puisque aussi bien « si l'intuition devait se régler sur la nature des objets je ne vois pas comment on pourrait en connaître quelque chose *a priori* ». En renversant l'approche, la « révolution copernicienne » valorise la connaissance *a priori*, la « raison pure ». Certes, on l'a d'emblée souligné, ce deuxième moment se conclut en apparence par la disqualification de toute prétention à connaître (au sens strict du terme) qui « dépasse les limites de l'expérience possible ». Mais « il nous reste encore à chercher, après avoir refusé à la raison spéculative tout progrès dans le champ du suprasensible, s'il ne se trouve pas, dans le domaine de sa connaissance pratique, des données qui lui permettent de déterminer ce concept rationnel transcendant de l'inconditionné et de dépasser, de cette manière, conformément au désir de la métaphysique, les limites de toute expérience possible avec notre connaissance *a priori*, mais uniquement possible au point de vue pratique[30] ».

Le troisième moment montre donc que la *Critique de la raison pure* se prolonge nécessairement dans une *Critique de*

28. Préface de la 1re édition, *op. cit.*, p. 5.
29. Sur le pouvoir des règles et le pouvoir des principes, cf. p. 254 sq ; citation : p. 440.
30. Préface de la 2e édition, *op. cit.*, p. 20.

la raison pratique — que les spéculations qui débordent les limites de toute connaissance (au sens strict) possible, et qui ne sont donc pas des *concepts,* sont des *Idées* essentielles du point de vue pratique, et que là où les principes constitutifs n'ont plus cours commence le domaine des principes régulateurs. L'effet apparemment négatif de la critique se révèle donc positif en ce sens qu'il met fin à l'« embarras » dans lequel se retrouvait toujours la métaphysique, à son incapacité de s'affirmer comme science. Car cet échec n'était pas seulement théorique : il disqualifiait aussi la validité *pratique* de la métaphysique — alors qu'elle était ou devait être, comme nous l'avons vu en traitant de la métaphysique wolffienne, la conséquence directe de la métaphysique théorique. C'est donc bien au prix d'une limitation des prétentions du savoir (au sens strict) que la validité pratique des *Idées* de la raison — Dieu, la liberté et l'immortalité — peut être sauvée. Tel sera le résultat de la « Dialectique transcendantale » une fois qu'elle aura dissipé les illusions qui s'attachent à ces trois idées, c'est-à-dire le fait qu'on prend leur démonstration spéculative pour la preuve de leur réalité. Ce renversement de perspective permet en outre à Kant de se dédouaner des accusations : seule la critique, en refondant le statut de la métaphysique, rend un vrai service à la foi ; c'est le non-usage des Lumières qui est néfaste. Néfaste avant tout sur le plan éthique, car le statut de phénomène qu'on veut notamment établir pour la liberté la rend dépendante des conditions empiriques alors qu'il suffit, pour fonder la morale, que « la représentation de cette liberté ne renferme aucune contradiction ». C'est donc la métaphysique dogmatique qui se révèle « la source de toute l'incrédulité qui s'attaque à la moralité », tandis que « la critique peut seule couper dans leurs racines le matérialisme, le fatalisme, l'athéisme, l'incrédulité des libres penseurs, le fanatisme, fléaux qui peuvent devenir nuisibles à tout le monde, enfin l'idéalisme et le scepticisme qui sont dangereux plutôt pour les écoles »[31].

31. *Ibid.,* p. 26.

4. CRITIQUES DU KANTISME

JOHANN GOTTLIEB HERDER
Métacritique de la « Critique de la raison pure »

Le charme est envolé. Que l'on ait prêté à cette philosophie une oreille si complaisante et si confiante tient aux grandes et louables espérances qu'on associait à elle. Elle promettait tant ! Elle s'imposait avec de si hautes prétentions ! Qu'a-t-elle accompli ? Tout en protestant contre le dogmatisme elle est devenue l'autorité la plus prohibitive, dans une langue qu'aucune école ne s'était permise avant elle. Hors d'elle point de salut, point d'efforts humains plus ou moins reconnus. Elle a trouvé le trésor, ses expectorations les plus vulgaires sont des vérités qui valent de l'or. Ce qu'elle n'a pas dit ne vaut rien tant qu'elle ne l'a pas dit. [...]

Convaincu que tout concept spéculatif peut et doit être rendu compréhensible parce qu'une élucubration verbale nébuleuse n'est ni de la critique, ni de la philosophie, convaincu que ce que nous savons grâce à notre entendement, tous le savent et peuvent se le représenter clairement et que, par conséquent, il ne peut rien arriver de mieux à ce qu'on nomme la *philosophie première* (aussi appelée métaphysique) que de devenir, affranchie de tout sectarisme comme le sont les mathématiques et débarrassée de tout verbiage fumeux et incompréhensible, une exposition claire des concepts premiers de notre entendement et de notre raison, qui sera alors réellement *philosophie première et dernière*, langue pure de *l'entendement connaissant*, convaincu de tout cela, l'auteur de la métacritique croit non seulement que n'importe qui d'autre aurait *pu* l'écrire, mais convient aussi que plus d'un eût pu l'écrire mieux, sinon plus honnêtement que lui. Contredire des prétentions n'est pas de la prétention ; s'opposer à une dialectique présomptueuse qui veut nous dispenser de notre entendement tout en nous imposant à la place ses schématismes verbaux, comme s'il s'agissait des résultats les plus hauts et les plus accomplis de toute pensée, purifier une langue dévoyée de ses souillures et amener le sens humain à prendre conscience de ce qu'il pense et dit sans contorsions et sans tortuosités dialectiques en s'en remettant à son expérience et à sa conscience la plus intime, ce n'est point là de la prétention mais un devoir. Celui qui a rendu artificielle la langue d'une nation (quelle que soit par ailleurs l'astuce qu'il déploie) a corrompu l'instrument de sa raison et le lui a rendu odieux ; pour toute une population de jeunes gens, il a mutilé l'organe le plus noble qui leur soit donné et il a égaré leur entendement lui-même, qui ne peut jamais se fermer totalement aux spéculations. Aurions-nous donc un devoir et un don plus hauts que le libre usage intime de notre entendement ? La métacritique relève donc du *protestantisme*. Elle proteste contre tout *papisme imposant ses règlements* de façon non critique et non philosophique à la raison et à la langue ; elle proteste contre les artifices dialectiques nébuleux de *Hägsa* [32]. *Laudandus Plato, laudandus Aristoteles ; prae omnibus veritas colenda, urgenda, intime amanda.*

---

32. Une note au début de la « Préface » précise : « *Hug, Hugo, Hugr,* ainsi se nommait dans la langue nordique la pensée, le sens intime, le penchant. Il allait de-ci de-là, scrutant en tous sens, léger comme une pensée. *Hugsa, Hägsa* signifie "penser", "imaginer en secret", "avoir un dessein caché" » (éd. Suphan, tome XXI, p. 3). Il s'agit (comme le prénom Hubert) de dérivés du vieux haut allemand *huku,* ou *hugu* (pensée, sens).

(5) *La métaphysique peut-elle donc être sauvée ou amé-
liorée et continuée au moyen d'une esthétique transcendantale, d'une analytique transcendantale, d'une dialectique
transcendantale ?*

Cela signifierait remédier aux dommages par de plus
grands dommages encore. À supposer que la raison, par
exemple en se transcendant elle-même, se soit aven-
turée et perdue dans des hauteurs où l'air lui manque,
est-ce qu'on la tirera d'affaire en montant encore plus
haut et en transcendant la transcendance ? *A fortiori* quand
tout est censé dépendre d'un non-concept, d'une synthèse antérieure et extérieure à tout donné et qu'on ne
parle que de choses qui n'existent pas ($V - I$), d'une
raison avant que n'existe la raison, d'objets avant qu'il
n'y ait des objets, on court le danger propédeutique de
transformer complètement en ratiocinations le véritable
usage de la raison. Si la raison, comme le montre l'Histoire, a subi de grands dommages, notamment du fait
qu'on l'a confondue avec l'art de la controverse et des
disputations (la dialectique) comment cette méchante
ennemie pourrait-elle jamais guérir ces dommages, ou
bien comment pourrait-elle fonder un meilleur usage de
cette raison alors même qu'elle s'érige par un décret *a
priori* en Créateur de la raison *a priori* ?

La voie inverse est très exactement la seule qui fasse
progresser. Au lieu donc de transcender, que la raison
revienne à la source de ce qu'elle maîtrise, c'est-à-dire à
soi-même, en se posant la question suivante : « Comment en es-tu arrivée à toi-même et à tes concepts ?
Comment les as-tu exprimés et utilisés, enchaînés et
associés ? D'où vient que tu confères une certitude universelle et nécessaire ? » Si elle néglige ces questions et
s'isole de toute expérience, elle ferait tout aussi bien de
s'isoler aussi du langage, car il est cependant bien certain que c'est de l'expérience qu'elle la tient. Si elle
s'aventurait finalement si loin dans le monde des chi-
mères qu'elle en arrive à conférer à ses jugements anté-
rieurs à toute expérience une valeur universelle et nécessaire parce qu'ils sont (au sens erroné où elle entend ce
mot) *a priori*, c'est-à-dire parce qu'ils précèdent toute

expérience et qu'ils en sont coupés, elle se retrouve alors dans un domaine antérieur à toute raison — laquelle, au même titre que l'ensemble de l'expérience, est censée n'être rendue possible que par elle, dans la mesure où elle l'invente synthétiquement et *a priori*. On doutera qu'il puisse exister plus grave abus de langage que celui-là. C'est un abus qui constitue au moyen de masques verbaux une supraraison qui évacue toute philosophie et ne permet plus que des fictions, des fictions *ex nullis ad nulla*, un *a priori* qui, avant même d'être, se crée lui-même, séparé de soi-même et sans la moindre expérience.

Ramenée à des termes compréhensibles la question n'est pas : comment l'entendement humain, la raison humaine sont-ils *possibles ?* — *comme s'ils avaient à se poser eux-mêmes ou à se fabriquer ; dans la mesure où ils sont posés et donnés,* où ils sont en vérité les dons les plus nobles que nous ayons à connaître et à appliquer, la question est la suivante :

Qu'est-ce que l'entendement et la raison ? Comment parviennent-ils à leurs concepts ? Comment lient-ils ces derniers ? Quel droit avons-nous de penser que certains d'entre eux sont universels et nécessaires ?

Comme l'entendement et la raison sont le caractère de notre espèce, c'est au sujet de ce dernier que nous nous interrogeons, au sujet de ce qui est le pouvoir le plus actif de notre espèce, de ce qui en constitue la caractéristique la plus propre. La formulation inadéquate *critique de la raison* se transforme alors en cette formulation authentique et plus raisonnable : *physiologie des facultés de connaissance humaines.*

Verstand und Erfahrung. Eine Metakritik zur Kritik der reinen Vernunft (1799), in *Sämtliche Werke*, éd. par Bernhard Suphan, Olms, Hildesheim, 1967, tome XXI, p. 10-12 et p. 40-41 **.

*

Dans la dernière décennie du siècle, le transcendantalisme de Kant se heurte à des résistances extrêmement virulentes.

Toutes remettent fondamentalement en cause le transcendantalisme qu'elles attaquent sous deux angles : le statut de la chose en soi et la synthèse *a priori*. En 1796, Jakob Sigismund Beck, disciple le plus fidèle de Kant, défendra du reste le transcendantalisme en affirmant que l'unité transcendantale, de la conscience, en d'autres termes la synthèse transcendantale, est « le seul point de vue permettant de juger la philosophie critique » (*Einzig möglicher Standpunkt, aus welchem die kritische Philosophie beurteilt werden muß*).

Pour Friedrich Jacobi [33], la « chose en soi » est la clé de la *Critique de la raison pure* : sans elle on ne peut y entrer, mais avec elle on ne peut y rester. Si on la supprime, on retombe dans un idéalisme du type de celui de Berkeley ; mais comme, par ailleurs, on ne peut la connaître ni la démontrer, seule la *foi* constitue un recours. Il ne s'agit cependant pas de la foi dont parle Kant dans la « Préface » de la seconde édition de la *Critique de la raison pure* [34] et dont la théologie rationnelle de la « Dialectique transcendantale » établit le statut. Chez Jacobi, la foi fonde la possibilité même de la connaissance.

Sans pour autant renoncer au transcendantalisme, qu'il entend refonder au moyen de la logique, Salomon Maimon s'attaque quant à lui, dans son *Essai sur la philosophie transcendantale* de 1790 (*Versuch über die Transzendentalphilosophie*) et dans son *Essai d'une nouvelle logique* de 1794 (*Versuch einer neuen Logik*), à la chose en soi et à la synthèse *a priori*, en laquelle il refuse de voir une solution satisfaisante du problème décisif que pose la liaison de la sensibilité et de l'entendement ; seul le recours à un entendement infini, créant à la fois les formes de la pensée et ses objets, peut fonder leur accord.

Si nous nous attardons ici un instant sur ces offensives contre le transcendantalisme, c'est non seulement à cause de Herder, mais parce qu'elles constituent globalement le contexte dans lequel vont naître les tentatives de dépassement du kantisme que constituent la pensée de Schopenhauer [35] et les entreprises fondatrices de l'idéalisme alle-

---

33. Nous abordons également ce différend à propos de la « querelle du panthéisme » dans le chapitre III. Jacobi développe sa critique dès 1787 dans un appendice à son *David Hume* (*Beylage über den transzendentalen Idealismus*).
34. Cf. supra.
35. Cf. ci-après dans cette section.

mand, celles de Fichte et de Schelling, qui, l'une comme l'autre, s'efforcent de dépasser le dualisme du sensible et de l'intelligible [36].

Gottlob Ernst Schulze remet en cause, dans *Aenesidemus* (1792), la distinction du phénomène et de la chose en soi car l'affection de la sensibilité par une réalité extérieure lui paraît contredire le caractère inconnaissable de la chose en soi ; il prône un retour au scepticisme de Hume, nullement invalidé selon lui par la « solution » apportée par Kant au problème de l'aperception transcendantale au moyen des « concepts purs de l'entendement » [37]. Kant déclare dans la « Préface » à la première édition que la déduction des concepts purs de l'entendement est la partie de la *Critique de la raison pure* qui lui a « le plus coûté ». C'est sans doute pourquoi il concède dans la note de la « Préface » des *Premiers principes,* dans laquelle il répond à un certain Ulrich, qu'en effet il y va de la cohérence du système de la *Critique de la raison pure* tout entier [38].

L'aperception transcendantale est également au cœur du débat avec Karl Reinhold, dont on connaît l'importance comme vulgarisateur de la pensée kantienne (notamment pour Goethe) [39]. La « contradiction » relevée par Reinhold

36. Cf. la section suivante, « Les débuts de l'idéalisme allemand ». Cf. Xavier Léon, *Fichte et son temps,* Armand Colin, 1954, tome I, p. 216-246, en particulier p. 235 sq. sur la dette de Fichte envers Maimon.

37. L'idéalisme transcendantal repose sur l'idée que Kant oppose à Hume : « Si toute connaissance commence avec l'expérience, il n'en résulte pas qu'elle dérive toute de l'expérience » (*Critique de la raison pure,* trad. fr., *op. cit.,* p. 31). Sans principes *a priori,* pas de théorie. Ces principes *a priori* de l'entendement sont des propositions qui ne dérivent pas de l'expérience, mais auxquelles toute expérience doit être conforme pour pouvoir être connue — notamment le principe de la succession dans le temps conçu comme loi de causalité : « Tous les changements arrivent selon la loi de la liaison des effets et des causes » (*Critique de la raison pure, ibid.,* p. 182). Ce principe, qui correspond à l'une des catégories de la relation (la causalité ou dépendance), n'exprime rien d'autre que l'idée fondamentale que « l'expérience n'est possible que par la représentation d'une liaison nécessaire des perceptions » (*ibid.,* p. 174), c'est-à-dire la possibilité même d'une connaissance. En ce sens, les principes ramènent les phénomènes à l'unité de l'aperception.

38. *Premiers principes métaphysiques de la science de la nature,* trad. de l'allemand par J. Gibelin, Vrin, 1971, p. 16-19.

39. Dans son *Essai d'une nouvelle théorie des facultés représentatives de l'homme* (1789), puis dans ses *Lettres sur la philosophie de Kant,* Reinhold entend « approfondir » le kantisme.

dans l'« Introduction » à la deuxième édition de la *Critique
de la raison pure* porte sur l'usage du terme « pur ». Or, il
s'agit de pages décisives, celles où Kant s'efforce d'établir
la spécificité de l'idéalisme transcendantal, notamment
contre Hume. Hume, rappelons-le, comme le fait Kant lui-
même dans les *Prolégomènes à toute métaphysique future qui
pourra se présenter comme science* (dans lesquels, en 1783, il
s'efforce de « vulgariser » l'intention de la *Critique de la
raison pure*, parue deux ans auparavant), entend prouver
que la raison est incapable de penser *a priori* et par
concepts une relation nécessaire comme la relation de
cause à effet ; seule l'expérience engendre la notion de
cause. Pour Kant, il s'agit d'opposer connaissance empirique et connaissance pure, ou transcendantale ; il s'agit de
démontrer la possibilité de jugements synthétiques *a priori*
et de prouver que la raison produit par elle-même des jugements qui ne contredisent pas l'expérience, quoique n'étant
pas tirés d'elle. En effet, l'« idéalisme transcendantal »
entend se distinguer de ce qu'on entend communément par
« idéalisme » ; transcendantal « ne signifie pas ce qui
dépasse toute expérience mais ce qui, à vrai dire, la précède (*a priori*) à cette seule fin de rendre possible exclusivement la connaissance expérimentale [40] ».

La « contradiction » relevée par Reinhold concerne la conception de la déduction transcendantale des catégories dans l'analytique transcendantale de la *Critique de la raison pure*. Rappe-
lons en quelques mots ce dont il s'agit. Selon l'idéalisme
transcendantal, les catégories sont les conditions subjectives
de la pensée ; le problème se pose cependant de savoir comment il se fait que l'intuition sensible « accepte » ces formes,
comment des « conditions subjectives de la pensée peuvent
avoir une valeur objective ». Kant appelle déduction transcendantale la démonstration qui établit que les objets connus
dans l'expérience sont nécessairement conformes à des formes
a priori (ce qui rejoint le problème soulevé par le passage sur
Hume). C'est, dit-il lui-même, « une difficulté que nous n'avons
pas rencontrée dans le champ de la sensibilité » ; il était en effet
facile de procéder à la déduction transcendantale de l'espace
et du temps puisque aucun objet ne peut nous apparaître en
dehors d'eux. En ce qui concerne les concepts purs de l'entendement (catégories), le problème se pose ainsi : les données
sensibles sont pure diversité et ne peuvent en tant que telles
faire l'objet d'une connaissance, puisque toute connaissance
suppose une liaison ; la connaissance analytique de la diversité

40. *Prolégomènes...*, trad. fr., 1941, p. 170.

présuppose en fait une synthèse que seul l'entendement peut
assurer ; cette synthèse elle-même requiert une sorte de
« faculté d'unité » qui n'est pas dans le donné sensible, mais
doit se trouver du côté de l'entendement lui-même. Cette
unité est le Je pense, l'unité de la conscience qui accompagne
toutes mes représentations et dont la conscience de soi se
nomme « aperception pure » ou « aperception originaire ». À ce
niveau, le problème ne fait toutefois que rebondir, car il faut
bien que cette conscience de soi ne soit pas seulement la conscience empirique éparpillée au gré des représentations. La
solution de Kant consiste à montrer que « l'acte de ramener à
l'unité de l'aperception la synthèse de la diversité donnée
d'ailleurs dans l'intuition » n'est en fait rien d'autre que la
constitution d'une connaissance ; c'est pourquoi elle a une
valeur objective. Ce n'est autre que l'acte du jugement, qui *en
même temps* constitue la connaissance d'un objet et permet
l'unité de la conscience. Il s'agit donc, on le voit, du même
problème que celui soulevé par l'usage du terme « pur », et sa
solution n'est autre que la spécificité de l'*idéalisme transcendantal*, que, là encore, Reinhold ne semble pas avoir assimilée.
Or, elle est d'une importance capitale, car elle permet seule
d'établir fermement la démarcation entre physique et métaphysique. Notre entendement n'est en effet pas intuitif ; il ne
peut constituer seul des connaissances s'il ne s'applique pas à
des intuitions sensibles. Ne pas voir que les concepts purs de
l'entendement, si purs soient-ils, doivent aussi avoir une validité empirique, c'est donc ne pas comprendre la différence
entre une pure « pensée » et une « connaissance », entre spéculation (métaphysique) et physique.

Herder avait été de 1762 à 1764 l'un des disciples les plus
zélés de Kant. On traitera plus loin de la polémique entre Kant
et Herder au sujet de la philosophie de l'histoire [41]. Mais il
n'est pas sans intérêt de relever que c'est dans son essai de
1788, « Sur l'usage des principes téléologiques en philosophie » (dans lequel, il est vrai, il s'en prend avant tout à
Forster, mais en visant indirectement aussi la téléologie herdérienne [42]), que Kant estime nécessaire de polémiquer avec
Reinhold. Kant a évidemment compris très tôt que son différend avec Herder à propos de la téléologie concernait, quant
au fond, son criticisme [43]. C'est ce que confirme la *Métacritique*. Il s'agissait du rapport entre nature et liberté, c'est-à-

41. Chapitre IV, section 1, « La téléologie et l'idée de progrès ».
42. Sur ce point, cf. notre interprétation de cet essai in
G. Raulet, *Kant. Histoire et citoyenneté*, PUF, à paraître.
43. Et, contrairement à ce que dit É. Bréhier dans son *Histoire de*

dire entre une téléologie empiriquement conditionnée, d'une part, et une téléologie pure (morale-pratique) s'occupant du règne des fins, d'autre part. Certes, selon Kant, toute pratique humaine devient objective et fait partie de l'ordre des phénomènes dès lors qu'elle s'accomplit dans le monde, mais c'est là le seul point de rencontre objectif entre ces deux sortes de finalité, l'une objective, l'autre subjective ; c'est donc dans la pratique historique des hommes que s'accomplit l'accord de la nature et de la liberté et que peut être réalisée la fusion entre les deux domaines de la physique et de la métaphysique, qu'il convenait de distinguer rigoureusement pour éviter tout abus dans l'emploi des principes téléologiques. Herder, dit fort justement Émile Bréhier, « choquait » Kant « à cause de la manière dont [il] dissout l'homme dans la nature, tandis que pour lui l'œuvre morale est une œuvre de liberté » [44]. La *Métacritique* proteste véhémentement contre « la scission dans la nature humaine », « la division entre les facultés de connaître, la division de la nature totale, la division dans la raison elle-même ».

Cette protestation se manifeste dès les premières pages (cf. notre extrait), sous le couvert d'une « métacritique » qui se veut plus critique que la critique et qui se dresse « contre une dialectique présomptueuse qui veut nous dispenser de notre entendement en nous imposant à la place ses schématismes verbaux comme s'il s'agissait des résultats les plus hauts et les plus accomplis de toute pensée ». En fait, dès sa « période kantienne » de Königsberg, Herder avait affirmé dans un *Essai sur l'être* (*Versuch über das Sein*) que l'être est le concept « le plus sensible » qui soit, et qu'il est donc « totalement impossible de le décomposer ». Toute l'entreprise de Herder consiste à tenter d'invalider les distinctions critiques introduites par Kant dans l'ordre de la connaissance et entre l'être et le connaître. Le point d'orgue de cette entreprise est constitué dès l'essai de 1772, couronné par l'Académie de Berlin, *Über den Ursprung der Sprache* (*Sur l'origine du langage*) par la référence au *langage* [45]. Le langage est l'« instrument de la raison » (2e alinéa) ; il représente aussi, en un sens potentiellement nationaliste (et qui sera exploité comme tel par la suite, notamment par la réception de Herder sous le national-

_____

la philosophie (PUF, rééd. 1968, p. 503), il ne s'agit nullement d'une autre ligne de débat.

44. *Ibid.*

45. Dès le début de notre extrait, c'est à la langue scolastique de Kant que s'en prend Herder : « une langue qu'aucune école ne s'était permise avant elle ».

socialisme), la langue comme fondement d'un *Gemeinsinn*, d'un sens commun ou communautaire qui fonde la nation [46] et qui prend la relève du *Gemeinsinn* de la *Popularphilosophie* (lequel n'était rien d'autre que le bon sens, communément partagé et éclairé par la raison) [47]. Du reste, dans *Kalligone*, où, un an après la *Métacritique*, il s'attaque à la *Critique de la faculté de juger*, Herder se réclamera, contre des « subtilités ridicules » comme la « finalité sans fin », du « bien-être » comme *Gemeinsinn* et, en l'occurrence, comme fondement de tous les jugements esthétiques. Ce qui ne va évidemment pas sans une conception historiste du beau et du goût, qui dépend « des organes, des tempéraments, des climats, ainsi que des habitudes ». Mais là où il s'agit de trouver un fondement fiable, le langage est en quelque sorte la « synthèse originaire » qui prend la place de l'aperception transcendantale de Kant. À la conception kantienne de la connaissance selon laquelle « l'ensemble de l'expérience est censée n'être rendue possible que par la raison », Herder objecte qu'il n'en est ainsi que « dans la mesure où elle l'invente synthétiquement et *a priori* » ; il reproche à cette raison transcendantale de « s'isoler du langage ». Dans le paragraphe 5, qui constitue une attaque globale de tout le transcendantalisme, qu'il s'agisse de l'esthétique transcendantale, de l'analytique transcendantale ou de la dialectique transcendantale — les trois grands moments de la *Critique de la raison pure* [48] —, Herder accuse au fond la dialectique transcendantale, qui a pour tâche de dissiper l'illusion transcendantale, de n'être qu'une dialectique tout court (un art de la controverse et de la disputation). Or, l'apparence transcendantale se définit ainsi : « La cause en est qu'il y a dans notre raison (considérée subjectivement comme un pouvoir de connaissance de l'homme) des règles et des maximes fondamentales de son application, qui ont tout à fait l'apparence de principes objectifs et font que *la nécessité subjective d'une certaine liaison de concepts en nous, exigée par l'entendement, passe pour une nécessité objective de la détermination des choses en soi* [49]. » Il y

---

46. Dans notre extrait, c'est à la nation que s'adresse Herder lorsqu'il accuse Kant d'avoir « rendu artificielle la langue de la nation ».

47. Cf. dans l'extrait : « ... convaincu que ce que nous savons grâce à notre entendement, tous le savent et peuvent se le représenter clairement... ».

48. La *Métacritique* suit d'ailleurs pas à pas le plan de la *Critique de la raison pure*.

49. *Critique de la raison pure*, trad. fr., *op. cit.*, p. 253. C'est nous qui soulignons.

va donc là encore, comme on le voit, de la réalité de la chose en soi. Herder, en récusant la dialectique transcendantale, entend rétablir une liaison du réel et de la pensée, qu'il trouve dans le langage (ou la langue) et dans l'« expérience », selon lui indissociables. Comme l'indique le plan en deux parties de la *Métacritique* (« Entendement et expérience » et « Raison et langue »), l'expérience est à l'entendement ce que la langue est à la raison. L'expérience prend donc la place de l'esthétique et de l'analytique transcendantales, c'est-à-dire de la sensibilité et de l'entendement (pouvoir des concepts), qui constituent ce que *Kant* appelle *expérience* ; pour Herder, pas de pensée sans sensation, ni de sensation sans pensée (une conception qu'il affirmait déjà en 1774-1778 dans *Vom Erkennen und Empfinden der menschlichen Seele* (*Sur la connaissance et les sensations de l'âme humaine*). Il ne s'agit donc pas d'un empirisme mais plutôt d'un sensualisme : à la critique de la raison doit se substituer une « physiologie des facultés de connaissance humaines » qui sont des dons divins de la nature humaine [50]. Le langage (ou la langue) prend quant à lui la place de la raison comme pouvoir des principes.

On trouve chez Johann Georg Hamann [51] une conception semblable de la langue. Les mots sont à la fois logiques et esthétiques, à la fois concepts et intuitions. L'idée d'une « métacritique » vient d'ailleurs sans aucun doute de la *Métacritique sur le purisme de la raison* que Hamann, qui avait déjà pris position contre la *Critique de la raison pure* dans un compte rendu en 1781, rédigea en 1784. Hamann ne publia pas sa métacritique mais la communiqua à Herder.

*

* *

ARTHUR SCHOPENHAUER

Éloge critique de la philosophie de Kant

Le plus grand mérite de Kant, c'est d'avoir distingué le phénomène de la chose en soi. Pour arriver à cette

---

50. En sorte que le fondement de cette physio-logie, cette science de la nature créée par Dieu est la foi — et, en ce sens, l'opposition du protestantisme au « papisme » dogmatique de Kant est bien plus qu'une métaphore. Comme celui de sa philosophie de l'histoire (voir plus loin), le fondement de la philosophie herdérienne de la connaissance est en dernière instance religieux.

51. Cf. supra chapitre I.

distinction, il s'est appuyé sur la remarque suivante, à savoir qu'entre les choses et nous, il y a
toujours l'entendement, l'entendement qui les
empêche d'être connues telles qu'elles peuvent être en
soi. [...]

Comme, en ce sens, la distinction de Kant entre le
phénomène et la chose en soi reposait sur une pensée
beaucoup plus profonde, sur une réflexion beaucoup
plus mûre que tout ce qui avait précédé, elle était
aussi infiniment riche de conséquences. En faisant
cette distinction, Kant tire de son propre fonds,
exprime d'une manière tout à fait originale, découvre
sous un nouveau point de vue et par une nouvelle
méthode la même vérité qu'avant lui Platon ne se las-
sait point de répéter, et qu'il exprime le plus souvent
dans son langage de la manière suivante : « Le monde
qui frappe nos sens ne possède point véritablement
l'être ; il n'est qu'un devenir incessant, indifférent à
l'être ou au non-être ; le percevoir, c'est moins une
connaissance qu'une illusion. » C'est également la
même vérité qu'il exprime d'une manière mythique
au commencement du septième livre de la *République,*
lorsqu'il dit : « Ces hommes sont enchaînés dans une
sombre caverne ; ils ne voient ni la véritable lumière,
ni la source d'où elle jaillit, ni les choses réelles, mais
seulement une faible lueur diffuse dans la caverne et
les ombres des choses réelles qui passent devant un
grand feu, derrière les hommes ; pourtant ils se figurent que les ombres sont des réalités, et, s'ils connaissent l'ordre de succession de ces ombres, ils croient
posséder la véritable sagesse. » C'est encore la même
vérité, toujours sous une forme différente, qui fait ce
fonds de l'enseignement des Veda et des Purana :
c'est la doctrine de Maya. Sous ce mythe, il faut voir
exactement ce que Kant nomme phénomène par
opposition à la chose en soi ; en effet, l'œuvre de
Maya est justement présentée comme le symbole de
ce monde sensible qui nous entoure, véritable évocation magique, apparence fugitive, n'existant point

en soi, semblable à une illusion d'optique et à un
songe, voile qui enveloppe la conscience humaine,
chose mystérieuse, dont il est tout aussi faux que vrai
de dire qu'elle existe ou qu'elle n'existe pas. Toutefois
Kant ne se contentait pas d'exprimer la même doctrine d'une manière tout à fait neuve et originale ;
grâce à la plus sereine et à la plus sobre des expo-
sitions, il la transformait en une vérité démontrée,
incontestable. [...]

Selon lui, en effet, les lois qui gouvernent avec une
irréfragable nécessité l'être, c'est-à-dire en somme le
champ de l'expérience, ne peuvent nous révéler ni
l'origine ni l'explication de cet être ; leur valeur n'est
par le fait que purement relative, autrement dit elle
n'existe point, tant que l'être, c'est-à-dire le champ de
l'expérience, n'est encore ni posé ni donné ; par suite,
de pareilles lois ne peuvent plus nous guider quand
nous prétendons expliquer l'existence du monde et de
nous-mêmes. Les prédécesseurs de Kant en Occident
s'étaient fait à ce sujet de singulières illusions : pour
eux, les lois qui relient entre eux les phénomènes,
toutes ces lois de temps, d'espace, de causalité aussi
et de consécution (qui pour moi se résument sous
l'expression du principe de raison), étaient des lois
absolues, affranchies de toute condition, en un mot
des vérités éternelles ; le monde lui-même leur était
soumis et leur était conforme, de sorte qu'il suffisait
de se guider sur elles pour résoudre tout le problème
du monde. Quel pouvait être le résultat des hypothèses que l'on avait faites à cet effet, hypothèses que
Kant critique sous le nom d'idées de la raison ? Elles
n'aboutissaient en somme qu'à faire du simple phénomène, de l'œuvre de Maya, du monde des ombres
de Platon la réalité unique et suprême : à l'être intime
et véritable on substituait la fantaisie, et par là on
s'enlevait toute possibilité de le connaître réellement ;
bref, on enfonçait les dormeurs plus avant dans leur
rêve. Kant prouva que ces lois, et par suite le monde
lui-même, sont conditionnés par la faculté de

connaître du sujet ; en conséquence, il est évident qu'avec de pareilles lois pour guides, on a beau poursuivre indéfiniment les recherches et les déductions, jamais on ne fait avancer d'un pas la question capitale, jamais on n'arrive à savoir ce qu'est l'être du monde en soi, en dehors de la représentation ; mais on ne fait que s'agiter, comme l'écureuil dans son cylindre. [...]

Kant, il est vrai, n'est pas arrivé à découvrir l'identité du phénomène et du monde comme représentation d'une part, l'identité de la chose en soi et du monde comme volonté d'autre part. Mais il a fait voir que le monde phénoménal est conditionné par le sujet tout autant que par l'objet ; il a isolé les formes les plus générales du phénomène, c'est-à-dire de la représentation, et par le fait il a démontré que, pour connaître les formes mêmes, pour en embrasser toute la sphère d'application, l'on peut partir non seulement de l'objet, mais aussi du sujet ; car, entre l'objet et le sujet, elles jouent le rôle d'un véritable mur mitoyen ; et il en a conclu qu'en raison de ce mur l'on ne pénètre l'essence intime ni de l'objet ni du sujet, autrement dit que l'on ne connaît jamais l'essence du monde, la chose en soi.

Die Welt als Wille und Vorstellung, Philipp Reclam Verlag, Leipzig, tome I, p. 534-539 (« *Kritik der Kantischen Philosophie* ») ; trad. fr. : *Le Monde comme volonté et comme représentation* ; traduit en français par A. Burdeau, PUF, Paris, p. 522-528.

*

Dans un long appendice de son œuvre majeure, *Le Monde comme volonté et comme représentation* (1818), Schopenhauer fait justice de son rapport à Kant et tente d'aller avec Kant au-delà de Kant. Nos extraits épousent les trois moments de cet éloge critique : (a) D'abord la réinterprétation de l'opposition phénomène-chose en soi ; Schopenhauer récuse la distinction que Kant avait établie avec insistance entre le phé-

nomène et l'apparence [52] ; (b) Schopenhauer reprend, en y
souscrivant, la critique kantienne de l'« illusion transcendantale » (*transzendentaler Schein*), mais, dans la mesure où il
conçoit le « phénomène » (*Erscheinung*) comme « apparence »
(*Schein*), les conséquences de cette critique sont radicalement opposées : tandis que Kant entendait déterminer les
limites de la connaissance sûre, Schopenhauer insiste sur la
relativité de toute connaissance ; (c) cette argumentation
débouche sur l'affirmation de la volonté comme « essence du
monde ».

Schopenhauer subvertit donc de l'intérieur les distinctions
kantiennes, à commencer par la plus fondamentale de
toutes, celle qui est inséparable de la « révolution copernicienne ». Pour Kant, le phénomène, c'est la réalité constituée comme telle par sa relation à la raison, c'est la réalité
telle qu'elle *nous* apparaît : Galilée et Torricelli « comprirent
que la raison ne prend conscience que de ce qu'elle produit » [53]. On peut *penser* la matérialité de cette connaissance,
la chose en soi, mais en dépit des progrès constants de la
connaissance de la nature, en ce qui concerne les relations et
les qualités des objets des sens, elle ne peut en tant que telle
être objet de connaissance. C'est précisément la *confusion*
entre pensée (subjective) et connaissance que Kant nomme
apparence. Schopenhauer, quant à lui, assimile le monde
des phénomènes au « royaume des ombres » de Platon et au
« voile de Maya » de la philosophie hindoue. Le conseil que
lui avait donné Schulze, lorsqu'il commença à étudier la
philosophie à Berlin en 1811, de ne lire dans un premier
temps que Platon et Kant débouche sur une réinterprétation
platonicienne de Kant. La *Critique de la raison pure,* qui
renonce à *connaître* l'en soi des choses, lui paraît un « suicide
de l'entendement », la dépendance établie par Kant entre
l'objectivité d'une part, les cadres *a priori* de la sensibilité et
les catégories *a priori* de l'entendement du sujet connaissant
de l'autre, lui apparaît comme une rechute dans la δόξα,

---

52. « Lorsque je dis que, dans l'espace et dans le temps, aussi
bien l'intuition des objets extérieurs que l'intuition de l'esprit par
lui-même représentent chacune leur objet comme il affecte nos
sens, c'est-à-dire comme il nous apparaît, je ne veux pas dire que
ces objets soient une simple apparence. En effet, dans le phénomène, les objets et les manières d'être que nous leur attribuons sont
toujours considérés comme quelque chose de réellement donné ;
seulement, en tant que cette manière d'être ne dépend que du mode
d'intuition du sujet, dans son rapport à l'objet donné, cet objet est
distinct comme phénomène de ce qu'il est comme objet en soi »
(*Critique de la raison pure,* B 69, *op. cit.,* p. 73 sq.).
53. *Critique de la raison pure,* B XIII-XIV, *ibid.,* p. 17.

qu'il importe selon Platon de dépasser au moyen de la dialectique pour accéder à la science véritable, à l'ἐπιστήμη. Or, ce qui préoccupe précisément Kant, c'est l'impossibilité de suivre la métaphysique dans son ambition d'accéder à une *connaissance* des vérités premières ; pour lui la prétention de surmonter le χωρισμός, la coupure entre le monde sensible et le monde intelligible engendre ce qu'il appelle la « dialectique », une logique de l'illusion, voire un illusionnisme, qu'il rapproche à l'occasion de la sophistique (que combattait Platon !). Dans la « Dialectique transcendantale » de la *Critique de la raison pure,* il se propose « de dévoiler l'illusion des jugements transcendants et d'éviter qu'elle ne trompe [54] ». Il énonce du reste prudemment cette mission ; la critique de l'illusion transcendantale ne fera pas disparaître cette dernière, et il y a à cela une raison décisive : elle ne peut trancher la réalité ou l'irréalité des choses pensées.

Quant à la référence à la philosophie hindoue, Schopenhauer la tient de l'orientaliste Friedrich Majer, par ailleurs un élève de Herder, qui l'initia en 1813-1814 aux écrits védantiques. Schopenhauer se réfère au système du Vedanta et aux Upanishad dont l'enseignement principal est le retour au *brahman,* principe premier de tout étant. L'interprétation du Vedanta a donné lieu à des interprétations dualistes et non dualistes, et c'est manifestement cet aspect qui a retenu l'attention de Schopenhauer. Au principe unique qu'est le brahman s'oppose la diversité des choses singulières, individualisées par leur nom et leur forme. Le brahman n'est pas une chose parmi les autres mais un principe actif en toute individualité. Son corollaire est le Soi (*atman*), qui atteint la délivrance en se fondant dans le brahman. Cette doctrine de la délivrance a pris elle aussi des formes différentes au fil des siècles. À l'origine, associée à la migration des âmes, elle signifiait la possibilité de renaître à une vie supérieure et plus heureuse ; mais elle a aussi été comprise comme délivrance de la mauvaise infinité qu'est l'éternel retour de la vie et de la mort, dont le vouloir et le désir sont responsables — c'est sous cette forme qu'on la retrouve dans le Yoga. Lorsque, aux IVe et IIIe siècles avant J.-C., le bouddhisme devient la religion dominante, elle est interprétée comme délivrance de la souffrance due à la « soif », au désir, et s'accomplit dans le *nirvana,* lequel joue également un rôle important chez Schopenhauer. Cependant il semble que Schopenhauer ait d'abord vu dans le « dualisme non dualiste » un modèle applicable au rapport de la volonté et de la représentation, et

54. *Critique de la raison pure,* « Dialectique transcendantale », « Introduction », *ibid.,* p. 253 (traduction modifiée par nous).

la possibilité d'une relecture moniste tant du dualisme platonicien que du dualisme kantien. Dans le corpus védan-
tique, le monde extérieur est le « voile de Maya », l'épouse
de Brahma, mais aussi une pure émanation de son esprit, un
rêve dans lequel il se dédouble. La rédemption consiste à
dépasser cette illusion.

C'est en ce sens que Schopenhauer peut, dans le second
moment de son argumentation, traiter les phénomènes et les
connaissances comme des expériences qui ne disent rien sur
« l'existence même » (*das Daseyn selbst*) et dont « la validité
n'est finalement que relative ». Bien évidemment cette relativité fait partie des prémisses du criticisme kantien, et c'est,
on le sait, la philosophie de Hume qui, selon ses propres
termes dans les *Prolégomènes,* réveilla Kant de son « sommeil
dogmatique ». Le criticisme fonde la possibilité d'une
connaissance certaine sur la base même de ce relativisme,
mais en montrant que la connaissance n'est possible qu'en
relation avec d'une part les cadres *a priori* de *notre* sensibilité, d'autre part les catégories de *notre* entendement. Il dit
ainsi dans ses « Remarques générales sur l'esthétique transcendantale » : « Quant à ce que peut être la nature des objets
en eux-mêmes et abstraction faite de toute réceptivité de
notre sensibilité, elle nous demeure tout à fait inconnue.
Nous ne connaissons que notre mode de les percevoir, mode
qui nous est particulier, mais qui peut fort bien n'être pas
nécessaire pour tous les êtres, bien qu'il le soit pour tous les
hommes. C'est à ce mode seulement que nous avons affaire.
L'espace et le temps en sont les formes pures ; la sensation
en général en est la matière [55]. » Nous n'appréhendons le
monde sensible que comme un réseau de *relations*. Au
demeurant la fonction primordiale de notre entendement est
d'établir des liaisons : « L'*objet* est ce dans le concept de quoi
est *réuni* le divers d'une intuition donnée [56]. » Dans les
« Remarques générales sur l'esthétique transcendantale »,
Kant rompt résolument et expressément avec la métaphysique de Leibniz et de Wolff, parce que cette dernière
confond la vérité de la connaissance avec une vérité ontologique [57]. Schopenhauer souscrit à ce rejet de la métaphy-

---

55. *Critique de la raison pure,* B 59-60, trad. fr., *op. cit.,* p. 68.
56. *Critique de la raison pure,* « Déduction transcendantale », § 17,
B 136, trad. fr., *ibid.,* p. 115.
57. « La philosophie de Leibniz et de Wolff a donc assigné à
toutes les recherches sur la nature et sur l'origine de notre connaissance un point de vue tout à fait faux, en ne considérant la différence qu'il y a entre le sensible et l'intellectuel que comme une
différence logique, alors qu'elle est manifestement transcendantale

sique et renvoie à sa thèse de doctorat *Sur la quadruple racine du principe de raison suffisante* (1813), dans laquelle il reste fondamentalement fidèle à Kant ; le paragraphe 16 déclare par exemple : « Être objet pour le sujet et être notre représentation est fondamentalement la même chose. Toutes nos représentations sont des objets du sujet et tous les objets du sujet sont nos représentations. » La « racine » de la connaissance n'est donc que la forme générale *a priori* de la relation. Les quatre modifications du principe de raison suffisante sont donc quatre modes de relation et ne sauraient en aucun cas constituer des preuves ontologiques. Mais il en tire une conclusion exactement opposée à celle de Kant et récuse l'entreprise de la critique kantienne qui se contente à ses yeux de faire du monde de Maya, du monde des ombres de Platon, la seule « réalité » et d'évacuer la « véritable essence des choses ». Cette dernière est dans sa métaphysique la « volonté ». « La chose en soi est la volonté. »

---

et qu'elle ne porte pas seulement sur leur clarté ou leur obscurité, mais sur l'origine et le contenu de cette clarté et de cette obscurité, de sorte que, par la première, notre connaissance de la nature des choses en elles-mêmes n'est pas seulement obscure, mais nulle, et dès que nous faisons abstraction de notre constitution subjective, l'objet représenté avec les propriétés que lui attribuait l'intuition sensible ne se trouve ni ne peut plus se trouver nulle part puisque c'est précisément cette même condition subjective qui détermine la forme de cet objet comme phénomène » (*Critique de la raison pure*, trad. fr., *ibid.*, p. 69).

5. Les débuts de l'idéalisme allemand

Des résistances et des contestations qu'elle rencontre [1]
semble se dégager un bilan nuancé de l'influence de la philosophie kantienne : dans les années 1780, alors qu'elle lutte
encore contre une « philosophie populaire » fortement
ancrée et plus tenace qu'elle ne l'avait pensé, elle doit déjà
faire face à des « opposants de l'intérieur » comme Schiller [2]
ou, on va le voir dans cette section, Fichte. Au risque de
heurter les idées reçues, on pourrait dire que la version kantienne de l'*Aufklärung* est dépassée avant même d'avoir été
réellement reconnue. À cette affirmation il convient toutefois d'apporter la nuance — de taille — suivante : si l'*idéalisme allemand*, ainsi qu'on a coutume de désigner tout le
mouvement de pensée qui va de Fichte à Hegel en incluant
Schelling, Friedrich Schlegel et une partie du « romantisme » [3], « dépasse » et entend — expressément et souvent
véhémentement — dépasser Kant, il n'aurait pas été possible sans Kant. C'est pourquoi il importait d'intégrer à la
présente anthologie de l'*Aufklärung* un aperçu des débuts de
l'idéalisme allemand [4]. Kant a tout à la fois ruiné la conception métaphysique de la raison et refondé une doctrine de la
raison pure [5] — du moins a-t-il maintenu, avec un statut

1. Cf. section précédente.
2. Cf. la section 7 du chapitre IV et l'esthétique de Schiller au
chapitre V.
3. Sans parler des essais théoriques de Hölderlin, qui reste un des
auteurs probables de *Das Älteste Systemprogramm des deutschen Idealismus* (*Le Plus Ancien Programme de l'idéalisme allemand*, 1796).
4. Qui devra être complété par un ouvrage de même nature
consacré au XIXᵉ siècle.
5. Qui se nomme traditionnellement *reine Vernunftlehre*.

critique, comme Idée de la Raison pure, le principe (régulateur) d'une unité rationnelle de l'ensemble du savoir. C'est à cette « Idée » que renvoie l'appellation d'*idéalisme allemand* [6], qui n'a donc bien évidemment rien à voir avec un retour à l'idéalisme dépassé par Kant. Car ce que cherche l'idéalisme allemand, qui ne s'accommode pas de l'éclatement kantien de la raison en sphères autonomes — la connaissance, l'action, le jugement esthétique —, c'est une unité du savoir qui serait une nouvelle synthèse de l'idéalisme et du réalisme.

Redonner des ailes à la physique trop lente qui n'évolue que dans la mesure de ses expériences : cette déclaration du *Plus Ancien Programme de l'idéalisme allemand* [7] exprime tout l'« idéalisme » de l'idéalisme allemand. Cette déclaration peut tout à fait caractériser la philosophie schellingienne de la nature. Mais l'idéalisme allemand à ses débuts développe d'emblée des stratégies fort différentes. Dans *Le Plus Ancien Programme de l'idéalisme allemand,* comme déjà dans un fragment écrit par Hölderlin en 1795 — « *Urtheil und Seyn* » (*Jugement et être*) —, la force de réunion des sphères dissociées de la rationalité est l'esthétique, et l'esthétique va peser d'un poids très lourd sur tout le versant « romantique » de l'idéalisme allemand. Chez Fichte, c'est la raison pratique. La réflexion de Hölderlin est écartelée entre ces deux pôles et son évolution [8] mérite à ce titre d'être étudiée comme une expression symptomatique de cette période de naissance de l'idéalisme allemand.

On a vu dans la section précédente que *la chose en soi* et *l'aperception transcendantale* sont, dès le milieu des années 1780, les deux aspects les plus controversés de la philosophie kantienne. L'idéalisme allemand prend lui aussi sa source dans ces deux problèmes [9]. Car la solution apportée au problème de l'aperception transcendantale conditionne la fondation d'une unité du savoir. Dans l'extrait des *Idées pour une philosophie de la nature* que nous proposons ci-

6. Voir ci-après la fin de l'extrait des *Idées pour une philosophie de la nature* de Schelling.

7. Cf. infra — une déclaration qu'on attribuera plus vraisemblablement à Hölderlin ou à Schelling qu'à Hegel.

8. Que reflète la lente maturation du roman *Hyperion.*

9. Du reste Karl Reinhold, l'un des protagonistes du débat des années 1790 (cf. dans la section précédente), se ralliera, bien qu'en 1798 seulement, à l'idéalisme fichtéen ; en janvier 1798 il publiera un compte rendu élogieux de l'écrit *Sur le concept de la doctrine de la science* (1794), des *Principes de la doctrine de la science* de 1794 et de trois textes parus en 1797 dans le *Journal philosophique.*

après [10], Schelling récuse les démarches qui s'interrogent sur l'existence du monde hors de nous ; l'influence de Kant est indéniable : la seule question philosophique pertinente est à ses yeux celle que Kant s'efforçait de résoudre par sa théorie de l'aperception transcendantale :

« Mais quel est donc ce lien secret qui lie notre esprit à la nature, quel est cet organe caché grâce auquel la nature parle à notre esprit ou notre esprit à la nature ? Nous vous faisons d'emblée grâce de toutes vos explications quant à la façon dont une telle finalité naturelle s'est effectivement réalisée *hors de nous*. Car expliquer cette finalité par le fait qu'un entendement divin en serait l'auteur, ce n'est point philosopher mais se lancer dans des considérations relevant de la piété [...]. L'existence d'une telle nature *hors de moi* est fort loin d'expliquer l'existence de cette nature *en moi* : si vous admettez en effet qu'il y a entre les deux une harmonie prédéterminée, vous énoncez la question même qui nous préoccupe [...]. Car nous ne voulons pas que la nature coïncide *par hasard* avec les lois de notre esprit (par exemple grâce à la médiation d'un *tiers*), nous voulons non seulement qu'elle *exprime elle-même* de façon nécessaire et originelle les lois de notre esprit mais encore les *réalise elle-même*, c'est-à-dire qu'elle ne soit nature et ne se nomme nature que dans la mesure où elle accomplit cela [11]. »

La solution kantienne ne suffit cependant pas plus que la médiation d'un tiers divin, qui garantirait comme chez Descartes l'adéquation de la chose et de l'esprit en fondant à la fois la *res cogitans* et la *res extensa*, car elle n'est que la permanence de l'unité purement formelle d'un « Je pense » qui accompagne, toujours identique à lui-même, toutes mes représentations. Pour qu'il ne coïncide pas seulement « par hasard » avec les lois de l'entendement, il faut que le donné, la « nature hors de moi », soit le produit de l'activité spirituelle elle-même (position de Fichte) ou encore que la nature « réalise elle-même » les lois de notre esprit (Schelling).

Le schéma fondamental qu'on retrouve chez tous les représentants de l'idéalisme allemand [12] est la succession des

10. Deuxième partie de l'extrait, « Introduction ».
11. Cf. extrait ci-après.
12. Y compris Hölderlin ; si cela est peu manifeste dans le fragment de 1796, c'est le schéma qu'on trouve à la base de tous les fragments théoriques dits « de Bad Homburg », c'est-à-dire écrits entre le printemps 1798 et l'été 1800, par exemple « *Das Werden im Vergehen* » ou « *Über die Verfahrensweise des poetischen Geistes* ».

trois moments qui va constituer la dialectique hégélienne :
l'unité originaire, la scission, la réunion. C'est grâce à ce
schéma que, par l'union originelle du monde subjectif et du
monde objectif, va pouvoir être démontrée, tant chez Fichte
que chez Schelling, la compatibilité des deux sphères en
apparence absolument distinctes de l'intuition sensible et de
l'entendement — à cette seule différence que Fichte va
prendre le problème du côté de l'esprit, Schelling du côté du
monde.

Fichte refuse l'idée qu'il puisse y avoir un monde « en
soi ». Il qualifie cette position philosophique de « dogmatisme ». Ce dogmatisme est le « réalisme » qui se réclame de
l'être des choses. Pour le dogmatisme réaliste le moi est un
être parmi les choses, et il s'affirme en niant son autre. Un
tel moi, objecte Fichte, se contente de refléter l'être extérieur, le monde, la nécessité, sans y participer en qualité
d'auteur, et se révèle en fin de compte totale passivité ; le
réalisme est une philosophie de l'inertie et de la mort. Or,
pour Fichte, c'est bien là qu'est le fond du problème : la
« destination de l'homme », la liberté. Le mérite de Kant est
d'avoir affirmé la liberté du sujet transcendantal ; pour
échapper au « dogmatisme », il faut selon Fichte radicaliser
cette affirmation et fonder l'activité du sujet transcendantal
sur la liberté morale. Ainsi résumé, le point de départ de
Fichte ne semble en rien incompatible avec le kantisme
— ainsi qu'il l'a d'abord cru lui-même avant que Kant ne
réagisse aux conséquences de cette démarche, qui débou-
chait sur une transgression de la distinction entre philosophie théorique et philosophie pratique. Fichte résume ainsi
son « coup de force » dans la « Deuxième introduction à la
Doctrine de la science » :

> « Si la Doctrine de la science devait comprendre une
> métaphysique, comme prétendue science des choses en
> soi, et si l'on exigeait d'elle une telle science, c'est à sa
> partie pratique qu'elle devrait renvoyer. Comme cela
> apparaîtra d'une manière toujours plus précise, cette
> partie seule parle d'une réalité originaire. Et si la question
> suivante devait être posée à la Doctrine de la science :
> quelle est la nature des choses en soi ? elle ne pourrait que
> répondre : elles sont telles que nous devons les faire [13]. »

Ce que veut montrer Fichte, c'est que le monde sensible
n'a de sens que comme corrélat (certes indispensable) de la
destinée morale de l'homme. Or, chez Kant, seule la téléo-

13. In *Œuvres choisies de philosophie première*, éd. par Alexis
Philonenko, Vrin, 1964, p. 149.

logie — dont il use de façon très critique [14] — peut rendre
plausible, mais jamais *fonder,* une telle affirmation.

Le système de Fichte repose donc sur ce qu'il nomme
lui-même un « idéalisme pratique ». Tout système devant
reposer sur des prémisses certaines, Fichte va réinterpréter
le principe d'identité du point de vue pratique. A = A peut
être considéré comme une prémisse certaine, étant entendu
cependant qu'il ne s'agit pas d'une assertion sur des
contenus mais de *l'acte de poser* A dans son identité à A.
C'est ainsi qu'il en va pour le moi : le moi se pose et pose
son identité avec soi-même. Tel est le point de départ des
différents exposés de la *Doctrine de la science,* dont Fichte,
comme dans notre extrait, ne se lasse pas de répéter les trois
moments [15]. On peut schématiser ainsi ces trois moments :

(1) *Une théorie des principes, qui expose la dialectique du moi
et du non-moi.* L'identité originaire du moi n'est pas un fait
(*Tatsache*) mais un acte originaire (*Tathandlung*), *l'acte de se
poser.* Cette identité présuppose cependant le non-
identique : A n'est pas non-A ; le moi ne peut se poser qu'en
s'opposant à un non-moi. Il se pose certes par un acte de
liberté mais ne peut se penser que dans son opposition
nécessaire au non-moi. Cette opposition constitue, dans la
théorie des principes, le deuxième moment de la dialectique
du moi et du non-moi. Un troisième moment — une troisième « *Tathandlung* » — saisit synthétiquement (elle est
appelée *synthèse*) l'existence du moi et du non-moi. Pour
qu'une telle synthèse soit possible, il faut que l'identité du
moi avec soi-même *n'exclue pas* le non-moi. Il faut que
l'existence de l'un des termes ne soit pas exclusive de l'autre
et il faut donc qu'ils se limitent réciproquement. Ils se limitent en s'affectant mutuellement. Le moi est déterminé par

14. Cf. infra la section 1 du chapitre IV.
15. Entrer dans les débats sur l'évolution de la philosophie de
Fichte en général et de la *Doctrine de la science* en particulier est
impossible dans le cadre d'une telle anthologie. Nous en tenons
évidemment compte (comme on le constatera à la lecture des commentaires sur les écrits consacrés au droit naturel et à la révolution).
Il reste que Fichte, même si la tâche de la recherche fichtéenne
consiste à prendre la mesure de l'impact des transformations successives sur le fond, n'a jamais désavoué la *Doctrine de la science* de
1794, tout en reconnaissant ses imperfections et le caractère ina-
dapté de son exposition dès 1795-1796 ; mais il a seulement changé
de méthode d'exposition : « Puisque je viens de déclarer bon et
exact l'ancien exposé de la *Doctrine de la science* — dit-il encore en
1806 —, il est clair qu'il ne faut pas attendre de moi une autre
doctrine que celle proposée autrefois au public » (« *Rapport sur le
concept de la Doctrine de la science* »).

ses sensations, le non-moi par l'action du moi. Pour coexister, il ne faut cependant pas qu'ils s'affectent totalement. En ce point Fichte introduit la notion de divisibilité : « J'oppose au moi divisible un non-moi divisible. » Le moi et le non-moi se nient et se limitent en partie. On peut dire aussi qu'ils s'interpénètrent, chacun affectant une partie de l'autre. Cette compénétration montre comment la pensée et l'univers constituent ensemble un monde et la connaissance de ce monde.

(2) *Le développement de cette construction systématique du monde comme théorie de la connaissance (partie théorique).* En réalité, cette partie théorique introduit la notion essentielle d'effort sur laquelle va reposer la partie pratique, dont Fichte dira qu'elle fournit au système sa « solide fondation ». La partie théorique déblaie en quelque sorte le terrain pour l'affirmation de l'autonomie du moi en résolvant la contradiction qui résulte de l'opposition du moi au non-moi. Comment le moi peut-il être à la fois libre et déterminé par le non-moi ? Réponse, apparemment paradoxale : par « une causalité qui n'est pas une causalité » (notre extrait). Le moi ne peut avoir un monde et devenir lui-même objet de sa propre réflexion qu'en posant un non-moi qui le limite et contredit donc sa liberté, qui transforme le moi infini en moi fini. Le moi ne peut donc se poser comme infini que s'il se pose en même temps comme fini. Cette contradiction est insoluble théoriquement. En revanche, pratiquement, elle trouve sa résolution dans l'effort (*Streben*), lequel est une activité pure et infinie, posant le monde objectif sans jamais être exhaustivement réalisé dans l'objet qu'elle pose. La réalisation complète de l'infinité apparaît ainsi comme une tâche jamais achevée, un idéal, qui est, selon Fichte, « la marque de notre destination à l'éternité » [16].

(3) *La fondation du réel de la connaissance dans l'action (partie pratique).* La partie pratique fonde non seulement l'exigence pratique de liberté mais constitue le fondement de tout le système, et ce n'est qu'avec elle qu'est définitivement résolue la question de départ, qui n'est autre, reformulée, que celle de l'« aperception transcendantale » : « De quel droit rapportons-nous la représentation à quelque chose d'extérieur à nous comme à sa cause ; de quel droit admettons-nous en général une faculté de représentation de part en part déterminée par des lois ? » La réponse est le *Streben* : ces lois « ne sont pas représentées comme ayant

leur siège dans la faculté de représentation mais comme des lois du moi qui fait effort, lois dont l'application est conditionnée par l'action exercée sur le sentiment par le non-moi qui fait effort de façon opposée ? » (cf. extrait). C'est sur cette conception, comme nous le verrons au chapitre IV, que se fonde la conception fichtéenne du droit naturel et de l'éthique.

La paternité du fragment intitulé [17] *Le Plus Ancien Programme de l'idéalisme allemand* est controversée ; le manuscrit retrouvé est certes de la main de Hegel mais les études les plus récentes penchent pour Hölderlin ou Schelling [18]. De fait, son début semble bien faire écho au débat de Hölderlin et de Schelling à cette époque avec la conception fichtéenne du moi : « La première idée est naturellement la représentation que j'ai *de moi-même* comme être absolument libre. Avec cet être libre et conscient de soi intervient en même temps tout un *monde* — qui émerge du néant —, la seule véritable *création ex nihilo* dont il vaille de tenir compte [19]. » Cette connaissance du moi et du monde, solution du problème de l'aperception transcendantale, est ce que Schelling appelle « intuition intellectuelle » (*intellektuelle Anschauung*) — une expérience immédiate et vécue qui répond à la nécessité que le donné soit le produit de l'activité spirituelle pour pouvoir être sien, mais aussi à la nécessité qu'il n'en soit pas moins concret. Le sens que Schelling et Fichte donnent à cette « intuition intellectuelle » résume leur subversion du kantisme. Chez Kant, l'intuition intellectuelle était celle qui, à la différence de l'intuition sensible, ne reçoit pas son objet mais se le donne — et cet objet est... la « chose en soi ». Le refus de la chose en soi fait de l'intuition intellectuelle, dans l'acception fichtéenne, « la conscience immédiate que j'agis et de ce que je fais dans cet agir ; elle est ce par quoi je sais quelque chose parce que je le fais [20] ».

La suite du *Plus ancien programme* semble s'inscrire tout à fait dans le projet schellingien de « physique supérieure » avant d'anticiper des conceptions sur le rôle de l'art qui ne deviendront explicites qu'en 1801 dans le *Système de l'idéa-*

---

17. Après coup, par son premier éditeur, Franz Rosenzweig, en 1917.

18. Cf. la présentation que nous en donnons dans l'*Encyclopédie philosophique universelle* (PUF, 1992, tome III : « Les œuvres philosophiques », volume I, p. 1844).

19. Cf. traduction ci-après.

20. *Zweite Einleitung in die Wissenschaftslehre* (1797) ; trad. fr. : « Deuxième Introduction à la *Doctrine de la science* », in *Œuvres choisies de philosophie première*, éd. par A. Philonenko, *op. cit.*, p. 272.

lisme transcendantal, voire bien plus tard dans la *Philosophie de la mythologie.* Non seulement la poésie doit être « l'éducatrice de l'humanité », mais, s'opposant radicalement aux conceptions mécanistes de l'État, à une science politique dont le modèle scientifique est la physique, l'art doit être le ciment de la totalité éthique de la communauté. Tout à fait dans le même sens, Schelling dira à la fin du *Système de l'idéalisme transcendantal* que la nouvelle mythologie « n'est pas l'invention d'un poète isolé, mais d'une nouvelle *espèce* représentant en quelque sorte *un seul poète* ». L'art doit prendre la relève de la philosophie car « l'acte supérieur de la raison, celui par lequel elle englobe toutes les idées, est un acte esthétique » (cf. extrait). L'intuition esthétique, selon le *Système de l'idéalisme transcendantal,* dépasse les divisions ; elle offre au moi, dans un produit dont il est lui-même l'auteur, l'intuition de l'identité de la liberté et de la nécessité, de l'esprit et de la nature, de l'activité consciente et de l'activité inconsciente. Appliquée par le *Plus ancien programme de l'idéalisme allemand* à l'ordre politique, cette intuition de la synthèse fonde le sens communautaire. L'art prend en charge, en tant que « religion sensible », « nouvelle mythologie », le rôle de la religion que la raison a failli à assumer [21]. Dans un fragment de 1799, « Sur la religion », Hölderlin stigmatise l'échec des Lumières, qu'exprime selon lui l'opposition abstraite de l'idéal au réel ou à la nature — critique qui vise évidemment la morale kantienne, qui ignore par principe « la liaison intime avec la sphère dans laquelle [la loi] est mise en œuvre ». La « morale arrogante » est mise sur le même plan que la « vaine étiquette » et les « règles creuses du goût », dont elle n'est que le contre-pied

21. Si le fragment peut être plus vraisemblablement attribué à Hölderlin ou à Schelling, on ne peut méconnaître pour autant certaines parentés avec la pensée du jeune Hegel. Dans les *Écrits théologiques de jeunesse* et notamment dans le *Fragment de système* de 1800, c'est la religion et l'amour qui doivent fournir « la liaison de la liaison et de la non-liaison ». Mais Hegel ne se satisfait pas plus que Hölderlin et Schelling de cette « solution » religieuse qui confirme la coupure entre le fini et l'infini et « prend comme nouveau mot d'ordre celui de la "réunion avec le temps" » : « C'est le développement immanent de l'histoire, animé par la riche contradiction que toute vie comporte en tant qu'elle est la "liaison de la liaison et de la non-liaison" qui pour Hegel va réaliser l'existence libre » (Bernard Bourgeois, « Présentation », in Hegel, *Encyclopédie des sciences philosophiques,* Vrin, 1970, p. 18 sq.) ; sur Hegel entre 1797 et 1800, cf. B. Bourgeois, *Hegel à Francfort,* Vrin, 1970. Nous réservons la présentation du jeune Hegel pour l'anthologie de la philosophie allemande au XIXe siècle.

ou l'envers et qu'elle est impuissante à détrôner parce que son rigorisme même appelle leur compensation. Elles appartiennent au même moment de la pensée moderne. Il en résulte que l'homme ne peut établir le sens de son existence ni par soi seul, comme prétend le faire la raison pure pratique, ni seulement à partir des situations contingentes. Ces négations mènent à un polythéisme des valeurs à partir duquel l'essai « Sur la religion », comme le *Premier programme de l'idéalisme allemand,* tente de refonder une éthique et une philosophie de l'histoire. Cette refondation va avoir pour base non plus l'idéal mais la *communauté* [22]. Puisque la tyrannie « monothéiste » de la loi morale provoque en réalité la rechute de la raison pratique dans le polythéisme, Hölderlin entreprend de faire de ce symptôme de l'échec de la raison un correctif dialectique, le motif d'une « seconde *Aufklärung* » associant le « monothéisme de la raison et du cœur » (la loi morale et la « loi du cœur ») au « polythéisme de l'imagination et de l'art ». Or, concrètement, le polythéisme moderne, c'est la décomposition de la *Sittlichkeit* collective : « Chacun a son propre dieu dans la mesure où chacun a sa sphère propre dans laquelle il agit et qui constitue son expérience » (« Sur la religion »).

D'où le ton politique extrêmement offensif de la fin du *Programme.* Après celle qui, au bout du compte, a échoué [23], ce n'est rien moins qu'une nouvelle révolution qui est prophétisée ici en termes messianiques — la venue d'un Messie qui fondera l'Évangile d'une nouvelle communauté [24].

Chez le premier Schelling [25], c'est une philosophie spéculative de la nature qui doit fournir la base « scientifique » de tout le système. Elle culmine dans l'affirmation qui conclut

22. Sur Hölderlin, cf. G. Raulet, « Communauté et réflexion seconde dans l'*Hyperion* de Friedrich Hölderlin », in *Les Cahiers de Fontenay,* 1994, p. 11-37 ; sur la catégorie de communauté dans l'idéalisme allemand, cf. G. Raulet et J.-M. Vaysse (dir.), *Communauté et modernité,* L'Harmattan, 1995.

23. Diagnostic commun à toute la génération post-kantienne ; cf. infra au chapitre IV, Schiller.

24. Cf. Manfred Frank, *Der kommende Gott,* Suhrkamp, Frankfurt/Main, 1982.

25. Nous ne rendons compte ici que de ce que la critique considère, de façon assez unanime, comme la première période de la pensée de Schelling, celle qui va des *Idées pour une philosophie de la nature* (1797) au *Système de l'idéalisme transcendantal* de 1801 et à la nouvelle *Exposition* (*Darstellung meines Systems der Philosophie,* 1801), en passant par *L'Âme du monde* (*Von der Weltseele,* 1798) et l'*Esquisse d'un système de la philosophie de la nature* (*Entwurf eines Systems der Naturphilosophie,* 1799).

la deuxième partie de nos extraits des *Idées pour une philosophie de la nature* : « La nature doit être l'esprit visible, l'esprit la nature invisible. C'est par là, par cette identité absolue de l'esprit en nous et de la nature hors de nous, que doit se résoudre le problème de la possibilité d'une nature hors de nous [26]. » La *Première esquisse d'un système de la philosophie de la nature,* en 1799, présentera la nature comme la vie embryonnaire de l'esprit, le *Système de l'idéalisme transcendantal* montrera, quant à lui, deux ans plus tard, que l'esprit tend à s'objectiver, à se produire comme nature. La « philosophie de la nature » est pour Schelling une « physique spéculative » — non point au sens où elle s'affirmerait en ne tenant aucun compte de l'expérience [27], mais au sens où elle entend s'élever jusqu'aux causes premières : jusqu'à un fondement originaire, qui n'est lui-même pas une substance immobile mais, bien au contraire, un jeu de forces qui meuvent la nature, dont tout phénomène procède et que l'approche empirique se contente de décrire. La physique empirique, comme la chimie (et Schelling suit leurs progrès avec la plus grande attention [28]), ne connaissent que les objets, les *effets* d'une nature qui est fondamentalement un sujet. Il s'agit donc de comprendre et d'interpréter ce qu'elle dit [29] en produisant le langage des phénomènes que les sciences empiriques se contentent de fixer dans des lois. La

26. Une formule qui a fortement impressionné Hölderlin et qu'il reprend littéralement à son compte dans son roman *Hyperion*.

27. Cf. extrait : « J'ai estimé nécessaire de placer la partie empirique en premier parce que la suite de l'écrit prend très souvent en considération les découvertes et les investigations récentes de la physique et de la chimie. »

28. Cf. É. Bréhier, *Schelling*, Félix Alcan, 1912, p. 27-46. C'est l'époque où s'affirme la physique, mais aussi celle des observations précises sur l'électricité, le magnétisme, de la découverte du galvanisme... À propos de la chose en soi, Schelling écrit dans un article publié dans le *Journal philosophique* en 1797, l'année des *Idées pour une philosophie de la nature* : « Tandis que les kantiens encore maintenant (ignorant ce qui se passe en dehors d'eux) se battent avec leurs fantômes de choses en soi, des hommes d'esprit véritablement philosophique font (sans bruit) dans les sciences naturelles et la médecine des découvertes auxquelles bientôt s'attachera immédiatement la saine philosophie et qu'un cerveau doué d'intérêt pour la science doit achever de rassembler pour faire oublier en une fois toute la lamentable époque des kantiens » (*Sämtliche Werke*, Stuttgart/Augsburg, 1856-1861, tome I-1, p. 348).

29. Cf. extrait : « Il est exact que la chimie nous apprend à *lire* les *éléments*, la physique les *syllabes*, les mathématiques la *nature ;* mais on ne doit pas oublier que c'est à la philosophie qu'il revient *d'interpréter* ce texte lu. »

nature est activité infinie ; en son fond agit une polarité de forces, et tout phénomène objectif naît de cette polarité. Au mécanisme, qui ne connaît que des séries causales et qu'il qualifie de dogmatisme de la même façon que Fichte qualifie le réalisme de dogmatisme, Schelling oppose le dynamisme, seul à même d'expliquer l'origine de la force à partir de la matière elle-même, alors que le mécanisme oppose force et matière. La dynamique contraction-expansion [30] est la dynamique fondamentale des processus vitaux. La polarité fondamentale se retrouve dans les trois dimensions de chaque corps : le magnétisme, l'électricité et les échanges chimiques [31]. Chaque corps est une étape, un produit de ce dynamisme ; quant à l'« idée » de nature, elle est donc l'unité dialectique des oppositions polaires. Schelling poursuit l'exposition de ce processus dynamique en le recherchant dans le mode d'être de la nature animée (au sens étroit du terme, c'est-à-dire chez les êtres vivants). La « sensibilité », l'« irritabilité » et le *Bildungstrieb* (l'« instinct de perfectionnement ») sont autant de manifestations de la polarité ; la conservation, la régénération et la propagation de la vie apparaissent comme les effets d'une conjugaison des forces opposées. Les différentes formes de la nature constituent une progression par laquelle l'esprit s'éveille peu à peu à lui-même, dans laquelle l'inconscient devient conscient ; l'apparition de la pensée humaine dans cette progression serait inconcevable si l'esprit n'était pas déjà à l'œuvre dans la nature. Dans le *Système de l'idéalisme transcendantal*, Schelling déclare : « Ce qu'on nomme la nature inerte n'est donc pas autre chose qu'une intelligence sans maturité : le caractère intelligent filtre déjà sous forme encore inconsciente en son phénomène. Le but suprême : devenir entièrement objet pour elle-même, la nature ne l'atteint que par la réflexion suprême et ultime en soi qui est [...] l'homme ou la raison [32]. » Pour Fichte, la question de savoir comment peut naître dans la nature une conscience était une question mal posée ; Schelling dépasse, quant à lui, l'opposition de la

30. Qui jouera un rôle décisif plus tard dans *Les Âges du Monde* (1811-1815).

31. Cf. notre extrait : « C'est ainsi qu'en physique on manie aujourd'hui plus fréquemment que jamais le concept de force, en particulier depuis qu'on a commencé à douter entre autres de la matérialité de la lumière ; ne s'est-on pas déjà demandé plus d'une fois si l'électricité ne pourrait pas être éventuellement une force vive ? » Cf. É. Bréhier, *Schelling, op. cit.*, p. 56-70.

32. *System des transzendentalen Idealismus*, Einleitung, § 1, *Sämtliche Werke, op. cit.*, tome III, p. 341.

pensée et de l'être en attribuant à la nature une intelligence inconsciente. L'inorganique n'est qu'organique empêché, mouvement bridé. Au cœur de cette évolution qui va de 1794-1795 [33] à 1800, Schelling rédige en 1798 *Von der Weltseele, eine Hypothese der höheren Physik zur Erklärung des allgemeinen Organismus* (*Sur l'âme du monde. Une hypothèse de la physique supérieure pour expliquer l'organisme universel*). De même que le dynamisme met fin au dualisme de la force et de la matière, l'« organisme universel » met fin au dualisme de l'esprit et de la matière, donc à l'idée d'une matière extérieure qui serait une « chose en soi ». Inversement, il montre en partant de l'esprit comment ce dernier ne peut se développer qu'en se faisant nature, en s'objectivant. Dans le dernier chapitre (VI) du *Système de l'idéalisme transcendantal*, ce double mouvement, partant successivement de la nature puis de l'esprit humain, va trouver potentiellement son accomplissement dialectique dans l'art, réalisant le « programme de l'idéalisme allemand » de 1796, qui fonde également la réflexion de Hölderlin dans les années 1797-1799. Les deux activités, le conscient et l'inconscient, collaborent dans la genèse de l'œuvre d'art, symbole de l'union de la nature et de l'esprit. Le rôle de l'art scelle, pour Schelling comme pour Hölderlin, la rupture avec l'idéalisme moral de Fichte : la philosophie de l'art prend la place de la philosophie pratique et entend la prendre en charge — un tournant déjà très clair dans le *Plus ancien programme de l'idéalisme allemand* et qui engage dès 1796 tout le « romantisme », y compris dans sa réhabilitation des formes esthétiques de synthèse (« mythologie de la raison », philosophie sensible, « nouvelle religion ») qui sont, pour Hölderlin et pour Schelling, les formes concrètes de l'*intuition intellectuelle*, de l'opération synthétique immédiate et fondamentale par laquelle s'établit l'union du sensible et de l'esprit.

FICHTE
Sur le concept de la Doctrine de la science (1794)

§ 8 — Le principe premier, dans la mesure où il doit fonder non seulement une partie du savoir humain, mais le savoir tout entier, doit être commun à toute la Doctrine de la Science. Une division n'est possible

---

33. *Über die Möglichkeit einer Form in der Philosophie ; Vom Ich als Prinzip der Philosophie.*

que par une opposition, mais dont les termes doivent
toutefois être identiques à un troisième.

Supposé que le Moi soit le concept suprême et
qu'au Moi un Non-Moi soit opposé, il est alors clair
que ce dernier ne pourrait être opposé sans être *posé*,
et à vrai dire sans être posé dans l'élément le plus
élevé de ce qui est conçu, dans le Moi. Donc le Moi
serait à considérer de deux points de vue ; comme ce
en quoi le Non-Moi est posé ; et comme *ce* qui serait
opposé au Non-Moi, et qui par conséquent serait posé
lui-même dans le Moi absolu. Le dernier Moi devrait
être identique au Non-Moi, en tant que l'un et l'autre
sont posés dans le Moi absolu, et il devrait en même
temps et du même point de vue lui être opposé. Cela
ne se pourrait concevoir dans le Moi que sous la
condition d'un troisième terme, dans lequel l'un et
l'autre seraient identiques, et ce troisième terme serait
le concept de quantité. L'un et l'autre auraient une
quantité déterminable par leur opposé *. Un premier
cas est possible : c'est que le Moi soit déterminé
(selon sa quantité) par le Non-Moi. Il est en tant que
tel dépendant ; il se nomme intelligence, et la partie
de la Doctrine de la Science qui traite de cette intelligence en est la partie théorique. Elle est fondée sur le
concept de représentation en général, qui est à
déduire des principes et à établir par eux.

Mais le Moi devrait être absolu et déterminé absolument par lui-même : s'il est déterminé par le Non-
Moi, il ne se détermine pas lui-même, et est contradictoire avec le principe suprême et absolument
premier. Pour effacer cette contradiction, nous devons
admettre que le Non-Moi, qui doit déterminer l'intelligence, soit lui-même déterminé par le Moi qui en
l'occurrence ne serait pas représentant, mais aurait
une causalité absolue. Mais puisqu'une telle causalité
supprimerait complètement le Non-Moi opposé et,
avec lui, la représentation qui en dépend, et puisque

---

* Seuls les concepts du Moi, du Non-Moi et de la quantité (des
bornes) sont absolument *a priori*. C'est d'eux que par opposition et
identification tous les autres concepts purs sont à déduire.

l'admettre contredit par conséquent au deuxième et au troisième principe, il faut qu'elle soit représentée *comme* contredisant la représentation, comme *non représentable*, comme une causalité qui n'est pas une causalité. Mais le concept d'une causalité qui n'est pas causalité est le concept d'un *effort*. La causalité n'est pensable que sous la condition d'une approche finie de l'infini, laquelle approche n'est elle-même pas pensable. Ce concept de l'effort, à établir comme nécessaire, est posé au fondement de la deuxième partie de la Doctrine de la Science, qui se nomme la partie pratique.

Cette deuxième partie est en soi de loin la plus importante ; la première n'est sans doute pas moins importante, mais seulement comme fondation de la deuxième, et parce que celle-ci est absolument incompréhensible sans elle. Ce n'est que dans la deuxième partie que la partie théorique reçoit sa délimitation assurée et sa solide fondation, dans la mesure où c'est à partir de l'effort nécessaire qui a été posé que ces questions peuvent recevoir une réponse : pourquoi est-ce nécessairement à la condition d'une affection présente que nous devons avoir des représentations en général ; de quel droit rapportons-nous la représentation à quelque chose d'extérieur à nous comme à sa cause ; de quel droit admettons-nous en général une faculté de représentation de part en part déterminée par des lois (lesquelles lois ne sont pas représentées comme ayant leur siège dans la faculté de représentation, mais comme des lois du Moi qui fait effort, lois dont l'application est conditionnée par l'action exercée sur le sentiment par le Non-Moi qui fait effort de façon opposée). Dans cette deuxième partie sont fondés une nouvelle théorie entièrement déterminée de l'agréable, du beau et du sublime, de la légalité de la nature en sa liberté, de la doctrine de Dieu, de ce que l'on nomme le bon sens, ou du sens naturel de la vérité, et enfin un droit naturel et une éthique, dont les principes ne sont pas seulement formels, mais matériels. Tout cela par la mise en place de trois

absolus. Un Moi absolu, soumis à des lois qu'il se
donne à lui-même, et qui sont représentables sous la
condition d'une action du Non-Moi ; un Non-Moi
absolu, indépendant de toutes nos lois et libre, représentable sous la condition qu'il exprime ces lois posi-
tivement ou négativement, mais toujours à un degré
fini ; et une faculté absolue en nous — représentable
sous la condition qu'elle distingue une action du
Non-Moi d'un effet du Moi, ou d'une loi —, faculté
de nous déterminer absolument nous-mêmes selon la
mesure de l'un et de l'autre. Aucune philosophie ne va
au-delà de ces trois absolus.

« Sur le concept de la Doctrine de la science », troisième
section (« Division hypothétique de la *Doctrine de la
science* »), in *Essais philosophiques choisis* (1794-1795), Vrin,
Paris, 1984, p. 69-71.

*
* *

Le Plus Ancien Programme de l'idéalisme allemand (1796)

[...] *une éthique.* Comme toute la métaphysique sera
désormais du ressort de la *morale* (ce dont Kant, avec ses
deux postulats pratiques, n'a donné qu'un *exemple,* sans
épuiser en rien la question), cette éthique ne sera rien
d'autre qu'un système complet de toutes les idées ou, ce
qui revient au même, de tous les postulats pratiques. La
première idée est naturellement la représentation que
j'ai *de moi-même* comme être absolument libre. Avec cet
être libre et conscient de soi intervient en même temps
tout un *monde* — qui émerge du néant —, la seule
véritable *création ex nihilo* dont il vaille de tenir compte.
En ce point je redescendrai dans le champ de la physique ; la question est la suivante : comment le monde
doit-il être fait pour un être moral ? Je voudrais
redonner des ailes à notre physique si lente, qui évolue
péniblement au gré de ses expériences.

De la sorte — si la philosophie fournit les idées, l'expérience les données —, nous pouvons espérer obtenir enfin cette physique en grand que j'attends des générations à venir. Il ne semble pas que la physique actuelle soit en mesure de satisfaire un esprit créateur tel que celui qui est le nôtre.

Partant de la nature, j'en arrive aux œuvres humaines. L'idée d'humanité précède tout — ce que je veux montrer, c'est qu'il n'y a pas d'idée de l'État parce que l'État est quelque chose de mécanique — et ce tout aussi peu qu'il y a d'idée d'une machine [34]. Seul ce qui a trait à la liberté porte le nom d'idée. Nous devons donc nous affranchir de l'État ! Car tout État est obligé de traiter les hommes libres comme les rouages d'une mécanique ; or, cela, moralement, il ne doit pas le faire ; donc il doit *cesser* de le faire. Vous verrez par vous-mêmes que toutes les idées, celle de la paix perpétuelle, etc., ne sont que les idées *subordonnées* d'une idée supérieure. En même temps, j'entends coucher ici les principes d'une *histoire de l'humanité* et mettre à nu toute cette pitoyable construction humaine que représentent l'État, la Constitution, le gouvernement, la législation. Au bout du compte, les idées viennent d'un univers moral : divinité, immortalité — abolition de toute fausse croyance, campagne contre le clergé qui, ces derniers temps, se réclame hypocritement de la raison, au moyen même de la raison. Liberté absolue de tous les esprits qui portent en eux l'univers intellectuel et ne doivent chercher ni Dieu ni l'immortalité *hors d'eux-mêmes*.

Enfin l'idée qui réunit toutes les idées : l'idée de beauté, ce terme étant entendu dans son sens le plus élevé, platonicien. Je suis désormais convaincu que l'acte supérieur de la raison, celui par lequel elle englobe toutes les idées, est un acte esthétique et que

34. Passage à mettre en relation avec l'extrait de Herder sur la « machine étatique » que nous reproduisons dans la section 3 du chapitre IV (« Théorie et critique du despotisme éclairé ») et avec la conception schillérienne de l'État dans les *Lettres sur l'éducation esthétique* (section 7 du même chapitre).

la vérité et la bonté ne sont réunies que dans la *beauté*.
Le philosophe doit posséder une faculté esthétique
tout aussi grande que le poète. Les individus dénués
de sens esthétique sont nos philosophes qui s'en tiennent à la lettre. La philosophie de l'esprit est, quant à
elle, une philosophie esthétique. On ne peut être spirituel dans aucun domaine, et même en histoire on ne
peut raisonner avec esprit, si l'on n'a aucun sens
esthétique. C'est là que doit se révéler ce qui fait véritablement défaut aux hommes qui ne comprennent
rien aux idées, et qui ont la sincérité de reconnaître
que tout leur est obscur dès qu'ils sortent des graphi-
ques et des registres.

La poésie acquiert par là une dignité plus grande, elle
redevient finalement ce qu'elle était au début : *l'éducatrice de l'humanité* ; car c'en est fini de la philosophie et
c'en est fini de l'histoire ; seule la poésie survivra à
toutes les autres sciences et à tous les autres arts.

Dans le même temps nous entendons fort souvent
dire que le grand nombre doit avoir une *religion sensible*. En fait le grand nombre n'est pas seul à en avoir
besoin, le philosophe aussi. Un monothéisme de la
raison et du cœur, un polythéisme de l'imagination et
de l'art : voilà ce dont nous avons besoin !

Je parlerai d'abord d'une idée qui, pour autant que
je sache, n'est encore venue à l'esprit de personne : il
nous faut une nouvelle mythologie, mais cette mythologie doit être au service des idées, elle doit être une
mythologie de la *raison*.

Tant que nous ne les avons pas rendues esthétiques,
c'est-à-dire mythologiques, les idées ne présentent
pour le *peuple* aucun intérêt ; tant que la mythologie
n'est pas rationnelle, le philosophe doit en avoir
honte. Aussi ceux qui sont éclairés et ceux qui ne le
sont pas doivent-ils enfin se tendre la main ; la mythologie doit devenir philosophique pour rendre le peuple
raisonnable, et la philosophie doit devenir mythologique pour rendre les philosophes sensibles. Alors
régnera parmi nous une unité éternelle. Plus jamais on
ne rencontrera de regards méprisants, plus jamais le

peuple ne tremblera aveuglément devant ses sages et ses prêtres. Alors enfin nous sera permis un développement harmonieux de *toutes* nos forces, celles de l'individu isolé tout autant que celles de tous les individus ensemble. Aucune force ne sera plus opprimée, la liberté et l'égalité universelle des esprits régnera !

Un esprit supérieur, envoyé par le ciel, doit fonder parmi nous cette nouvelle religion qui sera l'œuvre ultime et suprême de l'humanité.

« *Das Älteste Systemprogramm des deutschen Idealismus* » (1796), in Friedrich Hölderlin, *Sämtliche Werke,* éd. par Friedrich Beissner, J.G. Cotta/Niemeyer, Stuttgart, 1946-1965, tome IV-1, p. 297-299 **.

*
* *

SCHELLING
Idées pour une philosophie de la nature (1797)

« *Préface* » *de la première édition*

En traitant la *philosophie de la nature* et la *philosophie de l'homme* j'espère embrasser l'ensemble de la philosophie *appliquée.* Le traitement auquel je soumets la doctrine de la nature d'une part, l'histoire de l'autre doit leur donner à toutes deux une base scientifique [...].

Cette première partie de l'écrit se décompose en deux parties : l'une empirique et l'autre philosophique. J'ai estimé nécessaire de placer la partie empirique en premier parce que la suite de l'écrit prend très souvent en considération les découvertes et les investigations récentes de la physique et de la chimie [...]. C'est ainsi qu'en physique on manie aujourd'hui plus fréquemment que jamais le concept de force, en particulier depuis qu'on a commencé à douter entre autres de la matérialité de la lumière ; ne s'est-on pas déjà demandé plus d'une fois si l'électricité ne pourrait pas être éventuellement une force vive ? [...]

La partie *philosophique* de cet écrit concerne la *dynamique* comme science fondamentale de la doctrine de la nature et la *chimie* comme un développement de cette science. La partie qui suit immédiatement envisagera les principes de la doctrine organique de la nature, que l'on appelle communément physiologie.

L'Introduction permettra de comprendre que mon but n'est pas *d'appliquer* la philosophie à la doctrine de la nature. Je ne puis imaginer de besogne plus affligeante qu'une telle application de principes abstraits à une science empirique déjà établie. Mon but est bien plutôt de *faire naître* philosophiquement la science de la nature en tant que telle et ma philosophie n'est elle-même rien d'autre que cette science de la nature. Il est exact que la chimie nous apprend à *lire* les *éléments,* la physique les *syllabes,* les mathématiques la *nature* ; mais on ne doit pas oublier que c'est à la philosophie qu'il revient d'*interpréter* ce texte lu [...].

« Introduction ». Sur les problèmes que doit résoudre une philosophie de la nature

Comment peuvent être possibles un monde hors de nous, une nature et en même temps une expérience, c'est là une question que nous devons à la *philosophie,* ou plus exactement : c'est *avec* cette question qu'est née la philosophie. Auparavant les hommes avaient vécu dans un état de nature (philosophique). À l'époque l'homme était encore en accord avec soi-même et avec le monde qui l'entoure. D'obscures réminiscences rappellent encore cet état au penseur le plus égaré. Beaucoup ne le quittèrent du reste jamais et ils seraient heureux s'ils ne succombaient pas à un funeste exemple ; car d'elle-même la nature n'émancipe jamais personne de sa tutelle et il n'existe pas de fils *natifs* de la liberté. Nous ne comprendrions d'ailleurs pas comment l'homme aurait jamais pu quitter cet état si nous ne savions pas que son esprit, dont l'élément est la *liberté,* aspire à se rendre *lui-même* libre, à se dégager des rets et de la sollicitude de la nature, et qu'il devait se livrer au destin incertain de ses propres forces pour revenir un jour en vainqueur et par son seul mérite à cet état dans lequel, ignorant tout de soi, il a vécu l'enfance de sa raison.

Dès que l'homme se met en contradiction avec soi-même et avec le monde extérieur (on traitera plus tard de la façon dont cela se produit), il fait le premier pas vers la philosophie. C'est avec cette séparation que commence la réflexion ; dès lors il sépare ce que la nature a pour toujours réuni, il sépare l'objet de l'intuition, le concept de l'image, et finalement aussi (en devenant à soi-même son propre *objet*) il se sépare de soi-même. Mais cette séparation n'est qu'un *moyen,* non une *fin.* Car l'essence de l'homme est l'action [...].

La *pure* réflexion est donc chez l'homme une maladie mentale, *a fortiori* lorsqu'elle établit sa domination sur l'homme tout entier, une maladie qui tue dans l'œuf son être supérieur et coupe à la racine sa vie spirituelle, qui ne procède que de l'identité [...].

Mais quel est donc ce lien secret qui lie notre esprit à la nature, quel est cet organe caché grâce auquel la nature parle à notre esprit ou notre esprit à la nature ? Nous vous faisons d'emblée grâce de toutes vos explications quant à la façon dont une telle finalité naturelle s'est effectivement réalisée *hors de nous.* Car expliquer cette finalité par le fait qu'un entendement divin en serait l'auteur, ce n'est point philosopher mais se lancer dans des considérations relevant de la piété. Au moyen de telles considérations vous n'avez en somme rien expliqué ; car nous aspirons à savoir non pas comment est née une telle nature hors de nous mais comment ne serait-ce que *l'idée* d'une telle nature a pu naître *en nous* ; et ce de façon telle que nous ne l'avons pas engendrée arbitrairement mais qu'elle soit, originellement et *nécessairement,* au fondement de tout ce que notre espèce a jamais pensé à propos de la nature. Car l'existence d'une telle nature *hors de moi* est fort loin d'expliquer l'existence de cette nature *en moi* : si vous admettez en effet qu'il y a entre

les deux une harmonie prédéterminée, vous énoncez
la question même qui nous préoccupe. Ou bien si
vous affirmez que nous ne faisons que *transposer* une
telle idée sur la nature, c'est que jamais le moindre
pressentiment de ce que la nature est et doit être pour
nous n'a pénétré votre âme. Car nous ne voulons pas
que la nature coïncide *par hasard* avec les lois de notre
esprit (par exemple grâce à la médiation d'un *tiers*),
nous voulons non seulement qu'elle *exprime elle-même*
de façon nécessaire et originelle les lois de notre esprit,
mais encore les *réalise elle-même*, c'est-à-dire qu'elle ne
soit nature et ne se nomme nature que dans la mesure
où elle accomplit cela.

La nature doit être l'esprit visible, l'esprit la nature
invisible. C'est par là, par cette identité absolue de
l'esprit en nous et de la nature hors de nous, que doit
se résoudre le problème de la possibilité d'une nature
hors de nous. Le but ultime de nos investigations ulté-
rieures sera donc cette idée de la nature ; si nous par-
venons à l'atteindre, nous pourrons aussi être certains
d'avoir répondu de façon satisfaisante à cette question.

Ideen zu einer Philosophie der Natur, Vorrede zur ersten
Auflage (1797), Einleitung, in *Werke.* Nach der Originalaus-
gabe in neuer Anordnung hrsg. von Manfred Schröter,
tome I ; Hauptband : *Jugendschriften,* 1793-1798, Beck,
München, 1965, p. 655-658 et p. 661-706 **.

CHAPITRE III

RELIGION ET RAISON

1. Despotisme éclairé et tolérance
Frédéric II et la religion

Frédéric II est à la fois marqué par le déisme anglais et par le déisme français [1]. Il leur emprunte notamment la démonstration la plus populaire de l'existence de Dieu : l'argument physico-théologique. En ce qui concerne l'immortalité de l'âme, Frédéric II reprend d'abord de Wolff la conception leibnizienne de l'immortalité des substances simples. Toutefois l'influence du matérialisme français l'emporte ensuite et il renonce complètement à la foi en l'immortalité. La Mettrie, membre de l'Académie prussienne, semble avoir joué un rôle considérable dans cette évolution. Sur le troisième problème central du débat entre religion et raison [2], la liberté humaine, les opinions de Frédéric sont moins fermes mais elles reposent sur un détermi-

---

1. Sur les positions philosophiques de Frédéric II : Ernst Benz, *Der Philosoph von Sans-Souci im Urteil der Theologie und Philosophie seiner Zeit*, F. Steiner, Wiesbaden, 1971 ; Werner Gent, *Die geistige Kultur um Friedrich den Großen*, Junker & Dünnhaupt, Berlin, 1936 ; Eugen Kühnemann, *Friedrich der Große als Philosoph*, E. H. Beck, München, 1914 ; Eduard Spranger, *Der Philosoph von Sanssouci*, De Gruyter, Berlin, 1942. Quelques textes philosophiques de Frédéric II ont été réédités dans le Corpus des œuvres de philosophie en langue française : Frédéric II, *Œuvres philosophiques*, Fayard, 1985 (notamment « L'Anti-Machiavel », « Réfutation du prince de Machiavel », « Examen de l'*Essai sur les préjugés* », « Examen critique du *Système de la nature* »).
2. Ces trois problèmes se retrouveront chez Kant avec le statut de postulats de la raison.

nisme cosmique que le matérialisme ne fait que renforcer.
Les correspondances avec Voltaire et avec d'Alembert
contiennent de nombreux passages qui éclairent ces positions.

Dans une lettre à d'Alembert datée du 7 juillet 1770, qui
porte sur le *Système de la nature* de d'Holbach, Frédéric II
discute ces trois questions en relation avec l'alternative du
déisme et de l'athéisme ; il se prononce contre l'idée d'une
nature privée d'intelligence qui produirait tout et contre le
fatalisme : « Je prends un milieu entre la liberté et la nécessité ; je limite beaucoup la liberté de l'homme, mais je lui
laisse cependant la part que l'expérience commune des
actions humaines m'empêche de lui refuser [3]. » Le 13 mars
1771, il écrit encore à d'Alembert : « Si vous entendez par
nécessité ce que j'appelle *raison suffisante* [4], notre différend
est terminé... Si vous voulez appeler nécessité ce que
j'appelle raison, notre dispute est terminée ; mais si vous
supposez une nécessité fatale, qui nous fait agir comme des
marionnettes, j'aurais quelque peine à devenir marionnette
sur mes vieux jours. » La part de liberté que l'expérience des
actions humaines oblige à respecter pose le problème de la
lutte d'une volonté éclairée contre « les sens et l'imagination » ; la grande majorité des hommes se soumet au « dic-
tamen de l'imagination » ; car « la raison se borne à guider
ceux qu'on appelle les plus sages » et, dit-il encore dans une
lettre du 8 janvier 1770 (cf. les extraits ci-dessous),
« l'homme est plus raisonneur que raisonnable ». Il en
résulte une conception très pragmatique, voire cynique, de
la tolérance et de la diffusion des Lumières. À d'Alembert,
qui estime « qu'il faut toujours enseigner aux hommes, et
qu'il n'y a jamais d'avantage réel à les tromper — l'Académie de Berlin, en proposant cette question pour le sujet
du Prix de métaphysique, se ferait, je crois, beaucoup
d'honneur » (18 décembre 1769), Frédéric II oppose à plusieurs reprises que le peuple a besoin de religion. Dépouillé
de ses mythes et de ses rites, le christianisme est « une
espèce de théisme », en d'autres termes un déisme [5]. Mais

3. Voir dans les extraits ci-dessus la réponse de d'Alembert datée
du 1er février 1771. Prise de position similaire sur la liberté dans la
correspondance avec Voltaire, *Œuvres de Frédéric le Grand*, éd.
Preuss, Berlin, 1846-1857, tome XXI, p. 91 sq. et tome XXIII,
p. 201 sq.

4. Position wolffienne ; cf. au chapitre I l'extrait de la *Theologia
naturalis* de Wolff, p. 67 sq.

5. Cf. l'article « Théisme » du *Dictionnaire philosophique* de Voltaire.

l'histoire prouve que les peuples ne peuvent se passer du merveilleux et que la religion répond à ce besoin (cf. extrait de la lettre du 25 novembre 1769). La tolérance consiste donc avant tout à ne pas provoquer de désordres en « ouvrant trop brusquement la main » (d'Alembert à Frédéric II, 9 mars 1770). Combattre le fanatisme et l'intolérance est une chose, une autre de vouloir abolir la religion (réponse de Frédéric II dans la lettre du 3 avril). Se réclamant de Rousseau qui « a réussi à mettre à la mode la doctrine des paradoxes » (lettre du 4 août 1768), Frédéric développe quelques opinions provocantes — entre autres sur l'utilité des jésuites [6] — qui ne sont pas chez lui seulement un jeu de l'esprit, mais reflètent le pragmatisme du despotisme éclairé. Toutes les religions sont par principe utiles à l'État comme facteurs d'ordre et de moralité, et aussi comme instruments politiques et économiques. Frédéric II va non seulement utiliser les compétences des jésuites pour développer l'enseignement, mais également pour assurer son pouvoir dans la Silésie catholique récemment conquise. L'accueil des huguenots se réclame certes depuis Frédéric-Guillaume Ier et le Grand Électeur de la communauté de foi (édit de Potsdam du 8 novembre 1685), cependant l'intérêt économique n'est pas négligeable non plus. Sous Frédéric-Guillaume Ier, des colonies de huguenots s'étaient installées en Prusse-Orientale et la Lituanie, dépeuplée par la peste de 1709, accueillit des luthériens chassés de Salzbourg. Seize mille de ces mêmes luthériens salzbourgeois, en butte aux jésuites et victimes de mesures discriminatoires, contribuèrent à partir de 1731-1732 au rétablissement de la Prusse-Orientale. Frédéric II poursuivit délibérément cette politique. Son attitude envers le piétisme obéit aux mêmes motivations, quoiqu'il s'agisse d'un cas de figure plus complexe qu'il importe d'évoquer rapidement. La convergence entre la tolérance et l'intérêt de l'État passe dans leur cas par la contribution du piétisme à la redéfinition de la légitimité et à la constitution d'une morale nationale dans un contexte tout à la fois d'épuisement dogmatique du luthéranisme orthodoxe et de remise en question du droit divin. Le piétisme réussit ce tour de force de lutter contre l'orthodoxie luthérienne et de raviver la foi pour le plus grand profit de la monarchie, en conciliant la liberté du chrétien devant Dieu

6. Qui venaient d'être chassés de France en 1764 (voir les réactions de Frédéric II dans ses lettres du 1er mars 1765, du 24 mars 1765 et du 5 mai 1767) et dont le pape Clément XIV abolit l'ordre en 1773 (voir les extraits des lettres de décembre 1772, janvier 1773 et mars 1774).

avec une éthique de la responsabilité qui subvient au besoin de consensus d'un pouvoir se réclamant du contrat social et non plus de l'autorité du « glaive de Dieu ». Le pacte de la monarchie avec le piétisme remonte à Frédéric Ier. Alors que dans beaucoup d'États d'Allemagne du Nord les piétistes étaient en butte aux attaques des luthériens, le Brandebourg leur avait ouvert ses portes. Philipp Jakob Spener, leur chef spirituel, devint même curé de la *Nikolaikirche* de Berlin. Non seulement cette attitude les a rendus fidèles à l'État, alors que leur courant aurait pu en saper la légitimité, mais le piétisme a développé très tôt chez ses adeptes, nobles en particulier, le principe du dévouement à l'État et chez ses adeptes bourgeois l'éthique du travail et de la responsabilité. Certes, le piétisme vise la renaissance de la piété individuelle ; cependant, en détournant le chrétien de l'intérêt particulier, il amène ses adeptes à se consacrer à la collectivité. Frédéric-Guillaume Ier soutint la création à Halle du complexe pédagogique de A.H. Francke (orphelinat, école pour les pauvres, *paedagogicum*) et l'université de Halle, créée en 1694 par le Grand Électeur, devint un bastion à la fois du piétisme et des Lumières — avec parfois des tensions extrêmes et des conflits spectaculaires, comme celui qui entraîna l'exclusion de Wolff en 1723, mais aussi des alliances, comme dans le cas de son adversaire Thomasius[7]. Halle fut en tout cas un haut lieu de la modernité en théologie, en droit et en philosophie avec, outre Wolff et Thomasius, Semler[8] et A.G. Baumgarten[9].

Les déclarations du *Testament politique* de 1752 sur les juifs sont tout à fait caractéristiques du pragmatisme sans scrupule qui dicte la conduite du souverain en matière religieuse. Sans parler de l'Espagne et du Portugal, où sévissait l'Inquisition, les juifs durent en France, où ils avaient pourtant constitué des communautés florissantes et influentes, attendre la révolution pour jouir de tous les droits civils. En Allemagne et en Autriche, l'émancipation des juifs et leur intégration à la nation fut l'œuvre du despotisme éclairé. Joseph II soumit en 1781 au Conseil d'État la proposition « de rendre profitable à la société la classe nombreuse des israélites sur nos territoires héréditaires » et parvint en janvier 1782 à un premier compromis, la *Toleranzpatent* en faveur des juifs de Vienne et de Basse-Autriche, qui pouvaient dès lors envoyer leurs enfants dans les écoles et collèges d'État et bénéficiaient de la liberté économique, à

7. Cf. chapitre I sur Wolff et Christian Thomasius.
8. Cf. infra dans les commentaires sur Reimarus.
9. Voir au chapitre V.

l'exception de la propriété immobilière. Lorsqu'il mourut en 1790 l'édit de tolérance avait été étendu à la quasi-totalité de l'Empire. Si on compare leur situation avec celle qu'ils subissaient dans le reste de l'Europe, les juifs allemands étaient eux aussi prospères et admis. Bien entendu des impôts extraordinaires les frappaient dans la plupart des principautés et, à Berlin, la loi fixait le nombre de juifs autorisés, mais cette loi fut appliquée avec libéralisme ; selon le *Testament politique* de Frédéric II (1752), les cent vingt-cinq mille habitants de Berlin comptaient 2,5 % de juifs vers 1750. L'évolution, spirituelle autant que matérielle, des communautés juives de Prusse peut servir d'étalon pour mesurer les progrès concrets de l'idée de tolérance.

À d'Alembert

24 mars 1765

À propos de l'histoire de vos jésuites [10], dont je vous remercie d'avance, le pape a envoyé une nouvelle bulle par laquelle il confirme leur institut ; aussitôt j'en ai fait défendre l'insinuation dans mes États. Oh ! que Calvin me voudrait de bien, s'il pouvait être informé de cette anecdote ! Mais ce n'est pas pour l'amour de Calvin ; c'est pour ne point autoriser encore plus dans le pays une vermine malfaisante qui, tôt ou tard, subira le sort qu'elle a eu en France et au Portugal.

5 mai 1767

Vivent les philosophes ! Voilà les jésuites chassés d'Espagne. Le trône de la superstition est sapé et s'écroulera dans le siècle futur...

7 janvier 1768

Pour les talents des jésuites, ils ne se développeront plus ; les voilà chassés de la moitié de l'Europe, et du Paraguay même ; les possessions qui leur restent

10. *Sur la destruction des jésuites en France*, par un auteur désintéressé, 1765. D'Alembert annonce à Frédéric II l'envoi de cet ouvrage dans sa lettre du 1er mars 1765.

ailleurs me semblent précaires. Je ne répondrai pas de
ce qui leur arrivera en Autriche, si l'Impératrice-
Reine [11] vient à mourir ; pour moi je les tolérerai tant
qu'ils seront tranquilles, et qu'ils ne voudront égorger
personne. Le fanatisme de nos pères est mort avec
eux ; la raison a fait tomber le brouillard dont les
sectes offusquaient les yeux de l'Europe. Ceux qui
sont aveugles et cruels peuvent encore persécuter ;
ceux qui sont éclairés et humains doivent être tolé-
rants. Que cette odieuse persécution soit un crime de
moins pour notre siècle, c'est ce qu'on doit attendre
des progrès journaliers que fait la philosophie ; il serait
à souhaiter qu'elle influât autant sur les mœurs que la
philosophie des Anciens. Je pardonne aux stoïciens
tous les écarts de leurs raisonnements métaphysiques,
en faveur des grands hommes que leur morale a
formés. La première secte pour moi sera constamment
celle qui influera le plus sur les mœurs, et qui rendra
la société plus sûre, plus douce et plus vertueuse.
Voilà ma façon de penser ; elle a uniquement en vue le
bonheur des hommes et l'avantage des sociétés.

4 août 1768

Voici, en attendant, quelques sujets sur lesquels j'ai
des matériaux tout préparés : que la société des
jésuites est utile aux États ; qu'il faut expulser les philosophes des gouvernements monarchiques, à
l'exemple des empereurs romains qui chassèrent de
Rome les astrologues et les médecins ; qu'il y a plus de
grands génies en tout genre dans notre siècle que dans
le siècle passé ; que la superstition éclaire les âmes ;
que les États dans lesquels les sujets sont les plus pauvres sont les plus riches, parce que le peuple est sage
et sait se passer de tout ; que les poètes sont des
empoisonneurs ; que des lois contradictoires sont
utiles aux États, parce qu'elles exercent la sagacité des
juges ; que la frivolité vaut mieux que le bon sens,
parce qu'elle est légère, et que le bon sens est lourd ;

11. Marie-Thérèse.

qu'il faut agir et ensuite réfléchir, parce que c'est comme cela qu'on fait partout...

25 novembre 1769

Je ne sais quel Anglais, après avoir tiré l'horoscope de la religion chrétienne, ayant calculé sa durée, en a fixé le terme à la fin de ce siècle. Je ne serais pas fâché de voir ce spectacle ; toutefois, il me semble que cela n'ira pas si vite, et que la hiérarchie soutiendra ses absurdités méprisées peut-être encore une couple de siècles, d'autant plus qu'elles sont appuyées par l'enthousiasme de la populace.

Ce que je viens de dire fait naître la question, s'il se peut, que le peuple se passe de fables dans un système religieux. Je ne le crois pas, à cause que ces animaux que l'école a daigné nommer raisonnables ont peu de raison. En effet, qu'est-ce que quelques professeurs éclairés, quelques académiciens sages, en comparaison d'un peuple immense qui forme un grand État ? La voix de ces précepteurs du genre humain est peu entendue, et ne s'étend pas hors d'une sphère resserrée. Comment vaincre tant de préjugés sucés avec le lait de la nourrice ? Comment lutter contre la coutume, qui est la raison des sots, et comment déraciner du cœur des hommes un germe de superstition que la nature y a mis, et que le sentiment de leur propre faiblesse y nourrit ? Tout cela me fait croire qu'il n'y a rien à gagner sur cette belle espèce à deux pieds et sans plumes, qui, probablement, sera toujours le jouet des fripons qui voudront la tromper.

8 janvier 1770

Vous voulez que nous scrutions la nature et la trempe de l'esprit humain, pour décider si l'homme est susceptible d'en croire plutôt le bon sens que son imagination. Selon mes faibles lumières, je pencherais plutôt pour l'imagination, parce que le système merveilleux séduit, et que l'homme est plus raisonneur que raisonnable. Je m'appuie, dans ce sentiment, sur

l'expérience de tous les temps et de tous les âges.
Vous ne trouverez aucun peuple dont la religion n'ait
été un mélange de fables absurdes, et d'une morale
nécessaire au maintien de la société [...]. La religion
chrétienne était une espèce de théisme dans le commencement ; elle naturalisa bientôt les idoles et les
cérémonies païennes, auxquelles elle accorda l'indi-
génat, et à force de broderies nouvelles, elle couvrit si
bien l'étoffe simple qu'elle avait reçue dans son institution, qu'elle devint méconnaissable. L'imperfection,
tant en morale qu'en physique, est le caractère de ce
globe que nous habitons ; c'est peine perdue que
d'entreprendre de l'éclairer, et souvent la commission
est dangereuse pour ceux qui s'en chargent. Il faut se
contenter d'être sage pour soi, si on peut l'être, et
abandonner le vulgaire à l'erreur, en tâchant de le
détourner des crimes qui dérangent l'ordre de la
société. Fontenelle disait très bien que s'il avait la
main pleine de vérité, il ne l'ouvrirait pas pour les
communiquer au public, parce qu'il n'en valait pas la
peine ; je pense à peu près de même, en faisant des
vœux pour le philosophe Diagoras (surnommé
l'Athée), et priant Dieu de l'avoir en sa sainte garde.

3 avril 1770

Si nous nous plaçons au premier jour du monde, et
que vous me demandiez s'il est utile de tromper le
peuple, je vous répondrai que non, parce que, l'erreur
et la superstition étant inconnues, on ne doit pas les
introduire, on doit même les empêcher d'éclore. En
parcourant l'histoire, je trouve deux sortes d'impos-
tures, les unes à la fortune desquelles la superstition a
servi de marchepied, et celles qui, à l'aide de quelques
préjugés, ont pu servir à manier l'esprit du peuple
pour son propre avantage [...]. Je suis moralement
persuadé que si l'on établissait une colonie d'incré-
dules, au bout d'un certain nombre d'années on y
verrait naître des superstitions. Ce système merveilleux semble fait pour le peuple. On abolit une reli-

gion ridicule, et l'on en introduit une plus extrava-
gante ; on voit des révolutions dans les opinions, mais
c'est toujours un culte qui succède à quelque autre. Je
crois qu'il est bon et très utile d'éclairer les hommes.
Combattre le fanatisme, c'est désarmer le monstre le
plus cruel et le plus sanguinaire ; crier contre l'abus
des moines, contre ces vœux si opposés aux desseins
de la nature, si contraires à la multiplication, c'est
véritablement servir sa patrie. Mais je crois qu'il y
aurait de la maladresse et même du danger à vouloir
supprimer ces aliments de la superstition qui se distri-
buent publiquement aux enfants, que les pères veulent
qu'on nourrisse de la sorte.

« Correspondance de Frédéric II avec d'Alembert », in
Œuvres de Frédéric le Grand, éd. Preuss, Berlin, 1846-1857,
tome XXIV, p. 396, p. 422, p. 429 sq., p. 440, p. 464,
p. 470-472, p. 477-479.

2. L'ÉMANCIPATION DES JUIFS
MENDELSSOHN

La contribution des penseurs juifs aux progrès de l'idée de tolérance fut considérable. Mendelssohn est l'exemple même de l'intégration des juifs à la vie culturelle et sociale allemande. Interprète de Maimonide, Mendelssohn assimila Locke, qu'il lut d'abord en latin, et surtout Leibniz et Wolff. Son assimilation personnelle se fit par sa participation aux débats philosophiques des Lumières dans tous les domaines. En 1755, Mendelssohn publia ses *Philosophische Gespräche* (*Dialogues philosophiques*), qui prenaient le parti de Spinoza et de Leibniz ; la même année, il rédigea avec Lessing *Pope, un métaphysien ?* Toujours en 1755, Mendelssohn publia ses *Briefe über die Empfindungen* (*Lettres sur les sentiments*) dont l'influence sur la théorie esthétique et dramaturgique de Lessing fut décisive [12]. Avec Nicolai, il mit sur pied la *Bibliothek der schönen Wissenschaften und der freien Künste* (Bibliothèque des belles-lettres et des arts libéraux). En 1763, il participa au concours de l'Académie de Berlin sur le sujet « Les sciences et les arts sont-ils capables de parvenir à la même certitude que les mathématiques ? » et remporta le prix, contre Kant avec qui il devait à nouveau concourir en 1784 [13]. Bref, Mendelssohn était on ne peut plus intégré à l'*Aufklärung*. Pourtant la question cruciale est celle de sa capacité à mettre sa formation philosophique personnelle, Spinoza, Leibniz et Wolff, au service de l'émancipation de sa communauté. Mendelssohn est un « philosophe populaire » — avec tous les mérites et toutes les limites de ce courant de fond de l'*Aufklärung,* dont Kant fera une critique impitoyable, implicite en 1784, explicite dans *Le Conflit des*

12. Voir infra au chapitre V.
13. Cf. chapitre I.

facultés en 1798. Mendelssohn est-il, comme l'a dit une fois
Lessing, un « nouveau Spinoza » ? Sur quelles bases rationnelles, mises à part celles d'un déisme « populaire », le
dépassement de la religion au profit de la raison et, par
conséquent, aussi le combat pour un judaïsme moderne
peuvent-ils être établis ? En 1769, Lavater, connu par
ailleurs surtout pour sa phrénologie mais aussi théologien,
commit un pas de clerc en négligeant ces questions et en
appelant Mendelssohn à se faire chrétien. Dans son
Schreiben an den Herrn Diaconus Lavater (*Lettre à M. le
Diacre Lavater*, 1770), Mendelssohn reconnut les erreurs
historiques du judaïsme mais souligna que toutes les religions
ont donné lieu à des erreurs semblables. L'intérêt de cette
polémique tient moins à la réaction de Lavater, qui s'excusa,
qu'au tollé qu'elle souleva tant dans les milieux juifs orthodoxes que dans l'ensemble de la classe intellectuelle prussienne. Lavater répondit au demeurant favorablement, et
avec succès, à l'appel à l'aide de Mendelssohn en 1771,
lorsque certains cantons suisses préparèrent de nouveaux
règlements restreignant la liberté des juifs. Toutefois le
débat était désormais lancé et les fronts identifiés, tant du
reste vis-à-vis de l'*Aufklärung* populaire que vis-à-vis de la
communauté juive orthodoxe : l'assimilation n'était pas une
conversion, fût-elle habillée de déisme, mais un combat
pour une foi rationnelle permettant une totale liberté de
conscience, comme le soulignera Kant dans une lettre à
Mendelssohn à propos de *Jerusalem oder über religiöse Macht
und Judentum* (*Jérusalem ou Pouvoir religieux et judaïsme*) en
1783 [14]. Les données de cet affrontement se manifestent
clairement lorsque Mendelssohn publie la même année, en
1783, sa traduction en langue allemande du Pentateuque.
Violemment attaquée par les rabbins traditionalistes, elle fut
en revanche bien reçue par la jeune génération. C'est dans
ce contexte que Mendelssohn demanda à Marcus Herz de
traduire en allemand la *Défense des juifs* que Manasseh ben
Israël avait envoyée au peuple anglais en 1656, et qu'il y
ajouta une Préface intitulée *Du salut des juifs* (1782), dont

14. « Vous avez su concilier votre religion avec une liberté de
conscience telle qu'on ne l'aurait jamais cru possible de sa part et
dont nul autre ne peut se vanter. Vous avez en même temps exposé
la nécessité d'une liberté de conscience illimitée à l'égard de toute
religion, d'une manière si approfondie et si claire que de notre côté
aussi l'Église devra enfin se demander comment purifier sa religion
de tout ce qui peut opprimer la conscience ou peser sur elle ; ce qui
ne peut manquer d'unir finalement les hommes en ce qui concerne
les points essentiels de la religion. »

est tiré l'extrait ci-après. Dans ce dernier comme dans son *Jérusalem*, Mendelssohn appelle les juifs à quitter leurs ghettos et à participer à la culture de leur pays d'adoption — un appel à la *Haskala* (sagesse et progrès tout à la fois) qui ne resta pas sans effet, compte tenu de la division qui s'était développée au sein de la communauté juive entre traditionalistes et modernistes.

La position défendue par Mendelssohn dans cette *Préface* est nette : il ne s'agit pas seulement des droits d'une confession mais des droits de l'homme. L'éloge du « monarque digne d'admiration [15] » ne saurait masquer la radicalité de cette position : il ne s'agit plus, comme dira Kant en 1784 dans « Qu'est-ce que les Lumières ? », du « terme condescendant de tolérance », de cette forme de tolérance qui, éventuellement d'un point de vue supérieur (celui de la raison), concède aux confessions le droit à l'existence tout en les considérant comme minoritaires dans l'État et marginales quant à leurs droits. Il s'agit de la reconnaissance de droits fondamentaux, naturels, à partir de laquelle peut vraiment être établie la reconnaissance des droits civils — jusqu'alors chichement mesurée à la contribution réelle ou supposée des juifs au bien-être collectif. Tout *Popularphilosoph* qu'il soit, Mendelssohn proteste contre l'utilisation abusive du critère de l'utilité ; il ne s'agit pas uniquement de ce que les juifs *fabriquent* (ce qui serait les confiner dans un statut social particulier) mais de ce qu'ils *font*. Cette conception élargie de la notion de producteur marque la percée d'une pensée économique moderne qui, dans son éloge de la Hollande, chante les vertus du libéralisme économique. La liberté économique est donc le premier pas, mais n'est *que* le premier pas de l'assimilation. Le problème de fond est bien plutôt que le judaïsme est à la fois une foi et une éthique, qu'il définit tout autant les règles du comportement religieux que celles de l'activité séculière. Mendelssohn adopte à cet égard une position courageuse : il en appelle à l'autorité de juges faisant abstraction de leur appartenance confessionnelle et jugeant donc selon les « droits égaux de l'humanité ». Revendiquer pour le judaïsme, comme le fait Christian Wilhelm Dohm, « conseiller de guerre » et archiviste royal, dans *De la réforme du statut civil des juifs* en 1781, le même droit à l'exclusion que pour les autres religions ou communautés (Mendelssohn, vise en l'occurrence le droit des rabbins à l'excommunication), c'est perpétuer la confu-

15. S'agit-il de Frédéric II ou de Joseph II, qui prit en 1781 les mesures évoquées plus haut dans nos commentaires sur Frédéric II ?

sion du religieux et du séculier ; l'excommunication peut se justifier d'un point de vue religieux orthodoxe, mais en aucun cas du point de vue de l'intention que poursuit la religion elle-même : l'édification morale. Donc, assurément, pas du point de vue du « temple de la raison ». S'il faut donc être libéral contre le culte, cela vaut mieux que d'accumuler les abus car il s'en faut encore de beaucoup que les ministres de la spiritualité soient suffisamment éclairés pour user justement du droit qui leur serait laissé d'exclure tel ou tel de la communauté. Le seul critère que reconnaisse Mendelssohn est donc celui de la raison éclairée.

Du salut des juifs

Grâce soit rendue à la Providence qui, dans sa bienveillance infinie, a permis à mes vieux jours de vivre encore ce moment heureux où les *droits de l'humanité* commencent à être pris en considération dans leur véritable extension. Lorsqu'on invoquait auparavant la *tolérance* et la *concorde*, c'était toujours le parti le plus faible, le parti opprimé, qui cherchait à se placer sous la protection de la raison et de l'humanité [...].

Ou bien on ne pensait pas du tout aux païens, aux juifs, aux musulmans et aux adeptes de la religion naturelle, ou bien on ne pensait éventuellement à eux que dans l'intention de rendre problématiques les raisons sur lesquelles s'appuyait la tolérance. Si l'on suit vos principes, disaient ceux qui prenaient parti contre cette dernière, nous devrions non seulement tolérer et respecter également les juifs et les naturalistes [16], mais leur permettre aussi de prendre leur part de tous les droits et devoirs de l'humanité ; et c'était pitié de voir les partisans de la tolérance faire des pieds et des mains pour éluder ce problème. L'auteur des fragments [17] fut, à ma connaissance, le premier en Allemagne qui revendiqua que le droit à la tolérance s'appliquât également aux naturalistes. Lessing et Dohm, le premier en qualité de poète et philosophe, le second en sa qualité de philosophe et d'expert poli-

16. Partisans de la religion naturelle.
17. Reimarus.

tique, ont établi le lien entre les fins élevées de la
Providence, la destination de l'homme et l'apanage de
l'humanité, et c'est *un monarque digne d'admiration* [18]
qui, au même moment, ne s'est pas contenté de
prendre toute la mesure de ces mêmes principes mais,
en vertu de l'immense influence qui était la sienne, a
conçu un projet dont la réalisation semble requérir
bien plus que les seules forces humaines et, maintenant, passe aux actes [...].

Dans quelques écrits récents, on trouve répétée
l'objection : « les juifs ne produisent rien ; la condition
qui est pour lors la leur fait qu'ils ne sont ni paysans, ni
artistes, ni artisans, que par conséquent ils n'aident ni la
nature à produire, ni n'en transforment les produits ; ils
se contentent de transporter et d'exporter les produits
bruts ou manufacturés des différents pays d'un lieu à un
autre. Ce ne sont donc que des consommateurs qui ne
peuvent qu'être un fardeau pour les producteurs » [...].

L'absurdité de ces propos saute aux yeux ; et
comme le raisonnement est juste, l'erreur doit se
trouver dans les prémisses. C'est en effet le cas ! Produire, ce n'est pas seulement *fabriquer* mais aussi *faire*.
Non seulement celui qui travaille de ses mains, mais
plus généralement quiconque *fait* quelque chose,
transporte, diligente, facilite une chose qui rend un service ou procure une satisfaction à son prochain mérite
le nom de producteur, et parfois le mérite d'autant
plus que le mouvement perçu aux deux extrémités de
l'opération est moins tangible. Maint commerçant faisant des spéculations debout à son pupitre ou élabo-
rant des projets dans son fauteuil produit en réalité
plus que l'ouvrier ou l'artisan qui cause le plus de
bruit. Le guerrier produit, car il procure à l'État paix
et sécurité. Le savant produit, certes pas quelque
chose qui s'impose aux sens mais néanmoins des biens
qui sont au moins aussi appréciables : de bons
conseils, des enseignements, de la distraction, du
plaisir. Ce n'est que dans un accès de mauvaise

18. Voir supra note 15.

humeur qu'un sage comme Rousseau peut donner
libre cours à cette boutade que le biscuitier parisien
produit plus que l'Académie des sciences. Le bien-être
de l'État et la félicité des individus sont faits de toutes
sortes de choses sensibles et suprasensibles, de biens
matériels et spirituels, et quiconque contribue quelque
peu et de quelque façon, directement ou indirectement, de près ou de loin, à leur production et à leur
perfectionnement, ne mérite pas d'être qualifié de
simple consommateur, ne mange pas son pain sans
l'avoir gagné mais a produit quelque chose en échange
[...].

Qu'on ne me dise pas que je suis l'avocat partial de
mes coreligionnaires et que je cherche à grandir tout
ce qui est à leur avantage ou peut les faire mieux
reconnaître. Je me contenterai de me référer à la Hollande — et à quel autre pays pourrait-on mieux se
référer dès lors qu'il est question du commerce et de
l'industrie ? La concurrence et l'émulation seules, le
fait que la liberté et l'égalité des droits régissent sans
aucune restriction les relations entre vendeurs et ache-
teurs, quels que puissent être par ailleurs leur état,
leur fortune ou leur confession, ces seuls et inestima-
bles avantages y déterminent la valeur de toutes
choses, laquelle ne diffère du vendeur à l'acheteur que
dans une mesure modérée. Car l'un et l'autre sont
placés par leurs concurrents et compétiteurs dans un
rapport tel qu'il tourne à leur avantage mutuel. Nulle
part vous ne pourriez, à tout moment de l'année et du
jour, acheter ou vendre n'importe quoi si bien et si
aisément qu'à Amsterdam [...].

Or, comme les juifs, ainsi que l'a noté fort justement M. Dohm, tiennent tout autant les lois écrites de
Moïse, qui remontent à la Judée et à la Constitution
qui régissait alors la juridiction et le culte, que la jurisprudence, les explications et les interprétations trans-
mises par la tradition orale ou déduites par une argumentation correcte pour des lois divines, on peut leur
accorder de régir les relations entre leurs membres par
des contrats conclus de plein gré, ainsi que d'examiner

et déterminer leurs faits et gestes selon leurs propres lois et leurs propres droits. À la question : le verdict doit-il être prononcé par des juges juifs ou chrétiens ? je réponds : par *des juges mis en place par l'autorité*, et peu importe qu'ils soient de confession juive ou d'une autre religion. Dès lors que les membres de l'État, quelles que soient les convictions qu'ils partagent en matière religieuse, jouissent des mêmes droits de l'humanité, cette distinction est de peu d'importance [...].

J'ai peine à comprendre qu'un auteur aussi pénétrant que Dohm ait pu dire à la page 124 : « *Tout comme chaque communauté religieuse,* la communauté juive devrait elle aussi avoir le droit d'excommunier pour quelque temps ou définitivement, et en cas d'opposition le verdict des rabbins devrait être appuyé par les autorités. » Toute société, me semble-t-il, a un droit d'exclusion, sauf justement une communauté religieuse car un tel droit va diamétralement à l'encontre de sa finalité ultime. L'intention qui est la sienne est l'édification commune, la participation aux épanchements du cœur par lesquels nous manifestons notre gratitude pour les bienfaits de Dieu et notre confiance enfantine dans son infinie bonté. Au nom de quels droits du cœur voudrions-nous refuser à un dissident, à quelqu'un qui pense autrement, qui se trompe ou a une opinion divergente, l'entrée de la synagogue et la liberté de participer à cette édification ? Contre les désordres et les perturbations, il y a des lois et une police. À ce genre de désordres peut et doit répondre le bras séculier ; mais on ne peut refuser même au criminel l'accès, dans le calme et le recueillement, à l'assemblée, si l'on ne veut pas lui couper délibérément toute possibilité de revenir dans le droit chemin. Le temple de la raison n'a que faire de portes closes. Il n'a rien à celer en son sein et ne doit empêcher personne de l'extérieur de pénétrer. Celui qui veut assister dans le recueillement ou même participer est tout à fait bienvenu à l'élu qui fait sa prière [...].

Cependant, comme la liberté de bannir et d'excommunier est le premier droit que la religion dominante est prête à tout moment à reconnaître à la religion tolérée, M. Dohm a revendiqué pour la religion juive le même droit que celui qu'on reconnaît à toutes les autres communautés religieuses. Tant que ces dernières possèdent ce droit d'exclusion, il a tenu pour une inconséquence de restreindre la communauté juive en la matière ; mais si, comme il me semble établi, des droits du culte appliqués à des affaires terrestres, un pouvoir temporel du culte et un droit de contrainte accordé au culte sont des notions sans fondement, et si du même coup l'exclusion en tant que telle doit être considérée comme *n'ayant pas de rapport avec le culte,* alors soyons inconséquents car cela vaut mieux que d'accumuler les abus.

Il n'y a encore aucune institution spirituelle qui soit assez éclairée pour qu'on puisse lui accorder un tel droit sans danger, si même il s'agit d'un droit. Du reste, plus elle sera éclairée, moins elle s'aventurera à l'exercer et à brandir une épée vengeresse que seule la folie peut croire être capable de manier sûrement. Je fais confiance aux rabbins et aux sages de ma nation les plus pieux et les plus éclairés par la lumière divine pour renoncer volontiers à un privilège aussi néfaste, pour renoncer volontiers à toute conception rigide de la religion et de la synagogue et pour permettre à leurs frères de jouir du même amour et de la même tolérance auxquels ils ont tant aspiré eux-mêmes jusqu'à ce jour.

« Préface à Manasseh ben Israël », *Rettung der Juden* (1656), in *Gesammelte Schriften,* Jubiläumsausgabe, tome VIII (Schriften zum Judentum, II), éd. par Alexander Altmann, Friedrich Frommann Verlag (Günther Holzboog), Stuttgart/Bad Cannstatt, 1983, p. 3-24 **.

3. LA RELIGION NATURELLE
REIMARUS

Hermann Samuel Reimarus fait partie des « philosophes populaires » inspirés par le wolffisme [19]. S'il entend défendre la religion naturelle contre le panthéisme spinoziste et contre le matérialisme de La Mettrie, Reimarus représente cependant une forme extrême de rationalisme théologique et nie radicalement toute révélation surnaturelle, alors que de nombreux wolffiens essaient de montrer, après Wolff lui-même [20], qu'il n'y a aucune contradiction entre la théologie dogmatique et la religion naturelle ou religion selon la raison, puisque la loi naturelle n'est autre que la raison divine. Par principe une révélation authentique ne doit rien contenir qui soit en opposition avec les vérités rationnelles. Il ne peut y avoir de conflit entre Raison et Révélation, car Dieu ne révèle rien qui ne puisse être connu par la Raison ; pour Wolff comme pour Leibniz, « en faisant son devoir, en obéissant à la raison, on remplit les ordres de la Suprême Raison. On dirige toutes ses intentions au bien commun, qui n'est point différent de la gloire de Dieu ; l'on trouve qu'il n'y a point de plus grand intérêt particulier que d'épouser celui du général » [21]. Nous verrons plus loin quelle forme explosive Lessing donne à ce postulat qui, en tant que tel, semble rester compatible avec la théologie de saint Thomas d'Aquin. Pour bien comprendre comment on pouvait en tirer des effets explosifs, il faut brosser un rapide tableau des variantes que permet ce postulat. Pour Thomas d'Aquin, la foi dépasse la raison sans la contredire. Ce point de vue est

---

19. Cf. supra dans le chapitre II notre introduction à Wolff.
20. Cf. supra, *ibid.*
21. *Essais de Théodicée*, « Préface », *Philosophische Schriften*, éd. C.I. Gerhardt, tome VI, p. 27.

celui des *harmonisateurs*, qui s'inspirent de Leibniz et de Wolff. Chez eux, il y a bien continuité entre les vérités de la Raison et la Révélation, mais cette dernière, la vérité divine, conserve sa supériorité. « Leibniz n'a pas voulu mêler les données de la raison et les données de la foi. Il est resté fidèle à ce que lui avaient appris les compendiums de théologie luthérienne, à savoir que la vérité de la religion chrétienne repose sur des raisons humaines et sur des raisons divines, ou encore des raisons explicables et d'autres qui ne le sont pas — les premières ne devenant pleinement convaincantes qu'à la lumière des secondes, fruit de la grâce divine. C'est en ce sens que Leibniz a cru au mystère de la Trinité [22]. » Il y a donc des vérités qui sont communes à la raison et à la foi et sur lesquelles il est aisé de s'accorder : elles constituent le fonds de la religion naturelle. Les mystères professés par les religions positives toutefois n'impliquent pas, comme le croyait Bayle, un renoncement à la raison ; il faut en effet distinguer entre ce qui est *contraire* à la raison et ce qui est *au-dessus* d'elle. Leibniz soulignait par là la différence entre la nécessité strictement géométrique — que connaît l'entendement humain et qui est certes conforme à l'ordre souverain des choses — et une sagesse supérieure, celle précisément de cet ordre souverain, qui n'est pas accessible à l'expérience humaine. Chez Wolff cette distinction entre les deux ordres prend une tournure déjà plus radicale. Il faut établir par l'application rigoureuse des critères rationnels (principe de non-contradiction et principe de raison suffisante [23]) que l'homme ne peut parvenir par les voies naturelles à la connaissance des vérités qu'il reçoit par révélation. En outre, le remplacement de la *volonté* de Dieu par la *raison* divine [24] exclut que la révélation et le miracle soient la règle ; il ne saurait y avoir de miracles qui ne puissent être un jour compris dans leur rationalité. C'est, dans les grandes lignes, la position qu'adoptera et radicalisera Lessing dans *L'Éducation du genre humain* (1780) : les miracles sont simplement des « coups de pouce » par lesquels Dieu fait avancer plus vite les hommes.

Reimarus quant à lui adopte la ligne dure du rationalisme. Par bien des aspects, Reimarus fait partie de ces théologiens qui anticipent la critique de la Bible qui culminera au XIXᵉ siècle chez David Friedrich Strauss et qu'on nomme les

22. Georges Pons, *Gotthold Ephraim Lessing et le christianisme*, Didier, 1964, p. 260 sq.
23. Cf. chapitre II sur Wolff.
24. Un aspect décisif sur lequel nous reviendrons également à propos du droit naturel.

« néologues ». La figure la plus radicale de ce courant est sans doute Johann Semler, professeur de théologie à l'université de Halle. Pour lui le christianisme est issu de la théologie de saint Paul, qui s'est lui-même inspiré des enseignements d'un Christ qu'il n'avait pas personnellement connu (ce sont les mêmes arguments que reprendra D. F. Strauss) ; en vérité, le christianisme doit être considéré comme une forme transitoire des efforts de l'humanité vers la moralité. Certes, Semler revint à l'orthodoxie en 1752, apparemment effrayé par les conséquences de ses thèses. Mais pour Karl Bahrdt, par exemple, il faut rejeter toute la dogmatique et s'en tenir à la foi en Dieu. Jésus n'a été qu'un des grands maîtres de l'humanité, « du même genre qu'un Moïse, un Confucius, un Socrate, un Semler, un Luther et moi-même ». Le mouvement des néologues, avec lequel Lessing rompit en 1770, est au reste multiforme. L'abbé Jérusalem (1709-1789) exige du christianisme et de la raison, dans ses *Betrachtungen über die vornehmsten Wahrheiten der Religion* (1768), une somme égale de sacrifices et de concessions. Johann Gottlieb Töllner (1724-1774), Friedrich Germanus Lüdke (1730-1792), Wilhelm Abraham Teller (1734-1804) et Johann Eberhard (1739-1809) sont autrement plus offensifs. Tous pasteurs, ils déplorent que l'enseignement moral du christianisme soit sujet à discussion. Mais pour eux cela tient *à ce qu'on n'a pas su en démontrer rationnellement la vérité*. Töllner entend rationaliser le christianisme au moyen de la méthode mathématique (une tendance à laquelle Lessing sacrifia lui aussi en 1753 avec son *Christianisme de la raison* — on y reviendra [25]). Teller adopte une stratégie plus complexe, sinon plus satisfaisante. D'un côté, il applique de façon absolue le principe protestant selon lequel la Bible, l'Écriture, et elle seule, est la base de la foi ; il s'agit donc de construire rationnellement une doctrine chrétienne à partir des seuls textes de l'Écriture. De l'autre, il se replie sur le déisme et invite tous les croyants, y compris les juifs, à rejoindre cette communauté rationnelle. La critique des Écritures prend une tournure plus moderniste chez Eberhard, qui fut exclu du ministère luthérien, mais que Frédéric II nomma professeur à Halle et qui exerça une influence considérable. Eberhard, s'il ne l'inaugure pas, professe une intégration du christianisme dans la marche rationnelle de l'humanité : le Christ, pour lui aussi, n'est que le continuateur de Socrate. C'est cette conception que

---

25. Cf. infra l'extrait des *Morgenstunden* (*Heures matinales*) de Mendelssohn, dans lequel Mendelssohn reproduit ce fragment de Lessing.

Lessing reprend au fond à son compte, et c'est même la version qu'en donne Bahrdt, même s'il condamne les néologues, qu'il accuse de confusionnisme.

Lorsqu'il mourut en 1768, Reimarus légua à sa femme un volumineux manuscrit qu'il n'avait osé publier, l'*Apologie ou défense des adorateurs raisonnables de Dieu* (*Apologie, oder Schutzschrift für die vernünftigen Verehrer Gottes*) [26]. Usant du privilège qu'il avait, en tant que conservateur de la bibliothèque ducale du Brunswick, de publier n'importe quel manuscrit de son fonds, Lessing inscrivit le manuscrit de Reimarus à l'inventaire et en publia un premier fragment en 1774 sous le titre *Tolérance des déistes, par un auteur anonyme*, puis, en 1777, un *Autre fragment tiré des papiers de l'auteur anonyme, sur la Révélation*. Cette seconde publication souleva un tollé. Elle souligne en effet les limites géographiques de la religion judéo-chrétienne et en conclut qu'une révélation faite à un seul peuple ne saurait être considérée comme la révélation de Dieu pour toute l'humanité. Ces limites géographiques sont aussi des limites historiques : tant les prophètes que Jésus appartiennent à un univers mental absolument différent du nôtre. Un troisième fragment paraît enfin en 1778 sous le titre *Les Buts de Jésus et de ses disciples* ; Jésus y est présenté non point comme le Fils de Dieu, mais comme un homme faisant partie d'un petit groupe de mystiques juifs pour lesquels le monde touchait à sa fin et allait faire place au Royaume de Dieu sur terre. Les théologiens, notamment le pasteur principal de Hambourg, Johann Melchior Goeze, déclenchèrent une contre-offensive qui conduisit à la confiscation des *Wolfenbütteler Fragmente* (Fragments de Wolfenbüttel). Provisoirement interdit de publication, Lessing retourne à la scène et écrit son drame religieux *Nathan der Weise* (*Nathan le Sage*). Il put toutefois répliquer par ses *Anti-Goeze* et la brève *Duplique*, dirigée contre Ress [27].

Les « Fragments d'un anonyme », ainsi qu'on les nomme également, reprennent et radicalisent des idées que Reimarus avait déjà exposées en 1754 dans son recueil *Die vornehmsten Wahrheiten der natürlichen Religion (Les Vérités les plus éminentes de la religion naturelle)* : il est absurde de penser que la Révélation ait été réservée à une petite partie de l'humanité ; absurde également de penser que Dieu corrige son œuvre par des miracles ; le seul miracle divin est l'ordre merveilleux de la nature ; on ne saurait d'ailleurs accorder le

26. Rééd. par Gerhard Alexander, Insel-Verlag, Frankfurt/Main, 1972.
27. Cf. infra.

moindre crédit aux « témoignages » de l'Ancien et du Nouveau Testaments, l'un comme l'autre étant un assemblage
de récits interpolés ; quant aux dogmes, ils ont été ajoutés
par l'Église, notamment le dogme de la Trinité, et peuvent
donc être critiqués par la raison. Il en résulte que la prétendue révélation scripturaire doit céder le pas à la religion
naturelle [28].

Si les fragments posthumes étaient explosifs, *Les Vérités les
plus éminentes de la religion naturelle,* dont sont tirés les
extraits qui suivent, apparaîtront sans doute au lecteur qui
ne voudra pas prendre la mesure du travail qu'il fallait faire
pour affirmer une lecture rationnelle de la religion et fonder
une religion naturelle, comme un produit grandiloquent et
assez insignifiant de la *Popularphilosophie.* À ce lecteur, on
rappellera qu'il faut attendre Kant pour que la preuve « physico-théologique », la preuve de l'existence de Dieu à partir
de l'harmonie du monde qui constitue le consensus de base
des Lumières, soit remise en question (et refondée par la
téléologie) [29].

La religion naturelle

§ 22 — Dans le vaste plan du système de toutes
choses où nous apparaît d'emblée la religion purement
rationnelle, règne une totale cohérence qui non seulement ne laisse subsister dans l'âme aucune obscurité
et aucune confusion mais la forme à toutes les perfections et assouvit ses aspirations naturelles. Nous y
trouvons l'archétype de toute perfection, dont la
contemplation nous plonge continuellement dans
l'admiration, le respect, la vénération et l'amour.
Nous commençons nous-mêmes à devenir intelligents
et sages dans la mesure même où nous prenons conscience de la grande intelligence qui se révèle dans cet
arrangement et cet ordre du monde, ainsi que de
l'infinie noblesse des intentions qui y sont mises en
application avec la plus grande sagacité. Notre science
de la nature, dans toute sa diversité allant du plus

28. Voir ci-après les extraits du « Deuxième fragment d'un anonyme ». Sur ces idées, qui constituent le fonds commun du déisme,
voir Georges Gusdorf, « L'internationale déiste », in *Dieu, la nature,
l'homme au siècle des Lumières,* Payot, 1974, p. 86-142.

29. Cf. infra.

grand au plus petit, notre connaissance des lois générales et particulières du mouvement, du cours des planètes, des causes des changements dans le ciel, dans
l'atmosphère et sur la terre, de la constitution, de la
reproduction, de la nutrition, de la croissance des
plantes et des bêtes, et toutes autres choses encore
qu'il est donné à notre entendement de connaître,
tout cela n'est rien qu'un pâle reflet de cette sagesse et
des règles que Dieu a réellement mises en œuvre dans
sa Création. Cette science n'est du reste attirante et
nourrissante que dans la mesure où nous y percevons
la perfection et la concordance des choses ainsi que
l'accomplissement le plus adéquat des fins infiniment
bonnes qui furent celles du Créateur. Alors nous trouvons dans l'étude et la contemplation des choses une
source inépuisable d'extrême satisfaction, des miracles, des tours de force et des exemples toujours
renouvelés d'un entendement infini. Alors nous res-
sentons aussi les avantages de notre âme puisque nous
voyons réunis dans le livre de la nature visible les pensées les plus sages et les témoignages les plus grands
de la bonté de l'esprit invisible. Nous apprécions les
avantages de la religion lorsque nous savons juger à
partir de sa beauté inhérente, de son ordonnancement, de sa liaison, de sa concordance et de son utilité, en un mot à partir de l'intention authentique de
l'Auteur de toutes choses, ce qui apparaît inévitablement aux esprits égarés, d'un point de vue erroné,
comme désordonné, confus, imparfait, mauvais,
repoussant et horrible.

Or, si notre entendement s'efforce par nature de
connaître le fondement, la cause et la cohérence des
choses de façon claire et distincte et si c'est la contemplation de ce qui est le plus édifiant, le plus important,
le plus beau, qui s'accompagne principalement de
plaisir, alors la religion seule apporte à cet effort une
récompense car elle nous montre la perfection des
choses sous l'aspect de leur système le plus cohérent.
Toute autre forme de connaissance peut avoir son utilité et son agrément pour autant qu'elle soit subor-

donnée à la religion et ne lui soit pas contraire. Hors cela tout n'est que badinage qui ne procure pas à l'esprit la nourriture, la satisfaction et la force qu'il attend, quand cela ne le plonge pas dans l'inquiétude et même dans la confusion en lui présentant le monde tout entier comme contingent, dépourvu de sens, incohérent, désordonné et laid.

Abhandlungen von den vornehmsten Wahrheiten der natürlichen Religion, Bohn, Hamburg, ⁵1781, p. 692 sq. **.

Deuxième fragment d'un anonyme

Impossibilité d'une Révélation que tous les hommes puissent croire de manière fondée

Nous en arrivons à l'autre prémisse de notre précédente conclusion, une prémisse qui requiert une démonstration plus circonstanciée, à savoir : *qu'une Révélation que tous les hommes puissent croire de manière fondée est chose impossible.* En effet, une telle révélation devrait être communiquée ou bien immédiatement à tous les hommes et à chacun d'entre eux ou bien seulement à un certain nombre. Dans ce dernier cas, elle serait révélée ou bien à un certain nombre d'hommes dans tous les peuples, ou bien dans un certain nombre de peuples seulement, ou bien encore dans un seul peuple — et chacun de ces cas de figure adviendrait ou bien à toutes les époques, ou bien seulement à certaines, voire encore dans une seule [...].

Si donc nous posons d'abord le cas extrême que Dieu a révélé immédiatement, à toutes les époques et en tous lieux, une connaissance surnaturelle à tous les hommes et à chacun d'entre eux, nous devrions aussi admettre qu'à tout instant et en tous lieux des miracles se produisent chez tous les hommes. Car une action qui n'a aucun fondement dans la nature, en d'autres termes une action surnaturelle, est un miracle. Mais que Dieu ne cesse de faire des miracles est contraire à sa sagesse. Des miracles incessants dérangent constamment l'ordre et le cours de la nature que Dieu a pourtant créée lui-même avec sagesse et bonté. Dieu se contredirait donc lui-même ; il aurait voulu et ne cesserait encore de vouloir l'ordre de la nature, et pourtant il ne cesserait de ne pas le vouloir [...]. C'est donc une chose insensée et en désaccord avec la sagesse de Dieu qu'il ait estimé que les hommes auraient besoin d'une connaissance plus grande que celle qu'ils peuvent posséder naturellement à un moment donné, et qu'ils possèdent d'ailleurs naturellement, et qu'il ait voulu la faire advenir de façon surnaturelle, par des miracles incessants et sous la forme d'une révélation immédiate touchant en tous lieux et à toutes les époques tous les hommes et chacun d'entre eux.

Or, il est encore plus insensé de poser que la révélation ne touche qu'un certain nombre de personnes dans une nation, que ce soit à toutes les époques ou à certaines seulement, afin que les autres hommes doivent croire ces personnes et la recevoir d'elles. Car d'une part le but est bien là aussi que tous et chacun reçoivent cette connaissance, et l'on a donc affaire à une absurdité du même ordre que si cette dernière advient non point selon la nature mais par des miracles répétés. Mais cette absurdité est en l'occurrence d'autant plus grande que ces miracles n'atteindraient pas même leur but. Car si chaque homme a pour soi même une révélation immédiate et si cette dernière se signale par un signe infaillible que chacun peut reconnaître grâce à son sens intime, alors chacun peut recevoir la révélation et être convaincue par elle. Or, si ce sont seulement quelques-uns qui, dans une nation, reçoivent immédiatement une révélation et s'ils témoignent devant d'autres hommes de ce qui leur a été révélé, ces autres hommes reçoivent le message d'hommes comme eux. Ce n'est donc plus une révélation divine mais un témoignage humain d'une révélation divine [...].

Nous devons maintenant considérer avec d'autant plus d'attention le dernier cas, à savoir que Dieu pourrait ne se révéler que dans une seule nation, à certaines époques, par le truchement de certaines personnes, en partie verbalement et en partie dans les Écritures, car c'est ce que l'on considère s'être effectivement produit et l'on affirme ce faisant qu'il s'agit là de la voie requise pour que tous les hommes accèdent à la félicité [...].

Si donc, avant la venue du Christ, la révélation n'avait touché qu'une race ou qu'une nation, ainsi qu'on l'admet, sa diffusion et sa propagation auraient été tout à fait impossibles. Car elles ne pouvaient se faire au départ que verbalement. Or, qu'il est facile d'oublier des paroles ! Que n'y ajoute-t-on ou n'en retranche-t-on pas ! À quel point n'en déforme-t-on pas le sens ! Combien une légende ne perd-elle pas de sa crédibilité dans les générations suivantes ou dans des peuples éloignés ! Sans parler du cas où le patriarche d'une nation aura méprisé la révélation et n'en aura rien dit à ses enfants : comment veut-on alors que les descendants en sachent quelque chose ? [...]

Si maintenant nous en arrivons aux temps qui suivent la venue du Christ, il est manifeste que là encore la moitié des hommes qui ont vécu depuis lors n'a pas perçu la moindre bribe de l'histoire de Jésus et de la religion que l'on a construite sur elle. Saint Paul a l'honnêteté de demander dans l'Épître aux Romains (X, 14-15) : « *Comment l'invoqueraient-ils sans avoir cru en lui ? Et comment croiraient-ils en lui sans l'avoir entendu ? Et comment l'entendraient-ils si personne ne le proclame ? Et comment le proclamer sans être envoyé ?* Mais il a l'aplomb de répondre : *Je demande alors : "N'auraient-ils pas entendu ?" Mais si ! Par toute la terre a retenti leur voix et jusqu'aux extrémités du monde leurs paroles* » (X, 18). [...]

La moitié de l'espèce humaine meurt avant d'atteindre l'âge adulte. Parmi les adultes une première moitié, avant la naissance du Christ, n'a rien pu savoir de la révélation qu'aurait reçue le peuple d'Israël et n'a donc pu y croire. Quant à ceux qui ont vécu après la naissance du Christ, les Américains et tout un ensemble d'autres pays découverts récemment, du moins jusqu'au XVe siècle, voire jusqu'au VIIIe ou IXe siècle de larges parties de l'Europe et de l'Asie, sont tout excusés de n'avoir pu devenir chrétiens car le christianisme ne leur a pas été prêché et, à ce jour encore, la Bible n'est toujours pas traduite dans toutes les langues et l'on n'a pas non plus envoyé de missionnaires dans toutes les parties du monde. Et même après que le christianisme a été largement diffusé par des expéditions et des missions, il se trouve que des païens et des Turcs, pour une part en raison de l'impiété et des divisions qui règnent parmi les chrétiens, pour une autre en raison de contraintes extérieures et du fait que leur conscience est prisonnière de la religion de leurs ancêtres, n'ont ni l'envie ni l'occasion de se soucier vraiment, ne serait-ce qu'une fois, de la doctrine chrétienne et de sa vérité [...].

On peut donc bien admettre ce que l'on veut : la croyance en une révélation se fondant sur une étude suffisante et une tradition ou bien encore une foi qui se contente de ce que disent les anciens et les professeurs, le catéchisme et la Bible ; il est clair dans l'un et l'autre cas qu'une révélation que tous les hommes et chaque homme en particulier pourraient et devraient accepter sans réserve est chose tout simplement impossible. Or, comme Dieu, dans sa sagesse et sa bonté, ne peut, s'il veut la félicité de tous les hommes, faire de ce qu'il est impossible à la plupart d'entre eux de recevoir, d'accepter et de mettre en pratique le seul moyen et la condition nécessaire de la félicité, il faut à coup sûr que la révélation ne soit pas nécessaire et que l'homme n'ait pas été conçu pour recevoir une révélation. Il ne reste qu'un unique moyen pour rendre une chose universelle : le langage et le livre de la

nature, les créatures de Dieu et les traces des perfections divines qui, s'y reflétant comme dans un miroir,
s'offrent clairement à tous les hommes, qu'ils soient
érudits ou incultes, barbares ou grecs, juifs ou chrétiens, et ce en tous lieux et à toutes les époques. Si les
hommes avaient besoin, pour atteindre le but en vue
duquel Dieu les a créés, de plus d'aptitudes et de
connaissances qu'ils ne peuvent en acquérir présentement, Dieu aurait prévu ces dernières dans la nature
ou dans les forces naturelles de l'homme. Il a veillé
dans la nature au bien-être physique et temporel de
l'homme par des moyens universels dont tout un
chacun peut disposer, et ce que seul un petit nombre
peut obtenir n'est pas nécessaire à l'homme pour son
bien-être. *A fortiori*, ce qui doit rendre l'âme, à
l'échelle de l'éternité, parfaite et heureuse doit être
universel ; si ce n'est pas le cas, si un petit nombre
seulement y accède, c'est que cela non plus n'est pas
nécessaire à l'homme et n'a pu être conçu par le Dieu
sage et bon comme un moyen nécessaire mais est une
invention des hommes.

« *Ein Mehreres aus den Papieren des Ungenannten, die Offen-
barung betreffend* », in *Zur Geschichte und Literatur. Aus den
Schätzen der Herzoglichen Bibliothek zu Wolfenbüttel*, Vierter
Beytrag, von Gotthold Ephraim Lessing, Braunschweig,
1777 ; in *Sämtliche Schriften*, éd. par Karl Lachmann (3ᵉ édition revue et augmentée, établie par Franz Muncker),
Göschen'sche Verlagshandlung, Leipzig, 1897, tome XII,
p. 316-358 **.

4. CONTRE LE DOGMATISME THÉOLOGIQUE
LESSING

Les attaques dont Lessing fit l'objet à l'occasion de la
publication des « Fragments de Wolfenbüttel », notamment
l'accusation d'avoir pris le parti de l'auteur anonyme, igno-
raient ou voulaient ignorer que Lessing avait rompu avec les
néologues [30] et qu'il s'était considérablement éloigné des
positions qui étaient les siennes en 1753 dans *Le Christianisme de la raison* — un fragment qui se veut une démonstration rigoureusement rationnelle — *more geometrico,* à la
manière de Spinoza, mais inspirée par la métaphysique leibnizienne — de l'existence de Dieu, de la Trinité et de la
création [31]. C'est sans doute à partir de la longue série des
Apologies (*Rettungen*), commencée en 1753-1754 et qui se
poursuit jusqu'au tournant des années 1770, que l'on peut
le mieux rendre compte de cette évolution. La défense de
Jérôme Cardan, mathématicien italien du XVIᵉ siècle, était
entreprise avec une conception de la vérité encore absolue.
Lessing prétendait montrer par le seul moyen de la grammaire latine que Cardan n'avait nullement abjuré ni diffamé
le christianisme. Mais le chef d'accusation — une déclaration de Cardan sur le conflit entre chrétiens et musulmans
— imposait déjà une approche comparative des religions
qui, dans les années suivantes, va faire éclater le rationalisme

30. Lessing ajouta d'ailleurs à la publication du troisième fragment, en 1777, des « Objections de l'éditeur ».
31. Une telle anthologie n'a pas pour but de présenter l'ensemble
de la pensée d'un auteur. En conjuguant les différents textes de
Lessing réunis ici (y compris *Le Christianisme de la raison* inséré en
partie par Mendelssohn dans ses *Heures matinales* — voir l'extrait
correspondant) et leurs commentaires, on aura toutefois une
approche assez complète de sa réflexion théologique.

intransigeant de Lessing. Seule la religion naturelle va en
sortir intacte. Lorsqu'il prend ses fonctions de bibliothécaire
à Wolfenbüttel en 1769, s'ouvre une nouvelle époque de sa
réflexion. Elle commence à nouveau par une apologie, celle
de Bérenger de Tours (1000-1088), condamné à cause de
ses théories sur l'eucharistie. Cette défense ne se limite pas à
un plaidoyer pour la tolérance ni à la défense d'un noyau
rationnel ; Lessing est bien plutôt troublé par les deux
rétractations successives de Bérenger. Comment, et surtout
pourquoi, un homme peut-il renier sa conviction intime ?
Cette interrogation resurgit avec encore plus d'insistance en
1777, quand Lessing doit lui-même se défendre. À « la »
vérité il substitue *l'erreur par conviction* et *la vérité par préjugé* ; en d'autres termes, il renonce à une vérité inconditionnée au profit de différentes façons de défendre ses opinions. Les notions du vrai et du faux, dit-il, sont les plus
superficielles de toutes celles qui nous ont été inculquées
depuis la naissance. Elles doivent être remplacées par un
penser autonome et surtout par une éthique communicationnelle de la recherche de la vérité. L'argument de fond
des trois répliques, à Goeze (*Anti-Goeze*), à Schumann (*Über
den Beweis des Geistes und der Kraft — Sur la preuve de l'esprit
et de la force*) et à Ress (*Duplique*), est le même : il ne s'agira
pas d'une apologie de Reimarus mais de la défense du droit
de publier sa quête de la vérité. Dans le premier libelle,
Contre Goeze, Lessing explique qu'il a publié les fragments
de Reimarus parce qu'ils étaient ceux d'un homme de
conviction et afin que des adversaires animés de convictions
semblables puissent les discuter. C'est l'esprit même de la
Réforme, et il est incompréhensible qu'on ait interdit la traduction de la Bible de Karl Bahrdt alors que l'on a admis
celle de Luther. La *Duplique* fait passer un triple message.
D'abord la conception spéculative de la vérité cède la place
à une conception éthique. La *libido sciendi* est plus importante que la possession de la vérité. Lessing transforme à
partir de là la conception leibnizienne en une théorie historique de la vérité. La notion de perfection elle-même est
historicisée ; elle n'est plus préexistante (harmonie préétablie) mais toujours croissante. Le « meilleur des mondes
possibles » est donc celui dans lequel la perfection ne cesse
de croître et de gagner sur l'imperfection — la vérité sur la
non-vérité, le bien sur le mal [32].

---

32. Cf. infra (section 7) nos commentaires sur la conception du
progrès du Bien dans les *Dialogues maçonniques*.

Une duplique

Un homme qui, tout en ayant une conviction opposée, cherche à imposer une contrevérité dans une bonne intention et avec autant de sagacité que de modestie vaut infiniment mieux qu'un homme qui défend la meilleure et la plus noble des vérités reposant sur un préjugé en diffamant ses adversaires et en utilisant de vils moyens.

Une *certaine* catégorie d'individus n'apprendra-t-elle donc jamais qu'il n'est tout simplement pas vrai qu'un homme se soit jamais aveuglé délibérément et avec préméditation ? Cela n'est pas vrai, je l'affirme ; et ce n'est pas vrai pour cette raison non négligeable que cela n'est pas possible. Qu'ont-ils donc en tête lorsqu'ils brandissent le reproche d'un entêtement volontaire, d'une obstination délibérée, de plans prémédités pour donner corps à des mensonges que l'on sait être des mensonges ? Que cherchent-ils ? Quoi d'autre que... — Non ! Il ne sera pas dit que je leur refuserai *à eux aussi* cette vérité, car il me faut bien croire qu'*eux aussi* ne sauraient porter délibérément et en toute connaissance de cause un jugement faux et calomniateur ; je me tais donc et me retiens de donner à mon tour dans l'accusation.

Ce n'est pas la vérité que tel ou tel homme possède ou croit posséder, mais l'effort sincère qu'il a déployé pour aller au bout de la vérité, qui fait toute la valeur de l'homme. Car ce n'est pas par la possession de la vérité mais par sa recherche que se développent les forces dans lesquelles réside, et en elles seules, sa perfection toujours croissante. La possession assagit, elle rend paresseux et orgueilleux.

Si Dieu tenait cachée dans sa main droite toute la vérité et s'il tenait cachée dans sa main gauche cette seule mais vivace aspiration à la vérité, alors, et même avec ce codicille que je pourrais errer et me tromper pour l'éternité, alors s'il s'adressait à moi et me disait : choisis ! alors je me prosternerais devant sa main

gauche et lui dirais : donne-moi ceci, ô Père, car la
vérité pure n'appartient qu'à toi !

Eine Duplik (1778), in *Sämtliche Schriften*, éd. par Karl
Lachmann (3e édition, revue et augmentée, établie par
Franz Muncker), Göschen'sche Verlagshandlung, Leipzig,
1897, tome XIII, p. 23-24 **.

5. La Querelle du panthéisme

Le 16 octobre 1754, Lessing, qui venait de faire la connaissance de Mendelssohn, écrivait à un de ses amis : « Sa loyauté et son esprit philosophique me poussent à voir en lui un nouveau Spinoza. » Réputation encombrante. Elle correspondait peut-être à l'état d'esprit de Lessing à l'époque de la rédaction du *Christianisme de la raison*. En revanche, lorsque éclate la « querelle du panthéisme », Lessing, on l'a vu, a bien évolué. La stratégie adoptée par Mendelssohn dans ses *Heures matinales (Morgenstunden)*, sa dernière grande œuvre, est donc étrange puisqu'il y insère l'essentiel du *Christianisme de la raison*. C'est qu'en fait il n'y allait pas *stricto sensu* du panthéisme, ni seulement de Spinoza, mais de toute démarche rationnelle en matière religieuse, systématiquement soupçonnée d'athéisme. Cette « querelle du panthéisme » est en fait une « querelle de l'athéisme ». Le « leibnizianisme » était tout autant en cause, et la démarche de Mendelssohn est celle d'un plaidoyer *pro domo*. Reprenant des positions qu'il avait développées en 1755 dans ses *Dialogues philosophiques*, Mendelssohn entreprend de démontrer que le spinozisme bien compris se ramène à la philosophie de Leibniz et que, dès lors, « bien des affirmations de Spinoza peuvent s'accorder avec la vraie philosophie de la religion ».

La querelle fut déclenchée par les *Lettres à M. Mendelssohn sur la doctrine de Spinoza* que Jacobi publia au début d'octobre 1785. Dès la fin du mois, Mendelssohn répondit dans les *Morgenstunden,* puis en janvier 1786, juste avant sa mort, dans sa *Lettre aux amis de Lessing*. Dans la *Lettre aux amis de Lessing*, Mendelssohn persiste et signe : les seuls athées sont ceux qui, comme Jacobi, récusent les preuves rationnelles de l'existence de Dieu. En avril 1786 parurent deux autres répliques : la *Réponse aux accusations de M. Men-*

delssohn de Jacobi et *Les résultats de la philosophie de Jacobi et de Mendelssohn* de Thomas Wizenmann. Pressé par Biester, l'éditeur de la *Berlinische Monatsschrift*, Kant finira par s'engager et publiera dans la revue en octobre 1786 : « Qu'est-ce que s'orienter dans la pensée ? » [33]. S'il cède finalement aux instances de Biester, c'est que l'accusation de spinozisme et d'athéisme concerne tout le rationalisme et que lui-même n'y échappe pas — certains de ses ennemis wolffiens prétendant pouvoir démontrer la présence d'un crypto-spinozisme dans la *Critique de la raison pure* [34]. La mort attendue du roi philosophe fait en outre planer la menace que le prétexte d'athéisme serve d'arme aux forces réactionnaires. L'intérêt du très court article de Kant réside dans son démontage impitoyable des positions en présence. Il montre que toutes trois, celle de Jacobi, celle de Wizenmann et celle de Mendelssohn lui-même, remettent en question le principe même des Lumières : la critique, et, par là, désorientent la raison, la livrant aux forces de l'obscurantisme. Jacobi argumente en deux temps. D'abord, il affirme que le spinozisme est l'unique doctrine véritablement rationnelle et que le rationaliste Lessing ne pouvait donc qu'aboutir, ou revenir, au spinozisme. Ensuite, que cette pure logique de l'entendement, qui, en outre, néglige la création, ne saurait fonder une éthique. Elle nous place donc devant un choix : seul le recours à la foi peut fonder une moralité authentique. Dans ses *Morgenstunden*, Mendelssohn tente de répondre à ces arguments. La correction du spinozisme par le leibnizianisme (« *geläuterter Spinozismus* » — spinozisme purifié) doit rendre justice à la création. Quant au choix entre raison et moralité, il ne saurait se

---

33. Herder prit lui aussi position dans *Dieu. Quelques conversations sur le système de Spinoza* (1787). La querelle se poursuivra jusque dans la première décennie du XIXe siècle ; en 1811, Jacobi publiera *Des choses divines et de leur révélation*, qui s'attirera une réplique de Schelling (*Denkmal der Schrift von den göttlichen Dingen des Herrn Fr. H. Jacobi und der ihm in derselben gemachten Beschuldigung eines absichtlich täuschenden, Lüge redenden Atheismus*, 1812).

34. « La chose était possible, commente Alexis Philonenko, il suffisait de dire que le kantisme par sa théorie des formes de la sensibilité ramenait toute diversité à l'apparence, ne reconnaissant qu'une seule réalité, la chose en soi, qui élevée au-dessus de l'espace et du temps, principes d'individuation et de multiplicité, était la substance une de Spinoza. On réduisait le kantisme au spinozisme — ou le spinozisme au kantisme, selon la méthode qui devait être celle de Schopenhauer » (A. Philonenko, « Introduction » à *Qu'est-ce que s'orienter dans la pensée ?*, Vrin, 1959, p. 25). Sur l'interprétation schopenhauerienne de Kant, cf. supra au chapitre II.

poser que pour un rationalisme purement spéculatif ; or à la
gelehrte Philosophie (philosophie savante, ou érudite) le philosophe populaire Mendelssohn oppose le sens commun ;
c'est à lui que doit finalement toujours s'en remettre le philosophe pour s'orienter. Lorsque des spéculations métaphysiques contredisent la conscience morale spontanée, le philosophe doit se replier sur le bon sens. Kant y verra l'« aveu
funeste » d'un abandon de la rigueur rationnelle au profit de
l'autorité — fût-elle prétendument celle du bon sens. La
prétendue « philosophie populaire » de Mendelssohn est au
bout du compte profondément impopulaire ; elle souscrit à
l'interdiction de la liberté de pensée. Wizenmann, quant à
lui, constate d'abord que Mendelssohn, en faisant appel au
« bon sens », argumente de la même façon que Jacobi, qui,
en matière éthique, abandonne la raison pure pour la foi. Il
pense pouvoir surmonter ce dualisme par une restauration
de la « révélation externe », une présence de l'absolu dans le
monde historique, en d'autres termes un positivisme religieux.

Reste que la pomme de discorde était le paragraphe 73 de
L'Éducation du genre humain[35]. Que faut-il en penser ?
L'interprétation que Lessing donne de la Trinité fut comprise comme spinoziste par Jacobi, en particulier à cause de
la conception de Dieu comme « une unité transcendantale
qui n'exclut pas une espèce de multiplicité ». Les paragraphes 73 et suivants sont ceux de cet écrit qui rappellent en
effet le plus la volonté de démonstration rationnelle du
Christianisme de la raison, et c'est sans doute ce qui conduisit
Jacobi à affirmer *urbi et orbi* que Lessing « sur ses vieux jours
était devenu un spinoziste convaincu » (lettre à Élise Reimarus) et que d'autres que lui pourraient attester « que Lessing, fréquemment et avec insistance, se référait au Ἐν καὶ
παν comme à la clé de toute sa théologie et de toute sa
philosophie » (lettre à Hamann). Il est possible, selon les
témoignages de l'époque, que ce différend se ramène à un
débat dans lequel Lessing, face à Jacobi qui se déclarait
résolument antispinoziste, ait joué l'avocat du diable[36]. Le
problème n'est pas résolu pour autant. Car Mendelssohn
lui-même estime que le paragraphe 73 est d'inspiration spinoziste. La « défense » de Lessing par Mendelssohn est
cependant singulièrement faible et molle — comme le
montre en particulier la référence à l'émanatisme, qui dit

35. Sur cet ultime essai théologique de Lessing, cf. infra.
36. Alexander Altmann, « *Lessing und Jacobi. Das Gespräch über
den Spinozismus* », in *Lessing Yearbook,* tome III, Munich, 1971,
p. 25 sq.

tout et rien. Car il n'existe qu'un rapport superficiel entre Spinoza et la conception émanatiste selon laquelle les êtres ne sont pas à proprement parler « créés » mais « émanent » de Dieu, ont leur origine en lui. Leibniz lui-même utilise le terme « émanation » dans un sens vague dans son *Discours de métaphysique*. Pour le reste Mendelssohn se contente de rappeler l'esprit des *Rettungen (Apologies)* et l'effort de Lessing pour contrecarrer les dogmatismes. Raisonnant par oppositions — représentation/réalité, possibilité/effectivité —, Lessing est en tout état de cause plus proche de Leibniz que de Spinoza dans le paragraphe 73 de *L'Éducation du genre humain*. Quoique ce paragraphe demeure un sujet de débats dans la philologie, nous penchons pour l'hypothèse qu'il s'agit d'une transposition, vaguement teintée de spinozisme, du concept leibnizien de la divinité, Lessing dépassant — cela reste indéniable — le dualisme par l'idée d'un dédoublement. Dans son fragment de 1763, *Über die Wirklichkeit der Dinge außer Gott (Sur la réalité des choses en dehors de Dieu)*, Lessing avait déjà avancé l'idée que Dieu et le monde sont deux aspects de la même réalité, comme d'ailleurs Dieu et son fils. En fait de panthéisme, il s'agit donc plutôt d'un panenthéisme tout à fait compatible avec l'orthodoxie.

MENDELSSOHN
Lessing et le panthéisme

Vous pensez donc, déclarai-je, que Lessing, du fait de son caractère, se serait réjoui de voir le panthéisme ou le spinozisme terrassés par moi, que j'aie agi pour de bonnes ou de mauvaises raisons ?

— Cela sûrement pas.

Et ce d'autant moins que c'est justement plutôt la tournure de son caractère que de prendre le parti de toute doctrine persécutée, qu'il en partage d'ailleurs les convictions ou ne les partage pas, et de déployer toute sa sagacité pour avancer quelques autres justifications en sa faveur. Il suffisait que la proposition la plus erronée, l'opinion la plus aberrante fût contestée tant soit peu avec des arguments faibles, et vous pouvez être certain que Lessing l'aurait prise sous son aile. Seul comptait pour lui l'esprit d'investigation. Une vérité défendue avec des arguments faibles,

avait-il coutume de dire, est un préjugé ; non moins
nuisible qu'une erreur manifeste, et à l'occasion même
encore plus dommageable ; car un tel préjugé incite à
la paresse dans la recherche de la vérité et il tue
l'esprit d'investigation. Je suis assuré que si les juges
des présents fragments en étaient venus à les défendre
avec de mauvaises raisons, Lessing eût été le premier à
les contester. [...]

Je reconnais de tout cœur la droiture et la sincérité
de son attitude en tout ce qui concerne les vérités les
plus importantes de la religion et, pour les mêmes
raisons, je juge superflu de prier ses mânes de me
pardonner d'avoir eu recours à lui pour défendre le
panthéisme. Sans en partager les convictions, il pouvait fort bien, tel que je l'ai connu, prendre ardemment fait et cause pour une erreur dès lors que les
raisons qu'on avait de la contester n'étaient pas suffisantes.

Tout aussi bien, j'ai montré dans le cours de ma
dernière leçon qu'un panthéisme affiné pouvait fort
bien coexister avec les vérités de la religion et de
l'éthique, que la différence ne résidait que dans une
spéculation hautement subtile, qui n'a pas la moindre
influence sur les actions des hommes et leur félicité,
et que bien au contraire il laissait en place tout ce
qui peut avoir des effets pratiques et des conséquences notables dans la vie ou même l'opinion des
hommes.

Considérez maintenant un passage des écrits posthumes de Lessing, qui vous convaincra que Lessing a
pensé de la même façon sur ce point. Il s'agit, selon
mon souvenir, d'un extrait d'un essai de jeunesse dont
il m'avait lu, au tout début de nos relations, l'essentiel [37]. Mais cet extrait vous montrera à tout le moins
la tournure que Lessing sut donner dès ses débuts à
cette spéculation et, pour autant que je ne me trompe
point, un petit écrit qu'il a publié peu de temps avant

37. *Das Christentum der Vernunft* (*Le Christianisme de la raison*),
1753.

sa mort porte encore des traces indéniables de cette manière de penser [38] [...].

§ 1 — Le seul être absolument parfait n'a pu de toute éternité s'occuper de rien d'autre que de la contemplation de la perfection absolue.

§ 2 — Il est lui-même la perfection absolue ; aussi Dieu n'a-t-il pu de toute éternité que se penser soi-même.

§ 3 — Se représenter, vouloir et créer sont en Dieu une seule et même chose. On peut donc dire que tout ce que Dieu se représente, il le crée aussi.

§ 4 — Dieu ne peut se penser que de deux façons ; ou bien il pense toutes ses perfections ensemble et se pense lui-même comme la somme de ces perfections ou bien il pense ses perfections en les divisant, en les séparant l'une de l'autre et en distinguant chacune d'entre elles selon son degré de perfection.

§ 5 — Dieu s'est pensé de toute éternité dans toute sa perfection, c'est-à-dire que Dieu s'est créé de toute éternité un être auquel ne faisait défaut aucune des qualités qu'il possédait lui-même.

Dans les propositions suivantes L[essing] cherche à expliquer par là, d'une façon non dépourvue de subtilité, le mystère de la Trinité, voire même, comme il s'en flattait souvent dans ses jeunes années, de le démontrer métaphysiquement [...].

Lessing poursuit :

§ 13 — Dieu pensait ses perfections séparément, c'est-à-dire qu'il créa des êtres dont chacun avait quelque chose de ces perfections ; car, pour le redire encore, chaque pensée est en Dieu une création.

§ 14 — Tous ces êtres ensemble s'appellent le monde.

§ 15 — Dieu pourrait penser ses perfections en les divisant à l'infini ; un nombre infini de mondes pourraient donc être possibles si Dieu ne pensait pas à tout instant la perfection absolue et s'il n'avait donc parmi ces différentes possibilités pensé la plus parfaite et ne l'avait par là même rendue réelle.

§ 16 — La manière la plus parfaite de penser ses perfections en les divisant consiste à les penser divisées à l'infini en degrés du plus ou du moins qui se succèdent les uns aux autres de telle façon qu'il n'y ait nulle part entre eux un bond ou une lacune.

38. Vraisemblablement *L'Éducation du genre humain* ; sur cet écrit, cf. infra dans ce chapitre.

§ 17 — C'est en fonction de ces degrés que les êtres doivent donc être ordonnés dans ce monde. Ils doivent former une série dans laquelle chaque membre contient en soi tout ce que les membres inférieurs contiennent mais aussi quelque chose de plus — un plus qui toutefois n'atteint jamais la limite ultime.

§ 18 — Une telle série doit être une série infinie, et dans cet entendement l'infinité du monde est irréfutable.

§ 19 — Dieu ne crée rien que des êtres simples et le composé n'est rien que la conséquence de sa création.

§ 20 — Puisque chacun de ces êtres simples a quelque chose que les autres ont et qu'aucun d'entre eux ne peut avoir quelque chose que les autres n'auraient pas, il doit exister entre ces êtres simples une harmonie à partir de laquelle peut être expliqué tout ce qui se passe entre eux, c'est-à-dire tout ce qui se passe dans le monde.

§ 21 — Un chrétien heureux pourra un jour étendre le champ de la connaissance de la nature jusque-là. Mais ce ne sera possible qu'après bien des siècles, lorsqu'on aura sondé tous les phénomènes de la nature de telle sorte qu'il ne restera plus qu'à les ramener à leur véritable origine.

§ 22 — Puisque ces êtres simples sont en quelque sorte des dieux limités, leurs perfections doivent également être semblables aux perfections de Dieu, comme les parties sont semblables au tout.

§ 23 — Au nombre des perfections de Dieu appartient la conscience qu'il a de sa perfection et le fait qu'il peut agir conformément à sa perfection. Ces deux choses sont pour ainsi dire le sceau de ses perfections.

§ 24 — Les différents degrés de ses perfections doivent donc aussi s'accompagner de différents degrés de conscience de ces perfections et de la faculté d'agir conformément à elles.

§ 25 — Des êtres qui ont des perfections, qui ont conscience de ces perfections et qui ont la faculté d'agir conformément à elles, s'appellent des êtres moraux, c'est-à-dire que ce sont des êtres capables d'obéir à une loi.

§ 26 — Cette loi est tirée de leur nature et ne peut être rien d'autre que : agis conformément à tes perfections individuelles.

§ 27 — Puisque dans la série des êtres il ne peut y avoir de bond, il doit aussi exister des êtres qui ne sont pas distinctement conscients de leurs perfections...

Comme vous le voyez, ajoutai-je finalement, Lessing a pensé pour sa part le panthéisme de la façon

subtile dont je l'ai présenté, en parfaite harmonie avec
tout ce qui peut avoir une influence sur la vie et la
félicité, et il était même engagé sur la voie d'une combinaison de notions panthéistes avec la religion positive ; et, effectivement, la chose n'est pas moins envisageable que dans le cas du système émanatiste des
anciens, qui pendant de longs siècles eut sa place dans
la religion et fut tenu pour la seule doctrine orthodoxe.

Moses Mendelssohn, *Morgenstunden*, in *Gesammelte
Schriften*, Jubiläumsausgabe, tome III-2 (*Schriften zur Philo-
sophie und Ästhetik*, éd. établie par Leo Strauss), Friedrich
Frommann Verlag (Günther Holzboog) Stuttgart/Bad
Cannstatt, 1974, p. 132-136 **.

6. IMMANUEL KANT
LA RELIGION DANS LES LIMITES DE LA SIMPLE RAISON

La « querelle du panthéisme » a révélé les limites du rationalisme et notamment de la « philosophie populaire »,
limites qui font le lit des *Schwärmer* (enthousiastes) et de
l'irrationalisme en ne parvenant pas à maîtriser le dualisme
de la raison et de la foi. Or, pour dualiste qu'elle soit, toute
la philosophie de Kant consiste à établir les droits de la
raison dans les deux domaines de la connaissance et de la
foi, mais selon deux statuts bien différents puisque la continuité qu'affirmaient les rationalistes a produit des résultats
contraires à ceux escomptés. D'un côté, on limitera le savoir
pour faire place à la croyance [39] ; de l'autre, on fondera la foi
rationnelle sur la raison morale. C'est l'enjeu du grand traité
de philosophie de la religion de 1793, écrit dans le contexte
le plus défavorable qui soit – celui de la réaction qu'avait
prédite Biester au moment de la querelle du panthéisme et
qui se produit effectivement avec l'avènement de Frédéric-
Guillaume II [40].

Dans la préface à la première édition, on perçoit encore
l'écho de la querelle du panthéisme. Contre ceux qui
n'admettent la philosophie spéculative que pour mieux réaffirmer l'exigence de la foi et/ou du dogme dans le domaine
moral, Kant affirme sans détour : (a) que l'homme n'a nullement besoin de la foi et de la religion pour se déterminer
moralement ; la morale est autonome, elle se fonde sur la
critique de la raison pure pratique et sur elle seule ; (b) que

39. Cf. au chapitre II les extraits de la préface à la 2ᵉ édition de la
Critique de la raison pure.
40. Dès 1788, le ministre Woellner promulgue un édit de censure. Kant a pu publier la première partie de son ouvrage dans la
Berlinische Monatsschrift, mais la seconde partie fut interdite.

ce n'est donc pas la religion qui fonde la morale, mais au contraire la morale qui peut conduire à la religion. Tel est le sens du titre *La Religion dans les limites de la simple raison*. Il signifie que la philosophie kantienne de la religion est une « théologie morale » (*Moraltheologie*), une « éthico-théologie » (« *Ethikotheologie* » – *Critique de la faculté de juger*, § 86). La philosophie de la religion est le prolongement de la philosophie morale. Cela implique cependant une nette séparation des sphères de la raison spéculative et de la raison pratique (une *critique*). Contrairement à ce que croyaient les néologues ou Mendelssohn, la raison spéculative ne peut pas et n'a pas à démontrer l'existence de Dieu. La « religion dans les limites de la simple raison » s'établit donc sur la réfutation des preuves de l'existence de Dieu dans la « Dialectique transcendantale » de la *Critique de la raison pure,* dans laquelle il s'agit expressément « de déblayer et d'affermir le sol qui doit porter le majestueux édifice de la morale » [41]. L'existence de Dieu relève du domaine de l'éthique ; elle est l'un des trois postulats qui constituent les conditions nécessaires de la vie morale : une volonté libre (l'indépendance de la volonté à l'égard de toute autre loi que la loi morale) ; l'existence de Dieu et l'immortalité de l'âme. Ces postulats s'imposent pour que la morale soit possible. La préface à la première édition suppose le premier postulat, établi par l'« Analytique de la raison pratique ». Les deux autres postulats font l'objet du deuxième alinéa. Ils garantissent le sens même de l'action morale libre. En effet, l'action morale autonome n'est certes pas dépendante d'un « mobile » (*Triebfeder*), elle ne se détermine pas en fonction d'une fin, néanmoins elle a une fin. Cette contradiction apparente est une antinomie, que Kant traite dans la « Dialectique de la raison pratique ». Il s'agit de l'antinomie de la vertu et du bonheur : il ne nous est pas indifférent que notre comportement moral ait des effets ; si ces effets doivent être à la fois conformes à la vertu et au bonheur, cette finalité est le « souverain bien ». Celui-ci suppose cependant la perfection morale que l'on ne peut reconnaître aux individus empiriques ; il faut donc postuler la possibilité d'une perfection intelligible : l'immortalité de l'âme. Il suppose aussi que le bonheur fasse partie du plan de la création. Comme l'homme n'est pas l'auteur de la nature, il faut postuler Dieu.

L'alternative qui dominait le débat de l'époque – affirmer l'autonomie morale et renoncer à la foi ou croire à Dieu et

41. *Critique de la raison pure*, trad. A. Trémesaygues et B. Pacaud, PUF, 1944, p. 266.

renoncer à l'autonomie morale – se révèle être une figure de
cette antinomie. Or, il s'agit en même temps de l'antinomie
par excellence : celle de la liberté et de la nécessité.
L'homme créé par Dieu peut-il être libre ? La solution de
l'antinomie est celle que l'on connaît depuis la *Critique de la
raison pure* ; en l'occurrence, la création concerne l'homme
intelligible, non la créature sensible. D'où la nécessité de
résoudre leur coexistence dans chaque homme, et notamment l'affrontement de la vertu et du bonheur.

   Il n'est pas possible de donner ici une interprétation
exhaustive du traité. Une fois posé ainsi le problème à
partir de la première préface, nous nous proposons donc,
à partir des extraits de la préface à la seconde édition et
de la première section de la troisième partie, d'affronter la
difficulté fondamentale à laquelle se heurte cette philosophie morale de la religion : son rapport avec les religions
établies, religions historiques, dogmatiques et statutaires
certes, mais aussi révélées. La réponse qu'apporte Kant
détermine d'ailleurs sa résolution de la question qui guide
l'ensemble de l'essai : l'affrontement du bon et du mauvais
principe. Raison et Révélation sont en effet non pas deux
mondes inconciliables mais « deux cercles concentriques » ;
le cercle de la Révélation inclut celui de la Raison, lequel
ne peut en revanche inclure une *connaissance* empirique et
historique de la Révélation. Telle est la religion *dans les
limites de la simple raison*. La Raison ne prétend plus réduire
à sa *connaissance* toute la réalité religieuse. L'accord doit
s'établir autrement : non point du reste par une exclusion
réciproque mais, conformément aux postulats, par une
sorte de redécouverte morale de la religion révélée et de
refondation morale de la foi dogmatique. Ce qui est en
même temps, on le comprend, la forme la plus radicale de
la sécularisation ! Car la religion chrétienne devient ainsi
une religion naturelle « à laquelle les hommes auraient pu
et dû parvenir d'eux-mêmes par le seul usage de leur
raison ». C'est ce qui se passe pour la réinterprétation du
péché originel dans la première partie : un être qui n'est
pas purement intelligible porte en soi à la fois la capacité
au Bien et le pouvoir du Mal. La dualité de l'homme
implique les deux principes, toutefois elle implique aussi
leur affrontement, la capacité à faire triompher le Bien. En
cela réside la liberté de l'homme, qui n'est créé et dépendant de la volonté divine que comme être intelligible.
L'exemple de cette lutte est le Fils de Dieu-Fils de
l'Homme : le Christ, qui est au centre de la deuxième
partie. Quant à la troisième partie, elle traite du triomphe

du bon sur le mauvais principe. Ce dernier requiert une communauté éthique, et la question qui se pose est de savoir à quelles conditions les Églises instituées (« statutaires ») la préfigurent. Comment passer de la « religion d'Église » à la « domination exclusive de la pure foi religieuse » ? Comment, en d'autres termes, instaurer le Royaume de Dieu sur terre ?

Préface de la première édition (1793)

La morale, qui est fondée sur le concept de l'homme, en tant qu'être libre s'obligeant pour cela même, par sa raison, à des lois inconditionnées, n'a besoin ni de l'Idée d'un Être différent, supérieur à lui pour qu'il connaisse son devoir, ni d'un autre mobile que la loi même, pour qu'il l'observe. Tout au moins, c'est sa propre faute s'il se rencontre en lui semblable besoin auquel dès lors il ne peut être remédié par rien d'autre ; car ce qui n'a pas sa source en lui-même et en sa liberté ne saurait compenser la déficience de sa moralité. Donc, en ce qui la concerne (aussi bien objectivement quant au vouloir que subjectivement quant au pouvoir), elle n'a aucunement besoin de la religion, mais se suffit à elle-même, grâce à la raison pure pratique. [...]

De la morale cependant une fin se dégage ; car il est impossible que la raison soit indifférente à la réponse faite à cette question : *que peut-il donc résulter de ce bien agir qui est le nôtre*, et vers quoi pourrions-nous, même si cela ne dépendait pas entièrement de notre puissance, diriger notre activité, comme vers un but, afin qu'il y ait tout au moins accord avec lui ? Il ne s'agira certes que de l'idée d'un objet qui comprend, réunis en lui, la condition formelle de toutes les fins comme nous devons les avoir (le devoir) et en même temps tout le conditionné correspondant à toutes ces fins qui sont les nôtres (le bonheur conforme à l'observation du devoir), c'est-à-dire l'idée d'un souverain bien dans le monde qui, pour être possible, nous oblige à admettre un Être supérieur, moral, très saint, et tout-

puissant, pouvant seul unir les deux éléments qu'il
comporte. [...]

La morale conduit donc immanquablement à la
religion, s'élargissant ainsi jusqu'à l'idée d'un légis-la-
teur moral tout-puissant, extérieur à l'homme en la
volonté duquel est fin dernière (de la création du
monde) ce qui peut et doit être également la fin dernière de l'homme.

Préface de la deuxième édition (1794)

Au sujet du titre de cet ouvrage (car on a manifesté
aussi des doutes concernant l'intention qui s'y
cachait), je remarque encore que, comme la *révélation*
peut au moins comprendre en soi aussi une pure *religion de la raison*, mais non celle-ci inversement l'élément historique de la révélation, je pourrai considérer
l'une comme une sphère *plus large* de la foi, qui en
elle-même enferme l'autre comme une sphère *plus
étroite* (non par suite comme deux cercles extérieurs
l'un à l'autre, mais comme des cercles concentriques) ; le philosophe doit se tenir à l'extérieur de la
seconde comme maître de raison pure (en vertu de
simples principes *a priori*) et faire par conséquent abstraction de toute expérience.

Le passage graduel de la foi d'Église
à l'unique autorité de la pure foi religieuse
est l'approche du Royaume de Dieu

C'est donc une conséquence nécessaire de notre
disposition physique et en même temps de notre disposition morale, qui est la base et aussi l'interprète de
toute religion, que cette dernière soit enfin dégagée
peu à peu de tous les principes de détermination
empirique, de tous les statuts qui s'appuient sur l'histoire et qui, au moyen d'une foi d'Église, unissent
provisoirement les hommes pour l'avancement du

bien et qu'ainsi règne finalement sur tous la pure religion de la raison « afin que Dieu soit tout dant tout ».
Les enveloppes dans lesquelles l'embryon pour
devenir un homme commença à se former doivent
être déposées afin qu'il puisse paraître à la lumière.
Les lisières de la sainte tradition avec ses appendices,
statuts et observances, qui en leur temps ont rendu de
bons services, deviennent peu à peu superflues et à la
fin même une chaîne quand il parvient à l'adoles-
cence. Aussi longtemps « qu'il [le genre humain] fut
un enfant, il avait l'intelligence d'un enfant », sachant
associer aux règles qui lui furent imposées sans qu'il
s'en soit mêlé, de la science peut-être bien et même
une philosophie utile pour le service de l'Église ;
« devenu homme maintenant, il dépose ce qui est
puéril ». La distinction avilissante entre *laïques* et *clerc*
cesse, l'égalité a sa source dans la vraie liberté, sans
anarchie cependant parce que chacun obéit, il est vrai,
à la loi non statutaire qu'il se prescrit lui-même, mais
qu'il doit en même temps aussi considérer comme la
volonté du souverain de l'univers révélée par la raison,
souverain qui unit invisiblement tous les hommes sous
un gouvernement commun, dans un État qui avait
auparavant été pauvrement représenté et préparé par
l'Église visible. Tout ceci ne doit pas s'attendre d'une
révolution extérieure qui atteint de façon orageuse et
violente son effet, lequel dépend beaucoup de circonstances fortuites qui font que les fautes commises lors
de l'établissement d'une constitution nouvelle sont
maintenues non sans regret pendant de longs siècles,
parce qu'on ne peut plus rien y changer ou du moins
non autrement que par une révolution nouvelle (toujours périlleuse). Dans le principe de la pure religion
de la raison, en tant que révélation divine (bien que
non empirique), s'effectuant de manière constante
pour tous les hommes, doit se trouver le fondement de
ce passage à un nouvel ordre de choses qui, une fois
appréhendé par une mûre réflexion, parvient à s'exécuter grâce à une réforme graduelle et progressive,
dans la mesure même où elle doit être œuvre

humaine ; car pour les révolutions qui peuvent abréger ce progrès, on s'en remet à la Providence, et on ne saurait les préparer suivant un plan sans nuire à la liberté.

Toutefois, on est fondé à dire « que le règne de Dieu est venu à nous », même si le principe seul du passage graduel de la foi d'Église à la religion universelle de la raison et ainsi à un État éthique (divin) sur terre a pris racine d'une manière générale, et peut-être en quelque endroit aussi *publiquement*, et bien que l'édification réelle de cet État se trouve encore à une distance infinie de nous. En effet, parce que ce principe contient le fondement d'un progrès continu vers cette perfection, il se trouve en lui comme en un germe qui se développe et par la suite s'ensemence à son tour, la totalité (de manière invisible) qui, un jour, doit éclairer et dominer le monde.

(Troisième partie, 1re section, § VII).

Die Religion innerhalb der Grenzen der bloßen Vernunft (1793), in *Werke*, éd. par Weischedel, Insel-Verlag, Wiesbaden, 1958, tome VII, p. 649-659 et p. 785 sq. ; trad. fr. : *La Religion dans les limites de la simple raison*, traduction et avant-propos par J. Gibelin, Vrin, Paris, ⁵1972, p. 21-24, p. 31 et p. 160 sq. (traduction modifiée).

7. SECTES ET UNIVERSALISME

Ce serait se faire une idée fausse de l'*Aufklärung* que de
croire que l'offensive du rationalisme et du déisme était
d'une part absolument antireligieuse, voire anticonfession-
nelle, et d'autre part qu'elle aurait pu avoir quelque chance
de succès sans entretenir des liens, complexes mais étroits,
avec les cercles dans lesquels se manifestait une volonté de
renouvellement de la foi contre le dogmatisme théologique.
Il faudrait entrer ici dans ces amalgames complexes de rationalisme et de mysticisme que sont les sectes.

Le modèle général à partir duquel devrait sans doute être
abordé ce problème est le cas du piétisme, dont on a souligné précédemment l'apport moderniste [42]. *Nolens volens* le
piétisme et le rationalisme étaient unis dans un même
combat contre l'orthodoxie. On peut estimer que le piétisme
a contribué à donner aux Lumières allemandes leur spécificité, notamment en ce qui concerne la raison morale comme
pierre de touche de la philosophie politique tout autant que
de la philosophie de la religion. Les maîtres de Kant à
Königsberg, Schultz et Knutzen, étaient à la fois piétistes et
wolffiens [43]. Le piétisme souabe, comme celui de Schubart,
constitue en outre un milieu de fermentation des mouvements antidespotiques, et même révolutionnaires (que l'on
pense au séminaire de Tübingen, à l'enthousiasme de Hölderlin pour la Révolution française).

Cette fermentation générale atteint des extrêmes dans les
sectes elles-mêmes, comme celle des Illuminés (ou Illuministes) de Bavière. À tort ou à raison, on a accusé ces loges

42. Cf. au chapitre II à propos de Thomasius et dans ce chapitre
sur Frédéric II et le piétisme.
43. Cf. Victor Delbos, *La Philosophie pratique de Kant*, PUF,
1969, p. 24-30.

d'avoir été les foyers de la Révolution. En 1787, le gouvernement du royaume de Bavière tenta de mettre un terme aux activités de la loge des « Perfectibilistes » d'Adam Weishaupt et choisit de publier sans commentaire les actes saisis lors d'une perquisition. Le résultat ne fut pas celui escompté : l'opinion prit fait et cause pour les persécutés. Weishaupt, par ailleurs ancien élève des jésuites et professeur de droit canon à Ingolstadt, portait le pseudonyme de Spartakus. Dès 1778, il s'adressait aux dignitaires de sa loge en invoquant l'État idéal de Platon, l'*Utopie* de Thomas More, la fédération universelle de l'abbé de Saint-Pierre : « Tels sont les rêves sublimes dont la réalisation requiert l'adhésion de tous les hommes au culte de la nature. Tel est le but ultime de mes efforts. » Le mouvement des Illuministes est au reste inséparable de l'évolution de la franc-maçonnerie, qui se fractionne dans la deuxième moitié du XVIIIᵉ siècle, des courants ou sectes comme les Rose-Croix se créant concurremment à la maçonnerie rationaliste d'origine anglaise, notamment sous l'influence de la franc-maçonnerie française qui a pénétré en Allemagne pendant la guerre de Sept Ans.

Car s'il est un mythe (d'autre part bien réel) qui a échauffé les esprits au XVIIIᵉ siècle, c'est bien la franc-maçonnerie. Nous l'abordons ici, en quelque sorte au second degré, à partir des *Dialogues maçonniques* de Lessing, pris comme exemple des alliances ou alliages compliqués qu'élabore l'alchimie des Lumières (Lessing thématisant du reste expressément dans ses *Dialogues* cette métaphore de l'alchimie). *A priori*, la franc-maçonnerie semble devoir être le réceptacle et le laboratoire d'un esprit nouveau bien contrôlé. Non seulement les têtes pensantes mais aussi la plupart des têtes dirigeantes du continent européen en sont membres : Frédéric le Grand, Ferdinand de Brunswick, François de Lorraine (l'époux de Marie-Thérèse), Charles Auguste de Saxe-Weimar, Lessing, Wieland, Herder, Klopstock, Goethe... Condamnée par une bulle de Clément XII en 1738, la franc-maçonnerie fut dans le même temps reconnue par la plupart des régimes européens. Renouvelée en 1751 par Benoît XIV, la condamnation papale cimenta le lien entre la franc-maçonnerie et les Lumières.

On a pu parler, à propos de l'adhésion de la noblesse à la maçonnerie, de « suicide social » [44]. En France, la franc-maçonnerie s'implante à la mort de Louis XIV, dans une noblesse qui a besoin de nouveaux repères. Venant d'Angleterre, elle

_____

44. Bernard Faÿ, *La Franc-Maçonnerie et la Révolution intellectuelle du XVIIIᵉ siècle*, 1935, p. 62 sq.

profite et se nourrit de la mode anglaise et devient par là même
un vecteur majeur de la pénétration de la pensée religieuse et
politique anglaise. Si, en France, elle continuera de s'identifier
à la noblesse jusqu'à la Révolution, elle est à l'échelle de l'Europe
un facteur de brassage social et répond en Allemagne aux
aspirations de la bourgeoisie. Celle-ci, qui détient à peu de
chose près le monopole de la culture, trouve dans la franc-
maçonnerie un espace intellectuel qui, non seulement, com-
pense son rôle économique entravé et son influence politique
très limitée, mais correspond assez bien au fonds d'idées exprimé
par la *Popularphilosophie*. D'une certaine façon aussi, la secte
reflète cette situation sociale et spirituelle d'un particularisme
aspirant à l'universalité, et c'est ainsi qu'on peut s'expliquer
les liens multiples qui se sont tissés entre la franc-maçonnerie
et les sectes ou mouvements spirituels. Paul Hazard résume
assez justement : « Des gens qui ne veulent plus d'Église fré-
quentent une chapelle obscure... Des antisectaires fondent
une secte... Ils veulent changer la société et ils n'ont pas le
pouvoir : il leur faut une conjuration, une conjuration internationale [45]. »

Le paradoxe apparent des sectes et du rationalisme se
résout dans un consensus théorico-pratique de même nature
que celui de la *Popularphilosophie* : la secte est en réalité
l'avant-garde de l'universalisme de la raison. Dans son premier « Dialogue maçonnique », Lessing distingue les manifestations extérieures et particulières du sectarisme – les
formules, les symboles et les rites – de l'essence ou de l'être
véritable de la franc-maçonnerie, qui est universel et « nécessaire ». Cet être véritable tient en trois mots : déisme, tolérance et cosmopolitisme. Comme dans le cas du piétisme et
du rationalisme, les sectes, et la franc-maçonnerie, sont des
alliés objectifs contre deux ennemis communs : la religion
établie et l'ordre politique et social immuable des régimes de
droit divin.

Les *Dialogues maçonniques* de Lessing sont la traduction
même de ce consensus ; leur franc-maçonnerie idéale fonctionne comme parabole du mouvement des Lumières. La
parabole est d'ailleurs par excellence le mode d'expression
de ces dialogues exotériques dont l'enjeu est de parvenir à
un accord et non d'imposer dogmatiquement une vérité [46].
Le franc-maçon Falk fait donc en sorte qu'Ernst se conver-
tisse à la franc-maçonnerie au terme d'une démarche per-

45. Paul Hazard, *La Pensée européenne de Montesquieu à Lessing*,
1946, tome I, p. 364 sq.
46. Sur la façon dont Lessing conçoit la recherche de la vérité, cf.
supra l'extrait de la *Duplique*.

sonnelle [47], qui n'est cependant possible qu'en « pensant à
haute voix avec un ami » et non par la spéculation, la « *grü-
belnde Vernunft* » que Lessing, lui opposant le piétisme, récu-
sait déjà dans ses *Pensées sur les Frères moraves* (*Gedanken
über die Herrnhüer*). Cette conception communicationnelle
et pratique de la vérité est le sujet même du premier dialogue, qui traite du *secret* de la franc-maçonnerie et exclut,
même pour les initiés, que ce secret puisse faire l'objet d'un
savoir objectif, c'est-à-dire que l'on puisse posséder *la* vérité.
Dans son poème de 1751, *Das Geheimnis* (*Le Secret*), Lessing s'était gaussé du secret des francs-maçons ; il repense
ici complètement sa signification. L'être véritable ou la
« vraie ontologie » de la maçonnerie demeure pour la
connaissance un *Unding* (une non-chose, quelque chose qui
n'existe pas, un monstre) ; il ne se révèle que par la pratique
qui le met en œuvre, et, comme le soulignera encore dans le
troisième dialogue, c'est à ses œuvres, à son éthique, que
l'on doit juger la franc-maçonnerie. Toutefois, ces œuvres
elles-mêmes ne visent pas à administrer telle ou telle preuve
empirique ; ce sont des actes *ad extra*, dont le seul but est
pédagogique. Il s'agit de faire progresser le consensus et,
d'une certaine façon, tout les moyens sont bons. Lessing ne
disait-il pas, dans son apologie de Bérenger de Tours : « Il
vaut mieux que la roue soit propulsée au besoin par de l'eau
sale que de voir la machine entièrement arrêtée. » En outre,
rien ne serait sans doute plus dangereux qu'une *Aufklärung*
qui voudrait révéler brutalement toute « la » vérité — c'est-
à-dire celle qu'elle croit posséder. Il y a donc des vérités
« que l'on pourrait dire » mais le sage « ne peut pas dire ce
qu'il vaut mieux taire ». Le sage conserve donc le secret. Les
francs-maçons s'adaptent donc aux croyances et aux menta-
lités, leur « secret » répond au besoin de merveilleux des
hommes. Mais, en réalité, le seul secret qui existe est, selon
le troisième dialogue, le champ ouvert du futur, de l'histoire,
de la pratique, dans lequel ne saurait suffire le savoir physique — « un domaine où tant de choses peuvent se produire
encore, des choses dont nos experts en politique n'ont pas la
moindre idée. Peut-être les francs-maçons, eux, s'en rappro-
chent-ils ? Je dis "peut-être", je dis "s'en rapprochent" !
Simplement pour t'ôter le préjugé qui te fait croire que partout déjà on a déterminé l'emplacement des travaux à faire,

---

47. « Falk : La franc-maçonnerie n'est pas quelque chose d'arbitraire, de superflu, mais une nécessité de la nature humaine et une
nécessité sociale. Aussi doit-on pouvoir la découvrir aussi bien par
une recherche personnelle que par des indications reçues d'autrui »
(1er dialogue).

que les ouvriers sont là et que les tâches ont déjà été réparties ». Là où le savoir d'entendement ne peut avoir de « concept » (*ibid.*), s'imposent, comme chez Kant, la foi (voir le début du premier dialogue) et la raison pratique. Toute vérité est historique et partielle. Ce qui compte, c'est donc, comme le disait la *Duplique*, la recherche de la vérité, non sa supposée possession. Il s'agit de faire reculer l'erreur, non d'imposer une prétendue vérité. À cette conception relative de la vérité correspond une conception relative du bien ; reprenant sur ce point Leibniz, Lessing parle du maximum possible de bien obtenu en faisant reculer le mal (troisième dialogue). Consacré à la pratique, à la société et à l'État, le deuxième dialogue, dont est tiré notre extrait, repose sur cette conception. L'État est un moindre mal : il divise le monde en nations, mais il réunit aussi les hommes dans ces dernières ; pour la même raison il ne saurait être un but ; il n'est qu'un moyen pour faire progresser la réunion des hommes. Il en va de même des religions. L'imperfection inévitable de ces moyens humains exclut qu'une République mondiale soit réellement possible. L'universalité n'est pas une donnée objective ; en revanche elle peut être un impératif éthique et, au sein des divisions, aux trois niveaux des états sociaux, des confessions et des États, elle peut faire reculer la division au profit de la réunion. Les hommes qui travaillent à cet élargissement du consensus sont les francs-maçons, par leur internationalisme, leur déisme et le brassage social au sein de leurs loges. Ils apparaissent ainsi, dans la vieille société, comme le symbole d'une société cosmopolitique. Dans leur conception dramatique (à la fin du troisième dialogue, Ernst se convertit à la maçonnerie) les trois dialogues forment un tout [48] ; significativement, ils reprennent le plan du livre des *Constitutions,* rédigé par James Anderson en 1723, après la fondation de la Grande Loge d'Angleterre en 1717.

Lessing, la chose est connue, fréquenta les francs-maçons à Berlin. Mais c'est en 1767 qu'il tenta de se faire admettre dans la loge de Hambourg, la première loge allemande, créée en 1727. On a signalé plus haut les mutations qui se produisirent dans la franc-maçonnerie dans les années 1760-1770 ; elles touchèrent la loge de Hambourg et le grand maître Bode dut en suspendre l'existence. En 1771, Lessing fut convié à entrer dans la loge concurrente, « Aux trois roses d'or », du baron de Rosenberg. Les dissidences qui

---

48. Il existe un quatrième et un cinquième dialogues, qui furent publiés qu'après la mort de Lessing ; un sixième dialogue est controversé.

agitaient le milieu maçonnique n'ont sûrement pas été sans effet sur la décision que prit Lessing de mettre à exécution son projet de publier un écrit sur le secret des francs-maçons. On a vu qu'il en propose une interprétation en quelque sorte « œcuménique ». Par là, il réaffirme l'esprit que le pasteur Jean-Théophile Désaguliers, émigré en Angleterre après la révocation de l'édit de Nantes et proche collaborateur d'Anderson, avait imprimé à la maçonnerie anglaise : celui du déisme de Newton, dont Désaguliers était le vulgarisateur. Sous son influence, la Grande Loge d'Angleterre devint un des centres des Lumières. Les *Constitutions* de 1723 proclament la foi en Dieu et l'obéissance à la loi morale ; elles excluent les athées mais admettent toutes les confessions. La « Préface d'un tiers » qui précède les *Dialogues* de Lessing établit un lien explicite avec l'enjeu théologique que poursuit Lessing : la défense de la religion naturelle. En ce sens, les *Dialogues* sont inséparables de *L'Éducation du genre humain*, écrite à la même époque et qui est en quelque sorte le testament théologique de Lessing. Les questions qu'elle traite sont celles-là mêmes que pose la « Préface d'un tiers » : « Pourquoi, dans le christianisme, les manuels systématiques sont-ils apparus si tardivement ? Pourquoi y a-t-il eu tant et de si bons chrétiens qui ne pouvaient ni ne voulaient formuler leur foi d'un façon compréhensible ? Ou bien cela ne se serait-il pas produit encore trop tôt, parce que la foi ne pouvait guère y gagner [49] ? »

GOTTHOLD EPHRAIM LESSING
Deuxième dialogue maçonnique

FALK

Penses-tu que les hommes ont été créés pour l'État, ou l'État pour les hommes ?

ERNST

Certains semblent vouloir soutenir la première hypothèse. La seconde paraît plus vraie.

FALK

C'est aussi mon avis. Les États rassemblent les

---

49. Nous modifions la traduction de P. Grappin pour mieux faire ressortir l'idée : la vérité a besoin des travestissements historiques ; c'est, on l'a vu, une idée centrale des *Dialogues*.

hommes pour que, par cette réunion, chaque individu puisse plus sûrement et plus complètement jouir de sa part de bonheur. L'ensemble des bonheurs individuels est le bonheur de l'État. Il ne peut pas y en avoir d'autre. Toute autre forme de la prospérité de l'État qui impliquerait pour ses membres une obligation de souffrir, même si peu que ce soit, est une forme de la tyrannie. Tout simplement.

ERNST

Pourquoi le crier si haut ?

FALK

Et pourquoi ne pas le crier ?

ERNST

Une vérité que chacun mesure d'après sa propre situation peut facilement être mal utilisée.

FALK

Sais-tu, ami, que te voilà déjà à demi franc-maçon.

ERNST

Moi ?

FALK

Toi-même ; puisque tu reconnais que certaines vérités ne sont pas bonnes à dire.

[...]

ERNST

Comme tu voudras. Mais laissons la franc-maçonnerie. Je ne veux pas que nous recommencions à en parler.

FALK

Pardon ! Tu vois pourtant que je suis tout prêt à t'en dire plus long sur leur compte.

ERNST

Tu veux rire. Donc, la vie sociale des hommes, toutes les formes de gouvernement ne sont que des moyens de faire le bonheur des hommes. Et alors ?

FALK

De purs moyens. Et des moyens inventés par les hommes, encore que je ne veuille pas nier que la nature avait tout agencé pour faciliter à l'homme leur découverte.

ERNST

Ce qui a fait sans doute que beaucoup tiennent la société pour un des buts de la nature. Ils pensent que tout en nous, besoins et passions, y conduisent nécessairement et qu'elle représente de ce fait le but dernier de la nature. Ils raisonnent donc comme si la nature n'avait pas été obligée de faire naître aussi des moyens adaptés à la fin poursuivie ; comme si la nature avait en vue plutôt le bonheur d'un concept abstrait, comme l'État ou la patrie, plutôt que le bonheur des individus qui sont des êtres vivants réels.

FALK

Fort bien. Nous nous rencontrons sur le chemin de la vérité. Maintenant, dis-moi une chose : si les formes de gouvernement sont des moyens, des moyens inventés par les hommes, pourquoi échapperaient-ils au destin de tous les moyens humains ?

ERNST

Et quel est ce destin ?

FALK

Une qualité indissolublement attachée aux moyens qu'emploient les hommes et qui les distinguent des moyens infaillibles des dieux.

ERNST

Mais encore ?

FALK

Eh bien, les moyens humains ne sont pas infaillibles. Souvent, ils n'atteignent pas leur but et même ils provoquent des effets inverses. [...]

Suppose que nous ayons découvert la meilleure Constitution qu'on puisse imaginer, suppose qu'elle ait été acceptée par l'humanité entière, penses-tu que

même alors cette Constitution aura des effets qui nui-
ront au bonheur de l'homme, et qu'il ignorait dans
l'État de nature ?

ERNST

Je pense que si cette Constitution avait de pareils
effets, ce ne serait pas la meilleure Constitution.

FALK

Et qu'il faut en trouver une meilleure. Supposons
qu'elle est trouvée et qu'elle est *la meilleure* ; [...] elle
régit l'ensemble de l'humanité : est-ce que pour cela
l'humanité entière ne formera qu'un seul État ?

ERNST

Bien difficilement. Un État aussi monstrueux serait
ingouvernable. Il faudrait le diviser en un certain
nombre d'États moins importants, régis par les mêmes
lois.

FALK

C'est-à-dire qu'il y aurait encore des Allemands,
des Français, des Hollandais, des Espagnols, des
Russes et tous les autres ? [...] Chacun de ces
petits États aurait ses intérêts particuliers, épousés
par chacun de ses membres. Ces intérêts entreraient
en conflit, tout comme aujourd'hui, et les citoyens
de deux de ces États auraient dans leurs rapports
les mêmes préjugés qu'aujourd'hui : un Allemand
devant un Français ou un Français devant un
Anglais.

ERNST

Très vraisemblablement.

FALK

C'est un fait : quand, aujourd'hui, un Allemand
rencontre un Français ou un Français un Anglais, ce
n'est pas simplement un homme qui rencontre un
autre homme vers lequel le pousse la similitude de
leurs natures, c'est un homme déterminé qui rencontre un autre homme déterminé, tous deux conscients de la différence de leurs orientations, qui les

rend l'un pour l'autre froids, réticents et méfiants, sans même qu'ils aient jamais eu affaire personnellement l'un à l'autre.

ERNST

Ceci est malheureusement vrai.

FALK

Il est donc vrai que le moyen qui rassemble les hommes, pour que cette réunion assure leur bonheur, a pour conséquence immédiate de les diviser.

ERNST

Si c'est ainsi que tu conçois les choses !

FALK

Faisons un pas de plus. Beaucoup de nos petits États auraient des climats différents ; par suite, des besoins différents à satisfaire, des habitudes et des mœurs tout à fait différentes, donc des morales et en fin de compte des religions différentes. Ne crois-tu pas ?

ERNST

C'est un grand pas que tu nous fais faire.

FALK

Il y aurait encore des juifs, des chrétiens, des Turcs, que sais-je encore ?

ERNST

Je n'ose pas dire le contraire.

FALK

S'ils subsistent, ils ne manqueront pas, de quelque nom qu'ils se nomment, de se conduire entre eux comme nos chrétiens, nos juifs et nos Turcs se conduisent depuis toujours. Non pas comme des hommes vis-à-vis d'autres hommes, mais comme une certaine sorte d'hommes envers une autre sorte d'hommes qui lui conteste une certaine supériorité morale sur laquelle elle veut fonder des droits, auxquels l'homme dans l'état de nature n'aurait jamais pensé.

ERNST

Tout cela est triste, mais probablement vrai.

[...]

FALK

Il en est ainsi. Voilà donc le deuxième mal engendré
par la société, bien que son but soit à l'opposé. Elle ne
peut pas unir les hommes sans les diviser, sans creuser
des abîmes entre eux, sans établir entre eux des barrières.

ERNST

Des abîmes effrayants, des barrières infranchissables.

FALK

Voyons maintenant la troisième sorte de mal. La
société ne se contente pas de diviser les hommes, de
les isoler en peuples et en religions différents. Cette
division en quelques grands groupes, dont chacun for-
merait à lui seul un tout, serait encore meilleure que
l'absence de lien. Mais la société fait mieux : elle prolonge ces divisions à l'intérieur même et pour ainsi
dire jusqu'à l'infini.

ERNST

Comment cela ?

FALK

Penses-tu donc qu'un État se conçoive sans différences des états sociaux ? Qu'il soit bon ou mauvais,
plus ou moins éloigné de la perfection, il est en tout
cas impossible que tous les membres d'un État aient
entre eux les mêmes rapports. Tous peuvent prendre
part à la fabrication des lois, mais pas tous au même
degré. Il y aura donc des citoyens éminents et d'autres
plus négligeables. Si à l'origine tous les biens de l'État
ont été également répartis entre les citoyens, cela ne
durera pas l'espace de deux générations. L'un saura
mieux tirer parti que l'autre de sa propriété. Et celui
qui aura mal géré son bien devra peut-être aussi le
partager entre un plus grand nombre d'enfants. Ainsi

les uns deviendront plus riches, les autres s'appauvri-
ront.

ERNST

Bien entendu.

FALK

Eh bien, regarde combien souvent le mal a son origine dans les différences de condition.

ERNST

Si seulement je pouvais te contredire ! Mais quelle
raison aurais-je ? Eh bien, oui les hommes ne peuvent
être unis que par la division ; seule la division perpé-
tuellement renouvelée assure leur union. C'est ainsi et
cela ne peut pas être autrement. [...]

FALK

Si on ne peut pas réunir les hommes en société
autrement que par des divisions, sont-elles pour cela
souhaitables, ces divisions ?

ERNST

Bien sûr que non.

FALK

Sont-elles pour autant sacrées ?

ERNST

Comment sacrées ?

FALK

Qu'il soit interdit d'y toucher, d'y porter la
main ?

ERNST

Dans le but ?...

FALK

Dans le but de les empêcher de grandir plus qu'il
n'est nécessaire. Dans le but de neutraliser leurs
conséquences autant que possible.

ERNST

Pourquoi interdire cela ?

FALK

On ne pourrait pas non plus dire de le faire, en
tout cas pas dans les lois, car les lois ne connaissent
que des objets qui sont dans la limite des États qui
les prennent, et ceci, par définition, se trouverait hors
des frontières des États. Cela devrait donc être rangé
parmi les « œuvres surérogatoires », dont on peut
seulement souhaiter que les plus sages et les
meilleurs citoyens de tous les États s'y plient volontairement.

ERNST

Souhaitons-le ardemment !

FALK

Oui, souhaitons ardemment qu'il se trouve dans
chaque État des hommes capables de s'élever au-
dessus des préjugés de leur groupe et de déterminer
exactement le moment où le patriotisme cesse d'être
une vertu.

ERNST

Souhaitons-le ardemment !

FALK

Et souhaitons ardemment aussi qu'il y ait dans
chaque nation des hommes qui échappent aux préjugés de la religion dans laquelle ils sont nés et qui
ne croient pas que le bon et le vrai sont obligatoi-
rement ce qu'ils tiennent pour tel.

ERNST

Souhaitons-le ardemment !

FALK

Souhaitons ardemment qu'il se trouve dans chaque
État des hommes que n'aveuglent pas les honneurs
et qui ne méprisent pas les petits, des hommes dont
la société inspire aux grands le respect et aux petits
la confiance.

ERNST

Souhaitons-le ardemment !

Ernst und Falk. Gespräche für Freimaurer (1778), in *Sämtliche Schriften*, éd. par Karl Lachmann (3ᵉ édition revue et augmentée, établie par Franz Muncker), tome XIII, Göschen'sche Verlagshandlung, Leipzig, 1897, p. 352-360 ; trad. fr. : *Ernst et Falk. Dialogues maçonniques,* introduction et notes par P. Grappin, Aubier-Montaigne, Paris, 1968, p. 51-67 (traduction modifiée).

8. RELIGION ET PHILOSOPHIE DE L'HISTOIRE

LESSING
Éducation et révélation [50]

Dans son drame *Nathan der Weise (Nathan le Sage)*, Lessing montre que les religions sont unies par un noyau commun de vérité, mais que ce noyau est masqué par les dogmes et les pratiques extérieures des religions positives. Dans les *Dialogues maçonniques*, il oppose à l'Église visible une Église invisible qui n'est autre qu'une communauté séculière d'hommes éclairés, unis par un consensus rationnel. S'il ne défend plus l'idée que la Raison peut connaître et faire connaître par des moyens exclusivement rationnels ce noyau de vérité, Lessing n'a pourtant pas abandonné la conviction qui était la sienne dans *Le Christianisme de la raison* (1753) et selon laquelle ce noyau est rationnel. L'exigence d'une *étude comparée des religions (vergleichende Religionswissenschaft)* est depuis longtemps présente chez Lessing ; dans son *Apologie de Cardan* notamment [51], Lessing déclarait : « Qu'on ne me dise pas qu'il suffit de soumettre à l'examen sa propre religion et qu'il n'est pas nécessaire, lorsqu'on les a découvertes en elle, de rechercher également dans les autres les traces de la divinité [52]. » *Nathan le Sage* repose sur cette exigence, qui fonde

50. Bien entendu ces développements sur Lessing peuvent, dans un parcours pédagogique, être rattachés à la section « L'idée d'éducation » du chapitre IV. Sur la problématique générale, cf. G. Raulet, « L'idée d'éducation dans les Lumières allemandes », in *Archives de philosophie*, n° 42, 1979, p. 421-437.

51 Cf. supra « Contre le dogmatisme théologique » (section 4).

52. *Sämtliche Schriften*, éd. Lachmann-Muncker, tome XIV, p. 33.

la tolérance. *L'Éducation du genre humain* inscrit cette réflexion dans l'histoire. L'étude comparée des religions se transforme en *Religionsgeschichte*. Lessing se demande si les religions positives, envisagées historiquement, ne sont pas des traductions du noyau rationnel adaptées à chaque époque et constituant par là même, non pas malgré mais bien plutôt grâce au travestissement en dogmes et en Églises visibles, une initiation progressive à la vérité, une Révélation continuée. S'il en est ainsi, les religions révélées doivent être envisagées comme une « éducation du genre humain ». Le terme de cette éducation est l'*Aufklärung*, l'« Évangile de la Raison », qui n'est donc plus en conflit avec la religion mais conforme au plan divin, dont elle est le parachèvement. À un triple égard, cette assimilation de la Révélation à l'éducation constitue une sécularisation : non seulement l'accomplissement de l'éducation-révélation est la Raison (les révélations et les miracles ont seulement accéléré le processus par lequel la raison humaine aurait, plus lentement, conquis les mêmes vérités), mais les fins dernières sont humaines et surtout les religions, conformément à l'exigence de « foi vécue » que Lessing faisait déjà valoir dans ses *Pensées sur les Frères moraves*, sont évaluées à l'aune de leurs effets pratiques et éthiques. C'est ce qu'établissent les cinq paragraphes introductifs, en justifiant l'application de la métaphore de l'éducation à la révélation. La Révélation est au genre humain ce que l'éducation est à l'individu. Cette métaphore peut être lue dans un double sens : ou bien la révélation est assimilée à l'éducation, ou bien l'éducation reste conçue dans un cadre religieux. C'est là un débat essentiel au XVIIIe siècle [53]. Dès lors cependant que l'éducation est, en un sens leibnizien, le déploiement de facultés ou dispositions données à l'homme (cf. § 5), la sécularisation l'emporte. D'autant que (§ 2) il n'y a *pas de différence de nature* entre vérités révélées et vérités rationnelles [54], mais continuité. Une continuité qui inscrit la Révélation dans l'histoire, qui donc l'historicise et la relativise. D'autant encore que les paragraphes de 3 à 5 précisent dans quel sens la métaphore doit être lue : ce n'est pas la Révélation qui permet de comprendre l'éducation, mais bien l'inverse, même si la Révélation-éducation a une portée plus grande que l'éducation des individus. Lu en ce sens, le parallèle assimile incontestablement la Révélation à la Raison. Dieu, le Grand Pédagogue, a donc procédé comme tout bon éducateur en tenant

---

53. Cf. supra note 40.
54. Pour Thomas d'Aquin, Dieu révèle des vérités que la raison humaine ne pourrait jamais découvrir.

compte des facultés de compréhension des hommes : il *s'est conformé à leur raison*. Sa création est ordonnée et harmonieuse, mais Lessing inscrit ce « meilleur des mondes » leibnizien dans le cadre d'une réalisation historique, téléologique. Les paragraphes 6 et 7, paragraphes de transition, traduisent cet « abandon à l'histoire » et coupent court aux débats de l'époque sur la question de savoir s'il y a eu d'abord une révélation monothéiste puis une déchéance, ou bien un progrès du polythéisme et de l'idolâtrie vers le monothéisme (Hume). L'incertitude qui règne en la matière reflète pour Lessing le fait que les hommes, quand bien même ils auraient reçu la Révélation d'un Dieu unique, n'auraient su qu'en faire puisqu'ils ne pouvaient la concevoir.

On peut ensuite diviser l'écrit en trois grands moments (dont nous avons tenté de rendre compte au moyen des extraits ci-après) ; ils correspondent à trois âges de l'humanité. Les paragraphes 8 à 53 concernent le peuple juif jusqu'à la venue du Christ (§ 54). Dieu a choisi le peuple le plus rude pour « entreprendre depuis les bases son œuvre d'éducation ». Nous ne pouvons entrer ici dans les différentes étapes par lesquelles les juifs entrent en contact avec la Raison et s'élèvent peu à peu non seulement à la spéculation, et surtout de la Loi à une prise de conscience morale. Cette dernière se manifeste par les progrès de l'idée de l'immortalité de l'âme, absente de l'Ancien Testament. Cette idée est la clé de la relecture lessingienne de l'histoire de la religion. Elle fonde son rejet de la « théopneustie » et de la « bibliolâtrie » qui en découle. Dans les paragraphes 22 et suivants, Lessing réagit en particulier contre Warburton, qui déduit de l'absence de cette idée dans l'Ancien Testament le caractère divin de la mission de Moïse : chaque juif, voyant son obéissance ou sa désobéissance à la Loi récompensée ou punie, se serait convaincu de l'origine divine de la Loi. Une telle conception aurait selon Lessing (fin du § 25) complètement bloqué le progrès ; elle aurait en outre fait du bonheur (et non de la moralité) une fin. Enfin et surtout, la situation de l'homme serait un miracle continu, excluant toute progression et toute responsabilité.

Les paragraphes 54 à 81 sont consacrés au christianisme. Lessing y souligne le caractère essentiellement pédagogique de tous les Testaments et Évangiles en invoquant l'exemple du Christ. Exemple pratique et éthique avant d'être spéculatif (§ 73-75). Le chrétien s'affranchit de la morale du commandement pour accéder à une morale de la responsabilité ; il n'attend plus de récompenses et ne redoute plus de punitions ici-bas, car seule lui importe l'immortalité de l'âme. Le christianisme, c'est avant tout la foi vécue de la responsabilité morale qu'enseigne l'engagement du Christ, qui a vécu son Évangile. Ce que les apôtres en ont fait après tient à la tâche historique qu'ils avaient à assumer et qui n'allait pas sans accommodements, historiques et pédagogiques. Tel qu'il nous est parvenu (et Lessing, on le voit, met lui aussi en cause l'authenticité du Nouveau Testament), le Nouveau Testament n'est rien d'autre, mais rien moins aussi, que « le second des grands livres élémentaires du genre humain ».

Les paragraphes 82 à 100, enfin, invoquent, en reprenant l'inspiration millénariste d'un Joachim de Flore [55], un « troisième Évangile ». Comme chez Kant cependant, l'achèvement de l'éducation morale de l'espèce humaine requiert un postulat : en l'occurrence celui de la métempsycose (§ 94-98), qui remplit la même fonction que celui de l'immortalité de l'âme chez Kant. Les temps sont proches mais aucun millénarisme ne saurait accélérer leur venue. La Providence avance de son pas insensible (§ 91). L'accomplissement des Lumières reste inscrit dans le Plan d'une téléologie divine.

L'Éducation du genre humain

§ 1 — La révélation est au genre humain ce que l'éducation est à l'individu.

§ 2 — L'éducation est la forme de révélation qui est donnée à l'individu ; la révélation est la forme d'éducation qui a été donnée au genre humain et qui continue à l'être.

§ 3 — Que cette façon de considérer l'éducation puisse rendre service au pédagogue, c'est une question que je n'examinerai pas ici. Mais en théologie, il sera certainement très utile de considérer la révélation comme une éducation du genre humain ; on résoudra ainsi bien des difficultés.

§ 4 — À l'individu l'éducation ne donne rien qu'il n'aurait pu tirer de lui-même, mais ce qu'il aurait pu tirer de son propre fonds elle le lui donne plus vite et sans d'aussi grands efforts. De même, la révélation n'enseigne au genre humain rien que la raison humaine laissée à elle-même n'aurait pu trouver, mais

55. À qui Lessing se réfère de façon non ambiguë au § 87.

par ce moyen l'humanité a reçu et continue à recevoir l'enseignement des vérités essentielles plus tôt qu'elle n'aurait pu l'avoir par elle-même.

§ 5 — À l'éducateur il importe de déterminer dans quel ordre il met en œuvre les facultés humaines, car il ne peut pas apprendre à un homme tout à la fois ; de même Dieu dans ses révélations a dû procéder selon un certain ordre, un certain rythme.

§ 8 — Mais comme il ne pouvait ni ne voulait plus se révéler à chaque homme en particulier, il choisit un peuple particulier, le plus grossier, le plus farouche, pour pouvoir ainsi reprendre à la base son œuvre d'éducation. [...]

§ 26 [...] Dans un livre élémentaire à l'usage des enfants, le pédagogue peut passer sous silence telle ou telle vérité scientifique ou artistique qu'il tient pour inaccessible aux forces de l'enfant qui doit utiliser le livre. Mais il n'a pas le droit de mettre dans ce livre quoi que ce soit qui puisse barrer la route à l'enfant, l'empêcher d'acquérir un jour la connaissance de ces grandes vérités. Au contraire, il faut que toutes les voies d'accès lui soient soigneusement tenues ouvertes [...] ;

§ 51 — Mais un livre élémentaire ne convient qu'à un âge déterminé. C'est nuire à un enfant que vouloir lui imposer ce livre après qu'il a dépassé cet âge, donc plus longtemps que l'auteur n'avait prévu. En effet, pour le rendre tant soit peu utile on est obligé d'y introduire plus de choses qu'il y en a, d'y introduire plus qu'il peut contenir. On est alors obligé de solliciter trop finement les allusions et les indications, d'interpréter les exemples de façon trop circonstanciée, de trop pressurer les mots pour en extraire plus de sens. Par ces moyens, on rendra l'esprit de l'enfant mesquin, oblique et vétilleux ; il deviendra dissimulé et superstitieux, plein de mépris pour tout ce qui est simple et clair.

§ 52 — C'est ainsi justement que les rabbins ont traité leurs livres saints ! C'est le caractère qu'ils ont imprimé à l'esprit de leur peuple.

§ 53 — Il faut que vienne un meilleur pédagogue qui arrache des mains de l'enfant le livre élémentaire dont le contenu est épuisé. Ce fut le Christ ! [...]

§ 56 — Depuis longtemps déjà dans cette partie de l'humanité, les meilleurs étaient habitués à se laisser guider par quelque chose qui ressemblait à des motifs supérieurs. C'est pour survivre dans le souvenir de leurs concitoyens que les Grecs et les Romains s'engageaient aux plus grandes actions.

§ 57 — Il était temps qu'une autre vie véritable, à laquelle nous devons nous attendre après notre existence d'ici-bas, entrât en ligne de compte pour nos actions.

§ 58 — Ainsi le Christ fut le premier qui enseigna l'immortalité de l'âme d'une façon pratique et qui méritât la confiance.

§ 59 — C'est un professeur qui mérite la confiance par les prophéties qui semblaient s'accomplir en lui, par les miracles aussi qu'il accomplissait et par sa propre résurrection après une mort qui avait été la confirmation de toute sa doctrine [...].

§ 60 — Le Christ est un maître pratique. En effet, autre chose est présumer ou souhaiter l'immortalité de l'âme, y croire comme on croit une vérité philosophique, autre chose est modeler toute sa conduite et toutes ses pensées d'après cette conviction.

§ 61 — Et, au moins pour ce dernier point, le Christ fut le premier. En effet, dans bien des nations, déjà avant le Christ, la croyance s'était établie que les mauvaises actions seront punies aussi dans l'autre vie, mais il ne s'agissait jamais que d'actions nuisibles à la société civile et que par conséquent la même société civile avait déjà sanctionnées par des châtiments. Celui qui devait prêcher la pureté intérieure, la pureté du cœur dans l'espoir d'une autre vie, c'était seulement le Christ.

§ 62 — Fidèlement, ses disciples ont propagé cette doctrine. [...]

§ 64 — L'expérience montre au moins avec évidence que les livres du Nouveau Testament, où ces

enseignements quelque temps plus tard se trouvèrent
consignés, ont constitué et constituent toujours le
second des grands livres élémentaires du genre
humain.

§ 67 — Il était nécessaire aussi que, pendant un
certain temps, chaque peuple tînt ce livre pour le *nec
plus ultra* de ses connaissances. C'est ainsi en effet que
l'enfant doit d'abord considérer son livre élémentaire,
de crainte que l'impatience d'en finir ne l'entraîne à
aborder des questions auxquelles il n'a pas encore été
préparé. [...]

§ 72 — Mais nous n'avons plus besoin de l'Ancien
Testament pour saisir la doctrine de l'unité de Dieu ;
de même nous nous habituons progressivement à nous
passer du Nouveau Testament pour saisir la doctrine
de l'immortalité de l'âme : ne pourrait-on pas faire
apparaître dans ce dernier livre l'image d'autres vérités
de cet ordre que notre esprit étonné regardera comme
des révélations aussi longtemps que la raison n'aura
pas appris à les déduire des autres vérités qu'elle a
établies et à les mettre en relation avec elles.

§ 73 — Par exemple, la doctrine de la Trinité.
Est-ce que cette doctrine, mettant une fin aux inter-
minables errements de la raison humaine, ne pourrait
pas l'amener à reconnaître que Dieu ne peut pas être
un, au sens où on dit que les objets finis sont uns, que
son espèce est une unité transcendantale qui n'exclut
pas une espèce de multiplicité ? Est-ce que Dieu ne
doit pas avoir au moins une représentation exhaustive
de lui-même, c'est-à-dire une représentation où on
retrouve tout ce qui est en lui ? Mais trouverait-on en
elle tout ce qui est en lui si sa réalité nécessaire s'y
trouvait simplement sous forme de représentation, de
possibilité ? Cette possibilité épuise l'être des autres
qualités, mais épuise-t-elle aussi l'être de sa réalité ? Il
me semble que non. En conséquence, ou bien Dieu
ne peut avoir aucune représentation exhaustive de lui-
même, ou bien cette représentation exhaustive est
nécessairement réelle, au même titre que Dieu lui-
même [...].

§ 76 — Qu'on ne vienne pas objecter que de pareilles ratiocinations sur les mystères de la religion sont interdites. Aux premiers temps du christianisme, le mot mystère signifiait tout autre chose que ce que nous entendons aujourd'hui et la transformation de vérités révélées en vérités de raison est en fin de compte nécessaire si elle doit servir les intérêts du genre humain. Quand elles ont été révélées, elles n'étaient certes pas des vérités de raison, mais elles ont été révélées pour qu'elles le deviennent [...].

§ 81 — Ou bien est-ce que le genre humain ne doit jamais parvenir à ces suprêmes degrés de lumière et de pureté ? Ne jamais y parvenir !

§ 82 — Jamais ! Dieu de bonté, garde-moi de ce blasphème ! Toute éducation a un but, pour le genre humain aussi bien que pour un individu ! Quand on éduque quelqu'un, c'est pour en faire quelque chose.

§ 83 — Les perspectives flatteuses que ses maîtres ouvrent au jeune disciple, l'honneur, le bien-être qu'on fait miroiter à ses yeux : est-ce autre chose que des moyens pour faire de lui un homme capable d'accomplir son devoir même si ces perspectives d'honneur et de bien-être devaient ne pas se réaliser ?

§ 84 — Voilà le but que se propose l'éducation humaine, et l'éducation divine ne pourrait pas y atteindre ? Ce que l'art des hommes réalise pour un individu, la nature ne saurait pas le réaliser pour l'espèce ? Blasphème ! Blasphème !

§ 85 — Oh non ! Il viendra, il viendra certainement cet âge de la perfection où l'homme, à mesure que son esprit se convaincra davantage de l'approche d'un avenir toujours meilleur, n'aura cependant plus besoin de demander à cet avenir les mobiles de ses actes ; car alors, il fera le bien parce que c'est le bien, et non pas pour la raison qu'il s'accompagne de certaines récompenses qui, autrefois, avaient été instituées arbitrairement pour que le regard vacillant de l'homme soit rendu attentif et plus assuré, pour qu'il arrive ainsi à découvrir dans l'essence même du bien les véritables récompenses qui sont inhérentes à sa nature.

§ 86 — Il viendra certainement le temps du nouvel Évangile, de l'Évangile éternel, qui, même dans les livres de la Nouvelle Alliance, est promis aux hommes !

Die Erziehung des Menschengeschlechts (1777-1780), in *Sämtliche Schriften*, éd. par Karl Lachmann (3e édition revue et augmentée, établie par Franz Muncker), tome XIII, Göschen'sche Verlagshandlung, Leipzig, 1897, p. 416-436 ; trad. fr. : *L'Éducation du genre humain*, introduction, traduction et notes par P. Grappin, Aubier-Montaigne, Paris, 1968, p. 91-129 (traduction modifiée).

★

★ ★

KANT
Le plan de la Providence

La philosophie morale de Kant repose sur trois postulats qui garantissent le sens de l'action morale : la liberté, l'existence de Dieu et l'immortalité de l'âme [56]. Les postulats de l'existence de Dieu et de l'immortalité de l'âme permettent de résoudre l'antinomie de la vertu et du bonheur et d'assurer la convergence de l'ordre naturel et de l'ordre moral. La téléologie kantienne, dont il sera plus longuement question dans le chapitre suivant sur l'histoire, tente de répondre au même problème. Il ne s'agit pas, comme on le lit trop souvent, d'une approche différente, voire contradictoire, mais d'une approche complémentaire. La téléologie complète et prolonge la morale, mais en inversant en quelque sorte sa démarche. Tandis que la raison pure pratique part de l'autonomie de la loi morale et postule la convergence de la nature et de la morale, la téléologie retourne aux faits, et notamment à l'histoire, et tente de surmonter l'abîme que la critique avait dû ouvrir entre l'ordre de la connaissance et l'ordre de l'éthique, afin d'échapper à la métaphysique et aux apories de la philosophie populaire.

La téléologie, puisqu'elle se voit ainsi investie de la mission d'étayer dans le domaine des faits et de l'histoire une harmonie que la Raison pure ne peut que *postuler*, se

56. Cf. supra *La Religion dans les limites de la simple raison*.

retrouve en première ligne du vaste mouvement de sécularisation de l'ordre « voulu par Dieu ». À cet égard, le recours à la Providence, pourrait-on dire irrévérencieusement, ne mange pas de pain. Il est de nature à fonder un consensus entre les tenants d'une conception chrétienne de l'histoire et les défenseurs de la « religion naturelle ». Comme l'argument physico-théologique, aussi appelé argument téléologique. À ceci près bien sûr que Kant a démoli ce dernier dès la *Critique de la raison pure*. Du même coup, parler indifféremment de « plan de la Providence » ou de « plan de la nature » est une « façon de parler » qui a chez Kant un sens distinct et une portée bien différente. Le problème est d'autant plus aigu que c'est la théologie qui a su aux XVIIᵉ et XVIIIᵉ siècles prendre en compte l'Histoire [57]. D'un côté, l'exégèse s'est affranchie du dogme de l'inspiration verbale et lancée dans l'histoire critique des livres bibliques, interrogeant le contenu de vérité de la Bible. De l'autre, Bossuet propose dans son *Discours sur l'histoire universelle* une interprétation religieuse universelle de l'Histoire. De plus, l'idée de progrès est elle-même d'origine religieuse, judéo-chrétienne ; elle est étrangère à la pensée antique, notamment grecque, qui est dominée par une conception cyclique du temps (sauf par certains aspects chez les sophistes et les épicuriens). Dans la tradition judéo-chrétienne elle fonde l'histoire du Salut et la conception d'un destin unique de l'individu ou de l'Humanité. Fonder l'Histoire impliquait donc la sécularisation de l'histoire du Salut. Il faut toutefois s'entendre sur le terme de sécularisation ; car Kant refuse tout autant le « chiliasme théologique » que sa simple transcription en un « chiliasme philosophique » (cf. *La Religion dans les limites de la simple raison*). Le cadre d'interprétation religieux peut tout au plus être hérité comme « Idée ». Par Idée, il faut entendre que l'histoire universelle, son but ultime et l'idée même de progrès relèvent de ce qui est pensable, mais non connaissable.

La rupture de Kant avec la théologie est précoce ; elle se produit dans la période précritique à l'occasion du « tremblement de terre de Lisbonne » (1755), à propos duquel Kant remarque dans « Histoire et description naturelle des événements tout à fait singuliers dus au tremblement de terre qui a ébranlé une grande partie du monde à la fin de l'année 1755 » (1756) [58] qu'on a tort de le qualifier ainsi, car

---

57. Ernst Cassirer, *La Philosophie des Lumières*, Fayard, 1966, p. 207 sq.

58. « *Geschichte und Naturbeschreibung der merkwürdigsten Vorfälle des Erdbebens, welches an dem Ende des 1755sten Jahres eines großen Teil der Erde erschüttert hat.* »

il s'agit d'une activité sismique certes considérable mais qui n'a frappé Lisbonne que parce que celle-ci était en son centre. Le tremblement de terre de Lisbonne conduit Kant à prendre le contre-pied de toute idée de châtiment divin ; il réagit en scientifique et écrit quelques années plus tard dans *L'Unique fondement d'une preuve de l'existence de Dieu* (1763) : « Il y a dans la nature des forces qui ont le pouvoir de détruire hommes ou États, ou l'espèce humaine tout entière : tremblements de terre, ouragans, mouvements de la mer, comètes, etc. Qu'un de ces événements se produise de temps en temps, cela s'explique assez bien dans l'ordre de la nature selon une loi universelle. Mais d'après les lois qui déterminent ces événements, les délits et la corruption ne figurent nullement comme des causes naturelles, en connexion avec ces événements... Il n'apparaît aucun rapport de cause à effet [59]. » Kant distingue donc clairement le domaine moral et le domaine physique.

Dès lors, il doit affronter le scepticisme et le pessimisme qui découlent de la rupture avec l'histoire du Salut. Le scepticisme de Bayle, qui récuse le fondement de la vérité historique sur l'autorité de la parole biblique et en arrive à proposer une version inversée de l'histoire du Salut : la fin de l'époque des guerres civiles ne marque que le passage au stade « supérieur » de la guerre entre les États. Le pessimisme de Rousseau, pour qui le progrès des sciences et des arts engendre l'inégalité entre les hommes. L'« immoralisme » de Mandeville, pour qui le progrès de la culture ne résulte pas des vertus mais des vices. Et enfin la conclusion désabusée que Burke tire de la Révolution française : « *The nature of man is intricate ; the objects of society are of the greatest possible complexity : and therefore no simple disposition or direction of power can be suitable either to man's nature, or to the quality of his affairs* » (§ 169). Cette conclusion débouche sur le pragmatisme de la *Staatsklugheit*, tel que le défend en 1793 Rehberg, *Geheimsekretär* de la chancellerie de Hanovre et disciple de Burke, dans ses *Untersuchungen über die französische Revolution*, que Fichte s'attachera à réfuter dans ses *Considérations destinées à réfuter les jugements du public sur la Révolution française* [60]. Le divorce entre théorie et pratique est en effet porté à son comble par le bilan qu'on tire de la Révolution française en 1793. D'où le succès en Allemagne des *Reflections on the French Revolution* de Burke.

Ce faisant, la quête de Kant n'est pas foncièrement différente de celle de Herder. Comme lui, il souligne l'impor-

59. *Werke*, éd. Weischedel, tome II, p. 667 sq.
60. Cf. infra au chapitre IV.

tance de l'histoire empirique, mais aussi la nécessité de la
dépasser pour (re)fonder l'idée d'un progrès général.
Comme chez Herder, la téléologie se voit confier la tâche de
surmonter la coupure entre théorie et pratique — mais une
téléologie indépendante de la théologie. Elle va assumer la
fonction législatrice qui est celle du jugement dans tous les
ordres dans lesquels il s'exerce — fonction médiatrice entre
les concepts et l'intuition dans la connaissance physique,
entre la théorie et la pratique dans l'ordre pratique. Dans cet
ordre, le jugement téléologique va prendre en charge la mission suprême de la philosophie en mettant en relation les
faits et les fins ultimes de la raison humaine (*teleologia
rationis humanae* — telle est en effet la définition de la philosophie dans la *Critique de la raison pure*) [61]. Il permet de
penser le monde sensible en référence au monde intelligible,
sans pour autant confondre ces deux ordres.

Dans *Le Conflit des facultés* (2e section, V), Kant soulignera que l'étude de l'histoire empirique ne fournit que des
signes. Il faut donc parvenir à fonder la convergence de la
nature et de la raison, montrer que les fins de la nature et les
fins de la liberté concordent sans retomber dans le dogmatisme métaphysique, c'est-à-dire sans que la théologie ou le
finalisme naturel envahissent la philosophie de l'histoire,
comme c'est le cas chez Herder, qui cumule ces deux
défauts. Le postulat de Kant est certes que « la nature spé-
cifie elle-même ses lois transcendantales selon un principe [62] », mais le progrès ne consiste pas plus — malgré le
caractère captieux et ambigu des déclarations de Kant sur le
« plan de la nature » ou de la « Providence » — en un
« choix » intentionnel, délibéré, de la Nature qui reviendrait
à une nécessité, à un déterminisme, qu'en une substitution
consciente et voulue par les hommes des moyens de la culture — la moralité et le droit — au déterminisme naturel.
Kant se garde de substituer au désordre de la matière historique une *Naturphilosophie* et de surestimer l'idée de
garantie naturelle ; lorsqu'on traite des passages qui parlent
de cette dernière, par exemple dans *Idée d'une histoire universelle d'un point de vue cosmopolitique,* on doit toujours
conserver à l'esprit que cette « garantie » n'a pas valeur de
fondement, mais qu'elle est établie par le jugement réfléchissant et que sa validité reste dans les limites heuristiques de

61. « Architectonique de la raison pure », *Critique de la raison
pure,* trad. fr., PUF, 1944, p. 562.
62. *Preisschrift : Welches sind die wirklichen Fortschritte der Metaphysik seit Leibniz' und Wolffs Zeiten in Deutschland,* Handschriftli-
cher Nachlaß, Berlin.

ce dernier. Il faut se garder de toute confusion entre l'ordre physique et l'ordre moral, entre l'objectif et le subjectif. « Nous n'observons pas dans la nature des fins intentionnelles comme telles » ; c'est seulement « en réfléchissant sur ses produits [que] nous ajoutons par la pensée ce concept comme fil conducteur pour le jugement [63] ». L'idée d'une histoire philosophique (ou « systématique ») n'est donc en rien un ersatz de théologie coupant court aux insuffisances de l'historiographie empirique — ce qui est pour Kant de la métaphysique et qui plus est « de la métaphysique très dogmatique » (comme il le dit dans son compte rendu des *Idées* de Herder — cf. infra). Elle est tout le contraire : elle s'appuie sur l'histoire empirique et ses progrès scientifiques ; mais comme ceux-ci ne suffisent toujours pas à permettre une vision globale qui ne sera sans doute jamais possible, elle les soumet à un traitement critique à la lumière des fins de la Raison morale-pratique, sans pour autant conférer à cette dernière un statut fondamental qui la transformerait en « néo-théologie ».

TRAITÉ DE PAIX PERPÉTUELLE
Premier additif [64]
De la garantie de la paix perpétuelle

Ce qui donne cette *assurance* (cette garantie) n'est rien moins que la grande artiste, la *nature (natura dædala rerum),* dont le cours mécanique laisse manifestement briller une finalité qui fait s'élever, au travers de la discorde des hommes et même contre leur volonté, la concorde ; c'est pourquoi, de même qu'une cause agissant de manière contraignante et selon des lois inconnues de nous s'appelle *destin,* de même, si l'on considère sa finalité dans le cours du monde, elle s'appelle *Providence,* parce qu'elle manifeste la profonde sagesse d'une cause supérieure, tournée vers la fin objective ultime du genre humain et prédéterminant ce cours du monde. Cette Provi-

63. *Critique de la faculté de juger,* § 75.
64. Nous traduisons *Zusatz* par « additif ». Ni la traduction J. Gibelin (Vrin, 1970), ni la nouvelle traduction aux éd. Flammarion (1991) ne nous paraissent satisfaisantes pour rendre le jeu de Kant avec le genre des traités. Voir également au chapitre IV, section 5, la note 17.

dence, nous ne pouvons à proprement parler la *connaître* à partir des ouvrages de la nature et nous ne pouvons pas non plus la déduire de ceux-ci, mais (comme dans tout ce qui concerne le rapport de la forme des choses à des fins en général) nous pouvons et devons seulement l'*ajouter par la pensée*, afin de nous faire un concept de sa possibilité, par analogie avec les actions de l'art humain ; mais la représentation de leur rapport et de leur concordance avec la fin (la fin morale) que la raison nous prescrit immédiatement est une idée qui est certes transcendante d'un point de vue *théorique*, mais qui, d'un point de vue pratique (par exemple, en ce qui concerne le concept d'un devoir de *paix perpétuelle*, visant à utiliser ce mécanisme de la nature pour atteindre cette dernière), est bien fondée dogmatiquement et en réalité. L'emploi du mot *nature*, quand il s'agit simplement, comme ici, de théorie (et non de religion), convient également davantage aux bornes de la raison humaine (qui doit, si l'on considère le rapport des causes et des effets, se tenir à l'intérieur des limites de l'expérience possible) et est plus *modeste* que l'expression *Providence*, qui désignerait une providence que nous pouvons connaître et nous doterait présomptueusement des ailes d'Icare grâce auxquelles nous nous approcherions du secret de son insondable dessein [...].

Reste maintenant la question qui concerne l'essentiel du dessein de la paix perpétuelle : que fait la nature dans ce dessein, relativement à la fin que la propre raison de l'homme se propose comme devoir ? Que fait-elle par conséquent pour favoriser son *dessein moral* ? Comment garantit-elle que, ce que l'homme *devrait* faire d'après des lois de liberté mais ne fait pas, il est assuré qu'il le *fera*, sans préjudice de cette liberté, par le biais d'une contrainte de la nature, et cela d'après les conditions du droit public, *du droit des États, du droit des gens et du droit cosmopolitique* ? Quand je dis de la nature : elle *veut* que ceci ou cela arrive, cela signifie moins qu'elle nous impose le devoir de le faire (car seule la raison pratique, libre de toute

contrainte, le peut) que ceci : elle le fait elle-même,
que nous le voulions ou non (*fata volentem ducunt,
nolentem trahunt*).

*Zum ewigen Frieden (Erster Zusatz : Von der Garantie des
ewigen Friedens)*, in *Werke*, ed. par W. Weischedel, Insel,
Frankfurt/Main, 1964, tome VI, p. 217-219 et p. 223 ; trad.
fr. : « Vers la paix perpétuelle », in *Vers la paix perpétuelle,
Que signifie s'orienter dans la pensée?, Qu'est-ce que les Lumières ? et autres textes,* introduction, notes, bibliographie et
chronologie par Françoise Proust, traduction par Jean-
François Poirier et Françoise Proust, Flammarion, Paris,
1991, p. 98-100 et p. 103-104. Traduction modifiée.

CHAPITRE IV

HISTOIRE ET POLITIQUE

1. MÉTHODE DE L'HISTOIRE
LA TÉLÉOLOGIE ET L'IDÉE DE PROGRÈS

Dans le domaine de l'histoire, *l'Aufklärung* kantienne doit lutter sur un double front : d'un côté, contre l'historiographie empirique (que Kant appelle *Historie* dans son traité *Sur l'expression courante : il se peut que ce soit juste en théorie mais en pratique cela ne vaut rien*), de l'autre, contre la théologie ; d'un côté, il faut rompre avec l'interprétation théologique de l'histoire, de l'autre, on ne saurait se contenter d'une historiographie empirique. La neuvième proposition de l'*Idée de l'histoire universelle d'un point de vue cosmopolitique* précise ce dilemme en soulignant qu'il ne s'agit certes pas de supprimer l'étude empirique de l'histoire et qu'une « tête philosophique doit au demeurant posséder une grande érudition historique », mais qu'une telle connaissance ne saurait orienter notre pratique dans l'histoire à venir et à faire, ni même nous permettre de porter un jugement général sur le cours de l'histoire passée. Quant à fonder l'idée de progrès sur l'observation du spectacle du monde, c'est se condamner à y trouver, du fait de la folie humaine, une « réfutation constante » de cette quête.

Or, « si le barbarisme de l'érudition *(Barbarism der Gelehrsamkeit)* se rencontre encore de nos jours notamment en histoire, c'est ou bien que cette dernière ne tend pas une main secourable à la philosophie, ou bien qu'elle a les mains liées par la théologie [1] ». Comme on l'a montré au chapitre précé-

1. *Réflexions sur la logique*, nº 2018.

dent, fonder l'histoire impliquait donc la sécularisation de
l'histoire du Salut. Le cadre d'interprétation religieux peut
tout au plus être hérité comme « Idée ». Au début des *Conjectures sur les débuts de l'histoire humaine*, par exemple, Kant argumente sur le même terrain que Herder dans *Une autre philosophie de l'histoire* (1774) et dans les *Idées* (1784-1791), c'est-à-
dire sur le terrain de la véracité de la tradition biblique.
Cependant, s'il le fait, c'est pour conférer à cette dernière un
autre statut que chez Herder, pour qui elle restait la référence
en dernier recours. Kant la conçoit comme une reconstruction
idéale, une « Idée » comme « fil directeur », un pur instrument
méthodique de la téléologie.

Ce fonctionnement heuristique de l'Idée constitue l'originalité de la théorie kantienne de l'histoire. Il articule l'histoire selon la morale et l'histoire factuelle sans faire de la
téléologie, héritière de la théologie, le fondement de la
théorie de l'histoire, comme c'est le cas chez Herder. Kant
en renverse le statut et la définit au contraire dans la *Critique de la faculté de juger* (« Méthodologie du jugement
téléologique ») comme la propédeutique de la théologie. De
la sorte va pouvoir être accomplie, jusqu'à un certain point,
la liaison du rationnel et du donné qui, selon le modèle de
la physique, rend seule possible la connaissance de l'expérience. Cette liaison va cependant être de nature particulière, car l'histoire relève du domaine pratique et non physique ; la relation des principes et du donné ne peut y être
constitutive, comme en physique. Connaissance de la
nature et philosophie pratique sont l'une et l'autre fondées
sur des principes *a priori*, mais dans la connaissance de la
nature la philosophie « théorique » est « complétée » par des
données physiques, tandis que la philosophie pratique est
tirée uniquement de principes *a priori*. La raison morale ne
pourra donc à proprement parler fonder une *connaissance* de
l'histoire. La raison morale-pratique peut seulement, en tant
qu'impératif catégorique, orienter l'action des hommes.
Pour qu'elle puisse fonder une connaissance de l'histoire, il
faudrait que les hommes soient raisonnables et qu'ils
conforment leurs actions à la loi morale. Il faudrait aussi
que le simple respect de la loi suffise à transformer le
monde en un monde rationnel et moral. Or, l'homme est
fait d'un bois si noueux (*Idée d'une histoire universelle d'un
point de vue cosmopolitique*, sixième proposition) qu'on ne
peut guère attendre d'effet en droite ligne de la loi morale,
d'effet qui fonde le droit sur la droiture. L'homme, comme
Herder l'avait déjà souligné, n'est ni totalement bon, ni
totalement méchant ; il est un mélange de bien et de mal.

Le progrès n'est donc pas linéaire, et sa connaissance n'est jamais univoque. L'histoire offre plutôt le spectacle du désordre, voire du chaos. Pour Herder, seule la foi permet de garantir une unité supérieure.

L'impression de désordre et d'irrationalité qu'offre le monde tient au fait que notre entendement est impuissant à opérer la « liaison de la diversité selon des concepts » qui est selon la *Logique* [2] le fondement d'une connaissance scientifique. La « forme historique, dit encore Kant, n'a aucun fondement dans la raison [3] » ; c'est bien pourquoi on ne peut tirer aucune vérité rationnelle de la simple observation des faits historiques. Les connaissances historiques sont donc accumulées « sans système » [4]. Là où le jugement constitutif est impuissant, la tâche du jugement téléologique va consister à dépasser la connaissance purement accidentelle et désordonnée par une « histoire systématique », en ramenant les faits incohérents à certains principes ordonnateurs, car « un système ne peut être construit par la simple collection de faits » [5]. Si elle n'en est pas l'accomplissement, qui ne serait atteint que par une construction déductive, la téléologie se veut le premier pas vers une « science historique » (*historische Wissenschaft*) qui serait une « science rationnelle » (*Vernunftwissenschaft*) [6]. C'est sans doute pourquoi Kant, malgré la nécessité de mettre en œuvre un type de jugement spécifique, ne perd jamais de vue le modèle physico-mathématique et ne manque pas de le faire valoir dès que l'occasion s'en présente. De même qu'un Kepler et un Newton ont pu démontrer le mécanisme rigoureux des corps célestes, l'histoire attend son Newton ou son Kepler (cf. *Idée d'une histoire universelle...*, « Introduction »). On retrouve le modèle physique dans la quatrième proposition, à propos de l'équilibre des forces de la sociabilité et de l'asocialité et, dans la cinquième, avec l'idée que le droit est l'équilibre entre un maximum de liberté et un maximum de contrainte. On le retrouve encore en 1795 dans *Zum ewigen Frieden*, où il reprend expressément le problème posé par la sixième proposition : « Ordonner une foule d'êtres raisonnables qui réclament tous d'un commun accord des lois générales en vue de leur conservation, chacun d'eux ayant d'ailleurs une tendance secrète à s'en excepter. » À cette occasion, Kant n'hésite pas à dire qu'« un pareil problème

2. *Logik-Nachlaß*, Réflexion 2708.
3. *Ibid.*, Réflexion 2225.
4. *Ibid.*, Réflexion 2229.
5. *Ibid.*, Réflexion 2233.
6. *Ibid.*

doit [*muß*] pouvoir se résoudre car il ne requiert pas l'amélioration morale des hommes [7] ».

Kant appelle la liaison particulière du donné et de l'Idée, que permet le jugement téléologique, « histoire systématique » ou encore histoire morale (*Sittengeschichte*) [8]. Il ne faut pas entendre par là simplement une histoire des mœurs, mais bien une histoire dont l'enjeu est la mise en relation du matériau historique avec la morale (une sorte de « métaphysique des mœurs » dans le domaine historique). Cette mise en relation est la tâche du jugement réfléchissant, dont le mode de fonctionnement rompt avec l'usage dogmatique de la téléologie en utilisant la morale (l'Idée) pour interroger (rétrospectivement) des séquences d'événements historiques et tenter de rendre plausible le système de cette séquence de séquences qu'est l'histoire universelle (ou « cosmopolitique »). Ce faisant, *ni* la morale *ni* la téléologie ne sont fondamentales ; elles remplacent *ensemble* de façon *critique* le fondement cosmo-théologique traditionnel.

Kant refuse que cette historicisation critique de la métaphysique se fasse sur le mode vulgaire des téléologies du XVIIIᵉ — qui prennent seulement la relève de la théologie en substituant à l'autorité de la Révélation l'argument physico-théologique —, ou sur le mode de cette autre forme de téléologisme dogmatique qui se développe dans les spéculations scientifiques d'un Herder [9] ou d'un Forster [10]. La téléologie herdérienne cumule aux yeux de Kant ces deux défauts dans une sorte d'anthropo-théologie. Ce refus farouche du dogmatisme de la finalité s'exprime dans les paragraphes de 63 à 67 de la *Critique de la faculté de juger* : l'herbe n'est pas plus faite pour le mouton que le mouton pour être mangé par l'homme qui serait fait pour être mangé par le lion, fait pour être chassé par l'homme, etc. (cf. § 67). Raisonner ainsi conduirait, dit encore Kant, à affirmer que « les insectes qui infestent les habits, les poils et les lits de l'homme constituent, par une sage disposition de la nature, un aiguillon pour la propreté, en soi un point bien important déjà pour la conservation de la santé » (*ibid*).

7. *Vers la paix perpétuelle*, trad. fr. par J.-F. Poirier et F. Proust, Flammarion, 1991, p. 105.

8. *Le Conflit des facultés*, 2ᵉ section, § 1, trad. fr. par J.-F. Poirier et F. Proust, Flammarion, 1991, p. 204.

9. Voir les comptes rendus des *Idées* de Herder dont nous proposons ci-après un extrait.

10. Voir l'essai « Sur l'usage des principes téléologiques en philosophie ».

Pour qu'il y ait fin *de* la nature, il faut qu'il y ait un rapport de cause à effet et que l'idée de l'effet soit déjà présente dans la causalité « comme condition fondamentale pour la possibilité de l'effet » (*Critique de la faculté de juger*, § 63). C'est à cette seule condition, c'est-à-dire lorsque la chose se comporte vis-à-vis d'elle-même à la fois comme cause et comme effet, que l'on peut parler de finalité objective ou naturelle. Dans tous les autres cas, tout se passe « comme si » une finalité existait ; cependant, elle est introduite par le sujet et ne se présente, dans la nature elle-même, que sous forme de finalité relative. En réalité, nous ne rencontrons la finalité naturelle de façon indéniable que chez les êtres organisés, chez lesquels la causalité peut être conçue aussi bien de façon « descendante » — série de causes efficientes et d'effets — que de façon « ascendante » — comme « liaison finale », *nexus finalis* —, ce qui signifie que la liaison des parties est telle que chaque partie semble déterminée par le tout et qu'à l'inverse le tout n'est possible que par la liaison des parties [11].

À cause de sa généralité, le jugement réfléchissant « ne peut reposer uniquement sur des raisons empiriques ; il doit se fonder sur quelque principe *a priori*, ne serait-il que régulateur et même si ces fins se trouvaient uniquement dans l'idée de celui qui juge et nulle part dans une cause efficiente » [12]. Il remonte de l'observation de faits particuliers à ce principe général — lequel n'est que régulateur et ne saurait donc se substituer à la connaissance des causes efficientes :

> « Il va de soi que ce principe n'est pas pour le jugement déterminant mais pour le jugement réfléchissant, qu'il est régulateur et non constitutif ; il nous fournit un fil conducteur pour considérer les objets de la nature par rapport à un principe de détermination déjà donné, suivant un nouvel ordre de lois, et pour élargir ainsi la science de la nature d'après un autre principe, celui des causes finales, sans dommage toutefois pour celui du mécanisme de la causalité [13]. »

L'explication causaliste des phénomènes doit être poussée aussi loin que possible parce qu'elle seule est en mesure de constituer des connaissances ; mais là où cette explication ne suffit pas, on peut et même on doit lui superposer le jugement de finalité, sans toutefois le confondre avec une connaissance à proprement parler. Le paragraphe 74 de la

11. Cf. *Critique de la faculté de juger*, § 65 et 66.
12. *Ibid.*, § 66.
13. *Ibid.*, § 67

Critique de la faculté de juger oppose en ce sens l'usage dogmatique et l'usage critique. On pourrait dire que le reproche
que Kant adresse à Herder, c'est d'avoir clos avec trop de
confiance, c'est-à-dire de foi, et par conséquent de façon
théologique, le conflit entre l'empirique et le moral.

Par « usage critique », il faut donc entendre qu'en refusant
à la téléologie tout statut fondamental, Kant met entre
parenthèses les catégories de début et de fin en tant que
catégories objectives et les remplace par la tension entre des
« conjectures » et une « Idée ». Le champ de cette tension est
le monde de la pratique. À la fin de sa recension des *Idées* de
Herder, il précise que le philosophe n'y verra qu'« une idée
très utile du but vers lequel nous devons orienter nos efforts
conformément à la Providence ».

HERDER
Critique du rationalisme français

Et le ton général, philosophique, philanthropique
de notre siècle qui se plaît à accorder à chaque nation
éloignée, à chaque période la plus reculée du monde
« notre propre idéal » de vertu et de félicité ? Est-il
unique juge pour ainsi juger ? Pour condamner ? ou
embellir et inventer leurs mœurs d'après les siennes à
lui ? Le bien ne se trouve-t-il pas dispersé sur terre ?
Parce qu'une seule forme d'humanité et une seule
contrée de la terre ne pouvait le contenir, il a été
dispersé sous mille formes, il circule — éternel Pro-
tée ! — à travers toutes les parties du monde et tous
les siècles — et il a beau circuler et avancer plus loin
— , ce n'est pas à une plus grande vertu ou félicité
individuelle qu'il tend, l'humanité demeure toujours
l'humanité, sans plus — et pourtant se révèle le plan
d'une progression continue — mon grand thème !
Ceux qui ont entrepris jusqu'ici de développer la
progression continue des siècles sont généralement
guidés par cette idée favorite : progression continue
aboutissant à une plus grande vertu et félicité individuelle. Dans ce but, on a alors grossi ou inventé des
faits ; minimisé ou passé sous silence les faits contraires ; couvert des pages entières ; pris des mots pour
des actes, la diffusion des lumières pour du bonheur,

des idées nombreuses et raffinées pour de la vertu —
et ainsi on a fait « sur l'amélioration générale progressive du monde » des romans auxquels personne ne
croyait, du moins pas le disciple véritable de l'histoire
et du cœur humain.

D'autres, qui perçurent ce que cette rêverie a de
déplaisant sans trouver rien de mieux, virent les vices
et les vertus alterner comme les climats, les perfections surgir et disparaître comme feuilles printanières,
les mœurs et les penchants humains voler et se
retourner comme les feuilles du destin — pas de plan !
pas de progression continue ! une éternelle révolution ! — toujours le même tissu qui se tisse puis se
déchire ! — travail de Pénélope ! Ils sont en proie au
vertige, au scepticisme à l'égard de toute vertu, de
tout bonheur et de toute destination de l'homme et
l'introduisent dans l'histoire, la religion et la morale
entières — le ton à la dernière mode chez les philosophes les plus récents, en particulier ceux de France *,
c'est le doute. Le doute sous cent formes, mais toutes
avec le titre qui éblouit : « tiré de l'histoire du
monde ! ». Contradictions et vagues de la mer : on
chavire, ou ce que l'on sauve du naufrage en fait de
moralité et de philosophie ne vaut guère la peine
qu'on en parle.

Ne doit-il pas y avoir une progression continue et
un développement qui soient manifestes, mais dans
un sens plus élevé que celui que l'on a cru ? Vois-tu ce
fleuve s'écouler : jailli d'une petite source, il croît,
détache ici de la terre qu'il dépose là, serpente toujours et creuse plus loin et plus profond — mais
demeure toujours de l'eau ! un fleuve ! une goutte
d'eau ! rien qu'une goutte d'eau jusqu'à ce qu'il se

---

* Le bon et honnête Montaigne commença ; le dialecticien
Bayle, un raisonneur dont les contradictions selon les articles de sa
forme de pensée, le dictionnaire, n'ont certes pu être compensées
par Crousaz et Leibniz, étendit son influence sur le siècle. Et
ensuite les philosophes plus récents, qui doutent de tout en affirmant avec la plus grande hardiesse leurs propres opinions, Voltaire,
Hume, même les Diderot — c'est le grand siècle où l'on doute et où
l'on soulève des vagues.

jette dans la mer — n'en serait-il pas de même du
genre humain ? Ou bien vois-tu cet arbre qui croît !
cet homme en train de grandir ! il lui faut traverser
différents âges au cours de sa vie ! tous manifestement
en progression continue ! effort prolongé de façon
continue ! Entre chacun d'eux, il y a des moments de
repos apparents, des révolutions ! des modifications !
et cependant chacun d'eux porte en lui-même son
centre de félicité ! [...]

Du moins cette vue est-elle plus vaste que cette
philosophie qui mêle tout sens dessus dessous, ne
s'arrête jamais que çà et là devant des troubles isolés
pour tout réduire à un jeu de fourmis, à une tendance
de penchants et de forces isolés sans but, à un chaos
devant lequel on doute de la vertu, de la finalité et de
Dieu ! Si je réussissais à unir les scènes les plus disparates sans les brouiller — à montrer comment elles se
rapportent les unes aux autres, comment elles
s'engendrent les unes les autres, se perdent les unes
dans les autres, comment toutes prises isolément ne
représentent que des moments et ne constituent que
par leur enchaînement seul des moyens en vue de fins
— quel coup d'œil ! quelle noble application de l'histoire humaine ! quel encouragement à espérer, à agir,
à croire, même là où on ne voit rien ou pas du tout !
[...]

L'esprit de la philosophie moderne — qu'il ne
puisse être, de plus d'une manière, que mécanisme,
c'est ce que montre, me semble-t-il, la plus grande
partie de ses enfants. Avec toute leur philosophie et
leur savoir, qu'ils sont ignorants et dépourvus de
vigueur souvent dans le domaine de la vie et du bon
sens ! Au lieu que dans l'ancien temps l'esprit philosophique ne se suffisait jamais à lui-même, mais partait des affaires et se hâtait de les rejoindre — et par
conséquent n'avait pour but que de créer des âmes
complètes, saines, agissantes —, depuis qu'il est livré à
lui-même et est devenu un métier à part, il n'est plus
qu'un *métier*. Quelle fraction d'entre vous considère la

logique, la métaphysique, la morale, la physique comme ce qu'elles sont — des organes de l'âme humaine, des instruments à l'aide desquels on doit agir ! des modèles de modes de pensée, qui ne doivent donner à notre âme qu'une forme de pensées plus belle qui lui soit propre ? Au lieu de cela on y enfile machinalement ses pensées, on joue et fait des tours de passe-passe. Bretteur des plus aventureux ! Il exécute la danse de l'épée sur la corde raide universitaire, faisant la joie et l'admiration de tous ceux qui sont assis autour et acclament le grand artiste parce qu'il ne se rompt pas le cou et les os — tel est son art. S'il est une chose au monde que vous désirez voir mal faite, confiez-la au philosophe ! Sur le papier, comme tout est propre ! aisé ! beau et grand ; désastreux à l'exécution ! À chaque pas, il est étonné et reste pétrifié devant des obstacles et des conséquences qu'il n'avait pas vues. L'enfant cependant ne laissa pas de devenir un grand philosophe, sut calculer et jouer si couramment, souvent même si heureusement de ses syllogismes, de ses figures et de ses instruments, qu'il en sortit de nouveaux syllogismes, de nouveaux résultats et ce qu'il est convenu d'appeler des découvertes — fruit, honneur, apogée de l'esprit humain ! — au moyen d'un jeu machinal !

Cela, c'était la philosophie difficile — et voici maintenant la facile, la belle ! Dieu merci ! Quoi de plus mécanique que celle-ci ? Dans les sciences, les arts, les habitudes, la façon de vivre où elle a pénétré, où elle est la sève et la fleur du siècle, quoi de plus mécanique qu'elle ? La vieille tradition justement, ce stupide préjugé qui conseillait d'apprendre, de mûrir lentement, de pénétrer profondément et d'attendre avant de juger, ne l'a-t-elle pas secouée comme un joug ? Dans l'enceinte de nos tribunaux, au lieu de connaissances vétilleuses, poussiéreuses, détaillées, où chaque cas doit être traité et examiné en lui-même, elle introduit quelle belle, libre et facile façon de juger, en mesurant et réglant tout d'après deux cas ! en laissant de côté tout ce qui est individuel et simple cas d'espèce pour

s'en tenir aux bonnes généralités claires — et, au lieu
de juge, être (fleur de ce siècle !) *philosophe.* Dans
notre économie nationale et notre science politique,
au lieu de connaissances péniblement acquises au
sujet des besoins et de la vraie disposition du pays,
quel coup d'œil d'aigle elle a apporté ! Quelle vue
d'ensemble, comme sur une carte et un tableau philosophique ! Principes développés par la bouche de
Montesquieu, d'après et selon lesquels cent peuples et
pays différents se laissent calculer en un clin d'œil sans
préparation d'après la table de multiplication de la
politique. De même pour tous les beaux-arts, les
métiers et presque les moindres travaux de journaliers.
Qui a encore besoin de descendre dans leurs profondeurs et de travailler péniblement comme dans une
cave voûtée ? On raisonne ! Des dictionnaires et des
philosophies sur toutes ces choses, sans en comprendre une seule l'outil en main ; toutes sont devenues l'abrégé raisonné de leur précédente pédanterie
— esprit abstrait ! philosophie à l'aide de deux idées,
la chose la plus mécanique du monde [...].

   « Marche de Dieu à travers les nations ! Esprit des
lois, des temps, des mœurs et des arts, leur mutuelle
succession, et préparation ! leur mutuel développement et évincement ! » Que n'avons-nous un tel miroir
du genre humain où il serait reproduit avec la fidélité,
la plénitude voulues, et avec le sentiment de la Révélation de Dieu. Les travaux préliminaires ne manquent pas ; mais tout cela n'est pas encore décortiqué
et en désordre ! Nous avons rampé et fouillé à travers
toute notre époque actuelle dans presque toutes les
nations, rampé et fouillé de même à travers toute l'histoire de presque tout le passé, sans guère savoir nous-
mêmes dans quel but. Des faits et des recherches historiques, des découvertes et des descriptions de
voyage sont étalés là : qui les classera et les triera ?

   « La marche de Dieu à travers les nations ! » La
noble œuvre gigantesque de Montesquieu n'a pu, sous
la main d'un seul homme, devenir ce qu'elle devait
être. C'est un édifice gothique dans le goût philoso-

phique de son siècle. De l'esprit ! souvent rien de
plus ! des faits arrachés à leur lieu et pays d'origine et
leurs décombres jetés sur trois ou quatre marchés,
sous l'étiquette de trois misérables concepts généraux
— des mots ! — et qui plus est, des mots d'esprit
vides, inutiles, imprécis, qui brouillent tout ! Cette
œuvre est donc traversée par le tourbillon vertigineux
de tous les temps, toutes les nations et toutes les langues, comme celui qui enveloppa la tour de la confusion des langues, en sorte que chacun puisse accrocher à trois faibles clous sa pacotille, sa richesse et son
sac — l'histoire de tous les peuples et de tous les
temps, dont la succession aussi constitue la grande
œuvre vivante de Dieu, réduite à un tas de ruines avec
trois pointes, trois boîtes — mais aussi, il est vrai, de
matériaux très nobles, très dignes — Montesquieu !

*Auch eine Philosophie der Geschichte zur Bildung der Mensch-
heit. Beytrag zu vielen Beyträgen des Jahrhunderts* (1774), in
Sämtliche Werke, éd. par B. Suphan, Weidemann, Berlin,
1877-1913 ; rééd. G. Olms, Hildesheim/New York, 1967-
1968, tome V, p. 511-513, p. 535-537 et p. 565-566 ; trad.
fr. : *Une autre philosophie de l'histoire pour contribuer à l'éducation de l'humanité. Contribution à beaucoup de contributions
du siècle,* traduction avec notes et introduction par
Max Rouché, Aubier, Paris, 1964, p. 187-193, p. 243-247,
p. 317-319 (traduction modifiée).

*

   Une autre philosophie de l'histoire constitue sous bien des
aspects une attaque en règle de l'« esprit des Lumières »,
dirigée avant tout contre les Français et leurs adeptes allemands : contre Helvetius (*De l'esprit*) ou Boulanger (*Recherches sur l'origine du despotisme oriental*), qui n'ont pas compris
le despotisme de l'époque patriarcale puis égyptienne ni le
rôle des prêtres ; contre d'Alembert (et notamment contre le
Discours préliminaire à l'« Encyclopédie ») qui surestime la
supériorité du siècle des Lumières ; contre Montesquieu
dont *De l'Esprit des lois* réduit les civilisations et l'histoire à
quelques lois générales « de l'esprit, justement, et souvent
rien de plus ! Des faits arrachés à leur lieu et pays d'origine

et leurs décombres jetés sur trois ou quatre marchés, sous
l'étiquette de trois misérables concepts généraux [14] » ; et,
bien sûr, contre Voltaire qui semble cumuler tous les repro-
ches. Les Anglais ne sont pas épargnés : Shaftesbury,
Blackwell, Wood et Webb, qui n'ont rien compris non plus
à l'Égypte ; Hurd qui n'a pas compris le Moyen Âge ; Hume
pour son cosmopolitisme, son scepticisme à l'égard de la
Providence et de son rôle dans l'histoire (*Histoire naturelle de
la religion — On the Study of History*) ; Gibbon, Robertson...
Il est vrai que Hume, Gibbon et Robertson ont été fortement marqués par Voltaire. L'ironie du titre et surtout du
sous-titre (« Contribution à beaucoup de contributions du
siècle ») vise moins la foi des Lumières dans le progrès que
la croyance qui la fonde d'être la culture la plus évoluée et la
plus proche de la perfection. Herder se refuse à présupposer
l'idée de progrès, il tente plutôt de la dégager d'une réécriture de l'évolution historique qui s'efforce de rendre justice
à la spécificité et aux qualités de chaque culture et de
chaque époque. Cette autre « philosophie de l'histoire » n'est
pas finalisée par un but que l'esprit humain pourrait
connaître et atteindre à coup sûr. Le plan d'ensemble qui
permet de dépasser le relativisme des civilisations successives dépend de Dieu. Herder reste donc avant tout un penseur chrétien ; sa « foi dans l'histoire » n'est possible que
« par la foi en Dieu [15] ». Pourtant, il n'est ni un anti-
Aufklärer ni, comme le dit Max Rouché dans sa grande
thèse, le « Bossuet allemand » [16]. Au contraire du *Discours sur
l'histoire universelle* de 1681, il n'interprète pas l'histoire à
partir de la religion et ne tombe donc pas dans le cercle
vicieux, dénoncé par Bayle dans son *Dictionnaire critique*
(1692) et par Voltaire dans « Le pyrrhonisme de l'histoire »
(1768), d'une historiographie pour laquelle la véracité des
faits est fondée sur l'autorité de la Bible, elle-même fondée
sur l'autorité de l'Église, c'est-à-dire de la tradition. La Providence n'est pas non plus une volonté divine agissant d'en
haut : « Ce qui doit arriver dans le règne des hommes doit
être accompli par les hommes ; nous subissons notre propre
culpabilité jusqu'à ce que nous ayons appris par nous-
mêmes, sans miracle divin, le meilleur usage de nos propres
forces » (*Idées*, livre XV). Une conception proche de celle de

14. *Une autre philosophie de l'histoire*, trad. fr., Aubier, 1964,
p. 319.

15. C'est par ces mots que se terminait la première ébauche de
l'ouvrage.

16. Max Rouché, *La Philosophie de l'histoire de Herder*, Stras-
bourg, 1940.

Lessing [17]. Les lois de Dieu ne sont autres que les lois de la nature ; Dieu agit dans et par la nature. Mais le « regard de taupe de ce siècle de grande lumière » est trop myope et « les lunettes du philosophe *a priori* » ont des verres trop grossissants pour saisir les entrelacs complexes et pourtant « simples, ténus et merveilleux » dont se constitue le plan d'ensemble :

> « Vois l'univers entier, du ciel à la terre — qu'est-ce qui est moyen ? Qu'est-ce qui est but ? Tout n'est-il pas moyen pour des millions de buts ? Et but de millions de moyens ? La chaîne de la bonté toute-puissante et omnisciente est mille fois emmêlée et entremêlée ; mais chaque maillon de la chaîne est un maillon à sa place — rattaché à la chaîne et ne voyant pas à quoi la chaîne finit par se rattacher. Chacun a l'illusion de se sentir le centre, l'illusion de ne sentir tout ce qui l'entoure que dans la mesure où tout cela concentre sur ce point ses rayons ou ses ondes — belle illusion ! Mais la grande circonférence de toutes ces ondes, de tous ces rayons et de tous les centres apparents — où est-elle ? Qui est-elle ? Dans quel but ? [18] »

En réalité, ce que conteste Herder, c'est l'empire exclusif qu'exercent sur le rationalisme l'esprit géométrique et la primauté du modèle épistémologique de la physique newtonienne dont les Lumières étendent l'application à tous les domaines [19]. Ce qu'il refuse, c'est la « mécanique assez facile, le raisonnement gagnant jusqu'aux piliers mêmes de la société [20] », la « physique de l'histoire, de la psychologie et de la politique, au sujet de laquelle notre siècle a déjà imaginé et pondu bien des choses ! [21] ». Il proteste contre la croyance en une causalité scientifique aussi absolue que celle de Montesquieu lorsqu'il écrit : « Ce n'est pas la fortune qui domine le monde [...]. Il y a des causes générales, soit morales, soit physiques [...] ; tous les accidents sont soumis à des causes ; et si le hasard d'une bataille, c'est-à-dire une cause particulière, a ruiné un État, il y avait une cause générale qui faisait que cet État devait périr par une seule bataille [22] ». Mais il ne peut que souscrire à

17. Cf. supra au chapitre III, *L'Éducation du genre humain.*
18. *Une autre philosophie de l'histoire, op. cit.,* p. 303.
19. Cf. Ernst Cassirer, *La Philosophie des Lumières,* Fayard, 1966, chapitre I.
20. *Une autre philosophie de l'histoire, op. cit.,* p. 249.
21. *Ibid.,* p. 301.
22. *Considérations sur les causes de la grandeur des Romains et de leur décadence,* chapitre XVIII.

la protestation de Montesquieu contre l'idée « qu'une fatalité *aveugle* a produit tous les effets que nous voyons dans
le monde » [23]. S'il invoque le hasard, c'est à titre de rappel
à la modestie — et il se retrouve alors en accord avec les
Lumières lorsqu'elles restent critiques ; l'exemple qu'il
donne — la pomme de Newton —, il le reprend de
Hume [24] et d'Helvétius [25] — sans parler de d'Alembert
dans le *Discours préliminaire de l'« Encyclopédie »*. Au bout
du compte, Herder fait largement siennes les positions de
ceux-là mêmes qu'il critique. On pourrait accumuler les
exemples ; ainsi les « esprits nationaux » qui semblent si
contraires au cosmopolitisme optimiste des Lumières se
trouvent bel et bien chez Montesquieu : au livre I de
L'Esprit des lois (chapitre III), celui-ci déclare que « les lois
doivent être tellement propres au peuple pour lequel elles
sont faites que c'est un très grand hasard si celles d'une
nation peuvent convenir à une autre ». Si sa contestation
du droit naturel rationnel peut paraître rétrograde, l'his-
torisme de Herder, comme celui de Justus Möser (qui est
pour sa part un disciple déclaré de Montesquieu), procède
bel et bien des Lumières. Herder ne se contente pas
d'emprunter aux philosophes des Lumières « leurs arguments pour ruiner leurs conclusions », comme le dit Rouché [26]. Il veut plutôt éclairer les Lumières, leur appliquer
leur propre esprit critique et ainsi parvenir à une nouvelle
étape des Lumières. Sa critique de la domination de la
« mécanique » est fondamentalement la reprise de la critique que les Lumières faisaient de l'esprit de système.
Cette stratégie recouvre trois problèmes « classiques » de
l'histoire des idées : la différence entre Lumières et
Aufklärung et la spécificité de l'*Aufklärung* (du moins à son
apogée dans les trois dernières décennies du siècle) par
rapport au rationalisme, les rapports entre *Aufklärung* et
Sturm und Drang, les rapports entre protestantisme et
Aufklärung. Chez Herder, le protestantisme militant intervient comme « correction » du paradigme épistémologique
des Lumières ; de même le *Sturm und Drang*, par la défense
des individualités, des « génies » et des esprits nationaux et

23. *De l'Esprit des lois*, livre I, chapitre I.

24. *Essais sur l'entendement humain*, 7ᵉ essai, trad. fr., Amsterdam,
1751, tome II, p. 132.

25. « C'est donc au hasard que les grands génies ont dû souvent
les idées plus heureuses » *(De l'esprit*, 3ᵉ discours, chapitre I,
Durand, 1769, p. 189).

26. Introduction à *Une autre philosophie de l'histoire*, *op. cit.*,
p. 93.

la réhabilitation du sentiment contre la raison[27]. La pensée de Herder est par là aussi un document du passage des Lumières françaises à l'*Aufklärung* allemande ; en s'en prenant à l'« esprit français » elle marque, comme celle de Lessing, l'affirmation d'une culture allemande.

★
★ ★

KANT
Critique de la téléologie de Herder

Il ne rentre nullement [...] dans nos intentions de rappeler ici ou d'extraire des fragments parmi tant de belles pages riches d'éloquence poétique : les lecteurs sensibles sauront les goûter pour elles-mêmes. Mais il rentre tout aussi peu dans nos intentions de rechercher ici si le souffle poétique qu'anime l'expression ne s'est pas glissé parfois dans la philosophie de l'auteur, si de place en place des synonymes ne se donnent pas pour des explications, et des allégories pour des vérités ; si des incursions du domaine philosophique dans le champ voisin du langage poétique n'ont pas totalement déplacé, parfois, leurs frontières mutuelles et donné lieu à des empiétements ; et si, fréquemment, la trame de métaphores hardies, d'images poétiques, d'allusions mythologiques ne sert pas à recouvrir le corps des pensées comme d'un vertugadin plutôt qu'à le mettre en valeur pour l'agrément des yeux sous des voiles transparents. Laissons aux critiques du beau style philosophique ou aux retouches de l'auteur lui-même le soin de juger [...].

Il y a un souhait que l'auteur du compte rendu aurait voulu formuler en faveur aussi bien de notre auteur que de tout esprit philosophique en train d'entreprendre une histoire naturelle générale de l'humanité : qu'un cerveau doué de sens historique et critique les ait précédés de ses travaux ; quelqu'un

---

27. « Le cœur, la chaleur, le sang, l'humanité, la vie » contre « la philosophie, la pensée, la mécanique assez facile, le raisonnement » (*ibid.*, p. 249 sq).

qui, parmi la masse énorme des descriptions de peuples ou récits de voyage et de tous les renseignements qu'ils nous apportent, du moins à titre de conjectures, sur la nature humaine, aurait relevé de préférence les données contradictoires (en y joignant toutefois les réserves d'usage quant à la créance à accorder à chaque narrateur) et qui les aurait dressées en regard les unes des autres. Alors personne n'aurait la témérité de s'appuyer sur des témoignages partiaux, avant d'avoir pesé scrupuleusement au préalable les documents apportés par d'autres. Dans l'état actuel, à partir de la masse des descriptions de pays, on peut à son gré prouver : que les Américains, les Tibétains et autres peuplades de caractère mongol authentique n'ont pas de barbe, et pourtant aussi, si on le préfère, que tous sont barbus naturellement, mais s'épilent ensuite, ou encore que les Américains et les Nègres sont une espèce humaine inférieure parmi les autres rameaux quant aux dispositions intellectuelles, mais par ailleurs en se fondant sur des renseignements tout aussi vraisemblables, que, pour ce qui touche ces mêmes dispositions naturelles, ils sont au niveau de n'importe quels autres habitants de la planète. Et par suite, le philosophe a le choix : soit d'admettre des différences naturelles, ou de juger tout en fonction du principe « tout comme chez nous » : tous les systèmes donc qu'il échafaude sur des bases aussi chancelantes prennent nécessairement l'aspect d'hypothèses fragiles. Notre auteur est hostile à la distinction de l'espèce humaine en races : hostile surtout à celle qui s'étaie sur des colorations héréditaires ; probablement parce qu'il n'a pas une conception encore bien nette du terme « race ».

Au numéro 3 du septième livre, il appelle force *génétique* ce qui produit les variétés climatiques entre les humains. Présentons donc la conception que nous nous faisons de cette expression, au sens où l'emploie l'auteur. Il entend rejeter d'une part le système évolutionniste, mais d'autre part également l'influence purement mécanique exercée par des causes extérieures, les considérant comme des explications irrecevables. Il admet, quant à lui, un principe vital susceptible de se modifier lui-même de l'intérieur en s'adaptant à elles : telle serait la cause de ces variétés climatiques. Nous nous rangeons totalement à cette façon de voir, avec une seule réserve toutefois : si la cause qui organise de l'intérieur était limitée par la nature à un certain nombre et degré de variétés dans la conformation de sa créature (une fois celles-ci établies, elle perdrait toute liberté dans des circonstances nouvelles de fabriquer sur un autre type), on pourrait appeler cette fonction naturelle de la nature plastique aussi bien germes ou dispositions originelles, sans pour cela considérer les précédentes variations comme des mécanismes ou des bourgeons insérés en puissance aux toutes premières origines du monde et qui se seraient seulement déployés au hasard des occasions (hypothèse du système évolutionniste) ; on pourrait y voir au contraire les simples limitations, inexplicables par ailleurs, d'une faculté plastique agissant sur elle-même ; limitations que pour notre part nous ne pouvons pas davantage expliquer ou rendre intelligibles.

Au huitième livre débute un nouveau processus de pensée qui dure jusqu'à la fin de cette partie et développe les origines de la formation de l'homme conçu comme créature raisonnable et morale, qui donc traite des débuts de toute culture. Ceux-ci, dans l'esprit de notre auteur, ne proviendraient pas d'un pouvoir propre à l'espèce humaine, mais il faudrait les chercher dans une instruction et un enseignement qu'il tire d'autres natures. Partant de cette constatation, tout progrès dans la culture ne serait que communication ultérieure et prolifération fortuite d'une tradition originelle. C'est à celle-ci et non à lui-même que l'homme devrait rapporter son accession progressive à la sagesse. Or notre critique, dès qu'il pose le pied hors de la nature et des voies que la raison offre à la connaissance, se sent totalement désemparé ; il n'est pas qualifié non plus dans les recherches savantes de linguistique, ni pour porter un jugement sur des documents anciens ; par suite il se sent inapte à utiliser dans un sens philosophique les faits qui y sont narrés et en même temps présentés comme acquis. Aussi décline-t-il de lui-même toute appréciation sur ce point. Pourtant les vastes lectures et le don spécial, dont fait montre l'auteur pour rassembler autour d'un centre d'intérêt unique des données dispersées, permettent selon toute vraisemblance de supposer dès maintenant qu'il nous offrira du moins à lire nombre de belles pages concernant le cours des choses humaines, dans la mesure où celui-ci peut aider à mieux connaître le caractère de l'espèce et, si possible, certaines distinctions de classes. Ce qui ne peut manquer d'être instructif, même pour quiconque partage un autre point de vue au sujet des premiers débuts de toute histoire humaine.

Voici comment brièvement l'auteur exprime le fondement de son opinion personnelle (p. 338-339, avec remarque afférente) : « Cette histoire dogmatique (du mosaïsme) raconte que les premiers hommes créés ont participé à l'enseignement reçu des Élohim, et que, sous l'autorité de ces derniers, par la connaissance des animaux, ils acquirent le langage et la raison dominatrice. Puis, l'homme veut par des voies défendues les égaler encore dans la connaissance du mal ; il y parvient pour son dommage : de ce moment il changea de résidence et commença un nouveau mode de vie plus artificiel. Si donc la puissance divine voulait que l'homme fît preuve de raison et de prévoyance, il fallait qu'elle se chargeât de lui avec raison et prévoyance... Et maintenant comment les Élohim ont-ils pris les humains en charge, c'est-à-dire comment les ont-ils instruits, mis en garde et éduqués ? S'il n'est pas tout aussi audacieux de poser cette question que d'y répondre, attendons qu'en un autre endroit la tradition nous fournisse des éclaircissements à ce sujet. »

Dans un désert inexploré il faut laisser au penseur, comme à un voyageur, entière liberté de choisir sa route au gré de ses convenances. On doit attendre de

voir comment il s'en sort et si, après qu'il a atteint son
but, il rentre sain et sauf en temps voulu au bercail,
c'est-à-dire au domicile de la raison, auquel cas il peut
escompter qu'il aura des émules.

*Rezensionen von J. G. Herders « Ideen zu einer Philosophie der
Geschichte der Menschheit »* (1784), in *Werke*, éd. par
W. Weischedel, Insel-Verlag, Frankfurt/Main, 1964,
tome VI, p. 799-803 ; trad. fr. : « Compte rendu de
l'ouvrage de Herder : *Idées en vue d'une philosophie de l'histoire de l'humanité* », in *Opuscules sur l'histoire*, traduction de
Stéphane Piobetta, Flammarion, Paris, 1990, p. 113-119
(Compte rendu de la deuxième partie des *Idées*). Traduction
modifiée.

*

Kant s'en prend d'abord à « l'éloquence poétique » de
Herder. Cet argument est plus important qu'il n'y paraît ;
en effet il ne s'agit pas seulement de critiquer une vision
« poétique » de l'histoire au nom d'une exigence « scientifique » ; mise en relation avec les autres attaques de Kant
contre l'éloquence (notamment dans la *Critique de la faculté
de juger* [28]), cette critique vise en fait toute une épistémè :
l'épistémè prérationnelle de la rhétorique. Dans son essai
« Des différentes races humaines » (1775-1777), auquel il va
se référer, Kant oppose deux formes de systématisation :
« La première fournit une systématisation scolastique à
l'usage de la mémoire ; la seconde une systématisation naturelle à l'usage de l'entendement ; la première n'a d'autre
dessein que de ranger les créatures sous des rubriques, la
seconde vise à les ranger sous des lois [29]. » Pour la première,
la « science » est *memoria* ; elle codifie et rend disponible un
savoir auquel recourt l'argumentation rhétorique. Mais elle
ne peut produire que des analogies, des ressemblances, en
un mot des images et non des lois. La philosophie de Herder
resterait donc prisonnière d'un mode de pensée associant
rhétorique et métaphysique, un mode de pensée qui, selon
Kant, relève de la *mythologie*.
De la critique purement formelle Kant passe ensuite, dans
un développement que nous avons coupé ici, au repérage

28. Notamment dans le § 51.
29. In *Opuscules sur l'histoire* (trad. fr. par S. Piobetta, Flammarion, 1990), p. 47 sq.

d'incohérences. Celle qu'il souligne au premier chef
concerne évidemment le cœur du différend : perfection individuelle ou accomplissement dans l'espèce. Au chapitre III
du livre IX, Herder a incité les hommes (en particulier ceux
de la Renaissance et des Lumières — voir déjà la 3ᵉ section
d'*Une autre philosophie de l'histoire*) à plus de modestie ; il
note aussi que souvent l'importance de leurs découvertes, et
en tout cas leurs effets, leur ont échappé. C'est « la chaîne
de culture qui traverse l'espèce », en d'autres termes la tradition, qui est le thème de ce chapitre. Avec une certaine
mauvaise foi, Kant y voit la confirmation de sa propre proposition selon laquelle les dispositions naturelles s'accom-
plissent dans l'espèce et non dans l'individu, donc une
contradiction avec la fin du chapitre V (le dernier et le plus
important du livre VIII — celui où Kant est directement
attaqué), selon laquelle l'idée que les hommes ne vivraient
que pour que leurs descendants accèdent au bonheur est un
crime de lèse-majesté envers la nature.

De la forme et des incohérences on passe enfin à la
méthode. Kant reprend les arguments de son compte rendu
de la première partie des *Idées*. Et surtout il prend au mot
Herder, qui regrettait lui-même l'insuffisance des « travaux
préliminaires » (*Vorarbeiten*) empiriques. On peut comparer
la réplique de Kant avec la neuvième proposition de son *Idée
d'une histoire universelle d'un point de vue cosmopolitique* [30] ;
comme elle, elle énonce le principe de la méthode téléologique de l'« histoire philosophique » (cf. « un souhait en
faveur aussi bien de notre auteur que de tout esprit philosophique en train d'entreprendre une histoire naturelle universelle de l'humanité »). À partir de données factuelles par-
tielles, on peut prouver tout et son contraire et l'on ne peut
donc résoudre de façon satisfaisante le *rapport de la diversité
à l'unité* qui est le problème de toute connaissance digne de
ce nom. Que la téléologie soit une connaissance par défaut,
intervenant là où la physique nous abandonne, ne signifie
pas qu'elle ne doive pas viser à se confondre avec la physique — donc renoncer à formuler des hypothèses quand ses
assises sont trop fragiles (cf. plus loin « sur des bases aussi
chancelantes »).

On pénètre en ce point au cœur de la polémique, car
l'« exemple » choisi par Kant est le refus par Herder de *la
notion de race* « probablement parce qu'il n'a pas une
conception encore bien nette du terme "race" » (*ibid*). C'est
alors que Kant renvoie à ses deux essais sur les races, l'essai

---

30. Cf. extrait et commentaire infra.

« Sur les différentes races humaines » de 1775-1777 et l'essai
« Sur la définition du concept de race humaine » de 1785,
dans lesquels il fonde la réflexion sur les races humaines sur
la notion de parenté (descendance), qu'il ne faut en aucun
cas confondre avec une vague « ressemblance ». Faute d'une
telle base scientifique, Herder confond « peuples » et caractères biologiques différentiels (individuels, familiaux, régio-
naux) que l'on rencontre au sein de chaque race. Cette
bévue le conduit à refuser, certes à juste titre, le caractère
absolument déterminant des causes extérieures comme le
climat, mais à chercher l'unité de l'espèce dans une force
génétique qui se modifie tout en restant elle-même (« Il
entend rejeter d'une part le système évolutionniste, mais
d'autre part aussi l'influence purement mécanique exercée
par des causes extérieures, les considérant comme des explications irrecevables. Il admet, lui, un principe vital susceptible de se modifier de l'intérieur en s'adaptant à elles : telle
serait la cause de ces variétés climatiques »). Herder n'est
donc pas non plus capable de distinguer clairement race et
espèce ; on pourrait dire que pour lui il n'y a en somme
qu'une seule race avec divers peuples, alors que pour Kant il
y a une seule espèce, plusieurs races et des variétés. *Le débat
est d'une importance décisive puisqu'il ne s'agit de rien moins que
du fondement de l'unité sur l'espèce et non sur une force organique qui, certes, agit en elle mais n'est pas elle : il s'agit de la
sécularisation de la philosophie de l'histoire !* L'absence de distinction entre race et espèce a pour conséquence que
l'espèce n'est pas chez Herder le fondement de la philosophie de l'histoire et qu'il recherche ce fondement dans un
principe métaphysique. Les trois niveaux kantiens — espèce,
races et variétés — visent à établir l'espèce comme unité
première et dernière, alors que chez Herder l'espèce n'est,
comme il le dit expressément, qu'une abstraction ; il ne
connaît le genre humain que comme réalité biologique soumise à des modifications telles qu'il faut un principe plus
fondamental pour établir l'unité. Kant considère que le
recours à un « pouvoir formateur se formant lui-même » ne
vaut finalement guère mieux que l'évolutionnisme, qui part
de « germes donnés en puissance » et se contente de décliner
mécaniquement leurs développements. Herder a donc voulu
sauvegarder la diversité dans l'unité, cependant il ne s'est
pas donné les moyens théoriques adéquats en estimant
superflue la notion de race.

L'essai de 1775-1777 donne la clé de la critique kantienne de l'*analogie*, qu'il opposait dans le premier compte
rendu à la « parenté » (*Verwandtschaft*). Il se réfère en effet

d'emblée à la loi de Buffon : « Tous les animaux susceptibles
par accouplement de produire des petits à leur tour féconds
(quelles que soient leurs différences d'aspect) appartiennent
néanmoins à un seul et même genre physique [31]. » Cette loi
scientifique, qui définit les liens de parenté du point de vue
de la génération, met fin selon Kant aux classifications scolastiques — le reproche d'analogisme signifie donc en même
temps que Herder reste prisonnier de la scolastique, d'un
nominalisme doublé de métaphysique. Nul doute qu'aux
yeux de Kant l'échelle leibnizienne des êtres en est un tardif
avatar. De la *loi* de Buffon découle que « les Nègres et les
Blancs ne sont pas des espèces différentes d'hommes »,
qu'ils appartiennent bien à une même « souche » mais constituent « néanmoins deux races distinctes » [32]. Dans le même
élan, Kant met de l'ordre dans le rapport entre les influences
extérieures comme le climat et la détermination proprement
biologique : les climats sont impuissants à provoquer une
transformation du caractère des races, qui constitue bien
plutôt une véritable préformation. Il rejoint cependant
Herder en estimant qu'il faut voir dans la préformation des
races une fin naturelle, une « cause intelligente » qui a voulu
que l'homme puisse s'adapter à différents climats. Il ne faut
toutefois pas confondre préformation et prédétermination.
Les mélanges entre individus de races différentes donnent
des produits métissés ; au sein de l'unité biologique du genre
humain, les lois biologiques engendrent une variété inépuisable. C'est pourtant paradoxalement par là que la nature
manifeste l'unité de son projet. Pour Kant, la race ne divise
pas, elle réunit. Les caractères héréditaires, entre autres la
couleur, persistent ; le mélange est néanmoins possible,
témoignant obstinément du type primitif (*erstes Urbild*).
Inversée en perspective finale, cette unité — et nous proposons une interprétation un peu différente de celle qu'on
donne habituellement, car à notre sens la persistance des
caractères héréditaires admise par Kant comme base scientifique exclut une « assimilation » qui les ferait disparaître
— permet plus que jamais *l'égalité dans la différence*. Ramenées à la seule différence des caractères héréditaires, les différences raciales ne nuisent en rien à l'unité de l'espèce,
donc également à celle de la communauté idéale. Le retour
à l'unité de l'espèce comme aboutissement final de l'évolution humaine n'est aucunement l'abolition des différences
raciales. Nul doute qu'une telle relecture de Kant ne puisse
être encore aujourd'hui de quelque utilité.

31. In *Opuscules sur l'histoire, op. cit.*, p. 47.
32. *Ibid.*, p. 49.

Le fait que Kant reproche à Herder de n'être pas compétent « dans les recherches savantes de linguistique ni pour porter un jugement sur les documents anciens » est sans doute un argument assez injuste ; toutefois ce qui est important, c'est le lien entre cette objection méthodologique et la question de la tradition. Cette dernière intervient chez Herder comme postulat téléologique complémentaire de l'idée de force organique ; elle introduit une continuité — qui, pour Kant, est seulement « belle », c'est-à-dire subjective. De là à en faire un principe objectif, comme le fait le chapitre II du livre VIII, Kant s'y refuse. Car la tradition, qui est le leitmotiv du livre VIII, est religieuse, comme le révèle le chapitre V du livre IX (« La religion est la tradition la plus ancienne et la plus sacrée de la terre ») et comme le confirme le livre X (chapitre V : « La plus ancienne tradition écrite sur le début de l'histoire humaine »). Il s'ensuit que, pour Herder, l'homme n'est pas véritablement l'auteur de son histoire, car cette tradition est l'unité divine existant à l'insu des hommes.

Herder peut-il dans ces conditions rationaliser l'histoire ? La foi lui sert d'orientation non rationnelle, et Kant reprend ici contre lui (cf. « Dans un désert inexploré... ») l'argument de son article « Qu'est-ce que s'orienter dans la pensée ? », publié dans la *Berlinische Monatsschrift* d'octobre 1786 à l'occasion du *Pantheismusstreit* — argument dirigé contre Jacobi et Mendelssohn : faute d'orientation dans le désert métaphysique, tous les irrationalismes sont possibles [33].

*
* *

KANT
*Idée d'une histoire universelle
d'un point de vue cosmopolitique*

1. *La méthode téléologique*

INTRODUCTION

Quel que soit le concept qu'on se fait, du point de vue métaphysique, *de la liberté du vouloir, ses manifestations phénoménales*, les actions humaines, n'en sont pas moins déterminées, exactement comme tout événement naturel, selon les lois universelles de la nature. L'his-

33. Sur la « querelle du panthéisme », voir au chapitre III.

toire qui se propose de rapporter ces manifestations, malgré l'obscurité où peuvent être plongées leurs causes, fait cependant espérer qu'en considérant (dans les grandes lignes) le jeu de la liberté du vouloir humain, elle pourra y découvrir un cours régulier, et qu'ainsi ce qui dans les sujets individuels nous frappe par sa forme embrouillée et irrégulière pourra néanmoins être connu dans l'ensemble de l'espèce sous l'aspect d'un développement continu, bien que lent, de ses dispositions originelles. Par exemple les mariages, les naissances qui en résultent et la mort, semblent, en raison de l'énorme influence que la volonté libre des hommes a sur eux, n'être soumis à aucune règle qui permette d'en déterminer le nombre à l'avance par un calcul ; et cependant les statistiques annuelles qu'on dresse dans de grands pays mettent en évidence qu'ils se produisent tout aussi bien selon les lois constantes de la nature que les incessantes variations atmosphériques, dont aucune à part ne peut se déterminer par avance mais qui dans leur ensemble ne manquent pas d'assurer la croissance des plantes, le cours des fleuves, et toutes les autres formations de la nature, selon une marche uniforme et ininterrompue. Les hommes, pris individuellement, et même des peuples entiers, ne songent guère qu'en poursuivant leurs fins particulières en conformité avec leurs désirs personnels, et souvent au préjudice d'autrui, ils conspirent à leur insu au dessein de la nature ; dessein qu'eux-mêmes ignorent, mais dont ils travaillent, comme s'ils suivaient ici un fil conducteur, à favoriser la réalisation ; le connaîtraient-ils d'ailleurs qu'ils ne s'en soucieraient guère.

Considérons les hommes tendant à réaliser leurs aspirations : ils ne suivent pas simplement leurs instincts comme les animaux ; ils n'agissent pas non plus cependant comme des citoyens raisonnables du monde selon un plan déterminé dans ses grandes lignes. Aussi, une histoire ordonnée (comme par exemple celle des abeilles ou des castors) ne semble pas possible en ce qui les concerne. On ne peut se défendre d'une certaine humeur, quand on regarde la présentation de leurs faits et gestes sur la grande scène du monde, et quand, de-ci, de-là, à côté de quelques manifestations de sagesse pour des cas individuels, on ne voit en fin de compte dans l'ensemble qu'un tissu de folie, de vanité puérile, souvent aussi de méchanceté puérile et de soif de destruction. Si bien que, à la fin, on ne sait plus quel concept on doit se faire de notre espèce si infatuée de sa supériorité. Le philosophe ne peut tirer de là aucune autre indication que la suivante : puisqu'il lui est impossible de présupposer dans l'ensemble chez les hommes et dans le jeu de leur conduite le moindre dessein raisonnable *personnel*, il lui faut rechercher du moins si l'on ne peut pas découvrir dans ce cours absurde des choses humaines un *dessein de la nature* : ceci rendrait du moins possible, à propos de créatures qui se conduisent sans suivre de plan personnel, une histoire conforme à un plan déterminé de la nature.

Nous allons voir s'il nous sera possible de trouver un fil conducteur pour une telle histoire, puis nous laisserons à la nature ce soin de produire l'homme capable de rédiger l'histoire selon ce principe. N'at-elle pas produit un Kepler qui, d'étonnante façon, soumit les orbites excentriques des planètes à des lois déterminées, et un Newton qui expliqua ces lois en fonction d'un principe général de la nature ?

NEUVIÈME PROPOSITION

Une tentative philosophique pour traiter l'histoire universelle en fonction du plan de la nature, qui vise à une unification politique totale dans l'espèce humaine, doit être envisagée comme possible et même comme avantageuse pour ce dessein de la nature. — C'est un projet à vrai dire étrange, et en apparence extravagant, que de vouloir composer une *histoire* d'après l'idée de la marche que le monde devrait suivre, s'il était adapté à des buts raisonnables certains ; il semble qu'avec une telle intention on ne puisse aboutir qu'à un roman. Cependant, si on peut admettre que la nature même, dans le jeu de la liberté humaine, n'agit pas sans plan ni sans dessein final, cette idée pourrait bien devenir utile ; et,

bien que nous ayons une vue trop courte pour pénétrer dans le mécanisme secret de son organisation,
cette idée pourrait nous servir de fil conducteur pour
nous représenter ce qui ne serait sans cela qu'un
agrégat des actions humaines comme formant, du
moins en gros, un *système*. Partons en effet de l'histoire *grecque*, la seule qui nous transmette toutes les
autres histoires qui lui sont antérieures ou contempo-
raines, ou qui du moins nous apporte des documents
à ce sujet ; suivons son influence sur la formation et le
déclin du corps politique du peuple *romain*, lequel a
absorbé l'État grec ; puis l'influence du peuple romain
sur les *Barbares* qui à leur tour le détruisirent, pour en
arriver jusqu'à notre époque ; mais joignons-y en
même temps *épisodiquement* l'histoire politique des
autres peuples, telle que la connaissance en est peu à
peu parvenue à nous par l'intermédiaire précisément
de ces nations éclairées.

On verra alors apparaître un progrès régulier du
perfectionnement de la constitution politique dans
notre continent (qui vraisemblablement donnera un
jour des lois à tous les autres).

Bornons-nous donc à considérer la constitution
politique et ses lois d'une part, les rapports internatio-
naux d'autre part, dans la mesure où les deux choses
ont, par ce qu'elles renfermaient de bon, servi pendant un certain temps à élever des peuples [...], alors
nous découvrirons un fil conducteur qui ne sera pas
seulement utile à l'explication du jeu embrouillé des
affaires humaines ou à la prophétie politique des
transformations civiles futures (profit qu'on a déjà
tiré de l'histoire des hommes, tout en ne la considérant que comme le résultat incohérent d'une
liberté sans règle) ; mais ce fil conducteur ouvrira
encore (ce qu'on ne peut raisonnablement espérer
sans présupposer un plan de la nature) une perspective consolante sur l'avenir et nous présentera
l'espèce humaine, dans une ère très lointaine, sous
l'aspect qu'elle cherche de toutes ses forces à revêtir :
s'élevant jusqu'à l'état où tous les germes que la

nature a placés en elle pourront être pleinement développés et où sa destinée ici-bas sera pleinement remplie. Une telle justification de la nature, ou mieux de la Providence, n'est pas un motif négligeable pour choisir un point de vue particulier sur le monde. Car à quoi bon chanter la magnificence et la sagesse de la création dans le domaine de la nature où la raison est absente ; à quoi bon recommander cette contemplation, si, sur la vaste scène où agit la sagesse suprême et qui recèle le but final de tout cela — l'histoire de l'espèce humaine —, nous voyons un spectacle qui ne cesse de la contredire et dont la vue nous oblige à détourner les yeux avec mauvaise humeur ? Car nous désespérerions alors de jamais y rencontrer un dessein achevé et raisonnable, et nous ne pourrions plus espérer cette rencontre que dans un autre monde.

Croire que j'ai voulu, avec cette idée d'une histoire du monde qui possède dans une certaine mesure un fil conducteur *a priori*, évincer l'étude de l'histoire proprement dite comprise de façon *empirique*, ce serait se méprendre sur mon intention ; j'ai simplement été guidé par la pensée de ce qu'une tête philosophique (qui, par ailleurs, devrait être très avertie des problèmes historiques) pourrait encore tenter de faire en se plaçant à un autre point de vue.

Idee zu einer allgemeinen Geschichte in weltbürgerlicher Absicht, in *Werke*, éd. par W. Weischedel, Insel-Verlag, Frankfurt/ Main, 1964, tome VI, p. 33-34 et p. 47-50 ; trad. fr. : « Idée d'une histoire universelle d'un point de vue cosmopolitique », in *Opuscules sur l'histoire*, traduction de S. Piobetta, Flammarion, 1990, Paris, p. 69-71 et p. 86-89 (« Introduction » et neuvième proposition). Traduction modifiée.

*

L'introduction et la neuvième proposition, qui constitue la conclusion de l'essai, définissent à quelles conditions est possible une histoire universelle. L'introduction part de l'opposition fondamentale entre physique et métaphysique, entre le règne de la nécessité et celui de la liberté. La *Critique de la raison pure* [34] a résolu l'antinomie de la nécessité et de la liberté de la volonté en considérant l'homme sous un double aspect, d'une part comme être empirique, de l'autre comme être intelligible, et a ainsi rendu compatibles la nécessité extérieure et l'activité d'une volonté libre. Il en résulte que les actions humaines doivent toujours être envisagées à la fois sous l'angle de l'autodétermination de la volonté et sous l'angle de ses effets dans l'ordre des phénomènes. Dès qu'elles sont inscrites dans l'ordre naturel elles obéissent « exactement comme tout événement naturel » aux lois universelles de la nature.

Une histoire empirique rassemblant les événements empiriques a donc de bonnes raisons d'espérer pouvoir lier ces derniers de telle sorte les uns aux autres qu'ils finissent par constituer un ensemble cohérent. Il faut cependant pour cela qu'elle procède à grands traits (« dans les grandes lignes »), et c'est cette démarche, qui n'est pas une simple collection additive de connaissances empiriques, qui doit être fondée. Car il y a bel et bien risque de conflit de la raison, déchirée entre l'universel et le particulier, avec elle-même. Ce risque nous renvoie à nouveau à la dialectique transcendantale [35]. La raison s'en sort sans sacrifier son intérêt à l'universel mais en démasquant les illusions transcendantales et en distinguant rigoureusement entre le champ empirique et l'usage régulateur des idées de la raison pure. Elle peut alors « regarder toute liaison dans le monde comme résultant d'une cause nécessaire et absolument suffisante pour y fonder la règle d'une unité systématique et nécessaire suivant des lois générales dans l'explication de cette liaison [36] » ; il s'agit d'un principe régulateur qui, à la différence des principes constitutifs de l'entendement, « n'est pas l'affirmation d'une existence nécessaire en soi », « l'unité systématique de la nature ne pouvant d'aucune façon être posée comme principe de l'usage empirique de notre raison » [37]. C'est au moyen de ce principe régulateur que la raison va pouvoir envisager « l'ensemble de l'espèce » et donc écrire une « histoire universelle d'un point de vue cosmopolitique ».

---

34. « Dialectique transcendantale », livre II, chapitre II, 6e section : « De l'idéalisme transcendantal comme clé de la solution de la dialectique cosmologique ».
35. Livre II, chapitre II, 3e section.
36. Livre II, chapitre III, 5e section, trad. fr., *op. cit.*, p. 440. Notons que cette unité de la nature n'est autre que l'Être suprême.
37. *Ibid.*

En ce point, la référence de Kant à la statistique revêt une importance décisive, parce que le rapport de Kant à cette discipline encore toute jeune [38] est très différent pendant la période précritique de sa pensée et pendant la période critique. Dans l'*Unique fondement possible d'une démonstration de l'existence de Dieu*, en 1763, la statistique lui servait à confirmer la cohérence rationnelle de l'univers et l'existence de Dieu. La *Critique de la raison pure* en revanche se refuse à assimiler avec Leibniz [39] et Wolff la mathématique et la science juridique :

> « La philosophie fourmille de définitions défectueuses, surtout de définitions qui contiennent bien, réellement, certains éléments de la définition sans les contenir tous encore... Dans la mathématique, la définition a rapport à l'*esse*, dans la philosophie au *melius esse*. Il est beau, mais souvent très difficile d'y arriver. Les jurisconsultes cherchent encore une définition pour leur concept de droit [40]. »

La statistique passe d'un statut constitutif à un statut régulateur. Les régularités qu'elle établit sont comparables à celles que doit s'efforcer de dégager le jugement téléologique. Ce dernier ne vise aucune *preuve* de l'existence d'un tout cohérent régi par la raison supérieure d'un Être suprême ; l'enjeu du « bon usage des principes téléologiques [41] » consiste à dégager la téléologie de la plus populaire des preuves de l'existence d'un « Grand Horloger » : l'argument physico-théologique.

Pour dégager une cohérence du chaos des événements, le jugement réfléchissant va se servir de l'*Idée* d'unité comme d'un « fil conducteur *a priori* ». Si ce fil conducteur a quelque réalité, les hommes en sont inconscients. On ne peut donc écrire l'histoire humaine comme si l'on avait affaire à des êtres rationnels, c'est-à-dire comme s'ils avaient déjà atteint cette destination que la téléologie entend rendre plausible. Mais les hommes ne sont pas non plus des animaux qui « suivent simplement leurs instincts ». C'est-à-dire que l'on

---

38. Elle est née dans la deuxième moitié du XVII᷈ siècle comme spécialité de la science politique *(politische und Kameralwissenschaft)* et vise une scientifisation de l'art de gouverner. Le terme de « statistique » semble n'avoir été introduit qu'en 1749 par Achenwall dans son *Abriss der neuesten Staatswissenschaft*.

39. Cf. les *Nouveaux essais sur l'entendement humain*, 1704.

40. *Critique de la raison pure*, « Théorie transcendantale de la méthode », *op. cit.*, p. 503.

41. Selon le titre d'un essai de 1788.

ne peut appliquer au monde de l'action humaine une
conception dogmatique de la téléologie [42]. Si les hommes
progressent vers cette fin, c'est à leur insu — telle est la
thèse générale de tout l'essai. Et comme l'historien-
philosophe considère l'histoire humaine en quelque sorte au
cœur de la mêlée et non du point de vue privilégié de son
aboutissement, il ne peut opposer à cette inconscience une
connaissance mais seulement une Idée — celle d'un « dessein
général de la nature ». C'est là la tâche propre du *philosophe*,
dans l'attente du Kepler ou du Newton, de l'historien-
physicien qui transformera la téléologie en physique.

Une telle entreprise philosophique présente un intérêt
pratique considérable : elle accompagne et éclaire le progrès
humain, si progrès il y a. Au fur et à mesure de sa progression, elle en dégage les acquis et en tire autant d'arguments — quoique indirects — pour rendre clair aux
hommes inconscients (et réticents) que la raison et la
morale sont la finalité de l'espèce humaine. Pourtant, il « faut
qu'elle soit considérée comme possible », il faut qu'elle soit
plausible, sous peine de passer pour un « roman ». Kant, on
le sait, ne cessera de défendre le point de vue cosmopolitique contre cette dérision. Mais il nous paraît plus important encore de souligner d'abord que, pour Kant, toute écriture de l'histoire est récit, ensuite et surtout qu'il assume par
là la réduction de *toute* histoire universelle, de tout « grand
récit », *et en particulier du récit chrétien de l'histoire du Salut,* à
un « conte ». Cette implication s'exprime en particulier dans
le passage de la neuvième proposition où il parle de l'espérance et tente de refonder une espérance rationnelle
(conforme au « Que puis-je espérer ? » de la *Critique de la
raison pure*). À quoi bon louer la sagesse du Créateur s'il
s'agit d'un *credo quia absurdum* face au spectacle baroque du
« grand théâtre du monde ».

2. *Le progrès selon la téléologie*

QUATRIÈME PROPOSITION

*Le moyen dont la nature se sert pour mener à bien le
développement de toutes ses dispositions est leur antagonisme au sein de la Société, pour autant que celui-ci est
cependant en fin de compte la cause d'une ordonnance
régulière de cette Société. —* J'entends ici par antagonisme l'insociable sociabilité des hommes, c'est-à-dire

---

42. Voir l'introduction à ce chapitre.

leur inclination à entrer en société, inclination qui est cependant doublée d'une répulsion générale à le faire, menaçant constamment de désagréger cette société. L'homme a un penchant *à s'associer*, car dans un tel état, il se sent plus qu'homme du fait du développement de ses dispositions naturelles. Mais il manifeste aussi une grande propension *à se replier sur son individualité* (s'isoler), car il trouve en même temps en lui une insociabilité qui le pousse à vouloir tout diriger à son idée ; et, de ce fait, il s'attend à rencontrer des résistances de tous côtés, de même qu'il se sait par lui-même enclin à résister aux autres. C'est cette résistance qui éveille toutes les forces de l'homme, le porte à surmonter son inclination à la paresse, et, sous l'impulsion de l'ambition, de l'instinct de domination ou de cupidité, à se frayer une place parmi ses compagnons, qu'il supporte de mauvais gré mais dont il ne peut se passer. L'homme a alors parcouru les premiers pas qui, de la grossièreté, le mènent à la culture, dont le fondement véritable est la valeur sociale de l'homme ; c'est alors que se développent peu à peu tous les talents, que se forme le goût, et que même, cette évolution vers la clarté se poursuivant, commence à se fonder une façon de penser qui peut avec le temps transformer la grossière disposition naturelle au discernement moral en principes pratiques déterminés. Par cette voie, un accord *pathologiquement* extorqué en vue de l'établissement d'une société peut se convertir en un tout *moral*. Sans ces qualités d'insociabilité, peu sympathiques certes par elles-mêmes et source de la résistance que chacun doit nécessairement rencontrer à ses prétentions égoïstes, tous les talents resteraient pour toujours à l'état de germes inépanouis, au milieu d'une existence de bergers d'Arcadie, dans une concorde, une satisfaction, et un amour mutuels parfaits ; les hommes, doux comme les agneaux qu'ils font paître, ne donneraient à l'existence guère plus de valeur que n'en a leur troupeau domestique ; ils ne combleraient pas le néant de la création quant à la fin qu'elle se propose comme nature raisonnable. Remercions donc la nature pour cette humeur peu conciliante, pour la vanité rivalisant dans l'envie, pour l'appétit insatiable de possession ou même de domination. Sans cela toutes les dispositions naturelles excellentes de l'humanité sommeilleraient à jamais et ne pourraient éclore. L'homme veut la concorde, mais la nature sait mieux que lui ce qui est bon pour son espèce : elle veut la discorde [...].

CINQUIÈME PROPOSITION

Le problème essentiel pour l'espèce humaine, celui que la nature contraint l'homme à résoudre, c'est la réalisation d'une société civile *administrant le droit de façon universelle.* — Ce n'est que dans la société, et plus précisément dans celle où l'on trouve le maximum de liberté, par là même un antagonisme général entre les membres qui la composent, et où pourtant l'on rencontre aussi le maximum de détermination et de garantie pour les limites de cette liberté, afin qu'elle soit compatible avec celle d'autrui, ce n'est que dans une telle société, disons-nous, que la nature peut réaliser son dessein suprême, c'est-à-dire le plein épanouissement de toutes ses dispositions dans le cadre de l'humanité. Mais la nature exige aussi que l'humanité soit obligée de réaliser ce dessein par ses propres ressources, de même que toutes les autres fins de sa destination. Par conséquent une société dans laquelle *la liberté soumise à des lois extérieures* se trouvera liée, au plus haut degré possible, à une puissance irrésistible, c'est-à-dire une organisation civile d'une équité parfaite, doit être pour l'espèce humaine la tâche suprême de la nature. Car la nature, en ce qui concerne notre espèce, ne peut atteindre ses autres desseins qu'après avoir résolu et réalisé cette tâche. C'est la détresse qui force l'homme, d'ordinaire si épris d'une liberté sans bornes, à entrer dans un tel état de contrainte ; et, à vrai dire, c'est la pire des détresses : à savoir, celle que les hommes s'infligent les uns aux autres, leurs inclinations ne leur permettant pas de subsister longtemps les uns à côté des autres dans l'état de liberté sans frein. Mais alors, dans l'enclos que représente une association civile, ces mêmes inclinations produisent précisément par la suite le meilleur effet. Ainsi dans une forêt, les arbres, du fait même que chacun essaie de ravir à l'autre l'air et le soleil, s'efforcent à l'envi de se dépasser les uns les autres, et par suite, ils poussent beaux et droits. Mais au contraire, ceux qui lancent en liberté leurs branches à leur gré, à l'écart d'autres arbres, poussent rabougris, tordus et courbés. Toute culture, tout art formant une parure à l'humanité, ainsi que l'ordre social le plus beau, sont les fruits de l'insociabilité, qui est forcée par elle-même de se discipliner, et d'épanouir de ce fait complètement, en s'imposant un tel artifice, les germes de la nature.

SIXIÈME PROPOSITION

Ce problème est le plus difficile ; c'est aussi celui qui sera résolu en dernier par l'espèce humaine. — La difficulté qui saute aux yeux dès que l'on conçoit la simple idée de cette tâche, la voici : l'homme est un *animal* qui, du moment où il vit parmi d'autres individus de son espèce, a *besoin d'un maître.* Car il abuse à coup sûr de sa liberté à l'égal de ses semblables ; et, quoique, en tant que créature raisonnable, il souhaite une loi qui limite la liberté de tous, son penchant animal à l'égoïsme l'incite toutefois à se réserver dans toute la mesure du possible un régime d'exception pour lui-même. Il lui faut donc un *maître* qui batte en brèche sa volonté particulière et le force à obéir à une volonté universellement valable, grâce à laquelle chacun puisse être libre. Mais où va-t-il trouver ce maître ? Nulle part ailleurs que dans l'espèce humaine. Or ce maître, à son tour, est tout comme lui un animal qui a besoin d'un maître. De quelque façon qu'il s'y prenne, on ne conçoit vraiment pas comment il pourrait se procurer pour établir la justice publique un chef juste par lui-même — qu'il choisisse à cet effet une personne unique, ou qu'il adresse à une élite de per-

sonnes triées au sein d'une société. Car chacune
d'elles abusera toujours de la liberté si elle n'a personne au-dessus d'elle pour imposer vis-à-vis d'elle-
même l'autorité des lois. Or le chef suprême doit être
juste *pour lui-même,* et cependant être un *homme.*
Cette tâche est par conséquent la plus difficile à
accomplir de toutes ; à vrai dire sa solution parfaite est
impossible ; le bois dont l'homme est fait est si noueux
qu'on ne peut y tailler des poutres bien droites. La
nature nous oblige à ne pas chercher autre chose qu'à
nous approcher de cette idée. Réaliser cette approximation, c'est aussi le travail auquel nous nous attelons
le plus tardivement : ceci résulte du fait que, pour y
parvenir, ce qui est exigé, ce sont des *concepts exacts*
touchant la nature d'une constitution possible, c'est
une grande expérience, enrichie par maints voyages à
travers le monde, et par-dessus tout, c'est une *bonne
volonté,* disposée à accepter cette constitution. Trois
conditions qui ne peuvent être réunies que difficilement et, quand cela se produit, ne peuvent l'être que
très tardivement, après de multiples et vaines tentatives.

SEPTIÈME PROPOSITION

*Le problème de l'établissement d'une constitution civile
parfaite est lié au problème de l'établissement de relations
régulières entre les États, et ne peut pas être résolu indépendamment de ce dernier.* [...] Tant que ce dernier pas
n'est point franchi (à savoir l'association des États), ce
qui ne représente guère qu'une moitié du développement pour la nature humaine, cette dernière endure
les pires maux sous l'apparence trompeuse d'un bien-
être extérieur ; et Rousseau n'avait pas tellement tort
de préférer l'état des sauvages, abstraction faite, évidemment, de ce dernier degré auquel notre espèce
doit encore s'élever. Nous sommes hautement cultivés
dans le domaine de l'art et de la science. Nous
sommes civilisés, au point d'en être accablés, pour ce
qui est de l'urbanité et des bienséances sociales de
tout ordre. Mais quant à nous considérer comme déjà

moralisés, il s'en faut encore de beaucoup. Car l'idée de la moralité appartient encore à la culture ; par contre, l'application de cette idée, qui aboutit seulement à une apparence de moralité dans l'honneur et la bienséance extérieure, constitue simplement la civilisation. Mais aussi longtemps que des États consacreront toutes leurs forces à des vues d'expansion chimériques et violentes, et entraveront ainsi sans cesse le lent effort de formation intérieure de la pensée chez leurs citoyens, les privant même de tout secours dans la réalisation de cette fin, on ne peut escompter aucun résultat de ce genre ; car un long travail intérieur est nécessaire de la part de chaque communauté pour former à cet égard ses citoyens. Par contre, tout bien qui n'est pas greffé sur une disposition moralement bonne n'est que pure chimère et faux clinquant. Le genre humain restera sans doute dans cette position jusqu'à ce que, de la manière que je viens d'indiquer, il se dégage laborieusement de la situation chaotique où se trouvent les rapports entre États.

Idee zu einer allgemeinen Geschichte in weltbürgerlicher Absicht, in *Werke*, éd. par W. Weischedel, Insel-Verlag, Frankfurt/Main, 1964, tome VI, p. 37-45 ; trad. fr. : « Idée d'une histoire universelle d'un point de vue cosmopolitique », in *Opuscules sur l'histoire*, traduction de S. Piobetta, Flammarion, Paris, 1990, p. 74-83.

*

Les propositions 4 à 7 constituent le cœur de la reconstruction téléologique de l'histoire ; elles recouvrent en effet l'évolution à la fois libre et nécessaire de l'espèce humaine de sa sortie de l'état de nature à la perspective d'un ordre mondial (cosmopolitique). La quatrième proposition traite de la sortie de l'état de nature, la cinquième de la constitution civile, la sixième du Souverain, la septième du droit des peuples.

Si l'on applique à l'histoire l'Idée, ou « fil conducteur *a priori* », que la nature n'est pas un jeu de forces insensé, mais que ces forces agissent dans le cadre d'une unité

qu'en même temps elles réalisent, alors les actions des
volontés individuelles, considérées comme des forces
ayant des effets phénoménaux parmi d'autres, s'inscrivent
dans un plan d'ensemble. Ce plan leur échappe, cependant
ce n'est que par lui que les actions individuelles prennent
tout leur sens. Il en va déjà ainsi des dispositions naturelles
que la nature a données aux hommes (première proposition) : elles n'atteignent leur plein épanouissement qu'à
l'échelle de l'espèce (deuxième proposition). « La nature
ne fait rien en vain » (troisième proposition) — sinon elle
se contredirait et serait donc insensée, antinomique. Ce
n'est donc pas er vain qu'elle a doté l'homme de raison, même
si — et c'est là l'originalité de l'approche téléologique de
l'antinomie raison/nécessité — la « liberté du vouloir » ne se
présente pas d'emblée sous un aspect raisonnable mais
comme la volonté d'hommes qui « poursuivent leurs
fins particulières en conformité avec leurs désirs personnels ». Cette constatation débouche sur un double paradoxe :
le jugement réfléchissant montre comment de cette pseudo-
liberté, qui n'est en fait que la soumission à la nécessité des
penchants, résulte une évolution nécessaire vers la liberté et la
morale.

A. La première étape, qui dépasse la volonté arbitraire
individuelle, est l'émergence de la société — « accord
pathologiquement extorqué », réunion des individus accomplie au moyen même des forces qui les dressent les uns
contre les autres, « insociable sociabilité ». Cette quatrième
proposition contient la clé de toutes les déclarations de
Kant sur la guerre — déclarations déroutantes pour qui,
par exemple, lit le *Traité de paix perpétuelle*, au premier
degré et néglige la perspective téléologique qui l'encadre :
la nature a voulu la discorde pour mieux atteindre la
concorde ; elle se sert de la guerre entre les États [43] comme
elle se sert de l'antagonisme entre les individus. Pour ces
derniers, les penchants les plus condamnables — la soif de
possession, de domination — sont aussi ceux qui les poussent à se dépasser et à développer leurs dispositions naturelles. Kant décoche au passage un trait aux utopies de
l'état de nature et à ceux qui critiquent la civilisation en
invoquant l'innocence des origines [44]. Les pâtres de l'état
de nature ne vaudraient guère mieux que les animaux
qu'ils gardent. Du point de vue téléologique, seul l'affrontement permet de surmonter la paresse qui est, selon

43. Voir plus loin la septième proposition.
44. Cf. infra Kant et Rousseau.

l'essai « Qu'est-ce que les Lumières ? », l'un des obstacles des Lumières [45].

B. Puisque la socialisation représente le début de l'histoire proprement universelle des hommes, le deuxième problème, le problème essentiel, est l'organisation de la société civile selon des règles universellement valables. Là encore, il ne s'agit pas d'un but que les hommes se fixent consciemment et librement, mais d'une difficulté à laquelle l'évolution les confronte et que la nature les « contraint à résoudre ». C'est dans cette cinquième proposition que s'exprime le plus clairement la façon dont la téléologie utilise de façon régulatrice le modèle de la physique, déjà à l'œuvre dans la quatrième. L'insociable sociabilité était en effet déjà un *rapport de forces* — le rapport entre la force qui pousse l'homme à s'isoler et la force qui le pousse à s'associer à ses semblables —, et la société n'était autre que la *résultante* de ces forces contraires. La reconstruction téléologique de l'histoire utilise donc le modèle de la physique de façon heuristique, « comme si » l'ensemble de l'évolution pouvait être expliqué comme un enchaînement de causes et d'effets à partir de rapports entre des forces. Cette conception conduit à une définition de la meilleure société possible sur laquelle on prendra garde de ne pas commettre de contresens : la meilleure société possible est celle où le maximum de liberté coexiste avec le *maximum* de contrainte — et non celle que l'on trouve définie notamment dans la Déclaration des droits de l'homme et du citoyen de 1789 (article 4) : « La liberté consiste à pouvoir faire ce qui ne nuit pas à autrui : ainsi, l'exercice des droits naturels de chaque homme n'a de bornes que celles qui assurent aux autres membres de la société la jouissance de ces mêmes droits. Ces bornes ne peuvent être déterminées que par la loi. » Cette définition n'est pas compatible avec la conception kantienne du droit naturel ; pour Kant, en effet, ce dernier n'est pas « donné » de toute éternité, il n'existe pas dans l'état de nature proprement dit mais résulte de l'évolution, de *l'exercice* des dispositions naturelles [46]. La conception téléologique de la société civile est donc une *dynamique* dans laquelle les forces en présence sont portées à leur paroxysme et ne s'équilibrent que si, à l'exercice maximal de la liberté, répond une contrainte de même degré. Plus est forte l'affirmation de la liberté, plus la force du droit doit être « irrésistible ». C'est du reste à cette seule condition que la société civile peut

45. Cf. supra chapitre I.
46. Cf. la section suivante « Le droit naturel rationnel ».

n'être pas seulement un compromis et que cet arrangement
peut ne pas arrêter les forces motrices du progrès. Ce que
Kant résume en conclusion par la célèbre parabole des
arbres qui, abandonnés à eux-mêmes, poussent de façon
anarchique, tandis que *cette même force* qui les pousse naturellement à se développer est *mise au service de la civilisation*
lorsqu'elle est canalisée par la présence d'autres arbres qui,
eux aussi, s'efforcent de se développer pleinement. Cette
parabole peut évidemment être rapprochée de la formule
non moins célèbre selon laquelle l'homme est fait de « bois
noueux » (sixième proposition) ; quand le développement
s'accomplit sans la contrainte du droit, le bois devient de
plus en plus noueux ; il se redresse en revanche et pousse
vers le haut, vers la lumière, lorsqu'il est discipliné par des
règles de coexistence. Du point de vue téléologique, l'idée
essentielle est cependant que le droit ne résulte pas à proprement parler de la limitation de la liberté mais de sa cana-
lisation. C'est pourquoi Kant peut conclure en disant que la
culture et les arts, tant du reste la technique que les beaux
arts [47], « sont les fruits de l'insociabilité qui est forcée par
elle-même de se discipliner ». De là à inférer que le passage
du droit à la morale pourra être réalisé par la même dynamique, il n'y a qu'un pas. La septième proposition va y
revenir.

C. Auparavant, la sixième porte à l'extrême le paradoxe
dynamique de la socialité en envisageant le problème de la
souveraineté. Le rôle du Souverain est l'exercice de la force
légale dont dépend, on vient de le voir, l'existence de la
société civile. Mais la domination n'est pas une notion abstraite : le Souverain est un homme parmi les autres hommes
et, comme tous les hommes, il est « un animal qui a besoin
d'un maître ». Le problème de la souveraineté prend donc la
forme d'un cercle vicieux dont la sixième proposition
s'efforce de sortir en deux temps.

Le premier temps fonde la nécessité de la domination sur
l'anthropologie. La nature humaine est double, instinctuelle
et rationnelle — ou du moins dotée de dispositions à la
rationalité (cf. troisième proposition). La raison commence
à se développer parce que les instincts, que l'homme a en

47. Comme l'indiquent le terme « beau » (« l'ordre social le plus
beau ») et l'allusion à l'ornement (« tout art formant une parure à
l'humanité ») ; voir aussi dans la quatrième proposition le terme
Geschmack (goût). Est ainsi suggéré un lien entre la faculté de juger
téléologique et la faculté de juger esthétique, ainsi qu'entre cette
dernière et la moralité. L'esthétique est l'expression symbolique de
l'harmonie morale.

commun avec les animaux, ne suffisent pas à assurer sa survie. L'homme prend alors conscience de la nécessité d'une discipline, « il souhaite une loi qui limite la liberté de tous ». La loi est la réponse non instinctuelle que l'homme en quelque sorte « invente » pour ne pas être victime de la liberté effrénée de ses semblables. Certes, il souhaiterait que cette loi ne s'applique pas à lui-même ; il lui faut donc un maître qui le force à obéir à une règle valable pour tous.

Le maître étant cependant lui aussi un homme, il a comme tout homme, tendance à s'excepter de l'application de la loi. La *forme de gouvernement* — monarchie ou aristocratie (on notera toutefois que Kant exclut la démocratie, synonyme d'anarchie puisque la « volonté de tous », c'est-à-dire en fait toutes les volontés, veut être son propre maître) — ne saurait rien y changer. Même s'il ne l'introduit pas expressément, Kant semble espérer une solution — quoique imparfaite — de la *façon de gouverner* (*Regierungsart*). À la différence de la cinquième proposition, qui parlait de la « constitution civile parfaite », la sixième exclut une solution parfaite, qui supposerait, comme le dira la septième, que nous soyons non seulement civilisés mais déjà moralisés. La nature ne fait que nous forcer à affronter ce problème et à nous efforcer de le résoudre. Pourtant l'équation des forces de la loi et de la liberté ne tombe pas juste. Si le progrès ne s'arrête pas, elle devient seulement de plus en plus juste. La solution parfaite relève de l'idéal du Souverain bien — auquel fait allusion la troisième proposition : « Il semble que la nature n'ait pas eu du tout en vue d'accorder à l'homme une vie facile, mais au contraire de l'obliger par ses efforts à s'élever assez haut pour qu'il se rende digne par sa conduite de la vie et du bien-être. » Comme dans *Qu'est-ce que les Lumières ?*, le progrès vers la solution parfaite dépend dans une large mesure du comportement du Souverain, qui « doit être juste pour lui-même », c'est-à-dire suffisamment éclairé pour se considérer comme moralement responsable [48]. Se rapprocher progressivement de la solution suppose trois conditions : d'abord des « concepts exacts », à savoir une *connaissance*, une science politique, qui néanmoins ne sauraient suffire ; ensuite une grande expérience, mais si vaste soit-elle, elle ne suffit pas non plus ; la « bonne volonté », soit la volonté morale reste donc la clé du problème.

48. Voir au chapitre I le commentaire de « *Qu'est-ce que les Lumières ?* » et, dans la section « Théorie et critique du despotisme éclairé » du présent chapitre, l'appel de Kant à Frédéric II et la conception que le despote éclairé se fait de sa responsabilité morale.

Si l'on fait abstraction de cet appel à la bonne volonté, l'idée selon laquelle il faut une instance au-dessus du Souverain lui-même pour lui imposer l'autorité des lois pose un problème constitutionnel que Kant n'approfondit pas ici, mais qui est au cœur de sa pensée politique [49]. Dans les écrits des années 1790, en particulier le *Traité de paix perpétuelle*, seule la séparation des pouvoirs est en mesure d'endiguer le penchant du Souverain à s'excepter de la loi. Cette question n'est ici qu'impliquée par l'exclusion de la démocratie.

D. La septième proposition passe au niveau du droit des peuples. Dans ce progrès par cercles concentriques — jusqu'au cercle le plus large, celui du cosmopolitisme —, le même problème fondamental se reproduit à chaque niveau, et sa solution au niveau supérieur conditionne la solution acquise au niveau inférieur. Un *Völkerbund*, une « société des nations », peut donc seul faire régner une coexistence pacifique entre les États qui se comportent à leur échelle comme les individus. Et puisqu'ils se comportent comme des volontés individuelles, cette socialisation internationale prend la même forme que la socialisation des hommes ; elle est l'effet de leur insociabilité et leur est *extorquée*, en l'occurrence par la nécessité (*Not*) et par la guerre qui, du point de vue téléologique, apparaît paradoxalement comme le moyen de la paix. Dans la neuvième proposition, Kant défendra l'Idée d'une histoire universelle contre le soupçon qu'elle ne puisse être qu'un « roman » : ce paradoxe l'en disculpe et le *Projet de paix perpétuelle* de l'abbé de Saint-Pierre (1713), réédité par Rousseau, n'a rien d'une rêverie. Nous avons déjà relevé l'inspiration baroque de Kant lorsqu'il parle du chaos du monde [50] ; elle va ici jusqu'à la vision d'une rédemption naissant d'un « démembrement général », une résurrection des *disjecta membra* des sociétés et des peuples. Cette inspiration baroque est toutefois sécularisée par la référence aux *automates* (paradigme de la physique [51]) et par la référence à l'atomisme d'Épicure. La septième proposition confronte dans cette optique trois conceptions possibles du « progrès » : le hasard atomistique d'Épicure (il s'agit manifestement ici du choc des libertés individuelles), un pur mécanisme téléologique (téléologie

49. Cf. infra la section « République et citoyenneté ».
50. Cf. commentaire de l'extrait précédent.
51. Il est également question plus loin d'un « principe d'égalité » résultant des « actions et réactions mutuelles » (in *Opuscules sur l'histoire, op. cit.*, Flammarion, 1990, p. 82).

dogmatique) dans lequel la liberté n'aurait pas sa place,
enfin la position de Mendelssohn selon laquelle il y a des
projets partiels, mais pas de progrès universel et donc pas de
téléologie universelle. À ces trois positions, Kant oppose le
principe régulateur qui guide sa reconstruction de l'histoire :
l'affrontement des forces, c'est-à-dire des libertés, débouche
sur un équilibre qui confirme, quoique *a posteriori*, la validité
du modèle physique (voir déjà la quatrième proposition).
Pourtant, la sixième proposition l'a souligné, cet équilibre
est imparfait et fragile ; il n'est qu'une approximation et seul
le maintien de la dynamique des forces peut faire de cette
approximation une progression se rapprochant de l'idéal. La
différence entre culture (civilisation) et moralité persiste
donc et peut paraître irréductible puisque la différence entre
la réalité et l'idéal n'est pas seulement une différence empirique. C'est pourquoi Kant donne raison en partie à la critique rousseauiste de la civilisation, qu'il ne ménage pourtant pas ailleurs. Toutefois Rousseau n'a qu'en partie
raison : pour Kant la civilisation est mauvaise parce qu'elle
n'est pas encore assez bonne, parce qu'elle n'est encore
qu'un état de nature masqué. Et Rousseau a tort d'un
double point de vue : d'un point de vue historico-régressif,
parce qu'il ne voit pas que la nature contient son propre
dépassement (il ignore en d'autres termes la téléologie) ;
d'un point de vue historico-prospectif, parce que, en ne
concevant pas la civilisation comme l'œuvre de la nature, il
voit dans cette dernière un paradis perdu alors que le
paradis est devant nous — la nature ne nous pousse-t-elle
pas, que nous le voulions ou non, en avant ? La phrase « Car
l'idée de la moralité appartient encore à la culture » a donc
deux sens. Un sens positif : l'histoire passée de la civilisation, telle que la reconstitue la téléologie, confirme le progrès de la barbarie vers la civilisation et ouvre la perspective
de la moralité au sein même de cette dernière. À l'inverse :
nous sommes encore loin de la moralité pure, nous ne
connaissons que cette moralité « extorquée » qu'est la civilisation ; la moralité demeure une Idée. On doit se demander
si l'abîme qui sépare encore la civilisation et la légalité de la
moralité peut ici être comblé par une téléologie purement
mécanique, imposant sa nécessité à la liberté des hommes.
Cette conception est l'une des trois que Kant a exclues.
Dans la logique de sa pensée téléologique, la liberté doit au
contraire s'affirmer de plus en plus — d'abord inconsciem-
ment puis de plus en plus maîtresse d'elle-même — comme
le moteur de la nécessité qu'ainsi elle résorbe peu à peu.
C'est bien pourquoi le pas à franchir de la légalité à la

moralité est l'affaire de la « bonne volonté » et de la conscience morale, et, du point de vue téléologique, cet appel à
la bonne volonté n'est en rien une pétition de principe ou un
vœu pieux.

*

* *

KANT ET ROUSSEAU
Conjectures sur les débuts de l'histoire humaine

Le résultat de cet exposé des débuts de l'histoire
humaine se ramène à ceci : en quittant le paradis que
la raison lui représente comme le premier séjour de
son espèce, l'homme n'a fait que passer de la rusticité
d'une créature purement animale à l'humanité, des
lisières où le tenait l'instinct au gouvernement de la
raison, en un mot de la tutelle de la nature à l'état de
liberté. La question de savoir si l'homme a gagné ou
perdu à ce changement ne se pose plus si l'on regarde
la destination de son espèce, qui réside uniquement
dans *la marche progressive* vers la perfection. Peu
importent les erreurs du début lors des essais successifs entrepris par une longue série de générations dans
leur tentative pour atteindre ce but. Cependant, cette
marche, qui pour l'espèce représente un *progrès* vers le
mieux, n'est pas précisément la même chose pour
l'individu. Avant l'éveil de la raison, il n'y avait ni
prescription ni interdiction, donc aucune infraction
encore ; mais lorsque la raison entra en lice et, malgré
sa faiblesse, s'en prit à l'animalité dans toute sa force,
c'est alors que dut apparaître le mal ; et, qui pis est, au
stade de la raison cultivée, apparut le vice, totalement
absent dans l'état d'ignorance, c'est-à-dire d'innocence. Le premier pas qui fut fait pour sortir de cet
état, aboutit par conséquent à une *chute* du point de
vue moral ; du point de vue physique la conséquence
de cette chute, ce furent une foule de maux jusque-là
inconnus de la vie, donc *une punition*. L'histoire de la
nature commence donc par le Bien, car elle est *l'œuvre*

de Dieu ; l'histoire de la *liberté* commence par le Mal, car elle est *l'œuvre de l'homme*. En ce qui concerne l'individu qui, faisant usage de sa liberté, ne songe qu'à soi-même, il y eut perte lors de ce changement ; en ce qui concerne la nature, soucieuse d'orienter la fin qu'elle réserve à l'homme en vue de son espèce, ce fut un gain. L'individu a donc des raisons d'inscrire à son compte comme sa propre faute tous les maux qu'il endure et tout le mal qu'il fait ; mais en même temps, comme membre du Tout (d'une espèce), il a toute raison d'admirer et d'estimer la sagesse et la finalité de l'ordonnancement général.

De cette façon, on peut aussi accorder entre elles et avec la raison les affirmations si souvent dénaturées et en apparence contradictoires du célèbre J.-J. Rousseau. Dans ses ouvrages sur l'*Influence des sciences* et sur l'*Inégalité des hommes*, il montre très justement la contradiction inévitable entre la civilisation et la nature du genre humain en tant qu'espèce *physique* où chaque individu doit réaliser pleinement sa destination ; mais dans son *Émile*, dans son *Contrat social* et dans d'autres écrits, il cherche à résoudre un problème encore plus difficile : celui de savoir comment la civilisation doit progresser pour développer les dispositions de l'humanité en tant qu'espèce *morale*, conformément à leur destination, de façon que l'une ne s'oppose plus à l'autre conçue comme espèce naturelle. De cette contradiction (étant donné que la culture, selon les vrais principes de *l'éducation* de l'homme à l'humanité et à la citoyenneté, n'est peut-être pas même encore vraiment commencée, ni, à plus forte raison, achevée), naissent tous les vrais maux qui pèsent sur l'existence humaine, et tous les vices qui la déshonorent * ; cependant que les impulsions qui

---

* Je ne donnerai que quelques exemples de cette contradiction entre l'effort de l'humanité pour tendre à sa destination *morale* d'une part, et l'obéissance inéluctable aux lois placées dans sa nature en vue d'un état rustique et animal, d'autre part.

L'époque de la majorité, c'est-à-dire de l'inclination à engendrer l'espèce, a été fixée par la nature à l'âge d'environ 16 à 17 ans, âge

poussent aux vices et qu'on rend responsables en ce
cas sont elles-mêmes bonnes et, en tant que dispositions de la nature, adaptées à leurs propres fins ; mais
ces dispositions, étant donné qu'elles n'ont été créées
qu'en fonction de l'état de nature, sont contrariées par
les progrès de la civilisation ; et réciproquement elles
portent préjudice à ces progrès, jusqu'à ce que l'art,

---

auquel l'adolescent devient, dans l'état primitif de la nature, littéralement homme : car il a, à ce moment-là, le pouvoir de se subvenir
à soi-même, d'engendrer son espèce, et même de subvenir aux
besoins de son espèce ainsi qu'à ceux de sa femme. La simplicité
des besoins lui rend cette tâche facile. L'état civilisé, au contraire,
requiert pour cette dernière tâche beaucoup d'industrie, aussi bien
de l'habileté que des circonstances extérieures favorables, de sorte
que cette époque, civiquement du moins, est retardée en moyenne
de dix ans. La nature n'a cependant pas changé son point de maturité pour l'accorder avec le progrès vers l'affinement de la société.
Elle suit obstinément sa loi qui l'a disposée à la conservation de
l'espèce humaine en tant qu'espèce animale. Il en résulte un préjudice inévitable causé à la fin de la nature par les mœurs et réciproquement. Car l'homme de la société (qui ne cesse pas néanmoins
d'être un homme selon la nature) n'est qu'un adolescent, voire un
enfant ; on peut bien, en effet, appeler de ce nom celui qui, malgré
son âge (dans l'état de la société), ne peut même pas subvenir à
lui-même, et, à plus forte raison, subvenir à son espèce, bien qu'il
puisse posséder l'instinct et le pouvoir de l'engendrer, donc de
suivre l'appel de la nature. Or, la nature n'a certainement pas mis
des instincts et des pouvoirs dans des créatures vivantes pour que
celles-ci les combattent et les étouffent. Donc de telles dispositions
n'ont pas été données en vue de la conservation de l'espèce en tant
qu'espèce animale. L'état de civilisation entre par conséquent inévitablement en conflit avec elle, conflit que seule une constitution
civile parfaite (le but le plus élevé de la civilisation) pourrait
résoudre, puisque actuellement cet intervalle est rempli d'ordinaire
par des vices qui ont pour conséquence la misère humaine sous
toutes ses formes.
    Un autre exemple à l'appui de cette proposition, selon laquelle la
nature a mis en nous deux dispositions orientées vers deux fins
divergentes, à savoir l'humanité en tant qu'espèce animale et l'humanité en tant qu'espèce morale, c'est le « *Ars longa — Vita brevis* »
d'Hippocrate. Chez un individu unique dont l'esprit constitué à cette
seule fin serait parvenu à une bonne maturité de jugement grâce à une
longue pratique et à l'expérience acquise, même de telles sciences et les arts
pourraient être pratiqués bien plus avant qu'on ne peut les faire
avancer par des générations entières et successives de savants, à la
seule condition que cet esprit pût garder la même vigueur et la même
jeunesse pendant le temps qui est accordé à l'ensemble de ces générations. Or la nature a manifestement arrêté la durée de la vie humaine
en se plaçant à un autre point de vue que celui de l'avancement des

atteignant sa perfection, devienne de nouveau nature ;
ce qui est la fin dernière de la destination morale pour
l'espèce humaine.

Mutmaßlicher Anfang der Menschengeschichte, in *Werke*, éd.
par W. Weischedel, Insel, Frankfurt/Main, 1964, tome VI,
p. 92-95 ; trad. fr. : « Conjectures sur les débuts de l'histoire
humaine », in *Opuscules sur l'histoire*, traduction de S. Piobetta, Flammarion, Paris, 1990, p. 153-157 (*Remarque*).
Traduction modifiée.

*

Rédigé deux ans après *Idée d'une histoire universelle d'un
point de vue cosmopolitique*, le *Commencement conjectural* en
constitue le pendant par son objet — le commencement de
l'histoire de l'espèce humaine en tant qu'espère morale — et

---

sciences. Car au moment où l'esprit le mieux doué est sur le bord des
plus grandes découvertes, au moment où son habileté, son expérience, lui permettent de nourrir certains espoirs, déjà la vieillesse
intervient ; il s'affaiblit et doit céder la place à une deuxième génération (qui à son tour reprend tout depuis le B. A.-BA, et doit encore
une fois refaire tout le chemin déjà parcouru) : à elle incombera le rôle
de franchir une étape nouvelle vers le progrès de la culture. La marche
de l'espèce humaine pour remplir toute sa destination semble de ce
fait sans cesse interrompue et risque continuellement de retomber
dans la brutalité primitive. Aussi n'est-ce pas tout à fait sans raison
que le philosophe grec se lamentait : « *Il est dommage qu'il faille mourir,
juste au moment où l'on commence à se rendre compte de la façon dont on
aurait vraiment dû vivre.* »
   Un troisième exemple à citer, c'est *l'inégalité* entre les hommes
— non pas celle des dons naturels ou des richesses, mais l'inégalité
du *droit* universel *humain* : inégalité dont Rousseau se plaint à juste
titre, mais qui est inséparable de la culture aussi longtemps que
celle-ci progresse sans suivre un plan (phénomène également inévitable pendant un certain laps de temps). La nature n'avait certainement pas destiné l'homme à cette inégalité, puisqu'elle lui a
donné la liberté et la raison, afin de n'assigner aucune autre limite
à cette liberté que sa conformité à la loi universelle. Il s'agit ici
d'une conformité extérieure, qui s'appelle *le droit civil*. L'homme
dut, par ses propres moyens, sortir de la brutalité primitive où le
plaçaient ses dispositions naturelles et, en s'élevant au-dessus
d'elles, faire néanmoins attention de ne pas les contrarier ; c'est un
art qui ne peut s'apprendre que tardivement, et après bien des
tentatives infructueuses : pendant ce laps de temps, l'humanité
gémit sous le poids de maux que, par inexpérience, elle se cause
à elle-même.

le complément par sa démonstration, car, dans les deux cas, il s'agit d'une reconstitution de l'histoire dans la perspective de la fin morale de l'espèce. Dans les deux cas, cette reconstitution n'est possible qu'au moyen du jugement téléologique — qui fonctionne toutefois ici de façon méthodologiquement inversée : tandis que dans l'*Idée* les faits étaient interrogés à la lumière du « fil directeur » de l'idée, ici le commencement hypothétique est confronté à un « fil conducteur relié par la raison à l'expérience » [52]. On a trop rarement perçu ce qu'il y a de révolutionnaire dans cette inversion : elle s'applique à la Bible, dont le récit des origines n'est donc plus accepté comme dogme mais soumis à une reconstruction rationnelle. Par là Kant s'oppose d'emblée au début d'*Une autre philosophie de l'histoire* de Herder.

Le plan de l'écrit se déduit de cette démarche et peut être schématisé ainsi :

A. Une attaque méthodologique en deux moments, le premier portant sur la possibilité même d'une « histoire des origines », le second mettant résolument entre parenthèses (contre Herder et l'anthropologie de l'époque) toute spéculation sur l'apparition de l'homme pour partir du fait humain — de la spécificité de l'homme par rapport aux autres créatures.

B. Le premier moment de l'histoire des origines de l'espèce humaine en tant qu'espèce morale concerne la rupture fondamentale entre l'instinct et la raison, qui marque l'origine de l'histoire *humaine*. L'idée centrale de ce premier moment est l'égalité naturelle, *mais le droit naturel y apparaît du même coup d'emblée comme un droit historique,* car l'homme n'y accède qu'en s'élevant à la raison, en quittant le « giron de la nature ».

C. Une *Remarque* [53] interrompt le « récit » pour prendre la mesure des conséquence de cette réécriture des débuts de l'histoire *humaine* à partir de la *coupure* fondatrice entre instinct et raison. L'interruption du récit par la remarque souligne la coupure. Il s'agit bien ici de *mesurer* les *gains* et les *pertes* selon une mathématique déjà à l'œuvre dans l'*Idée d'une histoire universelle* et qui fonctionne à deux niveaux : pertes empiriques et gains moraux, en essayant de les articuler de façon dynamique. Cette mathématique se révèle, en fonctionnant ainsi sur deux plans, dynamique :

52. Les références renvoient à la traduction de S. Piobetta parue dans Kant, *Opuscules sur l'histoire, op. cit.* ; ici : p. 146.
53. C'est de cette remarque qu'est tiré notre extrait.

elle va permettre d'une part de dynamiser la question du mal, d'autre part de « résoudre » les contradictions de la pensée rousseauiste.

D. Le récit reprend avec le *Beschluß der Geschichte* — intitulé extrêmement difficile à traduire (et à comprendre). Il signifie que, d'une certaine façon, l'histoire de l'homme en tant qu'espèce est « scellée » une fois la rupture accomplie [54]. Pourtant, ce deuxième moment introduit une idée apparemment opposée au premier : il est placé sous le signe de l'*inégalité*. Si l'on comprend tant soit peu la structure de la démarche, cela signifie que le « conflit » (*Widerstreit*, cf. la note) entre le physique et le moral, l'empirique et le transcendantal ouvert par la coupure a inauguré une inadéquation qui est à la fois la fatalité de l'histoire humaine et sa dynamique. La cohérence entre ce deuxième moment et le premier (B) est toutefois maintenue par la référence à la Bible, ce qui confirme l'hypothèse qu'il s'agit dans cet écrit d'affirmer une réécriture rationnelle de l'histoire de la chute et du Salut.

E. La *Remarque finale* le confirme en examinant les motifs qu'a l'homme, du fait de sa condition humaine, de se plaindre de l'histoire du Salut et de lui opposer une autre idée — celle du bonheur terrestre.

Les deux derniers alinéas constituent une conclusion générale dont le double enjeu est de réconcilier l'homme avec son destin et la « Providence » (1) en lui montrant qu'il est seul responsable du malheur qui l'accable et du mal en général (donc en proposant une interprétation révolutionnaire du « mal originel ») et (2) en établissant que sa destination — qui lui échappe — est le progrès — qui lui est « extorqué » — du mal vers le bien.

La *Remarque* est avant tout consacrée à une réinterprétation-sécularisation de la question du mal. Le mal ne se situe pas dans la nature de l'homme mais, en fonction de ce qu'on vient de voir, plutôt dans sa culture ; la méchanceté et le mal ne sont pas une donnée statique mais un aspect de la dynamique téléologique qui constitue l'originalité humaine ; l'homme devient méchant lorsqu'il devient vraiment homme, c'est-à-dire sa propre fin, et que son égoisme le conduit à tout considérer dans la nature comme devant se plier à cette fin ; le mal est l'effet de l'accession à la raison et à la liberté ; comme les maux qu'endure l'homme, le mal qu'il commet résulte du passage à la culture — une position

54. Le traducteur français propose avec raison : « dispositions qui fixent l'histoire ».

du problème qui entraînait pour Kant inévitablement un débat tant avec le christianisme d'une part qu'avec Rousseau d'autre part.

Vis-à-vis de l'un comme de l'autre, Kant va dépasser ce qu'on pourrait appeler l'antinomie de la civilisation, à savoir que l'accession à la raison et à la liberté, qui porte l'homme vers plus de moralité, est en même temps la cause du mal, en considérant les deux aspects contradictoires de cette antinomie comme relevant d'une part de l'individu empirique, de l'autre du sujet transcendantal, de l'espèce : « Cependant, cette marche, qui pour l'espèce représente un *progrès* vers le mieux, n'est pas précisément la même chose pour l'individu. »

1. L'individu physique tombe de l'innocence dans le mal en quittant sa condition animale et en accédant à l'usage de la raison. Cette chute est conforme au récit de la Genèse. Il en résulte littéralement la *malédiction*, qui nomme l'apparition du mal, qui en reconnaît l'existence en le sanctionnant. Cette façon de nommer le mal a quelque chose à voir avec la capacité même de l'homme à donner des noms, donc avec la raison. Le récit biblique est en quelque sorte une formulation mythologique de l'évolution proprement humaine. On notera au passage que Kant ne distingue jamais les maux que l'homme subit de ceux qu'il s'inflige à lui-même — ce sera une idée essentielle de la conclusion : l'homme est responsable (« L'individu a donc des raisons d'inscrire à son compte comme sa propre faute tous les maux qu'il endure et tout le mal qu'il fait »). Conformément à la tradition chrétienne, on doit donc dire que, du point de vue divin, l'histoire de la nature, en devenant histoire humaine, va du bien vers le mal. L'individu physique « y perd » ; il y perd par la sécurité en gagnant la liberté.

En revanche, l'espèce y gagne en ce sens que l'homme devient l'auteur de son histoire, le sujet de l'histoire de l'espèce. L'argument est ici très bref, mais on peut le comprendre en rappelant simplement que c'est alors seulement que l'homme devient une espèce spécifique par opposition aux espèces animales.

Kant concilie ainsi la théologie et la téléologie, l'histoire du point de vue de Dieu et l'histoire du point de vue de l'homme — une « conciliation » dont on ne peut toutefois méconnaître la radicalité séculière, puisqu'elle part de l'idée qu'une fois l'homme sorti du paradis, Dieu n'a en quelque sorte plus son mot à dire dans l'histoire, qui est désormais *Menschenwerk*, « l'œuvre des hommes ». Il est vrai que « Dieu » y trouve son compte dès lors que l'histoire de l'espèce humaine accomplit la nature à travers l'espèce puisque l'histoire de la nature est l'œuvre de Dieu (il y a ici un chiasme conforme à l'idée que la théologie n'est plus fondatrice mais que la téléologie devient propédeutique de la théologie).

2. Dans le *Discours sur les sciences et les arts* (1750), Rousseau, comme on sait, défend le paradoxe que l'homme est bon et heureux par nature, mais que la civilisation l'a corrompu et a ruiné son bonheur primitif. Les sciences et les arts aident les tyrans à asservir les hommes ; les sciences détruisent en outre le sens religieux sans établir la morale ; quant aux arts, ils sont inséparables du luxe, agent de corruption et de décadence. Il faut donc « écouter la voix de sa conscience dans le silence des passions. Voilà la vraie philosophie ». Dans la *Préface de Narcisse* et dans une lettre au roi de Pologne Stanislas, Rousseau se voit contraint par les nombreuses réfutations suscitées par son « Discours » de préciser sa pensée : « Gardons-nous de conclure, écrit-il à Stanislas, qu'il faille aujourd'hui brûler toutes les bibliothèques et détruire les universités et les académies. Nous ne ferions que replonger l'Europe dans la barbarie et les mœurs n'y gagneraient rien. » Cependant, en excluant toute possibilité de retour en arrière, il se contente d'admettre la culture comme un pis-aller, parce qu'« on n'a jamais vu un peuple une fois corrompu revenir à la vertu ». Là où Kant montre les effets dialectiques de la civilisation, Rousseau se contente d'espérer qu'elle puisse « adoucir en quelque sorte la férocité des hommes qu'ils [les sciences et les arts] ont corrompus ». Dans le *Discours sur l'origine de l'inégalité* (1753), il situe le mal dans la vie sociale. Il y a donc une parenté manifeste avec la position kantienne. Mais la méthode de Kant prend le contre-pied de celle de Rousseau, qui partait pour sa part de la condition isolée de l'homme primitif, que la nature, selon lui, ne destinait nullement à la vie en société. L'égalité fondamentale des hommes, chez Rousseau, est donc vraiment, à la différence de la conception kantienne, une donnée naturelle. À l'argument selon lequel cet homme primitif ne se distingue pas des animaux, Rousseau répond qu'il possède « une plus grande intelligence » et « la conscience d'être libre », pourtant il ne dit pas ce qu'en fait l'homme ; ce dernier se distinguait « par la faculté de se perfectionner qu'il possédait en puissance et qui aurait pu ne jamais se développer ». L'inégalité résulte d'abord de la propriété, du « contrat social » qui établit des lois pour faire respecter la propriété et institue des magistrats pour faire respecter les

lois, enfin de la transformation des magistrats élus en des-
potes héréditaires.

Ces écrits « négatifs » de Rousseau concernent pour Kant
l'homme physique ; l'homme primitif dont parle Rousseau
est l'individu de l'espèce physique. En revanche, les écrits
sur le contrat social et l'éducation *(Émile)*, qui, comme il dit
dans l'*Anthropologie,* cherchent à « sortir du labyrinthe du
mal où notre espèce s'est enfermée par sa faute » [55], concernent l'espèce morale, c'est-à-dire l'espèce déjà socialisée, qui
ne peut retourner en arrière et pour laquelle le problème qui
se pose est celui du passage de la culture à la moralité. La
civilisation étant un fait — le pis-aller admis par Rousseau
—, les écrits sur l'état de nature comme état d'innocence,
dit encore Kant dans l'*Anthropologie,* ne peuvent guère servir
que de « fil conducteur » pour sortir du labyrinthe. De cette
façon, il parvient, en réconciliant deux positions apparemment contradictoires chez Rousseau, à se réconcilier avec ce
dernier.

La contradiction apparente devient pour lui l'expression
du « conflit » (*Widerstreit*) provisoire entre la nature et la
morale, à savoir le champ même de la civilisation comme
histoire dynamique. Conflit provisoire, car l'accomplissement de la destination morale retrouvera, on l'a vu plus
haut, la nature, et donc aussi Dieu, en accomplissant la fin
que la nature (ou Dieu) a placée dans l'homme (cf. « jusqu'à
ce que l'art, atteignant sa perfection, devienne de nouveau
nature » — c'est-à-dire lorsque le but suprême de la civilisation, une constitution civile parfaite, mettra fin à une légalité qui n'est qu'un palliatif ; voir la note). Il va même
jusqu'à affirmer que la nature humaine n'est pas mauvaise ;
les dispositions naturelles en tant que telles sont bonnes ;
elles deviennent des vices parce qu'elles ne sont pas adaptées à la civilisation ; il en résulte un conflit entre nature et
civilisation.

La longue note donne trois exemples de ce conflit :

(a) d'abord la différence entre la majorité naturelle et la
majorité civilisée, retardée par rapport à la première du fait
même de la complexité croissante de ce que l'individu doit
maîtriser pour être un homme ;

(b) ensuite — cas de figure qui prolonge le précédent
vers une discussion, qui demeure ici implicite, de la
conception mendelssohnienne — l'impossibilité pour l'individu d'atteindre à la perfection ; en raison de cette contradiction entre le progrès culturel comme être moral et la

55. *Anthropologie in pragmatischer Hinsicht (Anthropologie du point
de vue pragmatique)* (1798), Akademie-Ausgabe, tome VII, p. 326.

brièveté de la vie individuelle, chaque génération semble recommencer de zéro et le progrès général semble sans cesse interrompu ;

(c) enfin *le problème de l'inégalité*, qui va être au centre de D — et, plus exactement, de l'inégalité dans la civilisation, dans le cadre du droit civil ; l'inégalité est le fait du droit, et Kant donne sur ce point raison à Rousseau.

2. LE DROIT NATUREL RATIONNEL

Le passage du droit naturel chrétien au droit naturel rationnel doit sans aucun doute énormément à la Réforme. Le premier pas décisif fut l'œuvre d'un Hollandais réfugié à Paris, Hughes de Groot (Grotius) : *De jure belli et pacis* (1625). Chez Grotius, la *lex naturae* et la *lex divina* concordent ; toutefois, les commandements de la nature conserveraient leur validité même s'il n'y avait pas de Dieu. Le premier, Grotius, rompt donc la liaison thomiste entre le droit naturel et le Décalogue et il émancipe par là même la raison de la religion. Le *jus naturae* est un *dictatum rectae rationis* et non plus un commandement divin. Pour Grotius « appartiennent à la nature, sans préjudice de leur contenu, toutes les vérités qui sont susceptibles d'une fondation purement immanente, n'exigeant aucune révélation transcendante, qui sont par elles-mêmes certaines et évidentes [...]. Tout comme Galilée proclame et défend l'autonomie de la physique mathématique, Grotius combat pour l'autarcie de la science juridique [1] ». L'enjeu, on le comprend, est le fondement même du droit. S'opposant de l'intérieur au luthéranisme et au calvinisme (c'est-à-dire à la théorie de la prédestination et de la grâce élective), Grotius affirme la liberté humaine contre le serf arbitre. La loi est posée comme statuant originaire (*ordo ordinans*). Elle présuppose certes un commandement s'adressant à la volonté individuelle, mais, à la différence des commandements luthériens et chrétiens en général, ce commandement ne *crée* pas l'idée de droit ; il lui assujettit l'individu en commandant à ce dernier de la mettre à exécution. Il est donc second par rapport à elle, et le droit ne tient donc pas sa légitimité de Dieu.

1. Ernst Cassirer, *La Philosophie des Lumières*, Fayard, 1966, p. 246.

La deuxième percée fut le *Léviathan* de Thomas Hobbes en 1651. Tandis que Grotius postule un *appetitus socialis* qui pousse les individus isolés à se regrouper d'abord en société puis à créer des États, pour Hobbes la nature de l'homme est mauvaise, et l'état de guerre perpétuel qui en résulte dans l'état de nature *(bellum omnium contra omnes)* contraint les hommes à aliéner leur liberté naturelle pour pouvoir simplement survivre. Ce fondement physique du droit naturel va devenir la pomme de discorde des théories du droit naturel. Car sa radicalité moderne refonde en réalité une légitimité absolue et quasi divine : celle du « dieu mortel », le « Léviathan », l'État. Il s'agit de savoir si le contrat social, et donc l'idée même de Droit, résulte d'un effet purement mécanique de la nature humaine, ou s'il possède une valeur morale et peut, le cas échéant, s'appuyer sur un optimisme anthropologique. En Angleterre même s'opposent à cette conception le traité *De legibus naturae disquisitio philosophica* de l'évêque anglican Richard Cumberland (1672), qui émousse cependant l'offensive rationaliste en ramenant le droit naturel à une orientation terrestre, et, surtout, les *Deux traités sur le gouvernement (Two Treatises on Government)* de John Locke, qui, en 1690, un an après la révolution anglaise, constituent la première théorie libérale du droit naturel.

Les précurseurs allemands du droit naturel rationnel furent Jean Althusius (1557-1638) et Samuel Pufendorf (1632-1694). Le calviniste Althusius reste fidèle à saint Thomas, y compris lorsqu'il insiste sur la souveraineté populaire et le droit qu'a le peuple de retirer aux mauvais princes le pouvoir qu'il leur a délégué.

Althusius et Pufendorf distinguent deux contrats successifs ; l'un « tacite », qui rassemble les hommes isolés dans une société, l'autre « exprès », qui constitue l'État et par lequel ils confient le gouvernement de l'État naissant à certains d'entre eux. Pufendorf s'inspire à la fois de Hobbes et de Grotius, la conception libérale de Grotius s'appliquant aux petites communautés issues de l'instinct de sociabilité, tandis que les communautés plus vastes naissent de l'égoïsme et de la nécessité de l'endiguer. L'origine de l'État est bien dans les libertés naturelles mais, une fois constitué, celui-ci jouit d'un pouvoir sans partage dans tous les domaines « de la sécurité et du salut communs » (Pufendorf, *De officiis hominis et civis)*. On retrouve cette théorie des deux contrats chez Wolff, sous une forme un peu modifiée : le premier *pactum unionis* crée déjà des États, puisque Wolff traduit le terme latin *civitas* par le terme allemand *Staat* ; il

distingue néanmoins entre *civitas* et *civitas ordinata* (en allemand *gemeines Wesen*) qu'il nomme aussi *res publica*.

Il existe entre ces précurseurs et le droit naturel des
Lumières une différence essentielle. Pour Pufendorf, le
droit naturel est encore l'expression de la volonté de Dieu.
Selon lui, seuls les jugements, mais non les contenus, du
droit ont leur source dans la raison humaine ; les « entités »
juridiques proviennent d'une « *impositio Dei* ». On peut
estimer que le pas qui mène du droit naturel chrétien
au droit naturel rationnel est franchi lorsque Leibniz et
Wolff remplacent la volonté de Dieu par la *raison* divine.
Dans les *Principes du droit de la nature et des gens*, la formule de Wolff est la suivante : « L'institution des États n'a
rien que de conforme à la loi naturelle ; et l'on peut dire
pour la même raison qu'elle s'accorde avec la volonté
divine [2] ».

Dans son premier traité de droit naturel, *Fundamentum
juris naturae et gentium*, en 1687, Thomasius restait lui aussi
dépendant de la tradition chrétienne et scolastique ; le droit
naturel a son origine dans les dix commandements. En
1705, les *Fundamenta juris naturae et gentium* marquent en
revanche un tournant. Le droit naturel y est indissociable
de l'éthique sociale élaborée par la *Sitten-Lehre* [3] et remplace le fondement chrétien du droit par un fondement
séculier, enraciné dans la nature humaine elle-même. À
l'hostilité naturelle de Hobbes et à l'*appetitus socialis* de
Grotius, Thomasius substitue l'aspiration au bonheur,
laquelle peut prendre la forme de la peur et du besoin
lorsqu'elle est entravée. Les devoirs envers Dieu ne sont
eux-mêmes que des prolongements des devoirs envers les
autres hommes. La suppression du droit divin [4] crée au
prince des devoirs dont il n'est plus responsable devant
Dieu seul, mais devant l'ensemble du corps social. Le
nécessaire recours au contrat, qui en est la conséquence,
récuse la conception hobbésienne d'un renoncement originaire à la liberté et tend à affirmer l'opinion publique

2. *Principes du droit de la nature et des gens*, traduit par Jean-
Henry-Samuel Formey, éd. d'Amsterdam, 1758 ; rééd. Centre de
philosophie politique et juridique de l'université de Caen, 1988 ;
3e volume, livre VIII, chapitre I, § XIV, p. 141.

3. Cf. au chapitre I notre présentation de Thomasius.

4. Commentant le livre d'un prédicateur de la cour du Dane-
mark, Masius (*Sur l'avantage que la religion révélée confère aux princes*), Thomasius avait dit dès 1688 dans les *Teutsche Monate* « qu'il
n'est pas facile de trouver une idée plus absurde et plus éloignée de
toute raison et de toute écriture » que le droit divin.

comme censeur du souverain. L'œuvre du souverain doit contribuer elle aussi au bien commun ; elle s'inscrit parmi les activités utiles dont la raison est l'instrument. Thomasius toutefois ne va pas jusqu'à considérer, comme l'avait fait un siècle avant lui Althusius, que le rapport de sujétion est résiliable et que la souveraineté est révocable lorsqu'elle n'accomplit pas son mandat.

CHRISTIAN WOLFF [5]

La loi naturelle et les lois civiles

§ 401 — Les actions des hommes sont assurément déterminées par la loi naturelle, qu'elles soient bonnes ou mauvaises, et cette loi est donc la plus complète qui se puisse penser, en sorte qu'elle ne laisse rien qui puisse être déterminé par d'autres lois, qu'elle soit par ailleurs bonne ou mauvaise (§ 27, *Mor.*). De ce fait, on pourrait être en droit de penser que l'on peut se tirer de toute situation au moyen de la seule loi naturelle et qu'on n'a donc besoin d'aucune autre. Pourtant, il existe toutes sortes de causes pour lesquelles dans la vie commune on doit recourir à d'autres lois que l'on nomme les lois civiles parce qu'elles sont nécessaires dans la vie civile. On a en effet déjà remarqué au début (§ 341) que l'obligation naturelle ne suffit pas pour amener les hommes à accomplir la loi de nature et qu'on doit donc introduire dans la vie commune une autre sorte d'obligation qui s'impose là où l'obligation naturelle se révèle impuissante. La nature nous oblige par ce qu'il résulte de modifications pour nous et pour notre condition lorsque nous agissons (§ 9, *Mor.*). Or, comme cela doit faire l'objet d'un jugement de la raison (§ 23, *Mor.*) et que tout un chacun ne possède pas le degré de raison suffisant que requiert un tel jugement, spécialement lorsque ne se manifeste pas clairement que quelque chose résulte de telle ou telle action et d'autant plus que dans la nature c'est sou-

5. Voir également l'extrait proposé dans la section suivante, « Théorie et critique du despotisme éclairé ».

vent après un long laps de temps que se révèle ce qu'a provoqué une action, il s'ensuit que tout un chacun ne peut pas non plus être amené au respect de ses devoirs par l'obligation naturelle. Si, cependant, dans la vie en communauté il existe des moyens particuliers d'obliger les sujets à respecter ce que commande la loi naturelle, alors la loi naturelle devient une loi civile (§ 17, § 18, *Mor.*). Incidemment, il advient que la loi naturelle ne puisse être observée avec exactitude parce qu'il en résulterait bien des affrontements et des discordes, alors qu'on est dans le cadre commun tenu de rendre justice à toute personne qui a subi une injustice (§ 300, § 400). Pour cette raison, il est nécessaire de promulguer à la place de la loi naturelle une autre loi dont il peut résulter à l'occasion quelque injustice mais qui prévient de plus grands malheurs. Que cela se fasse conformément à la raison, c'est ce qu'on peut retenir des raisons indiquées ailleurs en ce qui concerne les exceptions à la règle (§ 165 sq., *Métaph.*). Nous avons donc besoin de lois civiles qui, dans quelques cas, divergent des lois naturelles. On constate en outre que les lois naturelles déterminent parfois une même action de façon fort différente selon les circonstances diverses qui peuvent se présenter. Si donc dans la vie en commun se produisent beaucoup d'écarts inévitables pour les raisons précédemment indiquées, il faut alors ou bien les déterminer de façon uniforme, ou à tout le moins les ramener à un nombre de situations limitées. C'est par cette voie que nous obtenons justement des lois civiles qui, le cas échéant, s'écartent de la loi naturelle. Mais ces deux dernières sortes de lois sont dues encore à une autre cause. Comme dans la vie en communauté, on doit commettre certaines personnes pour rendre justice à d'autres qui ne peuvent s'affronter directement, et peut-être même n'en ont pas le droit (§ 330, § 400), il faut veiller à ne pas rendre leur tâche difficile lorsqu'il s'agit de faire valoir les lois dans tous les cas qui se présentent, afin qu'ils ne négligent rien par erreur et ne donnent par là motif de se plaindre aux parties, et afin qu'en raison des multiples circonstances qu'il importe de considérer lorsqu'on applique les lois ils ne puissent dissimuler leur intention d'en léser d'aucuns, afin donc qu'ils n'agissent pas délibérément et en connaissance de cause contre le droit.

§ 402 — Comme la loi de la nature est immuable (§ 25, *Mor.*) et que nous sommes obligés à nous y tenir (§ 9, § 16, *Mor.*), on ne doit obliger personne à agir de façon contraire à la loi de nature. C'est pourquoi, lorsque les lois civiles s'écartent de la loi de la nature, cette divergence ne doit être qu'autorisée et en aucun cas ordonnée. En vertu des lois civiles il est en effet permis que, pour des raisons impérieuses précédemment exposées, on s'écarte dans certains cas tant soit peu de la loi de la nature ; mais on n'est en aucun cas tenu d'agir ainsi. Il peut certes également se produire que les lois civiles commandent de faire quelque chose qui est contraire à la loi de la nature ou (comme on a coutume de dire) à l'équité naturelle. Dans ce cas, ce sont des lois injustes. Nous ne parlons pas ici de ce qui advient mais de ce qui doit advenir.

§ 403 — Comme s'écarter de la loi de la nature n'est autorisé par les lois civiles que dans certains cas mais n'est aucunement ordonné (§ 402), ceux qui doivent rendre justice à d'autres au nom des lois doivent en de tels cas appeler les parties au respect de l'équité naturelle et, par toutes sortes de représentations, les amener à avoir à cœur de satisfaire à l'obligation naturelle. Si jamais elles ne veulent pas entendre ces représentations, il n'y a d'autre solution que de laisser advenir ce que les lois autorisent ou bien, dans quelques cas, de contraindre plutôt ceux qui veulent transgresser complètement les lois de la nature à les respecter au moins jusqu'à un certain point. Ce que l'on pourra maintenant dire de telles ou telles lois se trouve ainsi suffisamment éclairé tant par ce qui vient d'être dit que par ce qui précède. C'est là ce que requiert l'heureux dénouement de la conduite des procès, quoiqu'il ne soit que bien mal observé.

Vernünfftige Gedancken von dem gesellschaftlichen Leben der Menschen und insonderheit dem gemeinen Wesen, éditées et introduites par Hans Werner Arndt, *Gesammelte Werke*, section I, tome V, Olms, Hildesheim, 1975, p. 415-419 **.

★

Le bien et le mal, on l'a vu au chapitre I, sont pour Wolff inséparables en ce monde, qui est « le meilleur possible ». La « loi naturelle » régit donc au même titre les actions bonnes et les mauvaises ; elles sont les unes comme les autres naturelles. Si un homme raisonnable n'a cependant besoin d'aucune autre loi que la loi naturelle puisqu'il saura discerner le bien — ce qui contribue à sa perfection — du mal — ce qui l'empêche —, cette faculté de discernement n'est pas l'apanage de tous les hommes, et il faut donc compléter la loi naturelle par des lois civiles. Ou plus exactement : la loi civile accomplit la loi naturelle dans le cas où les sujets se révèlent incapables de l'accomplir par eux-mêmes. Ce qui implique que les lois civiles ne sauraient être contraires à la loi naturelle, sur laquelle elles doivent bien plutôt se fonder. Wolff introduit toutefois une réserve : il arrive qu'on ne puisse faire absolument coïncider le droit et la loi naturelle ; rétablir le droit d'un individu peut requérir une compensation qui relève d'une mathématique ou d'une dynamique et non de la simple observation de la loi naturelle. Pourtant, ce calcul ou ce rapport de forces reste du ressort de la raison qui doit traiter tous ces cas comme des écarts contrôlés par rapport à la règle générale. Wolff s'est expliqué en détail sur ce point dans sa « Théorie naturelle des lois civiles » (*Institutiones*, chapitre V : *De theoria naturali legum civilium*). Enfin (§ 403), le droit a pour Wolff une fonction pédagogique : il doit avant tout ramener à la loi naturelle ceux qui s'en écartent.

Un principe demeure en tout état de cause intangible (§ 402) : aucune loi civile ne saurait contraindre un individu à agir à l'encontre de la loi naturelle. Les écarts relèvent d'une casuistique permissive, seule la règle est impérative. Une loi civile qui ordonnerait d'agir contre la loi naturelle serait une loi injuste. Il en résulte un droit de résistance, à tout le moins passive, des individus envers tout État qui viole la loi naturelle. Wolff est, dans son *Jus naturae* (VIII,

§ 1044), le premier à soumettre ainsi l'État à une instance morale ; car, chez Hobbes, ce n'est pas une instance morale qui fonde le droit de rébellion mais la rupture du « contrat » par lequel les hommes ont délégué et abandonné à l'État leurs droits naturels pour pouvoir survivre. Quant à Pufendorf, s'il n'acceptait pas cet abandon, sa conception de l'intangibilité de la souveraineté lui interdisait d'admettre un droit de résistance [6]. Pour Wolff, « les droits de l'État sur les particuliers se règlent sur le but de l'État [7]. Ces droits forment une autorité qu'on appelle l'empire civil, ou public. Cet empire appartient originairement en propre au peuple » [8]. Le peuple peut choisir la forme qu'il entend donner à la *civitas ordinata* :

> « Le peuple est le maître de garder l'empire pour soi, ou de le conférer, soit à plusieurs personnes conjointement, soit à une seule, et même étrangère. En le conférant, il dépend encore de lui d'y attacher les conditions, et d'y mettre les restrictions qu'il juge à propos.
>
> Quand il s'agit de donner une forme à l'État et de régler la république, tous les citoyens doivent convenir entre eux s'ils veulent garder l'empire, ou le transférer, soit à une, soit à plusieurs personnes, et à quelles conditions, révocablement ou irrévocablement, pour un temps ou pour toute la vie, d'une manière transmissible à d'autres ou non transmissible, avec une autorité limitée ou illimitée [9]. »

Le principe fondamental demeure donc l'autonomie de la pensée et de l'action individuelles. Cette conception exclut tout système de valeurs prédonnées ou révélées et tout droit divin [10].

★
★　★

6. Sur cette question de droit de résistance, voir plus loin dans ce chapitre la section sur la révolution.

7. C'est-à-dire le bien commun, le perfectionnement de tous, la réalisation de la loi naturelle.

8. *Principes du Droit de la nature et des gens, op. cit.*, 3e volume, livre VIII, chapitre I, § XVI.

9. *Ibid.*, § XVIII et § XIX.

10. Quant à la forme que doit ou peut prétendre l'État — démocratie, monarchie ou aristocratie —, Wolff admet finalement tous les cas de figure. Comme plus tard pour Kant, il s'agit moins de la forme de gouvernement que de la façon de gouverner. Cf. infra notre commentaire du texte sur « le Philosophe-Roi et le Roi-Philosophe », dans la section « Théorie et critique du despotisme éclairé ».

KANT
Conjectures sur les débuts de l'histoire humaine

Si on ne veut pas se perdre en de pures conjectures, il faut prendre pour point de départ ce que la raison humaine ne saurait déduire d'aucune cause naturelle antécédente, c'est-à-dire *l'existence de l'homme* et encore faut-il le considérer *à son complet développement*, car il doit se passer des soins maternels ; nous admettons un *couple,* afin que puisse se propager l'espèce ; mais un couple unique, pour éviter que la guerre n'éclate immédiatement entre hommes vivant en voisinage, mais étrangers les uns aux autres, et aussi pour ne pas rejeter sur la nature la responsabilité d'avoir par la diversité des souches négligé l'organisation la plus parfaite du point de vue de la sociabilité, considérée comme fin essentielle de la destinée humaine ; l'unité de famille d'où devaient descendre tous les hommes fut sans doute le meilleur agencement en vue de cette fin. Je situe ce couple à l'abri des attaques des animaux de proie, en un lieu où la nature pourvoit abondamment à sa nourriture, c'est-à-dire dans une sorte de *jardin,* sous un climat d'une douceur toujours égale. Et qui plus est, je le considère seulement après qu'il a fait un pas considérable dans l'art de se servir de ses forces, et par conséquent je ne pars pas de sa nature à l'état absolument brut ; car le lecteur trouverait aisément trop de conjectures et trop peu de vraisemblance si j'entreprenais de combler cette lacune, qui embrasse probablement un très grand laps de temps. Le premier homme pouvait donc *se tenir debout et marcher* ; il savait *parler* (cf. Genèse, chapitre II, V, 20) *, je dis même *s'exprimer,* c'est-à-dire parler en

---

* *Le besoin de se communiquer à autrui* doit d'abord avoir incité l'homme encore solitaire à manifester son existence vis-à-vis des êtres vivants qui lui sont extérieurs, particulièrement vis-à-vis de ceux qui émettent des sons qu'il peut imiter et utiliser par la suite comme langage. Un effet analogue de ce besoin se remarque encore chez les enfants et les simples d'esprit qui, par des bruits, des cris, des sifflements, des chants et autres attitudes bruyantes (souvent aussi par des imprécations), troublent la partie pensante de la com-

enchaînant des concepts (v, 23), donc *penser*. Autant
d'aptitudes techniques qu'il a dû acquérir entièrement
par lui-même (car, si elles lui étaient innées, elles
seraient aussi héréditaires, ce qui est contredit par
l'expérience) ; et cependant j'admets dès maintenant
qu'il les possède pour ne faire entrer en considération
dans sa conduite que le développement de l'élément
moral, qui suppose nécessairement cette aptitude
technique.

L'instinct, cette *voix de Dieu*, à laquelle tous les animaux obéissent, devait seul d'abord conduire notre
nouvelle créature. Il lui permettait certaines choses
pour sa nourriture, lui en interdisant certaines autres
(III, 2, 3). Mais il n'est pas nécessaire d'admettre un
instinct particulier aujourd'hui disparu pour cet
usage ; le sens de l'odorat pouvait y suffire par sa
parenté avec l'organe du goût, ainsi que l'affinité bien
connue de ce dernier avec l'appareil digestif ; l'homme
avait ainsi en quelque sorte le pouvoir de pressentir
l'utilité ou la nocivité des aliments à consommer, ce
dont on voit encore aujourd'hui des exemples. Et
même on peut admettre que ce sens n'était pas plus
aigu chez le premier couple qu'il ne l'est aujourd'hui.
Car c'est un fait bien connu qu'il y a une différence
considérable, dans la force des perceptions, entre les
hommes qui ne sont occupés que par leurs sens et
ceux qui, occupés en outre par leurs pensées, sont de
ce fait détournés de leurs sensations.

Tant que l'homme inexpérimenté obéit à cet appel
de la nature, il s'en trouva bien. Mais la raison commença bientôt à s'éveiller : elle établit un parallèle
entre les impressions éprouvées et les données d'un
autre sens indépendant de l'instinct — peut-être le
sens de la vue —, décelant une analogie entre ces
données et les impressions antérieures ; elle chercha à
étendre ses connaissances relatives aux éléments au-
delà des bornes de l'instinct (III, 6). Éventuellement,

---

munauté. Car je ne vois pas d'autres explications à cette attitude
que la volonté de manifester leur existence en tous sens autour
d'eux.

cette tentative aurait pu assez bien réussir, même sans
suivre l'instinct, à condition néanmoins de ne pas le
contredire. Or, c'est une propriété de la raison que de
pouvoir, avec l'appui de l'imagination, créer artificiellement des désirs, non seulement *sans* fondements établis sur un instinct naturel, mais même *en opposition*
avec lui ; ces désirs, au début, favorisent peu à peu
l'éclosion de tout un essaim de penchants superflus, et
qui plus est, contraires à la nature, sous l'appellation
de « *sensualité* ». L'occasion de renier l'instinct de la
nature n'a peut-être eu en soi que peu d'importance,
mais le succès de cette première tentative, le fait de
s'être rendu compte que sa raison avait le pouvoir de
franchir les bornes dans lesquelles sont maintenus
tous les animaux, fut, chez l'homme, capital et décisif
pour la conduite de sa vie. Aussi, à supposer que la
simple vue d'un fruit par analogie avec le souvenir
d'autres fruits agréables goûtés antérieurement ait été
l'occasion de la tentation ; à supposer qu'à cela se soit
ajouté l'exemple donné par un animal, qui par sa
nature trouvait agrément à consommer un tel fruit,
nocif en revanche pour l'homme, et que chez ce dernier par conséquent, un instinct naturel ait agi dans le
sens de la répulsion, cela pouvait déjà fournir à la
raison la première occasion de chicaner avec la voix de
la nature (II, I), et malgré l'opposition de cette nature,
permettre la première tentative d'un libre choix ; tentative qui, du fait qu'elle était la première, ne répondit
vraisemblablement pas à ce qu'en attendait l'homme.
Et on peut bien minimiser autant qu'il plaira l'étendue
du dommage qui en résulta ; les yeux de l'homme
s'ouvrirent néanmoins dans cette épreuve (III, 7). Il
découvrit en lui un pouvoir de se choisir à lui-même
sa propre conduite, et de ne pas être lié comme les
autres animaux à une conduite unique. Après la satisfaction que dut éveiller en lui, sur le coup, la découverte de cet avantage, comment lui, qui ne connaissait
pas encore les propriétés latentes et les effets lointains
de chaque chose, allait-il s'y prendre avec ce pouvoir
nouvellement découvert ? Il se tenait pour ainsi dire

au bord d'un précipice ; car en dehors des objets de
son désir que l'instinct jusque-là lui avait indiqués,
une infinité d'autres lui étaient offerts, au milieu desquels il ne savait encore comment choisir ; et, après
avoir connu une fois cet état de liberté, il lui devenait
pourtant désormais impossible de retomber dans la
servitude, de se remettre sous la coupe de l'instinct.

Juste après l'instinct de nutrition, par lequel la
nature conserve chaque individu, le plus important est
l'*instinct sexuel* grâce auquel la nature pourvoit à la
conservation de chaque espèce. La raison, après son
éveil, ne tarda pas non plus à manifester son influence
sur celui-ci. L'homme trouva bientôt que l'excitation
sexuelle, qui chez les animaux repose seulement sur
une impulsion passagère et la plupart du temps pério-
dique, était susceptible pour lui de se prolonger et
même de s'accroître sous l'effet de l'imagination, qui
fait sentir son action avec d'autant plus de mesure
sans doute, mais aussi de façon d'autant plus durable
et plus uniforme, que l'objet est *soustrait aux sens* ; ce
qui évite la satiété qu'entraîne avec soi la satisfaction
d'un désir purement animal. La feuille de figuier (III,
7) fut donc le résultat d'une manifestation de la raison
bien plus importante que toutes celles qui étaient sur-
venues antérieurement au tout premier stade de son
développement. Car le fait de rendre une inclination
plus forte et plus durable, en retirant son objet aux
sens, dénote déjà une certaine suprématie consciente
de la raison sur les inclinations et non plus seulement,
comme au degré inférieur, un pouvoir de les servir sur
une plus ou moins grande échelle. Le *refus* fut l'habile
artifice qui conduisit l'homme des excitations purement sensuelles vers les excitations idéales, et peu à
peu du désir purement animal à l'amour. Et, avec
l'amour, le sentiment de ce qui est purement agréable
devint le goût du beau, découvert d'abord seulement
dans l'homme, puis aussi dans la nature. La *décence*,
penchant visant à provoquer chez autrui de la considération à notre égard par nos bonnes manières (en
masquant ce qui pourrait inciter au mépris) et fonde-

ment réel de toute vraie sociabilité, fut en outre le premier signe de la formation de l'homme en tant que créature morale. Ce fut un début modeste, mais il fit date, en donnant à la forme de la pensée une toute nouvelle orientation, et il est plus important que toute la série interminable des développements ultérieurs de la culture.

Le troisième progrès accompli par la raison, après qu'elle se fut mêlée des premiers besoins immédiats sensibles, ce fut l'*attente* réfléchie de l'*avenir*. Ce pouvoir de ne pas jouir seulement de l'instant de vie présent, mais de se représenter d'une façon actuelle l'avenir souvent très lointain, est le signe distinctif le plus caractéristique de la supériorité de l'homme pour se préparer selon sa destination à des fins lointaines ; mais c'est aussi en même temps la source intarissable de soucis et de peines que l'avenir incertain fait surgir, et auxquels tous les animaux sont soustraits (III, 13-19). L'homme qui avait à assurer sa subsistance, celle de sa femme et des enfants à naître, prévoyait la difficulté toujours croissante de son labeur ; la femme prévoyait les ennuis auxquels la nature avait soumis son sexe, et en outre ceux que l'homme plus fort lui imposerait. Avec terreur, tous deux eurent la vision de ce qui, après une vie pénible, se tient au fond du décor, de ce qui arrive pour tous les animaux de façon inéluctable sans cependant les tourmenter : la mort. Ils parurent alors se reprocher comme un crime et réprouver l'usage de la raison qui leur avait occasionné tous les maux. Vivre dans leur postérité, qui connaîtrait peut-être davantage de bonheur, ou bien encore vivre au sein d'une famille qui pourrait alléger leurs peines, voilà quelle fut peut-être la seule perspective consolante qui leur donna du courage (III, 16-20).

Le quatrième et dernier progrès que fit la raison, achevant d'élever l'homme tout à fait au-dessus de la société animale, ce fut qu'il comprit (obscurément encore) qu'il était proprement *la fin de la nature*, et que rien de ce qui vit sur terre ne pouvait lui disputer ce droit. La première fois qu'il dit au mouton : « *la peau que tu portes, ce n'est pas pour toi, mais pour moi que la nature te l'a donnée* », qu'il la lui retira et s'en revêtit (III, 21), il découvrit un privilège qu'il avait, en raison de sa nature, sur tous les animaux. Et il cessa désormais de les considérer comme ses compagnons dans la création, pour les regarder comme des moyens et des instruments mis à la disposition de sa volonté en vue d'atteindre les desseins qu'il se propose. Cette représentation implique (obscurément sans doute) une contrepartie, à savoir qu'il n'avait pas le droit de traiter un homme de cette façon, mais qu'il devait le considérer comme un associé participant sur le pied d'égalité avec lui aux dons de la nature ; c'était se préparer de loin à la limitation que la raison devait à l'avenir imposer à sa volonté à l'égard des hommes ses semblables, et qui, bien plus que l'inclination et l'amour, est nécessaire à l'établissement de la société.

Et ainsi l'homme venait d'atteindre l'*égalité avec tous les autres êtres raisonnables,* à quelque rang qu'ils pussent se trouver (III, 22), c'est-à-dire, en ce qui concerne sa prétention d'*être à lui-même sa fin,* le droit d'être estimé par tous les autres comme tel, et de n'être utilisé par aucun comme simple moyen pour atteindre d'autres fins. C'est là-dessus, et non pas sur la raison, si elle est considérée comme instrument pour satisfaire nos divers penchants, que repose le fondement de l'égalité tellement illimitée de l'homme : même à l'égard d'êtres supérieurs, qui par ailleurs pourraient le surpasser au-delà de toute comparaison quant aux dons reçus de la nature, mais dont aucun n'acquiert de ce fait le droit de disposer de lui et d'en user arbitrairement à son égard. Par suite, ce progrès est également lié à l'*affranchissement* qui a exilé l'homme du sein maternel de la nature, changement à son honneur certes, mais qui en même temps reste néanmoins gros de dangers ; car la nature l'a chassé de l'existence d'innocence enfantine tranquille, comme d'un jardin où il trouvait dans l'insouciance sa subsistance (III, 23), et l'a précipité dans le vaste monde, où tant de soucis, de peines, de maux inconnus l'attendaient. Dans l'avenir, les difficultés de la vie lui arracheront plus d'une fois le souhait d'un paradis, création de son imagination, où il pourrait, dans une oisiveté tranquille et une paix perpétuelle, passer son existence à rêver ou à folâtrer. Mais entre lui et ce séjour imaginaire de délices se pose la raison inexorable, qui le pousse irrésistiblement à développer les facultés placées en lui, et ne lui permet pas de retourner à l'état de rusticité et de simplicité d'où elle l'avait tiré (III, 24). Elle le pousse à supporter patiemment la fatigue qu'il hait, à rechercher le faux éclat qu'il méprise et à oublier même la mort qui le fait frissonner, au profit de toutes ces bagatelles dont la perte l'effraie encore plus.

« *Mutmaßlicher Anfang der Menschengeschichte* », in *Werke,* éd. par W. Weischedel, Insel, Frankfurt/Main, 1964, tome VI, p. 86-92 ; trad. fr. : « Conjectures sur les débuts de l'histoire humaine » in *Opuscules sur l'histoire,* traduction de S. Piobetta, Flammarion, Paris, 1990, p. 146-153 (traduction modifiée).

*

Kant part de l'humanité de l'homme comme fait. Il coupe délibérément court à toute spéculation anthropo-téléologique sur l'émergence de cette humanité à partir de l'animalité. Il commence « par l'existence de l'homme [considéré] à son complet développement ». Dans ses comptes rendus des *Idées* de Herder, il a contesté, voire ridiculisé la validité des « conjectures scientifiques » auxquelles Herder fait référence (entre autres, Moscati, pour qui la station verticale chez l'homme est un artifice acquis) et qui servent de caution scientifique aux livres II à IV de la première partie des *Idées* (1784) [11]. Il note avec ironie que des conjectures sur « la nature à l'état absolument brut » pourraient être de trop pour le lecteur. L'homme de Kant est en ce sens homme qu'il sait se tenir debout et marcher, parler, « même discourir », lier des idées entre elles, donc penser ; une note

11. Voir supra, dans la section 1 de ce chapitre, « Kant : Critique de la téléologie de Herder ».

précise même qu'il possède un « instinct de communication » qui l'oriente *a priori* vers ses semblables.

Le point de départ de Kant n'en est pas moins le même que celui de Herder dans *Une autre philosophie de l'histoire* :

> « Plus les recherches font la lumière sur les périodes les plus reculées de l'histoire universelle, ses migrations, ses langues, ses mœurs, ses découvertes et ses traditions, plus chaque nouvelle découverte rend vraisemblable du même coup l'origine unique de l'espèce entière [12]. »

Le premier homme donc, et le couple originel (*Ein Menschenpaar*, Herder). La subversion kantienne de ce dogme biblique consiste à faire de ce premier homme et de ce premier couple le seul homme qui l'intéresse : l'homme rationnel, l'homme de la Raison pratique (cf. « pour ne faire entrer en considération dans sa conduite que le développement de l'élément moral »). C'est dans cette seule optique que la Bible est utilisée, selon l'expression de l'introduction, « comme carte » (à ne pas confondre avec le « fil conducteur », qui est cette fois du côté de l'expérience contrôlée par la raison) pour un « voyage d'agrément » : à seule fin d'en faire une relecture rationnelle. Kant va renvoyer aux versets des chapitres I à VI de la Genèse pour autant qu'ils confirment ce que la raison pose comme acquis en partant du principe que dans l'ordre de la nature, ce qui a eu lieu hier ne saurait être différent de ce que l'expérience observe aujourd'hui. Ainsi, selon le chapitre II, verset 7 de la Genèse, Dieu a créé d'emblée l'homme comme homme. L'homme de la Genèse parle ; il donne un nom aux animaux (II, 20) et il raisonne ; quoique endormi, lorsque Dieu prend une de ses côtes pour créer Ève, il sait parfaitement reconstituer ce qui s'est passé, et il nomme Ève par association d'idées « femme, car c'est de l'homme qu'elle a été prise » (II, 23). Certes, Kant admet qu'Adam a dû acquérir ces aptitudes, et les alinéas suivants vont précisément montrer comment il est passé de l'instinct animal à une conduite rationnelle, mais, en partant de l'homme rationnel, Kant détermine la démarche de tout l'écrit : l'histoire de l'humanité va être considérée sous le double aspect — aux deux niveaux — de l'individu empirique et du sujet transcendantal, de l'espèce.

Comme dans l'*Idée d'une histoire universelle,* la raison est un facteur de perturbation. C'est en ce sens que Kant cite de la Genèse les versets III, 2-3, où le serpent raisonne et fait raisonner Ève, plutôt que le verset 16 du chapitre II où les

---

12. Herder, *Une autre philosophie de l'histoire,* trad. fr. par M. Rouché, Aubier, 1964, p. 115.

commandements et interdictions sont acceptés sans discussion. Dans cette relecture rationnelle de la Genèse, le serpent est la voix de la raison comme l'instinct est la « voix de Dieu ». Quant aux commandements eux-mêmes, ils sont délibérément ramenés à une raison naturelle (par exemple « l'utilité ou la nocivité des aliments à consommer »). Cependant, déjà chez Adam et Ève, cet instinct est affaibli par le facteur perturbateur de la pensée (« On ne peut admettre que ce sens était plus aigu chez le premier couple qu'il ne l'est aujourd'hui » — application du fil conducteur de l'expérience présente). En cela réside du reste la faiblesse d'Adam et Ève face à la « tentation ». Ève va se mettre à comparer les avantages et les inconvénients (Genèse III, 6). L'homme se met à choisir (cf. « tentative de libre choix ») et à « chicaner avec la voix de la nature » (Kant renvoie au début du chapitre III de la Genèse, verset 1).

Kant reprend de Herder l'idée d'une hiérarchie des instincts ; l'odorat est plus primitif que la vue, qui est l'apanage de l'homme développé qui « voit plus loin que le bout de son nez », au-delà des « bornes dans lesquelles sont maintenus tous les animaux ». Les yeux de l'homme s'ouvrent (cf. Genèse III, 7). Il va suivre également Herder plus loin à propos de la pudeur et en interprétant la capacité de à « voir plus loin », comme faculté d'anticiper le futur.

La tension entre la raison et l'instinct se transforme en rupture dès lors que la raison invente des besoins artificiels, des *désirs* (« Or, une propriété de la raison consiste à pouvoir, avec l'aide de l'imagination, créer artificiellement des désirs »). L'homme, qui est être de manque (cf. *Idée d'une histoire universelle*), va connaître la « concupiscence » (*Lüsternheit*) et rechercher le « *superflu* » (*Üppigkeit*) ; tout son destin historique se situe entre ce manque originel et ce superflu, à la différence de la vie animale, pour laquelle l'instinct assure le *nécessaire*. Alexis Philonenko a raison de parler d'une véritable réhabilitation, voire d'un éloge du luxe et de renvoyer au paragraphe 83 de la *Critique de la faculté de juger* [13]. Ce paragraphe, intitulé « De la fin dernière de la nature en tant que système téléologique », reprend la définition de l'homme comme « le seul être qui possède un entendement, donc une faculté de se proposer arbitrairement des fins » [14]. Le luxe et même la luxure sont la manifestation de cet arbitraire qui n'est autre que la liberté. Le paragraphe 83, reprenant la question — qui est ensuite au

13. *L'Œuvre de Kant*, Vrin, 1969-1972, tome II, p. 53 sq.
14. *Critique de la faculté de juger*, trad. fr. par A. Philonenko, Vrin, 1965, p. 241.

cœur des *Conjectures* — des maux qu'endure l'homme du fait même de cette liberté, déclare :

> « On ne saurait contester le surcroît de maux que déverse sur nous, grâce à la foule insatisfaite des penchants [...], le raffinement du goût jusqu'à son idéalisation, et même le luxe dans les sciences, véritable aliment de la vanité ; en revanche il ne faut pas méconnaître la fin de la nature voulant réduire toujours davantage la grossièreté et la brutalité des penchants, qui en nous appartiennent plutôt à l'animalité et s'opposent le plus au développement de notre destination supérieure (les penchants à la jouissance), et faisant place à l'évolution humaine [15]. »

La liberté de l'homme signifie cependant aussi que plus rien ne le retient ; il n'est plus « lié comme les autres animaux à une conduite unique » mais « infini » ; des possibilités de choix infinies s'offrent à lui, dont plus rien pourtant n'assure le succès. La possibilité du choix entraîne celle de l'erreur [16] ; la liberté est synonyme d'insécurité. Kant renvoie implicitement à Genèse III, 8-10, où Adam prend peur devant les conséquences de sa « libération ». Il se garde toutefois de reprendre de la Bible la raison pour laquelle il n'y a pas de retour possible (la malédiction et les anges armés de glaives de Genèse III, 24) ; il dira plus loin que l'homme ne peut plus renoncer aux biens, fussent-ils artificiels et superflus, que sa liberté lui a fait goûter.

L'instinct sexuel, qui est également un moment important de l'anthropologie herdérienne (*Idées*, livre IV, 6), est abordé sous un angle original. Tandis que Herder souligne qu'il réunit les hommes « sous la loi d'une libre association en communauté et d'une communication amicale entre deux êtres », Kant met en relief une dialectique dérivée de celle du manque et du superflu : la capacité de jouer avec le manque et l'absence pour valoriser le nécessaire et le transformer en superflu, pour « cultiver » le besoin et en faire un désir. Il renvoie à Genèse III, 7, mais la feuille de figuier n'a pas pour seul but de cacher la nudité de l'homme ; elle n'est nullement la conséquence de la honte mais l'instrument du jeu du refus et du plaisir différé. Philonenko souligne très justement que l'homme « invente » par là deux aspects essentiels de la civilisation : d'une part le jeu du mensonge et de la vérité — on peut dire que l'homme invente une pragmatique, une conception stratégique de l'usage de la vérité dans ses rapports avec autrui, d'autre part un jeu avec

15. *Ibid.*, p. 243.
16. Même idée chez Herder, *Idées,* livre III, 4.

la temporalité. « Le temps du désir sexuel échappe à la durée naturelle ; avec la domination perverse de la sexualité, c'est le temps qui entre dans le monde et qui, pour ainsi dire, puisqu'elle n'a qu'une durée, dépasse la nature[17]. » La civilisation est voilement et dévoilement ; elle repose sur l'ornement et la « bienséance » (*Anstand* [18]), qui sont une façon de montrer à chacun ce qu'il entend voir et de se montrer à autrui sous son meilleur jour (« en masquant ce qui pourrait inciter au mépris »). Cette « décence » (*Sittsamkeit*) est néanmoins une première forme de *Sittlichkeit*, de « moralité », et l'homme transforme sa « manière de penser » (*Denkungsart*) en se comportant en fonction des autres, c'est-à-dire comme membre de l'espèce, donc comme « créature morale » (*sittliches Geschöpf*). On notera cependant que la moralité ne s'établit pas au nom de la morale mais par le jeu du désir. C'est là encore une sorte de « morale extorquée », comme dans l'*Idée d'une histoire universelle*.

Kant reprend de Herder et de Rousseau les notions de *weitersehen* ou de « prévoyance », c'est-à-dire l'idée que l'homme « apprend à voir dans le futur et se soucie d'abord du mal à venir ou de la douleur, du travail pénible (le sauvage était paresseux) et enfin de la mort » [19]. Il renvoie à la Genèse (III, 13-19, surtout 14-19) mais en sécularisant la conséquence de la malédiction, qui devient la conséquence de la raison (l'homme rend lui-même l'usage de la raison responsable de ses maux). Il reste pourtant fidèle à la Bible en ceci que la mort n'est pas présente dès la création (elle n'est pas une idée innée ou naturelle), mais est, en tant qu'idée, un acquis culturel. Le deuxième moment de cette sécularisation, qui n'est autre ici que l'interprétation séculière du bannissement hors du paradis intemporel, est la pensée de l'immortalité par la descendance (Kant renvoie à Genèse III, 16-20 ; en réalité il s'agit essentiellement du verset 20 et ensuite des chapitres IV et V, dans lesquels il est question de la descendance d'Adam et Ève jusqu'à Noé).

L'homme qui maîtrise ses besoins par le désir transforme véritablement le monde en son monde et les créatures en ses objets. Il se pose au centre de la création et ramène tout à lui-même, « inventant » du même coup la conception subjective (et dogmatique) de la téléologie selon laquelle la finalité de toutes choses est l'homme. Donner un nom aux ani-

17. A. Philonenko, *La Théorie kantienne de l'histoire*, Vrin, 1986, p. 156.

18. Traduit dans notre extrait par « bonnes manières ».

19. *Réflexions sur l'anthropologie*, *Œuvres posthumes*, Réflexion 1521.

maux était le premier pas qui devait conduire à leur exploitation en fonction de ses besoins [20]. Cet égoïsme est toutefois tempéré par l'idée même que si l'homme est sa propre fin, cela vaut pour tout homme.

Cette « *découverte* » *fonde le droit naturel* — l'égalité — : une fondation *culturelle* qui sécularise le droit naturel chrétien en droit naturel rationnel. C'est l'homme émancipé de Dieu, chassé du paradis (cf. Genèse III, 23), c'est-à-dire « affranchi du giron de la nature », l'homme abandonné à lui-même, devenu *Selbstzweck*, fin en soi, l'homme de la raison, qui est l'égal de tous les autres hommes — et Kant cite le chapitre III, verset 22, de la Genèse, où Dieu voit dès lors en l'homme, avec courroux, son égal. L'homme est en effet égal même aux « créatures supérieures ». Cette égalité culturelle coïncide avec la déréliction de la condition humaine, par laquelle Kant explique la nostalgie du paradis originel, qu'il appelle cependant un « produit de l'imagination » — ce qui veut dire qu'il met délibérément entre parenthèses la réalité de ce paradis pour, là encore, faire commencer l'histoire par l'homme devenu homme, soit l'homme de la raison et de la culture. Du reste, cet homme ne veut pas vraiment revenir en arrière ; il aspire au contraire à satisfaire ses désirs et se trouve ainsi poussé à développer de plus en plus ses aptitudes rationnelles et culturelles, donc à s'éloigner de plus en plus de ce paradis. En ce point, la reprise du thème de l'attrait du luxe et du caractère civilisateur de cet attrait prépare le deuxième moment du récit.

*
* *

KANT ET HOBBES
Théorie et pratique

Voici donc un *contrat originaire*, sur lequel seul peut être fondée parmi les hommes une constitution civile, donc entièrement juridique, et constituée une république *. — Mais ce contrat (appelé *contractus originarius* ou *pactum sociale*) en tant que coalition de chaque volonté particulière et privée dans un peuple en une volonté générale et publique (visant à une législation d'ordre uniquement juridique), il n'est en aucune

----

20. Voir Genèse III, 21 et, là encore, la Réflexion 1521.
* *Gemeines Wesen*, traduction allemande de *res publica*.

façon nécessaire de le supposer comme un *fait* [*Factum*] (et il n'est même pas possible de le supposer tel), tout comme s'il fallait avant tout commencer par prouver par l'histoire qu'un peuple, dans les droits et les obligations duquel nous sommes entrés à titre de descendants, avait dû un jour accomplir réellement un tel acte et nous en avoir laissé, oralement ou par écrit, un avis certain ou un document, permettant de s'estimer lié à une constitution civile déjà existante. C'est au contraire une *simple Idée* de la raison, mais elle a une réalité (pratique) indubitable, en ce sens qu'elle oblige tout législateur à édicter ses lois comme *pouvant* avoir émané de la volonté collective de tout un peuple, et à considérer tout sujet, en tant qu'il veut être citoyen, comme s'il avait concouru à former par son suffrage une volonté de ce genre. Car telle est la pierre de touche de la légitimité de toute loi publique. Si en effet cette loi est de telle nature qu'il soit *impossible* que tout un peuple *puisse* y donner son assentiment (si par exemple elle décrète qu'une classe déterminée de *sujets* doit avoir héréditairement le privilège de la *noblesse*), elle n'est pas juste ; mais s'il est seulement *possible* qu'un peuple y donne son assentiment, c'est alors un devoir de tenir la loi pour juste, à supposer même que le peuple se trouve présentement dans une situation ou dans une disposition de sa façon de penser telles, que si on le consultait là-dessus, il refuserait probablement son assentiment.

Mais il est manifeste que cette restriction vaut pour le jugement du législateur, non pour celui du sujet. Si donc il devait arriver qu'un peuple soumis à une législation présentement en vigueur en vînt à estimer que son bonheur va très probablement être compromis, que lui faut-il faire ? ne doit-il pas résister ? La réponse ne peut être que la suivante : il n'a rien d'autre à faire qu'à obéir. Car il n'est pas ici question du bonheur que le sujet peut attendre d'une institution ou d'un gouvernement de la république, mais avant tout uniquement du droit qui doit être garanti à chacun par ce moyen ; c'est là le principe suprême d'où doivent découler toutes les maximes qui concernent une république, et aucun autre ne peut le limiter. Relativement au bonheur, aucun principe universellement valable ne peut être donné pour loi. Car aussi bien les circonstances que l'illusion pleine de contradictions et en outre sans cesse changeante où l'individu place son bonheur (personne ne peut lui prescrire où il doit le placer) font que tout principe ferme est impossible et en lui-même impropre à fonder une législation. La proposition : *Salus publica suprema civitatis lex est* garde intacte sa valeur et son autorité, mais le salut public qu'il faut *d'abord* prendre en considération est précisément cette constitution légale qui garantit la liberté de chacun par des lois ; en quoi il demeure loisible à chacun de rechercher son bonheur dans la voie qui lui paraît la meilleure, pourvu seulement qu'il ne porte aucune atteinte à la liberté légale générale, par conséquent au droit des autres cosujets.

« *Über den Gemeinspruch : Das mag in der Theorie richtig sein, taugt aber nicht für die Praxis* », in *Werke*, éd. par W. Weischedel, Insel, Frankfurt/Main, 1964, tome VI, p. 153-155 ; trad. fr. : *Sur l'expression courante : il se peut que ce soit juste en théorie, mais en pratique cela ne vaut rien*, traduction par Louis Guillermit, Vrin, Paris, 1967, p. 38-40.

*

Dans un corollaire qui commence approximativement au milieu de la deuxième section de son traité, après l'exposition des trois principes fondamentaux de la République (liberté, égalité, indépendance) [21], Kant précise sa conception de la volonté générale comme véritable contrat originaire. L'idée d'origine est, pour Kant comme pour Rousseau, fictive ; on ne saurait « présupposer le contrat comme un fait » et, au demeurant, il n'en est nul besoin pour fonder la souveraineté ; elle ne peut donc être conçue par l'application du modèle physique au prétendu état naturel originaire, ainsi que le fait Hobbes. C'est « une pure Idée

21. Cf. infra in « République et citoyenneté » et « La révolution » les extraits correspondants.

de la raison » qui n'en a pas moins, comme toutes les
Idées, « une réalité pratique indubitable ». En outre,
comme le dit Kant dans la *Doctrine du droit* (« Remarque
générale sur les effets juridiques résultant de la nature de
l'union civile », A) [22], et comme il le montrera ici plus loin,
la conception historique du contrat a des implications dan-
gereuses : ce que le peuple a donné, il peut vouloir le
reprendre. Compris sur le modèle (physique) du droit
privé [23], le contrat peut être dénoncé ; donc l'« hypothèse »
(*Annahme*) d'une origine historique du contrat fonde en
réalité le droit à la rébellion [24] :

> « Quant aux questions de savoir si un réel contrat de
> soumission [au chef suprême de l'État] a originairement
> précédé, sous la forme d'un fait, ou si c'est le pouvoir qui
> a précédé et si la loi n'est intervenue qu'ultérieurement,
> ou encore s'ils auraient dû se suivre dans cet ordre, ce
> sont là pour le peuple, qui est maintenant d'ores et déjà
> soumis à la loi civile, des ratiocinations entièrement vaines
> et de nature, en tout cas, à mettre l'État en péril ; car si le
> sujet qui se serait mis à la recherche de l'origine ultime de
> l'État entendait opposer une résistance à cette autorité
> maintenant régnante, il serait d'après les lois de cette der-
> nière, c'est-à-dire de plein droit, puni, mis à mort ou
> expulsé (comme hors-la-loi, *ex lex*) [25]. »

Le paragraphe 52 de la *Doctrine du droit* dit encore plus
nettement :

> « Rechercher des documents sur *l'histoire* de ce méca-
> nisme est *vain* — je veux dire que l'on ne peut remonter
> au point de départ chronologique de la société civile (car
> les sauvages ne dressent aucun acte faisant l'instruction de
> leur soumission à la loi, et l'on peut aussi conclure, ne
> serait-ce qu'à partir de la nature des hommes incultes,
> que c'est par la force qu'ils ont d'abord dû être soumis).
> Mais entreprendre cette enquête dans le but d'éventuelle-
> ment modifier par la force la constitution actuellement en
> vigueur est condamnable. Car cette modification ne
> devrait intervenir que par l'intermédiaire du peuple qui se
> révolterait à cette fin, et non pas, par conséquent, par le
> biais de la législation ; or, la révolte, intervenant dans une

22. *Métaphysique des mœurs*, trad. par A. Renaut, Flammarion,
1994, tome II, p. 134 sq.
23. Ainsi que Kant le montre au début de cette deuxième partie
de son traité.
24. Cf. également ces extraits.
25. *Doctrine du droit*, in *Métaphysique des mœurs*, *op. cit.*, p. 135.

constitution déjà existante, est une subversion de tous les rapports constitutifs du droit civil, donc de tout droit, et en ce sens elle ne correspond pas à une modification de la constitution civile, mais à sa dissolution — auquel cas, dans ces conditions, le passage à la constitution meilleure n'est pas métamorphose, mais palingénésie, laquelle requiert un nouveau contrat social sur lequel le précédent (alors aboli) n'a aucune influence [26]. »

L'Idée du contrat (ou l'Idée de la volonté générale) consiste — pour parodier la dialectique transcendantale de la *Critique de la raison pure* — « à regarder toute chose dans le monde politique comme si elle dérivait d'une cause nécessaire absolument suffisante afin d'y fonder la règle d'une unité systématique et nécessaire ». C'est une « maxime de la raison », un principe régulateur (sur ce « *als ob* », voir dans l'extrait : « considérer tout sujet, en tant qu'il veut être citoyen, *comme s'il avait* concouru à former par son suffrage une volonté de ce genre »), qui permet en pratique d'agir dans la perspective d'une liaison finale. Cette liaison finale est la communauté parfaite, qui ne sera rien d'autre que la *civitas dei* réalisée sur terre, puisque la maxime ou le principe régulateur de la raison dont il est question dans la dialectique transcendantale est « l'idéal de l'être suprême ». On peut aussi, avec Alexis Philonenko, dire que « la notion de contrat social n'est qu'une quatrième formule de l'impératif catégorique [27] », mais il n'y a pas lieu de séparer [28] le Souverain et le peuple comme, d'une part, celui qui n'est soumis qu'au devoir et, d'autre part, ceux qui sont assujettis à la loi (au droit). La maxime de la communauté idéale régit bien plutôt le fonctionnement même du système représentatif : élire des représentants n'instaure de système vraiment représentatif que si ma volonté politique agit de telle sorte qu'elle puisse être érigée en volonté universelle. Cette volonté universelle est le Souverain vraiment représentatif. Bien évidemment, cela implique que ma volonté politique ne soit pas soumise à la « situation » (*Lage*) ou à un état d'âme (une « disposition [*Stimmung*] de [ma] façon de penser »). C'est là ce qui distingue le consensus idéal des consensus empiriques.

*
* *

---

26. *Ibid.*, p. 163 sq.
27. A. Philonenko, *Théorie et praxis dans la pensée morale et politique de Kant et Fichte en 1793*, Vrin, 1968, p. 52.
28. Comme Philonenko le fait ensuite ; *ibid.*, p. 53.

FICHTE

Les *Beiträge* de Fichte sont dirigés contre les *Reflections on the French Revolution* (1790) de Burke et contre les *Untersuchungen über die französische Revolution* (*Recherches sur la Révolution française*, 1793) de Rehberg, conseiller privé de la chancellerie de Hanovre [29]. Les *Réflexions* de Burke eurent dans toute l'Europe un succès considérable. Lorsque Friedrich von Gentz, par ailleurs disciple de Kant et au début tout à fait hostile à Burke, les traduisit en allemand en 1793, même ceux que la Révolution française avait enthousiasmés en tirèrent un bilan sombre. Soulignant le divorce entre la théorie du *Contrat social* et la praxis révolutionnaire, la contradiction entre la volonté générale et la volonté de tous, Rehberg conclut à l'impossibilité de transposer la théorie en pratique. Les thèses de Burke offrent au scepticisme à l'égard de la « métaphysique révolutionnaire » (Rehberg) la position de repli d'un naturalisme politique et social fondé sur la tradition. Comme pour Burke, le « droit naturel » repose pour Rehberg sur la solidarité des générations qui enrichissent petit à petit la tradition, par une croissance organique qui constitue la base de la constitution propre à chaque peuple. On abordera plus loin la défense de la révolution à laquelle se livre Fichte dans ses *Considérations* [30]. Elle est bien entendu inséparable de la conception du droit naturel qu'il expose ici, dès le début du premier chapitre, consacré à la question : « Un peuple a-t-il, en général, le droit de changer sa constitution politique ? » — droit que lui dénient Burke et Rehberg —, tout comme cette conception du droit naturel contient déjà, sous la forme d'un kantisme radicalisé, les prémisses de la philosophie pratique qu'exposera le *Fondement de la doctrine de la science* l'année suivante. Fichte a du reste confirmé dans une lettre d'avril 1795 ces liens entre sa philosophie politique et l'entreprise théorique de la *Doctrine de la science* : « Mon système est le premier système de la liberté. De même que cette nation [la France] délivre l'humanité des chaînes matérielles, mon système la délivra du joug de la chose en soi, des influences extérieures, et ses premiers principes font de l'homme un être auto-

---

29. Sur Burke et Rehberg, cf. Jacques Droz, *L'Allemagne et la Révolution française*, PUF, 1949, 4ᵉ partie, chapitre II, et Xavier Léon, *Fichte et son temps*, Armand Colin, 1954, tome I, p. 176-180. Sur les *Considérations* de Fichte, cf. X. Léon, *ibid.*, p. 180-206, et A. Philonenko, *Théorie et pratique dans la pensée morale et politique de Kant et Fichte en 1793, op. cit.*

30. Dans la section 6 de ce chapitre.

nome [31]. » Le droit naturel est pour Fichte tout le contraire de ce qu'entendent par là Burke ou Rehberg : c'est un droit prépolitique, antérieur à tout contrat et irréductible au droit établi. Tout comme la *Doctrine de la science* part en guerre contre le dogmatisme réaliste, les *Considérations* prennent la défense de Rousseau contre les « empiristes » : « Qui vous dit donc de chercher vos idées dans le monde réel ? » Le droit n'est pas de l'ordre de l'être mais du devoir-être. « Il est fâcheux sans doute qu'il n'existe pas ! Il n'en *devrait* pas moins exister. » Fichte identifie donc le droit naturel à la loi morale. Il a sa source dans la « conscience morale » (*Gewissen*). L'homme à l'état de nature est « l'homme isolé avec sa conscience ». La grandeur de Rousseau est de s'être uniquement occupé du droit et non du fait. Or, non seulement la loi morale est la source des droits inaliénables de l'homme, mais les droits aliénables eux aussi dérivent d'elle ; si la loi de la nature humaine est la liberté morale, il ne saurait y avoir de contrainte que l'homme ne se donne pas librement. De même que dans la *Doctrine de la science* c'est le moi infini qui pose le moi fini, c'est ici le sujet moral qui pose le sujet du droit. Il faut toutefois se garder de pousser trop loin ce rapprochement avec la *Doctrine de la science* ; on va voir en effet comment, après 1794, le fondement du droit naturel sur la *Doctrine de la science* va entraîner nécessairement la détermination réciproque du sujet politique et du sujet moral.

L'introduction du *Fondement du droit naturel selon les principes de la doctrine de la science* maintient une idée essentielle : « le concept de droit doit être un concept originaire de la raison pure » (cf. extrait, § 1). Présentant dans l'exposé *Sur le concept de la doctrine de la science* la « division hypothétique de la Doctrine de la science », Fichte soulignait cependant que la partie pratique se fixait pour but, outre « une nouvelle théorie entièrement déterminée de l'agréable, du beau et du sublime, de la légalité de la nature en sa liberté, de la doctrine de Dieu, de ce que l'on nomme le bon sens ou sens naturel de la vérité », « un droit naturel et une éthique *dont les principes ne soient pas seulement formels mais matériels* » [32]. Tout ce qui sépare le *Fondement du droit naturel* de 1796 des *Considérations* tient dans ce programme. Comme l'a montré Alexis Philonenko [33], alors que dans les *Considérations* le seul droit méritant ce nom procédait de la morale, Fichte dis-

---

31. Sur la chose en soi, voir chapitre II, section 5 : « Les débuts de l'idéalisme allemand ».
32. Cf. supra chapitre II, section 5. C'est nous qui soulignons.
33. *Théorie et pratique..., op. cit.*

tingue dorénavant droit et morale. Il renonce au fondement purement *formel* du droit sur la seule liberté morale et part désormais, non plus du moi autonome, mais de la synthèse du moi et du non-moi, qui est en l'occurrence la coexistence du moi et des autres moi, l'intersubjectivité, l'être social. Le *Fondement de la doctrine de la science* a en effet établi qu'« il n'y a de conscience que par la réflexion et qu'il n'y a de réflexion que par la détermination [34] », c'est-à-dire que la conscience de soi et la conscience d'objet, la conscience du moi et celle du non-moi sont simultanées et indissociables ; de même : « Pas de toi, pas de moi ; pas de moi, pas de toi [35]. » C'est ce que l'introduction au *Fondement du droit naturel* exprime ainsi :

> « L'être raisonnable ne peut se poser comme tel, avec conscience de soi, sans se poser comme individu, comme un, au sein d'une pluralité d'êtres raisonnables qu'il admet en dehors de lui dès lors qu'il s'admet lui-même » (extrait, § 2).

Et, comme dans le *Fondement de la doctrine de la science*, c'est l'imagination [36] — imagination productrice — qui est la faculté de cette synthèse et qui concilie les termes apparemment opposés, transformant les rapports du moi et du non-moi en interaction du moi en et avec lui-même et résolvant par là (cf. extrait, § 3) la même contradiction entre liberté et détermination que celle que devrait résoudre la *Doctrine de la science* [37]. La résolution de cette contradiction esquisse ici un système politique que le paragraphe 4 caractérise comme « une communauté entre des êtres libres comme tels ». Ces êtres libres s'imposent librement la limitation de leur liberté (fin du § 3) : « Chaque membre de la société laisse, par liberté intérieure, limiter sa propre liberté extérieure, de telle façon que tous les autres, à côté de lui, puissent aussi être extérieurement libres » (§ 4). En déconnectant le droit de la morale, Fichte ne renonce donc pas au fondement sur la liberté, mais ce nouveau réalisme politique et juridique entraîne cependant une difficulté considérable que seule pourrait lever la loi morale : elle seule pourrait imposer aux hommes de s'unir et de rester unis. L'ordre juridico-politique est désormais une mécanique « technico-

---

34. In *Œuvres choisies de philosophie première*, Vrin, 1964, p. 138.
35. *Ibid.*, p. 83.
36. Cf. extrait, § 2, p. 305 : « Je trace par mon imagination une sphère pour la liberté que plusieurs êtres se partagent. »
37. Cf. l'extrait de l'exposé *Sur le concept de la doctrine de la science* au chapitre II, section 5, p. 137-140.

pratique » (§ 4) ; pourtant la vie dans l'État n'apparaît nullement comme une fin en soi : « Qu'une telle communauté doive être instituée, ce n'est nullement dit. » Si la solution ne peut plus être cherchée dans le devoir, elle ne peut l'être que dans l'indissociabilité de la subjectivité et de l'intersubjectivité ; l'individualité est un concept relatif : la subjectivité ne s'individualise et ne prend conscience de soi comme individualité qu'en relation avec l'individualité des autres subjectivités, par une reconnaissance réciproque. Le droit naturel fondé sur la *Doctrine de la science* se contente donc d'indiquer les conditions logiques et ontologiques de la vie dans l'État, ainsi, bien sûr, que les conséquences de leur non-respect ; car l'homme qui renonce à la communauté renonce aussi à être reconnu comme être raisonnable et libre, il n'a plus aucune garantie de sa liberté, ni même de sa conscience, de sa subjectivité — plus rien qui lui garantisse qu'il est libre, voire qu'il est un homme. Politiquement, la solution ne peut prendre que la forme d'une synthèse démocratique inspirée de la volonté générale rousseauiste, pour laquelle l'État n'est que la forme que se donne la société, « communauté d'êtres libres ». Toutefois, une question reste posée, qui hantera la troisième période de la pensée politique fichtéenne, de *L'État commercial fermé* de 1800 à la *Doctrine du droit* de 1812 et à la *Doctrine de l'État* de 1813 : faut-il forcer les hommes à devenir libres en entrant dans l'État ?

Considérations sur la Révolution française

Autrefois — pour le rappeler en passant —, on croyait devoir remonter, dans le droit naturel, à un état primitif des hommes, à un état de nature ; aujourd'hui, on s'emporte contre cette méthode, et l'on y trouve l'origine de je ne sais combien d'absurdités. Et pourtant c'est la seule bonne : pour découvrir le fondement de l'obligation de tous les contrats, il faut concevoir l'homme comme n'étant encore obligé par aucun contrat extérieur, comme n'étant soumis qu'à la loi de sa nature, c'est-à-dire à la loi morale ; et c'est là l'*état de nature*. — « Mais cet état de nature dont vous parlez ne se rencontre pas dans le monde réel, et ne s'y est jamais rencontré. » — Quand cela serait vrai, qui vous dit donc de chercher vos idées dans le monde réel ? Faut-il donc que vous voyiez tout ? Il est fâcheux sans doute qu'il n'existe pas ! Il n'en *devrait* pas moins exister. À la vérité, nos judicieux professeurs de droit naturel croient encore que tout homme, dès sa naissance, est obligé à l'État et envers l'État pour les services qu'il en a réellement reçus. Malheureusement, on met toujours ce principe en pratique avant de l'établir théoriquement. L'État n'a demandé à aucun de nous son consentement ; mais il aurait dû le faire, et l'on pourrait dire que jusque-là nous sommes restés dans l'état de nature, c'est-à-dire que, n'étant assujettis à aucun contrat, nous ne relevions que de la loi morale. Mais nous reviendrons sur ce point.

C'est donc uniquement parce que nous nous l'imposons à nous-mêmes qu'une loi positive est obligatoire pour nous. C'est notre volonté, c'est notre résolution, considérée comme durable, qui est le législateur, et il n'y en a pas d'autre. Tout autre est impossible. Nulle volonté étrangère n'est une loi pour nous ; celle même de la divinité ne le serait pas, si elle pouvait être différente de la loi de la raison.

Mais M. le secrétaire intime de chancellerie, Rehberg, a fait sur ce point une importante découverte : c'est que Rousseau a confondu la *volonté générale* avec notre nature morale, en vertu de laquelle nous ne sommes et ne pouvons être soumis à aucune loi qu'à celle de la raison pratique. — Je ne veux pas rechercher ici ce que Rousseau a dit ou pensé ; je me demande seulement ce que M. R. aurait dû dire. La législation de la raison pratique n'est pas suffisante, selon lui, pour fonder un État, la législation civile fait un pas de plus : elle s'applique à des choses que la première abandonne à notre volonté. — C'est ce que je pense aussi, et je crois que M. R. aurait pu étendre encore davantage cette proposition et dire en général : la loi morale de la raison ne regarde en rien la législation civile ; elle est parfaitement complète sans elle, et la dernière fait quelque chose de superflu et de funeste quand elle prétend lui donner une nouvelle sanction. Le domaine de la législation civile est ce que la raison laisse libre ; l'objet de ses dispositions, ce sont les *droits aliénables de l'homme.* Jusque-là, M. R. a raison, et il nous pardonnera d'avoir traduit sa pensée en un langage plus précis, puisque lui-même hait si fort l'obscurité chez les autres. Mais il conclut : puisque cette législation a pour fondement quelque chose de tout à fait volontaire en soi, donc... — mais je ne puis comprendre bien clairement ce qu'il en conclut. Or je demandais : quel que soit l'objet de ces lois, d'*où vient donc leur obligation ?* — Je ne sais quelle répugnance M. R. peut avoir pour le mot « contrat » ; il se démène en des pages entières pour y échapper, mais, à la fin, page 50, il est forcé d'accorder que, *d'une manière certaine,* la société civile peut être considérée comme une association volontaire. J'avoue que je n'aime pas ce « d'une certaine manière » et toute cette engeance. Si tu as une idée solide, et que tu veuilles nous en faire part, alors parle avec netteté, et, au lieu de ton « d'une certaine manière », trace une ligne précise ; que si tu ne sais rien, ou que tu n'oses point parler, tais-toi tout à fait. Il ne faut rien faire à demi. — La question était donc de savoir d'où vient l'obligation qu'imposent les lois civiles. Je réponds : de l'acceptation volontaire de ces lois par l'individu ; et le droit de ne reconnaître aucune autre loi que celle qu'on s'est donnée à soi-même est le principe de cette *souveraineté indivisible, inaliénable* de Rousseau, qui n'est pas notre nature raisonnable même, mais qui est fondée sur le premier postulat de sa loi, lequel exige qu'elle soit notre *unique* loi. Mais au lieu, soit de reconnaître ce droit, soit d'en démontrer l'inanité par des principes primitifs de la raison pure, M. R. nous raconte une foule de choses que nous écouterons une autre fois. Étranger, *de quel pays es-tu ?* lui demandions-nous, et il nous débite des histoires sur *ce qu'il est,* afin de nous faire oublier pendant ce temps-là notre importune question.

Beiträge zur Berichtigung der Urteile des Publikums über die französische Revolution (1793), in *Fichtes Werke,* éd. par

Immanuel Hermann Fichte, Berlin, 1845-1846, rééd. W. de
Gruyter, Berlin, 1971, tome VI, p. 82-84 ; trad. fr. : *Considérations destinées à rectifier les jugements du public sur la Révolution française*, M. Richir éd., traduction de J. Barni, Payot,
Paris, 1974, p. 110-112.

Fondement du droit naturel
selon la doctrine de la science

II *Ce dont doit s'acquitter en particulier le droit naturel,
en tant que science philosophique réelle*

1. Il y a un certain concept déterminé qui est originairement contenu par la raison et dans la raison
— ce qui ne peut (III, 8), en conséquence de ce que
l'on a vu plus haut, signifier rien d'autre que ceci :
par l'être raisonnable, aussi certainement qu'il est tel,
il est agi nécessairement d'une certaine manière
déterminée. De cette action déterminée, le philosophe doit montrer qu'elle est une condition de la
conscience de soi — ce qui constitue la déduction de
ce concept. Il doit décrire l'action elle-même quant
à sa forme et à la manière d'agir présente en elle,
aussi bien que ce qui, dans cet agir, surgit pour la
réflexion. Il fournit par là en même temps la preuve
de la nécessité du concept, détermine ce concept lui-
même et montre son application. Aucun de ces éléments ne peut être séparé des autres — bien plus :
les éléments traités isolément sont traités de façon
erronée, et on philosophe alors d'une manière purement formelle. Le concept de droit doit être un
concept originaire de la raison pure ; il requiert par
conséquent qu'on le traite sur le mode qui a été
indiqué.

2. Quant à ce concept, il se trouve qu'il devient
nécessaire du fait que l'être raisonnable ne peut se
poser comme tel, avec conscience de soi, sans se
poser comme *individu*, comme un, au sein d'une pluralité d'êtres raisonnables qu'il admet en dehors de
lui dès lors qu'il s'admet lui-même.

Comment la manière d'agir, dans cet acte de position, constitue le concept de droit, cela se peut même présenter de façon sensible. Je me pose comme raisonnable, c'est-à-dire comme libre. Il y a en moi, lors de cette opération, la représentation de la liberté. Je pose, dans la même activité indivise, en même temps d'autres êtres libres. Je trace donc par mon imagination une sphère pour la liberté que plusieurs êtres se partagent. Je ne m'attribue pas à moi-même toute la liberté que j'ai posée, parce que je dois nécessairement poser aussi d'autres êtres libres et leur attribuer une part de cette liberté. Je m'auto-limite dans mon appropriation de la liberté, du fait que je laisse aussi subsister de la liberté pour d'autres. Le concept de droit est donc le concept de la relation nécessaire d'êtres libres les uns avec les autres.

3. Dans le concept de la liberté n'est d'abord comprise que la faculté de former par absolue spontanéité des concepts de notre causalité possible ; et (III, 9) c'est seulement cette simple faculté que des êtres raisonnables s'attribuent nécessairement les uns aux autres. Mais autre chose encore appartient au fait qu'un individu raisonnable, autrement dit une personne, se trouve lui-même libre, savoir qu'au concept de sa causalité corresponde dans l'expérience l'objet qui par là a été pensé ; que donc, de la pensée de son acte, quelque chose résulte dans le monde hors de lui.

Si dès lors les actions des êtres raisonnables devaient produire leurs effets dans le même monde, par conséquent s'influencer les unes les autres, et pouvoir se perturber et s'entraver réciproquement, comme au reste cela se produit, la liberté, au second sens, ne serait possible, pour des personnes coexistant dans ce jeu d'influences réciproques, qu'à la condition que toutes enferment leur causalité dans certaines limites et pour ainsi dire se répartissent le monde comme sphère de leur liberté. Mais puisqu'elles sont posées comme libres, une telle limite ne pourrait se trouver hors de la liberté, comme ce par quoi celle-ci serait supprimée mais nullement limitée *en tant que liberté* ; il faudrait au contraire que tous s'imposent cette limite par la liberté elle-même, c'est-à-dire se soient donné pour loi de ne pas perturber la liberté de ceux avec lesquels ils se tiennent en relation d'action réciproque.

4. Et ainsi nous aurions donc l'*objet tout entier* du concept de droit ; savoir : *une communauté entre des êtres libres comme tels*. Il est nécessaire que chaque être libre en admette d'autres de son espèce en dehors de lui ; mais il n'est pas nécessaire que tous, *en tant qu'êtres libres*, subsistent les uns à côté des autres ; l'idée d'une telle communauté et sa réalisation sont donc quelque chose d'arbitraire. Mais *à supposer que* cette idée doive être conçue, comment, par quel concept, par quelle manière déterminée d'agir est-elle conçue ? Il se trouve que, dans l'idée, chaque membre de la société laisse, par liberté intérieure, limiter sa propre liberté extérieure, de telle façon que tous les autres, à côté de lui, puissent aussi être extérieurement libres. Or c'est là le concept de droit. Si, parce que l'idée et le problème d'une telle communauté sont arbitraires, ce concept est pensé comme un concept pratique, il est simplement technico-pratique ; autrement dit, si l'on demandait selon quels principes une communauté d'êtres libres comme tels pourrait être instituée, dans l'éventualité où l'on voudrait instituer une telle communauté, il faudrait répondre : selon le concept de droit. Mais *qu'*une telle communauté doive être instituée, ce n'est nullement dit pour autant.

Grundlage des Naturrechts nach Prinzipien der Wissenschafts-lehre (1796), in *Fichtes Werke*, éd. par Immanuel Hermann Fichte, Berlin 1845-1846, rééd. W. de Gruyter, Berlin, 1971, tome III, p. 7-10 ; trad. fr. : *Fondement du droit naturel selon les principes de la doctrine de la science*, présentation, traduction et notes par A. Renaut, PUF, Paris, 1984, p. 23-25.

3. THÉORIE ET CRITIQUE DU DESPOTISME ÉCLAIRÉ

CHRISTIAN WOLFF [1]

Le philosophe-Roi et le Roi-philosophe

§ 2 — *Ce qui rend heureuse une République.*

Il s'agit de démontrer *a priori*, par nos principes, que *les peuples ne seront jamais plus heureux, que lorsqu'ils auront pour Rois des Philosophes, ou que leurs Rois seront Philosophes.* Pour cet effet, recherchons d'abord en quoi doit consister la félicité des peuples, afin de ne pas supposer une félicité imaginaire, et purement *idéale* ; comme l'ont fait *Campanella* *, et *Platon* lui-même, dont la *République* passe depuis longtemps pour *chimérique*. Les hommes, de l'aveu de tout le monde, ne se sont réunis en *société civile*, que dans le dessein de travailler de concert à l'utilité commune, et de repousser conjointement les efforts de ceux qui voudraient y mettre obstacle. Et comme la félicité humaine ne consiste, ainsi que je l'ai prouvé dans ma *Morale*, que dans un progrès continuel et non interrompu vers de nouvelles perfections, il suit de là que le bonheur de la *République* (par où j'entends un certain nombre d'hommes occupés à l'avancement du

1. Sur Wolff en général, voir le chapitre I. Sur sa théorie du droit naturel, voir supra l'extrait proposé dans la section sur « Le droit naturel rationnel ».

* Dans l'« Appendice » de sa *Politique*, dans son *Traité de la philosophie réelle*, Francfort, 1623.

Bien public) doit consister dans le pouvoir d'obtenir, sans empêchement, le but qu'elle s'est proposé en se formant. Par conséquent, toute *République* qui procure le Bien public par des efforts réunis, et qui est en état de repousser toutes les attaques ennemies, doit passer pour heureuse. J'ai montré dans ma *Politique* ce qui constitue le *Bien public*. Il suffira de dire ici en peu de mots qu'*il renferme la plus grande félicité dont chaque homme puisse jouir sur la terre, conformément à son état.* Mais n'entrons pas même dans cette discussion, et supposons simplement que le Bien public s'obtient toutes les fois que l'on atteint le but que l'on a eu en vue, en se réunissant en *société.* Il est constant que toute *République* doit avoir *un but* ; que c'est vers *ce but* qu'elle doit diriger toutes ses démarches, et qu'elle n'est heureuse que lorsque toutes ses démarches tendent à l'acquisition de *ce but.* Ce principe, quoiqu'il paraisse peut-être un peu général, nous suffit présentement pour en déduire la conséquence que nous en voulons tirer : c'est que *le Bonheur public demande le gouvernement d'un Philosophe.* [...]

§ 3 — *Qualités requises dans un Prince qui règne.*
Deux choses sont requises dans celui qui règne. Il doit être bien instruit de tout ce qui peut contribuer à rendre son peuple heureux ; et il doit avoir une ferme et inviolable résolution d'exécuter fidèlement tout ce qui est propre à procurer ce bonheur. [...]

§ 8 — [...] Le Roi-Philosophe a des idées distinctes et déterminées des affaires et des occupations que lui impose sa royauté ; et il n'ose jamais rien entreprendre dont il n'ait des idées de cette nature, excepté dans les cas d'une nécessité absolue. Et lorsqu'il est forcé d'agir, sans avoir des idées *déterminées,* ni suffisamment évidentes, il ne commet pas pour cela témérairement le Bonheur public aux caprices de la *Fortune,* mais il observe les lois de la *probabilité* et, tout occupé de l'événement, il s'efforce d'en tirer des lumières pour corriger le défaut de ses idées et redresser les fautes que la nécessité peut lui avoir fait commettre, afin d'en prévenir les suites fâcheuses, et d'éviter d'y retomber de nouveau. Un Roi non philosophe au contraire, incapable de discerner les idées *déterminées* d'avec celles qui ne le sont pas suffisamment, ni les idées distinctes d'avec les confuses, et destitué lui-même d'idées distinctes et *déterminées*, imite servilement dans les affaires qui se présentent la conduite qu'il pense que d'autres Princes ont tenue dans des occasions pareilles, et il se flatte du même succès dont leur conduite a été suivie. Il arrive même souvent que des résolutions, qui paraissent avantageuses avant l'exécution, deviennent très pernicieuses par l'événement. [...]

§ 10 — *Pourquoi la philosophie ne peut s'assujettir entièrement l'événement.*

Cependant, il ne faut pas s'imaginer que nous soyons dans l'idée que ce soit rendre l'issue de toutes les entreprises certaine et infaillible, que de placer au timon des affaires des hommes accoutumés à ne raisonner qu'en Philosophes. La *théorie* la plus parfaite n'empêcherait pas que l'événement ne fût toujours incertain, par plus d'une raison. En voici la preuve. On ne résout une entreprise qu'en vertu d'un raisonnement, par lequel on se détermine à l'action, et que l'on déduit comme une conséquence de certaines *prémisses.* Or, supposer que l'on eût une *théorie* telle que nous l'avons représentée, mais qui n'existe point encore, et qu'il est très difficile de composer, comme le sentent bien les connaisseurs, si l'on avait, dis-je, une semblable *théorie*, on y trouverait des *théorèmes*, ou des propositions, qui renfermeraient de justes décisions sur chaque affaire, ou chaque entreprise. Et, comme ces propositions serviraient de *Majeure* dans les raisonnements *pratiques*, c'est-à-dire, qui conduisent à la décision d'un cas présent, ou qui dictent la conduite qu'il faut tenir dans le cas dont il s'agit, il est clair qu'avant que de pouvoir s'assurer que telle proposition, par exemple, est applicable à tel ou tel cas présent, il faudrait savoir avec certitude quel est véritablement le cas qui a lieu et, par conséquent,

connaître à fond toutes les circonstances qui le *déterminent*, afin d'en pouvoir faire la *Mineure* du Raisonnement. On sait assez qu'il ne dépend pas toujours de
nous de connaître toutes les circonstances qui entrent
dans les cas qui se présentent, quelque adresse et
quelque soin que nous mettions en usage pour y réussir.
Je pourrais le prouver par l'*expérience*, d'où l'on doit tirer
ses preuves, dès qu'il s'agit de la *pratique*.

[...] Cependant, il est aisé de s'apercevoir qu'à l'aide
de cette *théorie* l'incertitude serait incomparablement
moins grande que tandis que nous sommes destitués de
ce secours ; puisque dans l'état présent où sont les
choses, l'incertitude d'une même entreprise a deux
causes au lieu d'une. D'ailleurs, la supposition de cette
théorie renferme aussi la *théorie des probabilités* ; d'où il
suit que l'incertitude de la *Mineure* de notre raisonnement diminuerait d'autant plus considérablement.

[...] N'est-il pas évident qu'un homme qui suivra
dans toutes ses démarches, le plus exactement qu'il
est possible, les lois de la vraisemblance ou de la *probabilité*, réussira incomparablement plus souvent que
celui qui agit ou contre ces lois, ou sans les consulter ?

§ 11 — *D'où vient que le philosophe est plus circonspect
qu'un autre dans les cas douteux.*

[...] Le *Philosophe* a de tout autres principes de *probabilité* que n'en a le *non-Philosophe*. Établissons cette
différence. Le premier juge d'ordinaire des choses par
leurs idées *intrinsèques*, par des idées fondées sur leur
propre nature. L'autre, au contraire, est accoutumé à ne
raisonner que sur des considérations *extrinsèques* [...] ;
mais nous soutenons aussi, conformément à la vérité,
que le *Philosophe* qui se servirait du même principe de
probabilité extrinsèque que le *non-Philosophe* ne le ferait
point de la même manière. Le premier sait faire une tout
autre application de ce principe que le dernier ; ils en
tirent tous deux un usage bien différent, et la cause en
est claire. Le *Philosophe* pénètre dans la raison du *principe probable* ; il s'assure, non seulement de sa *probabilité*,
mais encore de sa *vérité* ; il fait plus, il déduit de sa *vérité*

même sa *probabilité* et ses divers degrés. Assuré une fois de la raison du *principe probable*, il le réduit en proposition *déterminée*, et il a soin d'y faire entrer exactement la *condition* sous laquelle ce *principe* est véritable. Or, comme dans l'application qu'il fait de ce *principe*, il a égard à cette condition, il est évident que la *probabilité* est aussi exactement déterminée qu'elle peut l'être dans ce cas-là, en vertu de ce même *principe* ; et, par conséquent, il peut se convaincre qu'il n'a rien omis de tout ce que les *lois* de la *probabilité* exigeaient de lui dans cette occasion. Le *non-Philosophe*, au contraire, ne s'embarrasse point de la raison qui fonde le *principe probable* ; et il ne fait attention, quand il vient à l'appliquer, qu'à l'idée vague qu'il s'en est formée. Il est donc manifeste qu'il est bien éloigné de donner à la *probabilité* ce degré de *détermination* qu'elle reçoit de la dextérité du *Philosophe* à l'aide de ce même *principe*. Par conséquent, il est indubitable que celui qui observe toutes les *lois* de la *probabilité*, dans les cas qui se présentent, doit être incomparablement plus circonspect dans le maniement des affaires que celui qui néglige ces *lois*. Donc, celui qui se conduit en *Philosophe*, dans les conjonctures même équivoques et qui sont soumises à l'inconstance de la *Fortune*, est sans comparaison plus prudent et plus précautionné que celui qui n'est point *philosophe*.

Le philosophe-Roi et le Roi-philosophe, suivi de *La Théorie des affaires publiques* (1740). Pièces tirées des œuvres de Christian Wolff, traduites du latin par J. Deschamps, Berlin, Ambr. Haude MDCCXL ; rééd. Vrin, Paris, 1985 (« Vrin reprise »), p. 3-74 (l'orthographe a été modernisée dans la présente édition).

*

Comme chez Pufendorf, le principe de l'État est le bien public ; ce dernier peut être atteint dès lors que les individus, conformément à la loi naturelle, sont en mesure de progresser vers la perfection. L'État est donc un contrat entre individus en vue de réaliser ensemble leur perfectionnement. À l'origine du contrat social, il n'y a donc

plus, comme chez Grotius ou Pufendorf, un état de besoin
ou un penchant à la socialité, mais le devoir de perfectionnement [2]. Ce dernier, on l'a souligné dans le premier
chapitre, ne doit en aucun cas être confondu avec la *pursuit
of happiness* des Anglais ; le terme de félicité (ou celui de
bonheur) ne doit point ici nous égarer.

C'est sur l'universalité de ce devoir de perfectionnement
que se fonde une série d'obligations universelles dont sont
inséparables des droits universels : « Une obligation universelle, c'est ce à quoi tout homme est tenu, par là même qu'il
est homme. C'est ainsi qu'il n'y a personne qui ne soit obligé
de conserver les membres et les organes de son corps, d'aimer
Dieu, de rendre au prochain les bons offices qui sont en son
pouvoir, etc. [3]. » « Le droit universel, c'est celui qui convient à
tout homme, par là même qu'il est homme. C'est la conséquence de l'obligation universelle. La nature m'oblige de
veiller à la conservation de mon corps [4]. » Le droit à la vie, au
respect, à la nourriture, à un toit et, enfin, au bonheur sont en
ce sens des droits innés de l'homme. Ces droits naturels
impliquent l'égalité de tous les individus (« *natura homines
omnes aequales sunt* », *Jus naturae*, I, § 81), dont est ensuite
déduite leur liberté ; dès lors en effet que les hommes sont
égaux et qu'aucun n'a plus de droits qu'un autre, ils sont tous
également libres (*ibid.*, § 130, § 143, § 146).

Sur ces bases, Wolff établit un lien étroit entre le droit et la
moralité et édicte tout un catalogue de vertus bourgeoises ; car
si les individus ne peuvent être dépouillés de leurs droits

2. Cf. les *Principes du droit de la nature et des gens* (1758),
1er volume, chapitre II, « Des devoirs de l'homme envers soi-même
et des droits qui y sont liés », § IV : « Ne pas déployer tout l'usage
de ses facultés dans l'exercice de la loi naturelle, c'est la violer.
Tout ce que l'on pouvait faire mieux, on l'a mal fait ; sorte de
péché qui n'est pas assez connu, et qui par là même mérite
d'autant plus d'attention » (trad. de Jean-Henry-Samuel Formey,
Éd. d'Amsterdam, 1758 ; rééd. Centre de philosophie politique et
juridique de l'université de Caen, 1988, p. 17). Comme les individus, les peuples ont un devoir de perfectionnement ; le progrès
vers la réalisation de la loi naturelle conduit donc nécessairement
à une *civitas maxima*, c'est-à-dire à une société des nations à
l'échelle mondiale (cf. *Institutiones*, § 1090). Car « les États doivent
être considérés comme des personnes libres, qui vivent dans l'état
naturel » (*Principes du droit de la nature et des gens, ibid.*, 3e volume,
livre VIII, chap. I, § XXVIII).

3. *Ibid.*, chapitre I, « De l'obligation et du droit universel des
hommes », § I. Le § V parle dans le même sens d'obligation naturelle ou encore d'obligation absolue (§ VII), par opposition à des
obligations contractées (§ VI) qui sont hypothétiques (§ VII).

4. *Ibid.*, § III.

naturels, ils n'en doivent pas moins consentir librement à certaines contraintes. Il énonce aussi un véritable programme de gouvernement : le Prince doit fixer les salaires et les prix, réglementer le temps de travail, créer des écoles pour tous... « Vis-à-vis de leurs sujets ceux qui règnent se conduisent comme des pères envers leurs enfants [5]. »

Constitué par des individus aux fins d'assurer leur perfectionnement individuel, l'État n'est donc pas un ordre voulu par Dieu mais une institution humaine. Ses fonctions, en d'autres termes les devoirs des gouvernants, découlent de cette finalité : ainsi l'ordre et la sécurité, tant intérieure que par rapport à toute menace extérieure, ont pour but de permettre aux individus de jouir librement de leurs droits.

> « Quand il se forme un État, chaque particulier s'engage et s'oblige à l'égard de toute la société, qu'il travaillera de toutes ses forces à procurer le bien commun, et la société s'engage envers chaque particulier à faire régner l'abondance, et à maintenir la sûreté. En vertu de ces engagements, la société acquiert le droit de contraindre les particuliers à ne rien faire qui y soit contraire [6]. »

La théorie wolffienne du despotisme éclairé admet sur ces bases toutes les formes possibles de gouvernement : démocratie, aristocratie héréditaire ou non, monarchie héréditaire ou non [7]. De la libre décision du peuple de conserver et de déléguer l'empire (*imperium*), c'est-à-dire la souveraineté, résulte en effet que tous les cas de figure sont possibles, y compris celui dans lequel le peuple renonce à tout contrôle. C'est certainement pourquoi la philosophie politique de Wolff a donné lieu aux interprétations les plus contradictoires. Tantôt il est présenté comme le fondateur de l'État de droit moderne, tantôt comme l'idéologue du despotisme, dans le meilleur des cas éclairé [8]. Le peuple peut décider de déléguer uniquement l'exercice du pouvoir mais il peut en déléguer aussi la substance — auquel cas il accepte librement l'escla-

---

5. Dans le « Contre Hobbes » de *Théorie et pratique* (cf. infra dans la section « République et citoyenneté »), Kant récusera globalement cette conception du despotisme éclairé, tant en ce qui concerne son fondement sur un contrat de caractère privé que son patriarcalisme ou paternalisme.

6. *Principes du droit de la nature et des gens, op. cit.*, 3ᵉ volume, livre VIII, chapitre I, § XV.

7. *Ibid.*, § XX sq. et chapitre II (« Des différentes formes de gouvernement »).

8. Voir notamment l'interprétation extrêmement négative d'Ernst Bloch dans *Droit naturel et dignité humaine*, trad. fr., Payot, 1976.

vage. Lorsqu'il ne délègue que l'exercice, l'aristocratie ou la monarchie qui exercent le pouvoir exécutif n'ont que l'usufruit de l'empire, elles ne sauraient le posséder comme un patrimoine [9]. Ce cas de figure admet, et requiert même, une séparation des pouvoirs. Il est en outre important de souligner que la délégation de souveraineté est toujours un contrat dans lequel le souverain est une partie contractante. Wolff attend du Souverain qu'il remplisse sa part du contrat. Sa responsabilité devant le peuple n'affecte cependant en rien, ainsi que Grotius l'avait déjà souligné, la plénitude de sa souveraineté. À cet égard, on trouve chez Wolff une formule que Frédéric II a faite sienne : « Personne ne peut porter atteinte aux ordres du souverain ; il est parfaitement libre de ses actions, n'en rend compte à qui que ce soit, et n'a d'autre tribunal d'où il dépende que celui de sa conscience [10]. »

La véritable régulation du despotisme éclairé est donc morale et philosophique. C'est d'elle que traite l'ouvrage de Wolff, *Le philosophe-Roi et le Roi-philosophe*. Nous avons souligné au chapitre I la continuité entre philosophie théorique et philosophie pratique. L'éditeur français de Wolff, Deschamps, remarque dans une note que la théorie de l'État repose sur une démonstration *a priori*, procédant de manière déductive. Pour cette raison, Wolff estime qu'il en découle également que le gouvernant le plus sage sera celui qui fondera sa légitimité et sa souveraineté sur une telle démonstration rigoureuse et qui exercera son pouvoir en usant de son entendement selon les mêmes règles rigoureuses. Puisque cette rigueur est la discipline de la philosophie, il devra être philosophe. On notera au passage que Wolff, promoteur du mythe de la Chine, évoque certes l'exemple des empereurs chinois, mais avec cette réserve qu'ils ne disposaient pas d'une philosophie systématique leur permettant d'accéder à des idées distinctes [11].

Il serait bien sûr naïf de croire que les démonstrations *a priori* arment infailliblement face à la diversité des situations pratiques. Toutefois — et Kant reprendra cet argument dans « Théorie et pratique », sur la base il est vrai d'une autre conception de la « théorie » —, l'échec éventuel n'est pas dû à

9. Ces catégories du droit privé caractérisent une conception du contrat social selon le modèle du contrat de droit privé. Kant récusera véhémentement cette assimilation dans son « Contre Hobbes » ; cf. infra.

10. *Principes du droit de la nature et des gens, op. cit.*, 3ᵉ volume, livre VIII, chapitre I, § XXIII.

11. Bien évidemment cette opposition entre idées confuses et idées distinctes est conforme à la conception leibnizienne.

trop de théorie mais à une théorie insuffisante. La philosophie étant la science des choses possibles, elle permet au philosophe d'établir des probabilités sur lesquelles peut se fonder une prudence politique ne s'abandonnant pas au hasard.

On ne peut séparer de cette conception la défense du droit des savants à diffuser leurs idées [12]. Wolff lui consacre un chapitre de ses *Principes du droit de la nature et des gens* [13].

« XXII. À l'égard des choses douteuses, il est permis à chacun de proposer modestement ses opinions ; et il doit permettre réciproquement aux autres de les examiner, et d'en montrer les défauts.

XXIII. La philosophie en particulier demande que ceux qui la professent jouissent d'une liberté convenable, en disant ouvertement ce qu'ils pensent sur les matières philosophiques. Cependant cette liberté est restreinte par les autres obligations naturelles qui regardent tous les hommes. Ce n'est pas liberté, c'est licence, que de proposer des doctrines contraires à nos devoirs envers Dieu, envers le prochain et envers nous-mêmes.

XXIV. Personne ne saurait être contraint à professer une opinion qu'il regarde comme fausse.

XXV. Les savants ont le droit de défendre la vérité ; mais ils ne la défendent réellement que lorsqu'ils démontrent que ceux qui ont entrepris de la réfuter n'en sont pas venus à bout. D'ailleurs, la vérité ne saurait être défendue par aucune voie d'autorité, ni de violence. »

★
★ ★

FRÉDÉRIC II

L'Anti-Machiavel (1738) ★

AVANT-PROPOS

Le Prince de Machiavel est en fait de morale ce qu'est l'ouvrage de [Benoît] Spinoza en matière de foi : Spinoza sapa les fondements de la foi, et ne tendait pas moins qu'à renverser toute la religion ;

---

12. Sur cette question, cf. Kant en 1784 à la fin de cette section.
13. Second volume, livre VI, chapitre VII : « Des devoirs et des droits des savants ».
★ Les passages entre crochets sont ceux que Voltaire a supprimés lorsqu'il publia le manuscrit de Frédéric II.

Machiavel corrompit la politique, et entreprenait de détruire les préceptes de la saine morale. Les erreurs de l'un n'étaient que des erreurs de spéculation ; celles de l'autre regardaient la pratique. Cependant il s'est trouvé que les théologiens ont sonné le tocsin et crié l'alarme contre Spinoza, qu'on a réfuté son ouvrage en forme, et qu'on a constaté la Divinité contre les attaques de cet impie, tandis que Machiavel n'a été que harcelé par quelques moralistes et qu'il s'est soutenu, malgré eux et malgré sa pernicieuse morale, sur la chaire de la politique jusqu'à nos jours.

J'ose prendre la défense de l'humanité contre un monstre qui veut la détruire ; et j'ai hasardé mes réflexions sur cet ouvrage à la suite de chaque chapitre, afin que l'antidote se trouvât d'abord auprès du poison.

CHAPITRE PREMIER

[Lorsqu'on veut raisonner juste, dans le monde, il faut commencer par approfondir la nature du sujet dont on veut parler, il faut remonter jusqu'à l'origine des choses pour en connaître, autant que l'on peut, les premiers principes ; il est facile alors d'en déduire les progrès et toutes les conséquences qui peuvent s'ensuivre.] Au lieu de marquer la différence des États [qui ont des souverains], Machiavel aurait, ce me semble, mieux fait d'examiner l'origine des princes, [d'où leur vient le pouvoir qu'ils ont], et de discuter les raisons qui ont pu engager des hommes libres à se donner des maîtres.

Peut-être qu'il n'aurait pas convenu, dans un livre où l'on se proposait de dogmatiser le crime et la tyrannie, de faire mention de ce qui devrait la détruire [à jamais] ; il y aurait eu mauvaise grâce à Machiavel de dire que les peuples, ayant trouvé nécessaire, pour leur repos et leur conservation, d'avoir des juges pour régler leurs différends, des protecteurs pour les maintenir contre leurs ennemis dans la possession de leurs biens, des souverains pour réunir tous leurs différents intérêts en un seul intérêt commun, avaient choisi, d'entre eux, ceux qu'ils

avaient crus les plus sages, les plus équitables, les plus
désintéressés, les plus humains, les plus vaillants, pour
les gouverner [et pour prendre sur soi le fardeau pénible
de toutes leurs affaires].

C'est donc la justice, [aurait-on dit], qui doit faire le
principal objet d'un souverain ; c'est donc le bien des
peuples qu'il gouverne qu'il doit préférer à tout autre
intérêt ; [c'est donc leur bonheur et leur félicité qu'il
doit augmenter, ou le leur procurer s'ils ne l'ont pas.
Que deviennent alors ces idées d'intérêt, de grandeur,
d'ambition, de despotisme ? Il se trouve que] le souverain, bien loin d'être le maître absolu des peuples
qui sont sous sa domination, n'en est *lui-même que le
premier domestique,* [et qu'il doit être l'instrument de
leur félicité, comme ces peuples le sont de sa gloire.
Machiavel sentait bien qu'un détail semblable l'aurait
couvert de honte, et que cette recherche n'aurait fait
que grossir le nombre de contradictions pitoyables qui
se trouvent dans sa politique.]

CHAPITRE IX

Il n'y a point de sentiment plus inséparable de notre
être que celui de la liberté ; depuis l'homme le plus
policé jusqu'au plus barbare, tous en sont pénétrés
également ; car, comme nous naissons sans chaînes,
nous prétendons vivre sans contrainte, [et comme
nous ne voulons dépendre que de nous-mêmes, nous
ne voulons point nous assujettir aux caprices des
autres]. C'est cet esprit d'indépendance et de fierté
qui a produit tant de grands hommes dans le monde,
et qui a donné lieu à ces sortes de gouvernements
qu'on appelle républicains [qui, par l'appui de sages
lois, soutiennent la liberté des citoyens contre tout ce
qui peut l'opprimer, et] qui établissent une espèce
d'égalité entre les membres d'une république, ce qui
les rapproche [beaucoup] de l'état naturel.

On ne persuadera jamais à des républicains, vraiment libres, de se donner un maître ; car ils vous
diront toujours : il vaut mieux dépendre des lois que
du caprice d'un seul homme. Les lois sont justes de

leur nature, et l'homme est né injuste ; elles sont le
remède à nos maux, et ce remède peut trop aisément
se tourner en poison mortel entre les mains de celui
qui n'a qu'à vouloir. Enfin, la liberté est un bien qu'on
apporte en naissant ; par quelles raisons, diront les
républicains, nous dépouillerons-nous de notre bien ?
Autant donc qu'il est criminel de se révolter contre un
souverain établi par les lois, autant l'est-il de vouloir
asservir une République *.

CHAPITRE XVII

Le dépôt le plus précieux qui soit confié entre les
mains des princes, c'est la vie de leurs sujets. Leur
charge leur donne le pouvoir de condamner à mort ou
de pardonner aux coupables ; [ils sont les arbitres
suprêmes de la justice.

Les bons princes regardent ce pouvoir [non limité]
sur la vie de leurs sujets comme le poids le plus
pesant de leur couronne. Ils savent qu'ils sont
hommes comme ceux sur lesquels ils doivent juger ;
ils savent que [des torts,] des injustices, [des injures]
peuvent se réparer [dans le monde,] mais qu'un arrêt
de mort précipité est un mal irréparable ; ils ne se
portent à la sévérité que pour éviter une rigueur plus
fâcheuse qu'ils prévoient [s'ils se conduisaient autrement ; et ils ne prennent de ces résolutions funestes
que dans des cas désespérés et pareils à ceux où un
homme se sentant un membre gangrené, malgré la
tendresse qu'il a pour lui-même, se résoudrait à le
laisser retrancher, pour garantir et pour sauver du
moins par cette opération douloureuse le reste de son
corps. Ce n'est donc pas sans la plus grande nécessité
qu'un prince doit attenter à la vie de ses sujets ; c'est
donc sur quoi il doit être le plus circonspect et le
plus scrupuleux.]

Machiavel traite des choses [aussi graves, aussi
sérieuses], aussi importantes, en bagatelles. Chez lui
la vie des hommes n'est comptée pour rien ; et

* Passage remanié.

l'intérêt, ce seul dieu qu'il adore, est compté pour tout ; il préfère la cruauté à la clémence, et il conseille à ceux qui sont nouvellement élevés à la souveraineté de mépriser plus que les autres la réputation d'être cruels.

[Je réponds à tout ceci que] je ne nie point qu'il n'y ait des [hommes] ingrats [et dissimulés dans le monde] ; je ne nie point que la crainte ne soit, dans quelques moments, très puissante : mais j'avance que tout roi dont la politique n'aura pour but que de se faire craindre régnera sur des esclaves ; qu'il ne pourra point s'attendre à de grandes actions de ses sujets, car tout ce qui s'est fait par crainte [et par timidité] en a toujours porté le caractère ; qu'un prince qui aura le don de se faire aimer régnera sur les cœurs, puisque ses sujets trouvent leur convenance à l'avoir pour maître, et qu'il y a un grand nombre d'exemples, dans l'histoire, de grandes et de belles actions qui se sont faites par amour et par fidélité. Je dis encore que la mode [des séditions et] des révolutions paraît être entièrement finie de nos jours ; on ne voit aucun royaume, excepté l'Angleterre, où le roi ait le moindre sujet d'appréhender de ses peuples ; et qu'encore, en Angleterre, le roi n'a rien à craindre, si ce n'est lui qui soulève la tempête.

Je conclus donc qu'un prince cruel s'expose plutôt à être trahi qu'un prince débonnaire, puisque la cruauté est insupportable, [et] qu'on est bientôt las de craindre, [et] que la bonté est toujours aimable, et qu'on ne se lasse point de l'aimer.

Il serait donc à souhaiter, pour le bonheur du monde, que les princes fussent bons sans être trop indulgents, afin que la bonté fût en eux toujours une vertu, et jamais une faiblesse.

In *Œuvres de Frédéric le Grand,* éd. par J.D.E. Preuss, Berlin, 1846-1857, tome VIII, p. 59 sq. Rééd. in Machiavel, *Le Prince* ; suivi de *L'Anti-Machiavel* de Frédéric II, éd. de

Raymond Naves, Garnier, Paris, 1968, p. 97-98, p. 101-102, p. 136, p. 173-177 et p. 253.

Testament politique (1752)

Qu'un souverain doit gouverner par lui-même

Dans un État comme celui-ci, il faut de nécessité que le prince fasse ses affaires par lui-même, à cause qu'il ne suivra, s'il est sage, que l'intérêt public qui est le sien, et qu'un ministre a toujours des vues détournées dans les affaires qui regardent ses propres intérêts ; qu'au lieu d'avancer des personnes de mérite, il remplira les places de ses créatures et tâchera de s'affermir par le nombre de personnes qu'il attachera à sa fortune ; au lieu que le souverain soutiendra la noblesse, réprimera le clergé dans ses justes bornes, ne permettra point que les princes du sang intriguent ou cabalent, et qu'il récompensera le mérite sans ces vues d'intérêt que les ministres ont en secret dans tout ce qu'ils font.

Mais s'il est nécessaire que le prince gouverne par lui-même l'intérieur de son État, combien plus l'est-il qu'il dirige sa politique lui-même, qu'il fasse les alliances qui lui conviennent, qu'il forme lui-même ses desseins et prenne son parti dans les conjonctures délicates et scabreuses.

Les finances, le gouvernement interne, la politique et le militaire tiennent de si près ensemble qu'il est impossible de traiter une de ces branches en se passant des autres. Lorsque cela arrive, les princes s'en trouvent mal. En France, quatre ministres gouvernent le royaume : celui de la finance sous le nom de contrôleur général, celui de la marine, celui de la guerre et celui des affaires étrangères. Ces quatre rois ne s'entendent ni ne s'accordent jamais ; de là viennent toutes les contradictions que nous voyons dans le gouvernement français : l'un renverse par jalousie ce que l'autre élève par habileté ; point de système, point de projet ; le hasard gouverne, et tout se fait en France comme il plaît aux intrigues de la cour ; les Anglais savent tout ce qui se traite à Versailles ; point de secret et par conséquent point de politique.

Il faut qu'un gouvernement bien conduit ait un système aussi lié que peut l'être un système de philosophie, que toutes les mesures prises soient bien raisonnées, et que les finances, la politique et le militaire concourent à un même but, qui est l'affermissement de l'État et l'accroissement de sa puissance. Or, un système ne peut émaner que d'une tête ; donc il faut qu'il parte de celle du souverain. La paresse, la volupté ou l'imbécillité sont les causes qui empêchent les princes de travailler au noble emploi de faire le bonheur de leurs peuples. Ces souverains se rendent si méprisables qu'ils deviennent la fable et la risée de leurs contemporains, et que dans l'histoire leurs noms servent au plus d'époque à la chronologie. Ils végètent sur le trône, indignes de l'occuper, absorbés à se satisfaire eux-mêmes. La négligence qu'ils ont de leurs peuples devient même criminelle. Un souverain n'est pas élevé à ce haut rang, on ne lui a pas confié le pouvoir suprême, pour qu'il vive dans la mollesse, pour qu'il s'engraisse de la substance du peuple et qu'il soit heureux, pendant que tout le monde souffre. Le souverain est le premier serviteur de l'État. Il est bien payé, pour qu'il soutienne la dignité de son caractère ; mais on demande de lui qu'il travaille efficacement pour le bien de l'État, et qu'il gouverne au moins avec attention les principales affaires. Il lui faut sans doute des secours ; le travail des détails est trop vaste pour lui ; mais il doit écouter les plaintes de tout le monde et faire rendre prompte justice à ceux qu'on veut opprimer. Une femme vint présenter une requête à un roi d'Épire *, qui la brusqua en lui disant qu'elle devait le laisser en repos. Et pourquoi es-tu donc roi, repartit-elle, si ce n'est pour me rendre justice ? Belle sentence dont les princes devraient se souvenir sans cesse.

* Il s'agirait plutôt de Philippe de Macédoine (cf. Plutarque, *Vie de Démétrios*, 42).

Nous avons ici le Grand-Directoire, les collèges de
la justice et les ministres du cabinet qui envoient tous
les jours leurs dépêches au souverain avec des
mémoires plus détaillés sur les affaires qui deman-
dent sa décision. Les ministres exposent même le
pour et le contre dans les cas litigieux ou difficiles,
ce qui met le souverain en état de prendre son parti
du premier coup d'œil, pourvu qu'il se donne la
peine de lire et de bien entendre l'affaire proposée.
Un esprit juste saisit avec facilité le point capital
d'une question. Cette méthode d'expédier les affaires
est préférable à l'usage des Conseils qu'on pratique
ailleurs, à cause que ce n'est pas des grandes com-
pagnies que résultent des avis sages, que les ministres
ont entre eux des intrigues qui les divisent, que des
haines et des passions de particuliers se mêlent dans
les affaires d'État, que leur façon de débattre les
affaires par des disputes souvent trop vives y répand
des ténèbres, au lieu d'y apporter des lumières, et
qu'enfin le secret, qui est l'âme des affaires, n'est
jamais bien gardé par tant de personnes.

Il peut être bon dans des cas embarrassants de
consulter un ministre qu'on croira le plus sage et
le plus expérimenté ; si on en veut consulter un
autre, que ce soit séparément, pour ne point
jeter, par la préférence d'un avis sur celui d'un autre,
des semences d'animosité qui ne finissent jamais.
Je renferme mon secret en moi-même ; je n'ai
qu'un secrétaire (de la fidélité duquel je suis assuré)
dont je me sers : à moins donc de ne me me corrom-
pre moi-même, il est impossible que l'on devine
mes desseins. Les ministres ne sont chargés ici
que des affaires de l'Empire ; tout ce qui est négo-
ciation d'importance, traité ou alliance, passe par
mes mains.

Testament politique, publié par G. B. Volz (1920) ; rééd. in
Pierre Gaxotte, *Frédéric II, roi de Prusse*, Albin Michel, Paris,
1967, p. 302-305.

*Essai sur les formes de gouvernement
et les devoirs des souverains (1777)*

Les princes, les souverains, les rois ne sont donc pas revêtus de l'autorité suprême pour se plonger impunément dans la débauche et dans le luxe ; ils ne sont pas élevés sur leurs concitoyens pour que leur orgueil, se pavanant dans la représentation, insulte avec mépris à la simplicité des mœurs, à la pauvreté, à la misère, ils ne sont point à la tête de l'État pour entretenir auprès de leurs personnes un tas de fainéants dont l'oisiveté et l'inutilité engendrent tous les vices. La mauvaise administration du gouvernement monarchique provient de bien des causes différentes, qui ont leur source dans le caractère du souverain. Ainsi un prince adonné aux femmes se laissera gouverner par ses maîtresses et par ses favoris — ceux-là, abusant du pouvoir qu'ils ont sur l'esprit du prince, se serviront de cet ascendant pour commettre des injustices, protéger des gens perdus de mœurs, vendre des charges, et autres infamies pareilles. Si le prince, par fainéantise, abandonne le gouvernail de l'État en des mains mercenaires, je veux dire à ses ministres, alors l'un tire à droite, l'autre à gauche, personne ne travaille sur un plan général, chaque ministre renverse ce qu'il a trouvé établi, quelque bonne que soit la chose, pour devenir créateur de nouveautés et pour réaliser ses fantaisies, souvent au détriment du bien public ; d'autres ministres qui remplacent ceux-là se hâtent de bouleverser à leur tour ces arrangements avec aussi peu de solidité que leurs prédécesseurs, satisfaits de passer pour inventeurs. Ainsi cette suite de changements et de variations ne donne pas à ces projets le temps de pousser racine. De là naissent la confusion, le désordre et tous les vices d'une mauvaise administration. [...]

De monarchique qu'il était, ce gouvernement dégénère en une véritable aristocratie où les ministres et les généraux dirigent les affaires selon leur fantaisie ; alors on ne connaît plus de système général, chacun suit ses

idées particulières, et le point central, le point d'unité
est perdu. Comme tous les ressorts d'une montre
conspirent au même but, qui est celui de mesurer le
temps, les ressorts du gouvernement devraient être
montés de même pour que toutes les différentes parties de l'administration concourussent également au
plus grand bien de l'État, objet important qu'on ne
doit jamais perdre de vue. D'ailleurs, l'intérêt personnel des ministres et des généraux fait pour l'ordinaire qu'ils se contrecarrent en tout, et que quelque-
fois ils empêchent l'exécution des meilleures choses,
parce que ce ne sont pas eux qui les ont proposées.
Mais le mal arrive à son comble, si des âmes perverses
parviennent à persuader au souverain que ses intérêts
sont différents de ceux de ses sujets : alors le souverain
devient l'ennemi de ses peuples sans savoir pourquoi :
il devient dur, sévère, inhumain par mésentendu ; car
le principe dont il part étant faux, les conséquences le
doivent être nécessairement. Le souverain est attaché
par des liens indissolubles au corps de l'État ; par
conséquent il ressent par répercussion tous les maux
qui affligent ses sujets, et la société souffre également
des malheurs qui touchent son souverain. Il n'y a
qu'un bien, qui est celui de l'État en général. Si le
prince perd des provinces, il n'est plus en état comme
par le passé d'assister ses sujets ; si le malheur l'a forcé
de contracter des dettes, c'est aux pauvres citoyens à
les acquitter ; en revanche, si le peuple est peu nombreux, s'il croupit dans la misère, le souverain est
privé de toute ressource. Ce sont des vérités si incon-
testables, qu'il n'est pas besoin d'appuyer davantage
là-dessus.

Je le répète donc, le souverain représente l'État ; lui
et ses peuples ne forment qu'un corps, qui ne peut
être heureux qu'autant que la concorde les unit. Le
prince est à la société qu'il gouverne ce que la tête est
au corps : il fait voir, penser et agir pour toute la
communauté, afin de lui procurer tous les avantages
dont elle est susceptible. Si l'on veut que le gouvernement monarchique l'emporte sur le républicain, l'arrêt

du souverain est prononcé : il doit être actif et intègre, et rassembler toutes ses forces pour remplir la carrière qui lui est prescrite. Voici l'idée que je me fais de ses devoirs.

In *Œuvres de Frédéric le Grand*, éd. par J.D.E. Preuss, Berlin, 1846-1857, tome IX, p. 199 sq.

*

Des nombreux textes dans lesquels Frédéric II a exposé sa conception du pouvoir [14] se dégage l'image fascinante d'une modernisation de la monarchie absolue. Car, disons-le d'emblée sans détour, le « despotisme éclairé » de Frédéric II est avant tout une refondation de l'absolutisme monarchique, qui tire un habile profit du rationalisme et des théories du contrat social. Si Kant en 1784 [15] se montre conciliant, sans être dupe, c'est qu'il vise à sceller un pacte entre le « tuteur » politique et l'*Aufklärer*. Les difficultés qu'il connaîtra personnellement sous Frédéric-Guillaume II lui enlèveront, s'il en était besoin, ses dernières illusions, et *Le Conflit des facultés* constitue une dénonciation en règle du « système prussien », dans lequel la faculté de philosophie est maintenue dans un état de minorité non seulement par la faculté supérieure de théologie, mais aussi par la faculté de droit, où sont formés les fonctionnaires qui assurent avec une efficacité incomparable en Europe le fonctionnement du régime.

Frédéric II a rationalisé le pouvoir absolu ; il faut, écrit-il dans le *Testament politique* en des termes que n'eût pas reniés Wolff, « qu'un gouvernement bien conduit ait un système aussi lié que peut l'être un système de philosophie, que toutes les mesures prises soient bien raisonnées, et que les finances, la politique et le militaire concourent à un même

14. « Considérations sur l'état présent du corps politique de l'Europe » (1737), « Anti-Machiavel » (1739-1740), « Miroir des princes ou instruction du roi pour le jeune duc Charles Eugène de Wurtemberg » (1744), « Du gouvernememt ancien et moderne de Brandebourg » (1751), « Testament politique » (1752 — une nouvelle version paraît en 1768), « Apologie de ma conduite politique » (1757), « Discours de l'utilité des sciences et des arts dans un État » (1772), « Exposé du gouvernement prussien » (1775-1776), « Essai sur les formes de gouvernement et sur les devoirs des souverains » (1777).

15. Cf. le dernier texte de cette section.

but, qui est l'affermissement de l'État et l'accroissement de
sa puissance ». Cette rationalisation supposait l'abandon du
droit divin. Les convictions de Frédéric II en matière de
religion [16] lui rendaient ce pas philosophiquement, sinon
politiquement, facile. Pour lui la religion n'a de toute
manière qu'une fonction pragmatique. L'essentiel étant que
l'ordre repose sur un fondement solide, qu'il soit ou non
religieux, Frédéric se tourne vers le droit naturel rationnel et
substitue au fondement divin la notion de contrat. Il en
donne une version « morale » : « Ne faudrait-il pas être en
démence, écrit-il dans l'*Essai sur les formes de gouvernement*,
pour se figurer que des hommes ont dit à un homme, leur
semblable : "Nous vous élevons au-dessus de nous parce
que nous aimons à être esclaves, et nous vous donnons la
puissance de diriger nos pensées à votre volonté." Ils ont dit
au contraire : "Nous avons besoin de vous pour maintenir
les lois auxquelles nous voulons obéir, pour nous gouverner
sagement, pour nous défendre ; du reste nous exigerons de
vous que vous respectiez notre liberté." » On croirait — au
début — entendre Rousseau [17]. La suite ne laisse cependant
guère de doute ; c'est, avec l'invocation de la morale en
plus [18], la version hobbésienne du contrat. Frédéric II est en
tout cas plus proche de Hobbes que de Locke, qu'il a pourtant lu très jeune. L'*Anti-Machiavel* fournit à cet égard des
indications précieuses [19]. Le manuscrit de Frédéric se veut
une réfutation de Machiavel. Machiavel doit être critiqué du
point de vue de la morale, mais ce seul point de vue est
insuffisant, car le Prince est « l'image de la divinité ». Ce
premier essai de Frédéric II lance donc le débat : la divinité
sera-t-elle le fondement de la légitimité du Prince, ou bien
ce dernier la tiendra-t-il de sa vertu et de sa « défense de
l'humanité » ? Frédéric résume avec justesse la tension entre

16. Cf. supra au chapitre III.
17. « Vous avez besoin de moi car je suis riche et vous êtes
pauvres ; faisons donc un accord entre nous : je permettrai que vous
ayez l'honneur de me servir, à condition que vous me donniez le
peu qui vous reste pour la peine que je prendrai de vous com-
mander » (article « Économie politique » de l'*Encyclopédie*).
18. Où il faut voir selon Arnold Berney (*Friedrich der Große.
Entwicklungsgeschichte eines Staatsmannes*, 1934) l'influence de Pierre
Bayle (cf. François Bluche, *Le Despotisme éclairé*, Fayard, 1969,
p. 37 sq.).
19. Le manuscrit de Frédéric II a été publié, contre sa volonté,
par Voltaire. Frédéric II a dénoncé cette version. L'édition Preuss
(tome VIII) donne le texte original. Sur les circonstances rocambo-
lesques de cette publication, voir l'introduction de R. Naves à *Le
Prince et l'Anti-Machiavel*, Garnier, 1968, p. XXX sq.

droit divin et droit naturel. Car les princes sont aussi des hommes comme les autres, soumis à la même lutte du bon contre le mauvais principe. Le chapitre I présente le contrat comme un accord conclu non seulement pour la conservation, mais aussi pour le bonheur et la justice. S'il ne vise qu'à la conservation de la vie il débouche, comme chez Machiavel, sur une simple technique politique justifiant tous les moyens et la raison d'État ; dans le deuxième cas, il renvoie à des normes relevant du droit naturel. Ce que Frédéric reproche à Machiavel, c'est de substituer des vertus purement politiques à des vertus morales, sous le prétexte que les choses humaines sont trop changeantes pour être soumises à des principes permanents.

Le véritable inspirateur de Frédéric II en matière de contrat social semble être Pufendorf [20]. La conception frédéricienne du contrat repose sur l'idée d'un renoncement originaire, une délégation originaire aussi définitive que le droit divin, qui n'a ni besoin d'être datée, ni besoin d'être réactualisée, et qui n'est tempérée que par le devoir moral du souverain de respecter les droits naturels imprescriptibles des contractants — un devoir que l'on trouve aussi dans le droit naturel chrétien de saint Thomas. La sécularisation et la rationalisation du droit naturel chrétien et du droit divin se borne donc au remplacement de la religion par la conscience morale. Il en résulte certes que le souverain a des devoirs qui sont l'exacte contrepartie du pouvoir dont il est investi [21]. On pourrait penser à la « vertu » de Montesquieu, mais ce serait à tort, car, d'une part, la vertu est chez Montesquieu le principe de la République démocratique et, d'autre part, si la critique de la corruption du gouvernement monarchique dans l'*Essai sur les formes de gouvernement* (cf. l'extrait ci-dessus) rappelle le chapitre VIII de *De l'Esprit des lois*, il y a une différence capitale : la séparation des pouvoirs ! On va y venir. C'est aussi la différence majeure entre Kant et les théories du droit naturel rationnel dont il part (en particulier Pufendorf), et c'est en cela qu'il faut sans nul doute voir aussi la démarcation décisive entre la conception kantienne et le despotisme éclairé frédéricien, malgré la parenté que constitue notamment le remplacement de la religion par la conscience. Car le despotisme éclairé de Frédéric II ne saurait passer pour une illustration du républica-

20. Cf. notre introduction à la section précédente sur « le droit naturel rationnel ».
21. Cf. « Testament politique », in Pierre Gaxotte, *Frédéric II, roi de Prusse*, Albin Michel, 1967, p. 303 sq.

nisme kantien [22]. Les devoirs du souverain ne sont soumis à aucun contrôle juridique et constitutionnel. Il n'est pas tenu par la loi puisque c'est lui qui la fait. Il est simplement tenu de faire *comme si* elle procédait de la volonté unifiée et raisonnable de tout le peuple.

C'est sur ce *comme si* que se fonde la version spécifiquement frédéricienne de l'absolutisme rationalisé. Frédéric II (et même Frédéric-Guillaume II) actualise en effet à sa façon le contrat en faisant reconnaître les lois par la société. Toutefois, cette reconnaissance repose sur une conception représentative du pouvoir qui n'est évidemment pas la forme parlementaire, mais la forme féodale et absolutiste [23]. Le consentement du peuple n'a nul besoin d'être traduit par des institutions *ad hoc*. Frédéric II reprend bien plutôt à son compte l'organicisme de la pensée politique chrétienne : le souverain gouverne la société, mais il *représente l'État*. Une façon de dire : « L'État, c'est moi », qui ramène le contrat à sa plus simple expression, celle d'une délégation originaire totale. La représentation n'est en effet pas déléguée par la société et n'est en rien contrôlable par elle. « Tant que le prince et les États (*Landstände*) "sont" le pays au lieu de simplement le représenter, ils peuvent être des représentants en un sens spécifique : ils représentent leur pouvoir non pas pour le peuple mais "devant" le peuple [24]. » Le rapport du souverain à la société n'est pas le contrat mais la tradition organiciste, dont la métaphore la plus courante est celle de la tête et des membres, significativement mobilisée ici par Frédéric : « Le prince est à la société qu'il gouverne ce que la tête est au corps. » Le *Testament politique* de 1752 disait tout aussi clairement que la monarchie est un « système émanant d'une seule tête » [25]. Dès lors, la séparation des pouvoirs, même si elle est admise en principe, ne peut vraiment s'exercer. On dispose à cet égard de témoignages nombreux de l'ingérence « représentative » du souverain dans le pouvoir judiciaire. Certes, le « Droit général prussien » (*Allgemeines Preußisches Landrecht*), dont le ministre Cocceji commença la codification dès 1738 et qu'il accéléra à partir de 1745 — il sera promulgué en 1794 et restera en vigueur jusqu'en 1900 —, représente, en reprenant l'essentiel des principes du droit naturel rationnel, un pas décisif vers l'État

22. Cf. infra la section « République et citoyenneté ».
23. Cf. Jürgen Habermas, dans *Strukturwandel der Öffentlichkeit* (1962), *L'Espace public*, trad. fr. M. de Launay, Payot, 1978, p. 19 sq.
24. J. Habermas, *ibid.*, p. 20 sq.
25. *Op. cit.*, p. 304 (cf. note 21).

de droit. Mais, sous Frédéric II, qui se fait un devoir d'examiner personnellement les requêtes, continue de s'exercer une justice parallèle dépendant exclusivement de la grâce du souverain. Pufendorf disait dans *Du droit de la nature et des gens* (livre VII, chapitre IV, § 11) « qu'il y a une si grande liaison entre toutes les parties de la souveraineté qu'aucune ne saurait être séparée des autres sans qu'il en résulte un corps d'État irrégulier... Supposons par exemple que l'un ait originairement et indépendamment le pouvoir législatif pendant que l'autre a sur le même pied le pouvoir coactif ; en ce cas, il faut nécessairement ou que le premier pouvoir soit inutile et sans efficace ou que l'autre ne soit que le ministre de celui-ci ». Kant tentera de surmonter cette difficulté dans la *Doctrine du droit* (§ 48) en hiérarchisant les pouvoirs : pour que les pouvoirs soient à la fois séparés et unis de telle sorte que l'autorité suprême du souverain soit préservée, ils doivent être « coordonnés » et « subordonnés ». La réflexion de Kant intervient, à partir de Pufendorf, sur le point essentiel qui sépare, dans sa terminologie, le despotisme de la République. Pour ce qui est en revanche de Frédéric II, le seul effet tangible du « despotisme éclairé » réside éventuellement, pour utiliser encore la terminologie de Kant, dans une amélioration de la « façon de gouverner » à mi-chemin du despotisme et de la République, que le ministre dirigeant Hertzberg a parfaitement résumée par sa définition de la « monarchie libre et tempérée » : « Le gouvernement monarchique est celui où un seul homme gouverne l'État d'une manière indépendante, mais d'après les lois fondamentales et avec des règles fixes et suivies, qu'il ne change pas sans bonnes raisons ; et s'il le fait, il dégénère en despote. »

*
* *

HERDER
La machine étatique

Les *Idées* ont été écrites entre 1784 et 1791. Elles couvrent donc tout à la fois les débats qui entourent la naissance de la philosophie de l'histoire de l'*Aufklärung* et son dépassement par la génération post-kantienne [26]. Se posant en adversaire de Kant, Herder apparaît en quelque sorte comme le trait d'union entre ces deux périodes. Les

26. Cf. infra « Les théories de l'État après la Révolution française ».

inflexions successives qu'il donne à sa conception de l'humanité, de *Auch eine Philosophie der Geschichte der Menschheit* (*Une autre philosophie de l'histoire de l'humanité*, 1774) aux *Briefe zur Beförderung der Humanität* (*Lettres pour l'avancement de l'humanité*, 1792-1797), illustrent aussi le passage du *Sturm und Drang* au « classicisme » [27]. En 1784, comme en 1774, Herder combat la présomption des Lumières et de l'*Aufklärung*, leur prétention de représenter l'aboutissement de l'histoire. Chaque époque possède à ses yeux sa valeur propre, chaque époque atteint le maximum de perfection à laquelle elle est destinée avant d'être remplacée par une autre. C'est la raison pour laquelle il s'efforce d'établir une sorte de bilan des acquis et des déficits de sa propre époque. Cette conception, qui aurait pu déboucher sur un relativisme, maintient cependant l'idée d'un progrès d'ensemble : celui de l'humanité.

Les deux extraits, tirés des chapitres VIII et IX de la deuxième partie des *Idées* (1785), constituent une attaque directe de la philosophie kantienne de l'histoire, à laquelle Herder reproche le rôle selon lui démesuré qu'elle attribue à l'État comme cadre de l'accomplissement de l'homme. Ils reprennent aussi pour une large part la critique du « mécanisme », c'est-à-dire de la prédominance du paradigme de la physique, qui selon *Auch eine Philosophie der Geschichte der Menschheit* caractérise les Lumières, en particulier françaises. Notre commentaire doit s'efforcer d'articuler ces deux critiques. On se souviendra notamment que l'*Idée d'une histoire universelle d'un point de vue cosmopolitique* — le texte auquel s'en prend Herder — aborde l'évolution de l'humanité d'un point de vue téléologique et s'efforce de montrer : (a) que l'individu (l'homme empirique) ne peut atteindre la perfection que dans l'espèce (où s'accomplit l'homme comme sujet moral) ; (b) que le but (*telos*) de cette évolution, qui fait sortir l'homme de l'état de nature et le civilise progressivement, est la moralité comme parachèvement de la civilisation, l'établissement d'un État dans lequel le droit et la moralité ne seraient plus en conflit ; (c) que la question de l'État est considérée par Kant comme « le plus difficile problème » que l'homme ait à résoudre (*Idée d'une histoire universelle au point de vue cosmopolitique*, cinquième proposition). N'envisageant pas l'évolution du point de vue d'une morale prescriptive mais la reconstruisant au moyen du jugement réfléchissant, qui est l'organe théorique de la téléologie, Kant cherche dans l'évolution, telle qu'elle s'est

27. Cf. infra « L'idée d'éducation ».

effectivement produite jusqu'à maintenant, la confirmation du but moral de l'espèce (l'État idéal). Ce faisant, la téléologie, bien qu'elle ne doive en aucun cas être confondue avec une technique politique, se fixe bel et bien aussi pour but de montrer que l'évolution confirme les lois de la physique. Kant ne vise certes pas une « physique politique » (intention largement répandue à l'époque), mais, pour lui, il n'est pas concevable que les actions des hommes, dès lors qu'elles s'inscrivent dans le monde, n'obéissent pas aux mêmes lois que celles qui régissent l'ensemble de la réalité. On comprend qu'à terme, si le projet de la téléologie réussit, devrait pouvoir être ainsi établie la convergence entre la connaissance (dominée par le modèle physique) et la philosophie pratique (la Raison morale). C'est pourquoi, dans l'*Idée d'une histoire universelle au point de vue cosmopolitique*, l'évolution « naturelle » prend la forme d'un conflit de forces (socialisation/isolement) dont la résultante est la civilisation (cf. *Idée...*, quatrième proposition). L'État est conçu de la même façon (cf. *Idée...*, cinquième proposition), comme un équilibre de forces (contrainte/liberté). C'est à ce modèle physicien que s'oppose radicalement Herder lorsqu'il attaque tout à la fois la *Staatsmaschine*, l'« État-machine », et la conception kantienne de l'histoire.

L'incompatibilité de sa conception avec celle de Kant résulte d'*une conception radicalement différente de la téléologie* [28]. Là où Kant n'utilise cette dernière que parce que la connaissance empirique ne suffit pas et parce qu'il faut donc « interroger » les faits au moyen du jugement réfléchissant pour voir si de ce qui s'accomplit ou s'est accompli effectivement se dégage une cohérence qui confirme aussi bien la physique que la morale, Herder fonde la téléologie dans la nature : l'homme, par sa constitution physique elle-même, « est organisé pour la Raison ». Par là, il supprime la coupure que Kant maintient entre l'individu physique et l'homme moral (qui ne s'accomplit que dans l'espèce). Il en résulte que, pour lui, l'espèce n'est qu'une abstraction, et l'État un idéal vide de sens, auxquels il oppose la *nature*.

Cette conception, associée à celle selon laquelle chaque individu (et chaque époque ou civilisation individuelle) a sa propre valeur et atteint le maximum de perfection qui lui est possible, motive le refus de l'État comme *telos* du progrès de la civilisation. Ce « progrès » constitue bien plutôt pour Herder une perte irréversible des valeurs naturelles qui sont à la base de la valeur propre de chaque individualité.

28. Voir la section 1 de ce chapitre.

Le lien entre les deux extraits est leur commune critique de la prétendue nécessité de l'État. Pour Kant (*Idée...*, sixième proposition), l'homme est un animal qui a besoin d'un maître [29]. Il a besoin d'une « contrainte » (*Zwang*) pour discipliner et civiliser ce qui fait pourtant sa dignité : sa liberté. Cette contrainte s'incarne dans le détenteur du pouvoir. Or, ce dernier est lui aussi un homme, donc un animal qui a lui aussi besoin d'un maître. Ce cercle vicieux ne peut être dépassé avec quelque succès que si la constitution est républicaine et non despotique (cas de figure optimal), c'est-à-dire si le Prince est lui-même soumis à la loi qu'il doit appliquer en tant qu'exécutif — donc si l'exécutif est soumis au contrôle du législatif — ou si, du moins, le despote est éclairé. Comme en 1774 Herder montre ici (extrait du livre VIII) ce qu'il en est vraiment du prétendu despotisme éclairé : il conçoit l'ensemble de la société comme il conçoit l'armée ; les hommes peuvent bien, comme le disait Frédéric II, raisonner autant qu'ils veulent, pourvu qu'ils obéissent. Dans l'État comme dans l'armée, l'individu est réduit à n'être qu'un rouage d'une machine. Mais la critique de Herder ne vise pas telle ou telle façon particulière de gouverner ; elle vise le principe de l'État en tant que tel. Herder se refuse à distinguer entre un fou couronné et un sage couronné. Dans tous les cas, l'individu asservi à la marche du Tout est privé de ses qualités individuelles, de sa capacité même de penser — si indispensable à l'*Aufklärung* — et de sa *sensibilité*. L'État le dépouille de son essence : l'humanité. Loin de s'élever à l'humanité, l'homme qui a besoin d'un maître, dit Herder en renversant la proposition kantienne, perd sa qualité humaine et redevient un animal.

Herder met ainsi en cause l'épistémé du rationalisme. La conception physique de l'État remonte à Hobbes, pour qui l'État est un organisme comme tous les autres organismes naturels et doit donc pouvoir être analysé de la même façon par la science. C'est cette extension du paradigme scientifique de la physique à la culture et à la science politique que récuse Herder. L'État ainsi conçu est à ses yeux un artifice auquel il oppose les liens communautaires naturels que sont la famille, la parenté, l'amitié, l'amour.

Herder souscrit à l'idée kantienne selon laquelle tous les États sont des « produits de la nécessité », mais précisément pour cette raison il se refuse à faire de la nécessité une vertu et de l'État le but moral de l'espèce. Ceux qui raisonnent ainsi sont à ses yeux de « mauvais éducateurs » — mise en

29. Voir l'explication de cette proposition dans la section 1 du présent chapitre.

cause particulièrement violente des *Aufklärer* en général et de Kant en particulier. Mais, surtout, Herder essaie de démontrer que la téléologie kantienne faillit à sa propre exigence (ne pas prendre sa reconstruction de l'évolution pour un fait scientifique), puisqu'elle tire de la simple constatation de la nécessité de l'État un principe qu'elle étend de façon normative à toute sa conception de l'histoire ; alors qu'elle déclare interroger l'évolution à la lumière d'un principe *régulateur* (« fil conducteur *a priori* »), en l'occurrence la moralité et l'État parfait comme but de l'espèce, elle confond ce principe avec la réalité.

Idées pour la philosophie
de l'histoire de l'humanité (1783)

I

Il nous est encore moins compréhensible que l'homme puisse être fait en vue de l'État de telle sorte que l'organisation de ce dernier soit l'origine de sa première félicité véritable ; car combien de peuples sur la terre ignorent tout de l'État et néanmoins sont plus heureux que maint bienfaiteur crucifié de l'État... Dans les grands États, des centaines d'êtres humains sont obligés de souffrir de la faim, pour qu'un seul fasse bombance et ripaille ; des dizaines de milliers sont opprimés et poussés à la mort, afin qu'un seul fou ou un seul sage couronné exécute ses fantaisies. Finalement même, puisque, comme le disent tous les professeurs de science politique, tout État bien organisé doit nécessairement être une machine mue par la pensée d'un seul homme, quel surcroît de félicité pourrait accorder le fait de servir dans cette machine au titre d'un de ses rouages dépourvus de pensée ? Ou peut-être même, malgré sa propre conviction et à contrecœur, d'y passer sa vie attaché sur une roue d'Ixion qui ne laisse au triste condamné aucune consolation, si ce n'est peut-être d'étouffer la dernière activité de son âme libre et maîtresse d'elle-même comme on étouffe un enfant aimé et de trouver le bonheur dans une insensibilité de machine — ô, si nous sommes des êtres humains, remercions la Providence de ne pas avoir situé là le but de l'humanité. Des millions d'hommes sur le globe vivent sans État, et chacun de nous, même dans l'État le plus artificiel, n'est-il pas obligé quand il veut être heureux de commencer précisément là où commence le Sauvage, c'est-à-dire par obtenir et conserver lui-même de haute lutte sa santé et ses facultés, le bonheur de sa maison et de son cœur sans les attendre de l'État. Père et mère, enfant et frère, ami et être humain, ce sont là des rapports naturels qui nous rendent heureux ; ce que l'État peut nous donner, ce sont des instruments artificiels ; malheureusement, il peut nous dépouiller de quelque chose de plus essentiel : de nous-mêmes.

Elle a donc pensé avec bonté, la Providence, lorsque aux buts artificiels de grandes sociétés elle préféra la félicité plus facile d'individus et, autant qu'il a été en son pouvoir, fit faire aux diverses époques l'économie de ces coûteuses machines politiques. De façon merveilleuse, elle a séparé les peuples non pas seulement par des forêts et des montagnes, des mers et des déserts, des fleuves et des climats, mais en particulier aussi par des idiomes, des penchants et des caractères, uniquement afin de rendre la tâche difficile au despotisme qui étend son joug et de ne pas fourrer tous les continents dans le ventre d'un cheval de bois. Aucun Nemrod n'a réussi jusqu'ici à concentrer dans un même enclos, à son profit et à celui de sa famille, les habitants de l'univers et si depuis des siècles le but de l'Europe alliée était d'être le tyran qui impose son bonheur à toutes les nations de la terre, cette déesse du bonheur est encore loin de son but. Elle eût été faible et puérile, la Mère créatrice qui aurait fondé la seule véritable destination de ses enfants — êtres heureux — sur les rouages artificiels de quelques tard venus et aurait attendu de leurs mains le but de la création terrestre. Ô hommes de tous les continents, disparus depuis des éternités, vous auriez donc vécu et engraissé la terre de votre cendre simplement pour qu'à la fin des temps vos descendants trouvent leur bonheur dans la civilisation européenne ; que manque-t-il à une orgueilleuse pensée de ce genre pour être qualifiée de lèse-majesté envers la Nature ?

II

Voici un principe qui pourrait facilement mais mal servir à la philosophie de l'histoire humaine : « l'homme est un animal qui a besoin d'un maître et attend de ce maître ou d'un groupe de maîtres le bonheur de sa destination finale ». Renversez cette proposition : l'homme qui a besoin d'un maître est une bête ; dès qu'il devient homme, il n'a plus besoin d'un maître à proprement parler. La Nature en effet n'a pas assigné de maître à notre espèce ; seuls, des vices et des passions bestiales nous en donnent le besoin. La femme a besoin d'un mari et le mari de la femme ; l'enfant qui n'est pas élevé a besoin de parents qui l'élèvent, le malade du médecin, les parties adverses d'un arbitre, la masse d'un chef : ce sont là des rapports naturels impliqués dans la notion même de la chose. La notion d'être humain n'inclut pas celle d'un despote qui lui soit nécessaire et qui serait lui aussi un homme ; il faut commencer par s'imaginer l'homme faible, mineur, sauvage, abominable pour qu'il ait besoin d'un protecteur, d'un tuteur, d'un dompteur, d'un ange vengeur. Tous les gouvernements humains sont donc nés uniquement de la détresse et n'existent qu'à cause de cette détresse qui dure. De même que seul un mauvais père élève son enfant de telle façon que, toute sa vie en état de minorité, il ait toute sa vie besoin d'un éducateur ; de même que seul un mauvais médecin nourrit la maladie pour être indispensable au malheureux jusqu'au tombeau ; de même, que l'on applique cela aux éducateurs du genre humain, aux pères de la patrie et à leurs élèves...

Ideen zur Philosophie der Geschichte der Menschheit, in *Sämtliche Werke*, éd. par B. Suphan, Weidemann, Berlin, 1877-1913 ; rééd. G. Olms, Hildesheim/New York, 1968-1969,

tome XIII, p. 340-341 (livre VIII) et p. 383-384 (livre IX) ;
trad. fr. : *Idées pour la philosophie de l'histoire de l'humanité*,
choix de textes, introduction, traduction, notes par
M. Rouché, Aubier, Paris, 1962, p. 145-147 et p. 157-159.

*
* *

KANT
Réforme ou révolution ?
L'appel au Prince (1784)

Un homme peut, certes pour sa personne, et même
alors pour quelque temps seulement, ajourner les
Lumières quant à ce qui lui incombe de savoir ; mais
y renoncer, que ce soit pour sa personne, mais plus
encore pour les descendants, c'est attenter aux droits
sacrés de l'humanité et les fouler aux pieds. Mais ce
que même un peuple n'est pas autorisé à décider pour
lui-même, un monarque est encore bien moins autorisé à le décider pour un peuple ; car son statut de
législateur repose sur ceci qu'il réunit toute la volonté
du peuple dans la sienne. Pourvu qu'il ait seulement
en vue que toute amélioration vraie ou supposée soit
compatible avec l'ordre civil, il ne peut au demeurant
que laisser ses sujets faire eux-mêmes ce qu'ils estiment nécessaire au salut de leur âme ; cela n'est aucunement son affaire, qui est bien plutôt de prévenir
qu'un individu n'empêche, de tout son pouvoir et par
la violence, les autres de travailler à définir et à
accomplir leur salut. Il porte même préjudice à sa
majesté s'il s'en mêle, en faisant les honneurs d'une
surveillance gouvernementale aux écrits par lesquels
ses sujets tentent de clarifier leurs vues, qu'il le fasse à
partir de sa propre vue élevée des choses, ce en quoi il
s'expose au reproche : *Caesar non est supra gramma-
ticos,* ou, pis encore, qu'il abaisse son pouvoir suprême
à soutenir dans son État le despotisme spirituel de
quelques tyrans contre le reste de ses sujets.

Si on pose à présent la question : vivons-nous maintenant à une époque *éclairée* ? la réponse est : non,

mais bien à une époque de progrès des *Lumières*. Il s'en faut encore de beaucoup que les hommes dans leur ensemble, en l'état actuel des choses, soient déjà, ou puissent seulement être mis en mesure de se servir dans les choses de la religion de leur entendement avec assurance et justesse sans la conduite d'un autre. Cependant nous avons des indices évidents qu'ils ont le champ libre pour travailler dans cette direction et que les obstacles à la généralisation des Lumières, ou à la sortie de cet état de tutelle dont ils sont eux-mêmes responsables se font de moins en moins nombreux. À cet égard, cette époque est l'époque des Lumières, ou le siècle de *Frédéric*.

Un prince qui ne trouve pas indigne de lui de dire qu'il tient pour un *devoir* de ne rien prescrire aux hommes dans les choses de la religion, mais de leur laisser entière liberté en la matière, un prince qui va jusqu'à récuser le nom hautain de tolérance, est lui-même éclairé et mérite d'être glorifié par le monde contemporain et la postérité reconnaissants comme celui qui le premier a délivré le genre humain de l'état de tutelle, du moins pour ce qui est du gouvernement, et laissé chacun libre de se servir de sa propre raison pour toutes les questions de conscience. Sous son règne, il est permis à de vénérables ecclésiastiques, sans préjudice des devoirs de leurs fonctions, de soumettre librement et publiquement à l'examen du monde, en leur qualité de savants, des jugements et des réflexions s'écartant ici ou là du symbole admis ; mais plus encore à tous les autres qui ne sont pas limités par les obligations de leurs fonctions. Cet esprit de liberté s'étend même au-dehors, même là où il doit lutter contre les obstacles extérieurs d'un gouvernement qui se méprend sur son propre compte. Qu'il ne soit nullement besoin de veiller à la paix et à l'unité de la communauté lorsque règne la liberté sert en effet d'exemple à ce gouvernement. Ces hommes travaillent d'eux-mêmes à sortir peu à peu de leur grossièreté dès lors qu'on ne s'ingénie pas à les y maintenir.

J'ai placé le point essentiel des Lumières, la sortie des hommes hors de l'état de tutelle dont ils sont eux-mêmes responsables, surtout dans les *choses de la religion,* parce que, au regard des arts et des sciences, nos souverains n'ont pas intérêt à exercer leur tutelle sur leurs sujets ; au reste, cet état de tutelle est, en même temps que le plus préjudiciable, le plus déshonorant de tous. Mais la manière de penser d'un chef d'État qui favorise les Lumières va encore plus loin et discerne que même au regard de sa *législation,* il est sans danger d'autoriser ses sujets à faire *publiquement* usage de leur propre raison et à exposer publiquement au monde leurs idées sur une meilleure rédaction de ladite législation, même si elles sont assorties d'une franche critique de celle qui est en vigueur ; nous en avons un exemple éclatant par lequel aucun monarque n'a encore devancé celui que nous vénérons.

Mais seul celui qui, lui-même éclairé, n'est pas sujet à des peurs chimériques et qui a en même temps à sa disposition une armée nombreuse et bien disciplinée pour maintenir l'ordre public, peut dire ce qu'un État libre ne peut oser dire : *raisonnez autant que vous voulez et sur ce que vous voulez ; mais obéissez !* Ainsi les choses humaines prennent ici un cours déconcertant et inattendu ; et d'ailleurs, si on observe les choses dans les grands traits, tout y est paradoxal. Un degré supérieur de liberté civile semble bénéfique à la liberté de l'*esprit* du peuple et lui impose cependant des bornes infranchissables ; un moindre degré de liberté civile ménage en revanche l'espace où il s'épanouira autant qu'il est en son pouvoir. Quand la nature a fait sortir de la dure enveloppe le germe dont elle prend soin le plus tendrement, c'est-à-dire le penchant et la vocation à la libre *pensée,* ce penchant a progressivement des répercussions sur l'état d'esprit du peuple (ce qui le rend peu à peu plus apte à *agir librement*) et finalement même sur les principes du *gouvernement,* lequel trouve profitable pour lui-même de traiter l'être humain, qui est désormais *plus qu'une machine,* conformément à sa dignité.

« *Beantwortung der Frage : Was ist Aufklärung ?* », in *Werke*, éd. par W. Weischedel, Insel, Frankfurt/Main, 1964, tome VI, p. 58-61 ; trad. fr. : « Qu'est-ce que les Lumières ? », in Kant, *Vers la paix perpétuelle, Que signifie s'orienter dans la pensée ?, Qu'est-ce que les Lumières ? et autres textes*, introduction, notes, bibliographie et chronologie par Françoise Proust, traduction par Jean-François Poirier et Françoise Proust, Flammarion, Paris, 1991, p. 49-51 (traduction modifiée).

*

Dans les trois derniers alinéas de l'essai *Qu'est-ce que les Lumières ?* [30] Kant tire une sorte de bilan de l'*Aufklärung* en Prusse et loue le despote éclairé Frédéric II d'accorder à ses sujets la liberté de penser indispensable à un progrès pacifique des Lumières [31]. Sous Frédéric-Guillaume II, qui accède au trône en 1787, l'édit de censure du ministre Woellner (1788) mettra fin à cette liberté, et Kant lui-même en sera victime après la publication de la première partie de *La Religion dans les limites de la simple raison*. Nous avons vu, notamment à propos de la religion, quelles étaient les raisons pragmatiques qui fondaient la tolérance de principe de Frédéric II [32]. Bien évidemment, Kant n'est pas dupe. Du reste, il substitue à l'appellation « despotisme éclairé » celle d'« époque du progrès des Lumières », qui souligne à nouveau la conception dynamique de la publicité et des rapports entre l'ordre établi et le but à atteindre.

La redéfinition kantienne des rapports privé-public (que nous avons commentée au chapitre I) vise un équilibre entre le maintien d'un ordre de droit sans lequel les hommes régresseraient à l'état de nature — un état d'anarchie plus grave encore que le despotisme — et la dynamique des Lumières. De cet équilibre, qui doit résoudre l'interrogation sur le bon usage des Lumières et répondre aux craintes concernant leurs abus, et de la catégorie même de publicité, qui implique que l'*Aufklärung* est collective et suppose l'existence d'une communauté, résulte que l'État est le nœud du problème. L'anéantir, anéantir le droit, serait la

30. Sur le plan de l'essai, cf. supra les commentaires des premiers paragraphes au chapitre I.
31. Cf. le paragraphe 5 : « Mais pour ces Lumières il n'est rien requis d'autre que la liberté ; et la plus inoffensive parmi tout ce qu'on nomme liberté, à savoir celle de faire un usage public de sa raison sous tous les rapports. »
32. Voir chapitre III.

pire des régressions. Éclairer le peuple suppose un gouvernement qui s'éclaire et s'améliore. D'où l'appel au despote éclairé. Un public, disait le quatrième paragraphe, « ne peut accéder que lentement aux Lumières. Par une révolution on peut bien obtenir la chute d'un despotisme personnel [...] mais jamais une vraie réforme du mode de penser ». Une révolution remplacera un tyran *ex defectu tituli* ou *ex parte exercitii* [33] par un autre sans toucher le fond du problème : comment faire en sorte que l'abolition d'un ordre légal, qui vaut toujours mieux que l'état de nature, instaure une légitimité d'une tout autre qualité, un ordre qui ne serait pas le remplacement d'une tutelle par une autre mais préparerait et permettrait la disparition de toute tutelle ? C'est là que la redéfinition des rapports privé-public et de l'idée luthérienne du *Beruf*, de la tâche ou profession qui est celle de chaque individu, produit des effets décisifs. Kant prend au mot Frédéric II, qui se présentait lui-même comme « le premier serviteur de l'État », comme un « fonctionnaire ». La question cruciale est posée : de qui tient-il sa mission, son *Beruf*, devant qui est-il responsable ? La modernisation du despotisme accomplie par Frédéric II mettait entre parenthèses le droit divin ; il en résultait potentiellement une alternative : ou bien le souverain est responsable devant le peuple, ou bien il est responsable — solution que préfère Frédéric — devant sa conscience. Kant prend acte de la sécularisation qu'exprime cette modernisation et traduit : devant la loi morale. On sait que pour Kant la souveraineté n'est autre que la volonté générale [34]. Dans la version kantienne, il ne saurait s'agir de la volonté de la masse mais d'une volonté universelle, ou universalisable, car conforme au fondement du droit sur la morale. La conclusion est évidente : le despote éclairé sera responsable devant la *publicité* qui est le milieu dans lequel progresse la conformation du droit positif à la morale. C'est à cette aune qu'est mesuré le despotisme éclairé de Frédéric II. Kant le prend au mot mais il ne faut pas se leurrer, cet éloge est autant une mise en demeure qu'un *satisfecit*. Frédéric II sera loué non point pour avoir permis, comme le dit de façon désabusée Lessing dans une lettre à Nicolai du 20 août 1769 sur « la liberté berlinoise de penser et d'écrire », « de mettre sur le marché autant de sottises que l'on veut » en matière de religion, mais en fonction de la possibilité qu'il aura donnée aux

    33. Voir infra notre introduction à la section sur « La Révolution ».

    34. Cf. supra la section sur le « droit naturel » et infra les sections « République et citoyenneté » et « La Révolution ».

Lumières de surmonter cette désorientation et de refonder un consensus à la fois politique et plus profond. Kant fait donc mine de prendre pour argent comptant l'invocation par Frédéric de sa conscience et de son « devoir » ; il loue cette conception qui « récuse le nom hautain de tolérance », à savoir une tolérance condescendante et simplement concédée, au profit d'une tolérance fondée sur le seul impératif moral de la liberté de conscience.

La liberté d'opinion en matière religieuse est évidemment au cœur du débat. Elle représente, comme le dit expressément Kant au début du neuvième alinéa, le blocage le plus fort et, d'une certaine façon, celui dont dépendent tous les autres. Car, implicitement, c'est le fondement religieux du pouvoir politique qui est également en cause. Lorsque le souverain renonce à ce fondement la situation devient plus claire : il se rend compte lui-même qu'il n'est nullement dans son intérêt de brider les sciences et les arts qui deviennent au contraire par leur rayonnement un aspect représentatif essentiel de sa légitimité. Une fois accomplie cette séparation de la religion et de l'État, la religion tombe — sans jeu de mots — dans le domaine public ; elle devient l'affaire du public, au sens kantien et non plus au sens de la publicité représentative du monarque féodal [35]. Si Kant, comme il le dit dans sa « Préface » à la deuxième édition de la *Critique de la raison pure*, « limite le savoir pour faire place à la foi », c'est-à-dire s'il rejette la prétention du rationalisme à connaître les vérités religieuses et à les démontrer rationnellement, nous savons que la foi « dans les limites de la simple raison » devient dès lors du ressort de la raison morale. Elle devient une affaire de conscience et non plus de dogme. La distinction entre privé et public correspond ainsi à l'opposition entre l'Église visible et à l'Église invisible [36]. La religion n'est plus qu'un cas particulier parmi « toutes les questions de conscience ».

Une certaine ironie et un goût déclaré du paradoxe ne sont pas absents du dernier alinéa. Hamann ne les a pas du tout compris [37]. L'armée prussienne — « le soldat, premier serviteur de l'État en livrée de héros », ironisait déjà Herder dans *Une autre philosophie de l'histoire* — est la garante de la paix et de l'ordre sans lesquels le progrès serait impossible. Mais, tout autant que Herder, Kant refuse un État dans

35. Voir sur ce point les brillantes analyses de J. Habermas, *L'Espace public, op. cit.*, p. 19.

36. Cf. au chapitre III l'extrait de *La Religion dans les limites de la simple raison.*

37. Cf. au chapitre I.

lequel les hommes ne sont plus que des machines [38]. Cette
conception est conforme à la définition apparemment paradoxale qu'il donne la même année de la meilleure constitution civile dans la cinquième proposition de son *Idée d'une
histoire universelle d'un point de vue cosmopolitique* : elle repose
sur l'équilibre entre la plus grande liberté possible, d'une
part, et, d'autre part, non le minimum, mais le *maximum de
contrainte* [39]. La métaphore bien connue qui résume ce paradoxe est celle des arbres qui, abandonnés à eux-mêmes,
poussent de façon désordonnée alors qu'ils croissent beaux
et droits dans une futaie où chacun voit son espace limité
par ses voisins. En invoquant le soin dont la nature entoure
l'épanouissement des aptitudes qu'elle a fait germer, Kant
renvoie d'ailleurs tout à fait explicitement à cette conception
téléologique. Sans doute est-ce ce réalisme téléologique qui
a tant choqué et Hamann et Herder.

38. Cf. le texte précédent.
39. Cf. supra dans la section « La téléologie et l'idée de progrès ».

4. L'IDÉE D'ÉDUCATION

Jusque dans la période tardive des Lumières, la problématique de l'éducation reste indissociable de la religion et de l'idée d'un plan divin [1]. En tant que rapport entre le divin immuable et l'humanité en devenir, l'idée d'éducation permet cependant à la raison de concevoir l'évolution historique de l'humanité. La problématique de l'éducation ne se contente donc pas de refléter les rapports de la Révélation et de la Raison, mais se révèle être véritablement le *moteur* de la sécularisation [2]. Dans *L'Éducation du genre humain*, Lessing accomplit une véritable révolution théologique : la tradition chrétienne affirmait avec saint Augustin que l'éternité est incomparable avec le temps ; or, dès les premiers paragraphes, Lessing fonde une philosophie de l'histoire sur une telle comparaison, mettant en parallèle la Révélation et l'éducation et concevant à tel point l'une par l'autre que la Révélation n'est plus que l'anticipation d'un avenir humain. Quant à ce dignitaire de l'Église protestante qu'était Herder, il déclare dans la vingt-septième *Lettre pour l'avancement de l'humanité* : « Ce que nous possédons de divin est que nous nous formons à l'humanité. »

L'enjeu brûlant que représente l'éducation se traduit par la rapidité avec laquelle l'*Émile* de Rousseau fut traduit ; deux éditions allemandes parurent dès 1762, l'une à Francfort, l'autre à Leipzig, et suscitèrent des réactions passion-

1. Voir notamment à la fin du chapitre III (« Religion et raison ») *L'Éducation du genre humain* de Lessing ; ce texte peut évidemment être intégré à la présente section.
2. Pour une approche générale, voir Paul Hazard, *La Pensée européenne au XVIIIᵉ siècle*, Boivin, 1946, tome I, et mon article « L'idée d'éducation dans les Lumières allemandes », in *Archives de philosophie*, tome 42, cahier 3, juill.-sept. 1979, p. 421-437.

nées, à cause d'abord de la « Profession de foi du vicaire
savoyard ». Ce fut, avec la Révolution française, le seul événement qui affecta la promenade quotidienne de Kant !
Tout aussi importante, et antérieure à celle de Rousseau, est
l'influence des *Pensées sur l'éducation* (1693) de Locke, dont
s'inspire notamment Basedow dans son *Methodus erudiendae
juventutis naturalis* de 1752 [3].

Pour le XVIIIe siècle l'éducation, néanmoins, n'est pas seulement affaire de pédagogie ; ce n'est pas seulement l'individu
physique que l'on éduque mais l'homme. Il s'agit de former
l'homme naturel de telle sorte que l'espèce morale et l'espèce
physique ne se contredisent plus. L'idée d'éducation est donc
par excellence le vecteur du progrès et la sphère d'application
tant de la conception leibnizienne de la perfectibilité que, plus
tard, de la conception kantienne du progrès vers la moralité.
Elle assure chez Kant la médiation entre la *Kultur* — la civilisation et la socialisation des individus physiques — et la morale.

L'éducation fonde la foi dans un plan d'ensemble de
l'évolution humaine, d'un progrès général vers le bien, ou le
mieux (Kant). Rares sont les penseurs qui refusent cette
extension de l'idée d'éducation à l'échelle de l'histoire tout
entière, comme le font, pour des raisons très différentes,
Hamann ou Mendelssohn. Ces raisons sont religieuses chez
Hamann, qui ne croit finalement qu'à la liberté intérieure de
l'individu [4], alors qu'elles tiennent chez Mendelssohn à la
distinction entre les progrès individuels — tant des individus
que des cultures — et le progrès d'ensemble ; les *kleine
Schwingungen,* les « petites oscillations » de l'histoire
humaine dont il parle dans son *Jérusalem,* excluent une
ascension générale vers le mieux des civilisations successives [5]. Or, comme Kant l'a montré dans la troisième section
de son traité *Sur l'expression courante : il se peut que ce soit juste
en théorie, mais en pratique cela ne vaut rien* (1793), ce relativisme historiste tient à une certaine conception de l'articulation entre théorie et pratique — une conception, comme
nous l'avons montré au chapitre I, qui repose sur une acception exclusivement spéculative de la théorie.

L'éducation est en effet par excellence le moyen d'articuler théorie et pratique. D'emblée le problème de l'éducation est conçu comme un enjeu politique. Karl Friedrich
von Moser, par exemple, dont les *Patriotische Briefe* (*Lettres*

---

3. En ce qui concerne l'influence de Locke sur Basedow (et sur
Rousseau), voir A. Pinloche, *La Réforme de l'éducation en Allemagne
au XVIIIe siècle*, Colin, 1889, p. 282 sq.
4. Voir la polémique contre Kant au chapitre I.
5. Sur Mendelssohn, voir au chapitre I.

patriotiques, 1767) portent l'empreinte du *Contrat social,* conçoit l'éducation, dans *Von dem deutschen Nationalgeist* (*De l'esprit national allemand,* 1765), comme un moyen de développer le sens politique et le patriotisme des citoyens [6]. Dans ses *Conférences sur l'éducation,* dont on trouvera ci-dessous un extrait, Kant déclare : « L'éducation des hommes dans le cadre total de l'espèce [...] est l'effort pour atteindre une constitution civile reposant sur le principe de la liberté [7]. » La transformation de l'idée d'éducation dans les dernières décennies du siècle se fera pour cette raison sous le coup des démêlés de l'évolution progressive avec une actualité historique mouvementée ; c'est la confrontation aux événements révolutionnaires qui engendre chez Schiller le nouveau concept d'éducation esthétique [8].

KANT
Le projet moral de l'éducation

L'homme est la seule créature qui doive être éduquée. Par éducation on entend, en effet, les soins (l'alimentation, l'entretien), la discipline, et l'instruction avec la formation < *Bildung* >. Sous ce triple rapport l'homme est nourrisson — élève — et écolier.

Dès qu'ils les possèdent quelque peu, les animaux usent de leurs forces régulièrement, c'est-à-dire de telle sorte qu'elles ne leur soient pas nuisibles. Il est, en effet, bien curieux de voir comment, par exemple, les jeunes hirondelles, à peine sorties de l'œuf et encore aveugles, n'en savent pas moins s'arranger de manière à faire tomber leurs excréments en dehors du nid. Les animaux n'ont donc pas besoin de soins ; tout au plus leur faut-il la pâture, la chaleur, être guidés, ou une certaine protection. La plupart des animaux ont besoin d'être nourris certes ; ils n'ont pas besoin de soins. On entend par *soins* les précautions que prennent les parents pour éviter que les enfants ne fassent un usage nuisible de

6. Sur Moser, voir nos commentaires sur le texte de Kant dans la section 5 « République et citoyenneté » du chapitre IV.

7. *Akademie-Ausgabe,* tome VII, p. 327.

8. Le texte des *Lettres sur l'éducation esthétique de l'humanité* qu'on trouvera plus loin dans la section sur « Les théories de l'État après la Révolution française » peut donc également enrichir cette section.

leurs forces. Par exemple, si un animal devait en venant au monde crier comme le font les enfants, il deviendrait infailliblement la proie des loups et des autres bêtes sauvages, attirées par son cri. [...]

La discipline transforme l'animalité en humanité. Par son instinct un animal est déjà tout ce qu'il peut être ; une raison étrangère a déjà pris soin de tout pour lui. Mais l'homme doit user de sa propre raison. Il n'a point d'instinct et doit se fixer lui-même le plan de sa conduite. Or, puisqu'il n'est pas immédiatement capable de le faire, mais au contraire vient au monde pour ainsi dire à l'état brut, il faut que d'autres le fassent pour lui.

L'espèce humaine doit, peu à peu, par son propre effort, tirer d'elle-même toutes les qualités naturelles de l'humanité. [...]

L'état sauvage est l'indépendance envers les lois. La discipline soumet l'homme aux lois de l'humanité et commence à lui faire sentir la contrainte des lois. Mais cela doit avoir lieu de bonne heure. C'est ainsi par exemple que l'on envoie tout d'abord les enfants à l'école non dans l'intention qu'ils y apprennent quelque chose, mais afin qu'ils s'habituent à demeurer tranquillement assis et à observer ponctuellement ce qu'on leur ordonne, en sorte que par la suite ils puissent ne pas mettre réellement et sur-le-champ leurs idées à exécution.

Cependant l'homme, par nature, a un si grand penchant pour la liberté, que, s'il commence par s'habituer à elle quelque temps, il lui sacrifie tout. C'est pourquoi, comme on l'a dit, il faut avoir très tôt recours à la discipline, car s'il n'en est pas ainsi, il est par la suite très difficile de transformer l'homme. Il suivra alors tous ses caprices. En considérant les nations non civilisées on voit bien, si longtemps qu'elles restent au service des Européens, qu'elles ne peuvent s'habituer à leur manière de vivre. Ce n'est point chez elles, comme Rousseau et d'autres le veulent, un noble penchant à la liberté ; ce n'est qu'une certaine rudesse *(Rohigkeit)*, puisque ici, d'une certaine manière, l'animal n'a pas encore développé en soi l'humanité. Aussi bien l'homme doit-il de bonne heure être habitué à se soumettre aux prescriptions de la raison. Si en sa jeunesse on laisse l'homme n'en faire qu'à sa volonté et que rien ne lui est opposé, il conserve durant sa vie entière une certaine sauvagerie. Et il ne sert en rien à certains d'être en leur jeunesse protégés par une excessive tendresse maternelle, car plus tard ils n'en rencontreront que plus de résistances et ils subiront des échecs dès qu'ils s'engageront dans les affaires du monde. C'est une faute habituelle dans l'éducation des grands que de ne jamais leur opposer dans leur jeunesse une véritable résistance, parce qu'ils sont destinés à régner. Chez l'homme, en raison de son penchant pour la liberté, il est nécessaire de polir sa rudesse ; en revanche chez l'animal cela n'est pas nécessaire en raison de l'instinct. [...]

L'homme ne peut devenir homme que par l'éducation. Il n'est que ce que l'éducation fait de lui. Il faut bien remarquer que l'homme n'est éduqué que par des hommes et par des hommes qui ont également été éduqués. C'est pourquoi le manque de discipline et d'instruction que l'on remarque chez quelques hommes fait de ceux-ci de mauvais éducateurs pour leurs élèves. Si seulement un être d'une nature supérieure se chargeait de notre éducation, on verrait alors ce que l'on peut faire de l'homme. Mais comme l'éducation d'une part ne fait qu'apprendre certaines choses aux hommes et d'autre part ne fait que développer en eux certaines qualités, il est impossible de savoir jusqu'où vont les dispositions naturelles de l'homme. Si du moins avec l'appui des grands de ce monde et en réunissant les forces de beaucoup d'hommes on faisait une expérience, cela nous donnerait déjà beaucoup de lumières pour savoir jusqu'où il est possible que l'homme s'avance. [...]

C'est un noble idéal que le projet d'une théorie de l'éducation et quand bien même nous ne serions pas en état de le réaliser, il ne saurait être nuisible. On ne doit pas en tenir l'Idée pour chimérique et la rejeter comme un beau rêve, même si des obstacles s'opposent à sa réalisation.

Une Idée n'est rien d'autre que le concept d'une perfection, qui ne s'est pas encore rencontrée dans l'expérience. Par exemple l'Idée d'une République parfaite, gouvernée d'après les règles de la justice ! Est-elle pour cela impossible ? Il suffit d'abord que notre Idée soit correcte pour qu'ensuite elle ne soit pas du tout impossible, en dépit de tous les obstacles qui s'opposent encore à sa réalisation. Si par exemple tout le monde mentait, la franchise serait pour cela une simple chimère ? Et l'Idée d'une éducation qui développe toutes les dispositions naturelles en l'homme est certes véridique.

Dans l'éducation actuelle, l'homme n'atteint pas entièrement le but de son existence. Que les hommes vivent différemment, en effet ! Il ne peut y avoir d'uniformité entre eux que s'ils agissent seulement d'après des principes identiques et que ces principes deviennent pour eux une autre nature. Mais nous pouvons travailler au plan d'une éducation conforme au but de l'homme et léguer à la postérité des instructions qu'elle pourra réaliser peu à peu. [...]

Voici un principe de l'art de l'éducation que particulièrement les hommes qui font des plans d'éducation devraient avoir sous les yeux : on ne doit pas seulement éduquer des enfants d'après l'état présent de l'espèce humaine, mais d'après son état futur possible et meilleur, c'est-à-dire conformément à l'Idée de l'humanité et à sa destination totale.

« *Über Pädagogik* », in *Werke*, éd. par W. Weischedel, Insel, Wiesbaden, 1964, tome VI, p. 697-704 ; trad. fr. : *Réflexions sur l'éducation*, traduction, introduction et notes par Alexis Philonenko, Vrin, Paris, 1974, p. 70-80 (traduction modifiée).

★

La problématique de l'éducation est chez Kant inséparable de la philosophie de l'histoire et se formule du reste de façon analogue, dans les termes d'une philosophie pratique guidée d'un côté par une Idée de la raison et étayée de l'autre sur la téléologie. D'où les parentés manifestes entre Kant et Herder au début de notre extrait. Dans ses *Idées* (première partie, livre IV), Herder avait distingué de même l'homme des autres animaux par la nécessité d'apprendre ; l'homme doit apprendre des comportements alors que l'instinct dicte ceux des animaux. C'est par là que l'homme, chez Herder, s'élève au-dessus de la nature selon une évolution voulue par la nature. Bien évidemment ces parentés ne doivent pas masquer le fait que, dans le domaine de l'éducation comme dans celui de l'histoire en général, la téléologie a un statut foncièrement différent chez Herder et chez Kant [9]. Alors qu'elle fonde chez Herder la philosophie de l'histoire, elle n'intervient chez Kant que comme garantie *a posteriori*. La démarche de notre extrait reflète ce statut.

Ce statut différent explique aussi qu'il ne puisse y avoir chez Kant de continuité « naturelle » de l'anthropologie à la morale, mais qu'un maillon intermédiaire soit nécessaire : celui des « tuteurs » et des éducateurs qui doivent évidemment être des *Aufklärer*. On sait que Herder, toujours dans les *Idées*, a violemment protesté contre la « méchanceté » de la proposition VI d'*Idée pour une histoire universelle d'un point de vue cosmopolitique,* selon laquelle « l'homme est un animal qui, lorsqu'il vit parmi ses semblables, a besoin d'un maître ». Ce maillon intermédiaire, qu'incarne le tuteur ou le maître, est celui du droit. Il faut que les hommes vivent dans un état réglé par le droit pour que les conditions extérieures de paix (si précaire soit-elle) rendent envisageable le passage à la moralité. On retrouve dans la pédagogie proprement dite les mêmes étapes : la discipline inculque la contrainte de lois et jette les bases sur lesquelles devient possible une éducation au monde à venir de la moralité, une éducation guidée par un idéal ou une Idée. « L'homme doit être habitué très tôt à se soumettre aux prescriptions de la Raison. » C'est grâce à cette discipline qui le civilise que l'homme devient un être raisonnable capable d'user de la liberté qui lui a été donnée à sa naissance et qui se confondait jusqu'alors avec l'affirmation de ses penchants. Car Kant, à la différence de Rousseau, admet bien un « penchant à la liberté » mais certes pas un « noble penchant ».

L'écrit sur l'éducation articule ainsi l'anthropologie et la morale de la même manière que le font les écrits historiques. La morale est prospective, l'anthropologie repose sur la téléologie et le jugement réfléchissant. Elle sert, *a posteriori*, à garantir que l'Idée morale qui guide le projet éducatif n'est pas

9. Cf. supra la section sur « La téléologie et l'idée de progrès ».

une pure chimère. Elle permet en même temps d'identifier
Raison et Humanité. Il y a en effet deux formes de l'éducation
à un comportement raisonnable : on peut la concevoir de
façon autoritaire ou dogmatique et vouloir inculquer à
l'homme des prescriptions formelles, catégoriques, de la Raison ; on peut aussi tabler sur l'autoritarisme plus rusé de la
nature qui contraint l'homme, qu'il le veuille ou non, à se
soumettre à des lois « raisonnables » — c'est l'approche téléologique, qui montre comment l'homme, *nolens volens,* sort de
l'état de nature, de la sauvagerie, de l'animalité et devient
homme. L'Idée de la Raison, quoiqu'elle ne soit pas un
concept et ne puisse s'appuyer sur l'expérience d'une réalité,
cesse alors d'être chimérique ; elle est garantie par l'histoire
réelle de l'espèce. L'éducation au devoir-être peut s'appuyer
sur la discipline de l'adaptation à l'être.

Quant à l'éducateur, loin d'être un tuteur dogmatique ou
simplement un maître politique, il doit, pour assumer cor-
rectement et complètement à la fois sa mission « technique »
— la discipline — et sa mission morale, être guidé par cette
Idée de la Raison et s'orienter d'après les maximes de la
raison morale. Sa fonction tient sa légitimité du fait que tous
les hommes ne sont pas éclairés et doivent être « habitués
aux prescriptions de la Raison ».

*
* *

GOETHE
Les Années d'apprentissage de Wilhelm Meister

« Pour te le dire d'un mot : me former, tel que je
suis en moi-même, a été obscurément mon désir et
mon intention depuis ma jeunesse. Je nourris encore
ces dispositions d'esprit avec cette différence que les
moyens qui me le rendront possible sont un peu plus
distincts. J'ai vu du monde plus que tu ne le crois et
l'ai mieux utilisé que tu ne le penses. C'est pourquoi
prête quelque attention à ce que je te dis, même si
cela ne devait pas être complètement selon ton esprit.

« Si j'étais un noble, notre querelle serait bientôt
terminée, mais comme je ne suis qu'un bourgeois, je
dois prendre ma voie propre, et je souhaite que tu
puisses me comprendre. Je ne sais ce qu'il en est dans les

pays étrangers, mais en Allemagne, c'est au noble seulement qu'une certaine culture générale et, si je puis dire, personnelle est possible. Un bourgeois peut acquérir du mérite et à l'extrême limite développer son esprit, mais sa personnalité est perdue, qu'il s'y prenne comme il voudra. Comme c'est un devoir pour le noble fréquentant les personnes les plus distinguées, de se conférer à lui-même une distinction bienséante, cette distinction — aucune porte ni petite ni grande ne lui étant fermée — devient une distinction spontanée. [...]

« Si, dans la vie courante, le noble ne connaît pas du tout de limites, si l'on peut faire à partir de lui des rois ou des figures royales, il peut partout se présenter devant ses semblables avec la conscience paisible de ce qu'il est, il peut partout se pousser en avant, alors que rien ne convient mieux au bourgeois que le sentiment précis et muet de la limite qui lui est tracée. Il ne doit pas demander : qu'es-tu ? mais seulement : qu'as-tu ? quel jugement, quelles connaissances, quelles capacités, quelle fortune ? Alors que le noble donne tout par la présentation de sa personne, le bourgeois ne donne rien et ne doit rien donner par sa personnalité. Celui-là peut et doit paraître, celui-ci ne doit qu'être, et ce qu'il veut paraître est ridicule et insipide. Celui-là doit faire et agir, celui-ci doit réaliser et créer ; il doit développer ses diverses facultés pour être utilisable, et il est entendu auparavant qu'il n'existe dans sa nature aucune harmonie et qu'il ne peut pas en exister parce que, pour se rendre utilisable d'une manière, il lui faut négliger tout le reste. Ce n'est pas la prétention des nobles ni l'indulgence des bourgeois qui est responsable de cette différence, mais la constitution de la société elle-même ; si un jour quelque chose changera, et ce qui changera, me soucie peu ; qu'importe : telles que sont actuellement les choses, j'ai à penser à moi-même et à la façon dont je me sauverai moi-même et atteindrai ce qui est pour moi un besoin inéluctable.

« Or j'ai justement une inclination irrésistible pour ce développement harmonieux de ma nature que ma naissance me refuse ; depuis que je t'ai quitté, j'ai beaucoup gagné par les exercices physiques ; j'ai beaucoup perdu de ma gêne habituelle et je me présente assez convenablement. De même, j'ai cultivé mon langage et ma voix, et je peux dire sans vanité que je ne déplais pas en société. Or je ne nie pas que mon impulsion devient chaque jour plus irrésistible d'être un personnage public, de plaire et d'agir dans un cercle plus vaste. S'y ajoutent mon penchant pour la poésie et pour tout ce qui est en relation avec elle, et le besoin de développer mon esprit et mon goût, afin que peu à peu, et aussi dans la jouissance dont je ne peux me passer, je tienne seulement le bon pour vraiment bon et le beau pour beau. Tu vois bien que, pour moi, tout cela ne se trouve qu'au théâtre, et que je ne peux me mouvoir et me cultiver à souhait que dans cet unique élément. Sur les planches l'homme cultivé apparaît aussi bien personnellement dans son éclat que dans les classes supérieures ; à chaque effort, l'esprit et le corps doivent aller de pair et je pourrai là être et paraître aussi bien que n'importe où ailleurs. Si je cherche d'autres occupations à côté, il y a là assez de tracas matériels et je peux procurer à ma patience un exercice quotidien.

« Ne discute pas avec moi à ce propos, car avant que tu ne m'écrives le pas sera déjà fait. En raison des préjugés régnants, je changerai mon nom parce que, à part cela, je suis gêné de me présenter comme "maître". Au revoir. Notre fortune est en si bonnes mains que je ne m'en soucie absolument pas ; à l'occasion, je te demanderai ce dont j'ai besoin ; ce ne sera pas beaucoup car j'espère que mon art me nourrira aussi. »

Wilhelm Meisters Lehrjahre, 5. Buch, 3. Kapitel, Hamburger Ausgabe, tome VII, p. 290-292 ; trad. fr. : *Les Années d'apprentissage de Wilhelm Meister*, trad. fr. : Jeanne Ancelet-Hustache, Aubier-Montaigne, Paris, 1983, p. 271-274 (traduction modifiée).

La conception goethéenne de la *Bildung* traduit l'affirmation d'une éthique bourgeoise contre l'*ethos* féodal de la représentation. La bourgeoisie montante affirme son identité (cf. « tel que je suis » [10]) et une vision du monde entièrement nouvelle dont l'élément central est la conscience de la dimension historique de la culture et de la formation. À la différence du noble qui est ce qu'il est par sa naissance, le bourgeois doit se tracer une *voie*, il doit *lutter* [11]. La culture bourgeoise est lutte et processus. Cette conscience de l'histoire renverse les rapports établis : le bourgeois, qui n'est au départ « qu'un bourgeois » et souffre des limites sociales de sa condition face au noble qui « dans la vie courante ne connaît pas de limites » et « peut partout se pousser en avant », va dans l'histoire, par sa formation active, revendiquer « *tout* ce qu'il est [12] ». C'est en quelque sorte la version goethéenne du mot de Sieyès : « Je ne suis rien mais je veux être tout. »

Cette conquête historique du Soi, qui est aussi une conquête de l'histoire, Goethe la fonde sur un *Drang* naturel qui n'est pas propre au seul bourgeois mais exprime *l'aspiration de tout homme* au plein épanouissement de ses dispositions. Il confère par là aux aspirations bourgeoises une portée universelle. Goethe reprend, en lui donnant peut-être une portée nouvelle, une idée de base de l'*Aufklärung* que la *Popularphilosophie* bourgeoise allait puiser dans la monadologie de Leibniz et chez Wolff [13] mais qui semble chez lui inspirée par la lecture assidue de Spinoza à laquelle il s'est livré en 1784-1785 [14]. Le *Drang* goethéen serait donc selon les interprètes le *conatus* spinoziste, lequel se coule dans la conception de la perfectibilité et de l'accession du désir à une connaissance (en l'occurrence de soi) plus *distincte* [15].

Le noble et le bourgeois symbolisent beaucoup plus que la collision de deux états sociaux. Tout l'argument de Goethe porte en effet sur l'opposition entre deux conceptions de la représentation, la représentation féodale liée à

10. La tournure allemande est plus forte : *ganz wie ich da bin*, c'est-à-dire « sans renoncer à rien de ce que je suis ».
11. « Si j'étais un noble, notre querelle serait bientôt terminée. » Pour le bourgeois la *lutte* ne fait que commencer.
12. *Ganz wie ich da bin*, cf. note précédente 10.
13. Cf. supra au chapitre I.
14. Lui aussi. On ne s'en étonnera pas : cf. supra au chapitre III la « querelle du panthéisme ».
15. *Etwas deutlicher* ; la traduction française de Jeanne Ancelet-Hustache n'est philosophiquement guère précise en traduisant par « un peu plus *précis* ».

des signes extérieurs du statut, que l'on possède d'emblée
par sa naissance ou de droit divin dans le cas des rois, et
la construction de tout un système de valeurs dont la sanction est l'opinion publique et qui doivent conquérir leur
reconnaissance [16]. Wilhelm avoue à son beau-frère son
désir « *d'être un personnage public*, de plaire et d'exercer une
action dans une sphère plus vaste ». Or, comme résume
justement Jürgen Habermas, « le noble est ce qu'il représente, le bourgeois ce qu'il produit [17] ». Le noble est, le
bourgeois devient ; pour le premier l'être permet immédiatement le paraître, pour le second la preuve de l'être
passe par l'avoir, par ce qu'il a acquis de « jugement,
connaissances, capacités, fortune ». Le « chemin » du bourgeois est donc plus long et plus aléatoire que celui, toujours
déjà accompli, du noble : avant de paraître, il doit d'abord
être et avant d'être il doit « avoir » quelque chose à (re)pré-
senter. Il doit se créer sa personnalité, avant de la faire
valoir à l'extérieur. Le bourgeois qui voudrait immédiatement « paraître » serait ridicule, parce qu'il resterait prisonnier de l'imitation [18] et parce que l'inévitable discor-
dance entre son être véritable et ce qu'il prétendrait être
ferait de cette imitation une caricature [19]. Le noble ne

16. Ainsi que J. Habermas l'a magistralement montré dans la
digression qu'il consacre à « La fin de la sphère publique struc-
turée par la représentation — L'exemple de Wilhelm Meister »
dans *Strukturwandel der Öffentlichkeit* (1962), *L'Espace public*, trad.
fr. M. de Launay, « Critique de la politique », Payot, 1978,
p. 23-25.

17. *Ibid.*, p. 24 sq.

18. Une déclaration également importante pour comprendre
l'esthétique de Goethe ; cf. infra chapitre V.

19. Il importe toutefois de noter que pour Goethe le « paraître »
n'est nullement péjoratif, à condition qu'il soit symbolique (comme
on va tenter de le montrer). Mais le théâtre est évidemment le lieu
(pour tout le XVIIIe siècle — qu'on pense à Lessing ou encore à la *Lettre
à d'Alembert sur les spectacles* de Rousseau) où se *joue* — au sens fort du
terme — le passage d'une forme de représentation à une autre. Dans
la formation de Wilhelm, le théâtre (qui était le point de fuite du
premier projet : *Wilhelm Meisters Theatralische Sendung*) ne sera pour
cette raison qu'une étape. Abandonnant le milieu du théâtre malgré sa
passion pour Marianne, Wilhelm entre dans la « Société de la Tour »
(cf. infra). Goethe interrompit son projet *Wilhelm Meister* lorsqu'il
partit en Italie en 1786-1787. Il ne le reprit qu'en 1793-1794, sur des
bases théoriques entièrement nouvelles puisqu'il s'était frotté entre-
temps à Kant et qu'il n'est pas exclu que son amitié avec Schiller ait
influencé les *Années d'apprentissage* et modifié la conception qu'il se
faisait des rapports entre être et paraître. Dans le domaine esthétique
l'« apparence » (*Schein*) est précisément pour Schiller l'expression
d'une harmonie entre les facultés.

connaît pas ce problème : ce qu'il paraît exprime son être et son essence. Le premier peut « faire et agir » (*tun und wirken*), le second doit « réaliser et créer ». Ce caractère médiat de l'existence bourgeoise, cependant, est en même temps son immense chance : elle est en prise directe sur l'histoire et la production. Ce qui est chez le noble un état (dans tous les sens du terme) est pour le bourgeois une tâche, une conquête historique.

L'alinéa suivant déclare pourtant sans détour que cette tâche est une tâche individuelle. Du reste, toute l'unité du *Wilhelm Meister* repose sur le seul personnage de Wilhelm, sur sa réalisation individuelle. Goethe n'envisage pas pour autant de changer « la constitution de la société », encore moins celle de l'État.

Quant au projet éducatif proprement dit qui doit permettre cette émancipation individuelle, les paragraphes suivants établissent un lien intéressant avec la conception goethéenne du symbole. L'éducation harmonieuse doit être en effet une éducation dans toutes les directions (*vielseitige Ausbildung*), formant tout autant le corps que les aptitudes rhétoriques et les manières, l'esprit et le goût. Cette *diversité* d'exercice doit atteindre l'harmonie en se centrant sur une *unité*. L'individu qui réalise ce programme devient en quelque sorte une individualité symbolique de l'humanité [20]. Dans la mesure même où le commerce et l'activité artisanale, d'une part, la science, de l'autre, sont à l'époque de Goethe les deux domaines dans lesquels la bourgeoisie peut s'élever, il ne fait guère de doute que cette conception est d'abord une mise en garde ; la bourgeoisie ne pourra vraiment concurrencer la noblesse et l'éthique héritée de la féodalité que si elle « produit » une vision du monde aussi harmonieuse et une éthique s'appliquant de la même manière à toutes les dimensions de l'existence. Goethe a du moins compris que la technique et l'éthique étaient désormais indissociables et que le problème devait être reposé du point de vue de l'éthique active, de l'éthique des actifs. Mais la solution qu'il propose, si elle dépasse le particularisme des conditions, se borne à invoquer une aristocratie de l'esprit qu'incarne la « Société de la Tour », une maçonnerie qui rappelle la franc-maçonnerie idéale de Lessing [21]. Ce n'est certes pas le dernier mot de Goethe. *Les Années de voyage* vont mettre en œuvre l'utopie d'une vie au service d'une nouvelle société, sans toutefois dépasser le cadre idéologique ici circonscrit.

20. Conception conforme à la théorie du symbolisme développée par Goethe dans sa philosophie de la nature et dans son esthétique (cf. infra chapitre V).
21. Cf. supra au chapitre III.

5. RÉPUBLIQUE ET CITOYENNETÉ
KANT

Théorie et pratique (1793)

La condition civile, considérée simplement comme condition juridique, est fondée sur les principes *a priori* que voici :

1. *La liberté* de chaque membre de la société, comme *homme*.

2. *L'égalité* de celui-ci avec tout autre, comme *sujet*.

3. *L'indépendance* de tout membre d'une communauté, comme *citoyen*.

Ces principes sont moins des lois que donne l'État déjà institué que des lois selon lesquelles seules l'institution d'un État est possible, conformément aux purs principes rationnels du droit humain externe en général. Ainsi :

1. *La liberté* en tant qu'homme, j'en exprime le principe pour la constitution d'une communauté dans la formule : personne ne peut me contraindre à être heureux d'une certaine manière [...]. Un gouvernement qui serait fondé sur le principe de la bienveillance envers le peuple, tel celui du père envers ses enfants, c'est-à-dire un *gouvernement paternel (imperium paternale)*, où par conséquent les sujets, tels des enfants mineurs incapables de décider de ce qui leur est vraiment utile ou nuisible, sont obligés de se comporter de manière uniquement passive, et finalement attendent uniquement du jugement du chef de l'État

la façon dont ils *doivent* être heureux, et uniquement de sa bonté qu'il le veuille également — un tel gouvernement, dis-je, est le plus grand *despotisme* que l'on puisse concevoir (à savoir une constitution supprimant toute liberté des sujets, qui, dès lors, ne possèdent plus aucun droit). Ce n'est pas un gouvernement « paternel » < *väterlich* > mais un gouvernement « patriotique » < *vaterländisch* > (*imperium non paternale, sed patrioticum*) qui est le seul concevable pour des hommes capables de droits et en même temps en rapport à la bienveillance du souverain. En effet la manière de penser < *Denkungsart* > est « patriotique » lorsque chaque individu dans l'État (sans en excepter le chef) considère le corps commun comme le sein maternel, ou encore le pays comme le sol paternel d'où il est issu et où il est né lui-même, et, le regardant comme un bien précieux à lui confié, en préserve les droits au moyen des lois de la volonté commune, au lieu de se croire autorisé à en disposer selon son caprice incontrôlé. — Ce droit de la liberté lui revient en partage à titre de membre du corps commun, en tant qu'homme, c'est-à-dire en tant qu'être qui, de façon générale, est capable de droits.

2. *L'égalité* en tant que sujet, on peut la formuler ainsi : chaque membre du corps commun possède un droit de contrainte sur tout autre, à l'exception du seul chef de l'État (parce qu'il n'est pas membre de ce corps, mais son créateur ou son conservateur) qui, seul, a le pouvoir de contraindre, sans être lui-même soumis à une loi de contrainte. Quiconque dans un État se trouve *sous* des lois est sujet, donc soumis au droit de contrainte comme les autres membres du corps commun ; seul est excepté (dans sa personne physique ou morale) le chef de l'État, qui, seul, peut exercer toute contrainte de droit. Car s'il pouvait lui aussi être contraint, il ne serait pas le chef de l'État, et la série ascendante de subordination irait à l'infini. D'autre part s'ils étaient deux (personnes affranchies de contrainte), ni l'une ni l'autre ne serait soumise à

des lois de contrainte et l'une ne pourrait traiter
l'autre de façon contraire au droit, ce qui est impossible.

Cette égalité universelle des hommes dans un État,
comme sujets de celui-ci, est toutefois parfaitement
compatible avec la plus grande inégalité, en quantité
ou en degré, de ce qu'ils possèdent, qu'il s'agisse de
supériorité physique on intellectuelle sur les autres ou
de biens de fortune qui leur sont extérieurs et de
droits en général (il peut y en avoir beaucoup) dans
leurs rapports aux autres, de sorte que le bien-être de
l'un dépend beaucoup de la volonté de l'autre (celui
du pauvre dépend de celle du riche), que l'un doit se
montrer obéissant (les enfants aux parents, la femme
au mari) tandis que l'autre lui commande, que l'un
sert (comme journalier) tandis que l'autre rétribue,
etc. [...].

3. L'« indépendance » (*sibisufficientia*) d'un membre
de la république comme « citoyen » (*Bürger*), c'est-à-
dire comme *colégislateur*. Sur le point de la législation
elle-même, tous ceux qui sont libres et égaux sous des
lois publiques déjà existantes ne doivent cependant
pas être considérés comme égaux en ce qui concerne
le droit de donner ces lois. Ceux qui ne sont pas aptes
à ce droit sont néanmoins, en tant que membres de la
république, tenus d'obéir à ses lois et de ce fait ils
participent à la protection qu'elles assurent ; seulement ce n'est pas à titre de *citoyens*, mais à titre de
« protégés » (*Schutzgenossen*). C'est que tout droit
dépend des lois. Mais une loi publique qui arrête pour
tous ce qui doit leur être juridiquement permis ou
interdit est l'acte d'un vouloir public, source de tout
droit, qui par conséquent ne doit lui-même faire de
tort à personne. Or ce ne peut être le fait d'aucune
autre volonté que celle du peuple en son entier (tous
statuant sur tous et par conséquent chacun sur soi-
même) ; car ce n'est qu'à soi-même que nul ne peut
faire tort. [...]

Mais il faut aussi que *tous* ceux qui ont ce droit de
vote accordent leurs voix sur cette loi de justice

publique, faute de quoi s'élèverait un conflit de droit
entre ceux qui n'accordent pas leur voix et les précédents, conflit qui exigerait pour être tranché un principe de droit plus élevé. Si par conséquent on ne peut
attendre cette unanimité de la part d'un peuple entier,
et si par suite on ne peut espérer atteindre qu'une
majorité de voix, provenant à vrai dire non de votants
directs (dans le cas d'un grand peuple) mais de délé-
gués, à titre de représentants du peuple, ce sera le
principe même qui consiste à se contenter de cette
majorité, à titre de principe admis avec l'accord
général, donc grâce à un contrat, qui devra être le
principe suprême de l'établissement d'une constitution civile.

*Über den Gemeinspruch : Das mag in der Theorie richtig
sein, taugt aber nicht für die Praxis*, in *Werke*, éd. par
W. Weischedel, tome VI, Insel, Frankfurt/Main, 1964,
« *Folgerung* », p. 145-153 ; trad. fr. : *Sur l'expression courante : il se peut que ce soit juste en théorie, mais en pratique
cela ne vaut rien*, traduction de Louis Guillermit, Paris,
Vrin, 1967, p. 30-38 (traduction modifiée).

★

La constitution civile est « un rapport d'hommes
libres »[1]. Ce rapport, la liaison qui fonde l'État, le *pactum
unionis civilis*, est une liaison *a priori*. Le principe, ou si l'on
veut l'Idée, du droit découle d'un jugement synthétique *a
priori* ; dans son *Traité de paix perpétuelle*, Kant lui donnera
un statut logique : ce problème « doit » (*muß*) être soluble.
C'est précisément pourquoi elle est universelle et nécessaire, ne contient aucune détermination empirique, ou
« pathologique », mais est une fin en soi ; elle est formelle[2]
et, étant conforme au caractère formel de la morale, est
appelée « devoir ». Le principe de la constitution civile

1. *Sur l'expression courante : il se peut que ce soit juste en théorie,
mais en pratique cela ne vaut rien*, Vrin, 1967, p. 30.
2. Kant la définit au début de cette deuxième section de son
traité comme « suprême condition formelle » (*conditio sine qua non*),
Vers la paix perpétuelle, trad. fr. J.-F. Poirier, F. Proust, Flammarion,
1991, p. 29.

correspond dans la critique de Hobbes à une unité synthétique *a priori* de la liberté et de l'ordre. Grâce à ce statut de sa fondation, la République va pouvoir assurer le passage de la nature à la moralité, sa détermination comme fin en soi va se révéler en accord avec les fins de la nature et on va pouvoir faire de la République la finalité de la réunion des hommes. En effet, les principes de la constitution civile qu'énonce Kant, ces principes qui découlent de la construction *a priori* du droit, ne sont parfaitement accomplis que dans la République :

— liberté de l'homme ;

— égalité des sujets soumis à la loi (universellement valable) ;

— indépendance du citoyen.

Alexis Philonenko résume ainsi l'articulation de ces trois principes : « Si une division n'est pas simplement analytique (A opposé à non-A), elle doit comprendre trois termes : la condition, le conditionné et le concept qui dérive synthétiquement de leur union... L'homme correspond à la condition, le sujet indique le conditionné, le citoyen est le terme synthétique [3]. » On peut dire encore que la citoyenneté est l'accomplissement du droit naturel rationnel en ce qu'elle réunit le droit naturel (le principe de la liberté donné avant toute loi) et le droit positif (le principe de l'égalité devant la loi). En vérité, elle fonde le véritable droit naturel, car ce n'est que comme citoyen que l'homme peut accomplir vraiment sa liberté. On retrouve ici un moment de pensée décisif des *Conjectures sur les débuts de l'histoire humaine* : le « droit naturel » n'est pas à proprement parler un droit de nature mais un droit qui ne prend réalité qu'avec la vie en société — laquelle coïncide avec l'affirmation de la Raison.

Comparée avec celle que propose le *Traité de paix perpétuelle*, l'articulation des trois principes du républicanisme peut ici dérouter. Dans le *Traité de paix perpétuelle*, Kant parle de la liberté de l'homme, de la dépendance du sujet et de l'égalité des citoyens [4]. Cette apparente contradiction confirme en fait ce qui vient d'être dit : pas de véritable liberté sans dépendance, c'est-à-dire de soumission égale à la loi ; cette égalité des citoyens devant la loi, donc leur dépendance, fonde leur véritable liberté, leur indépendance. Il y a dans ce flottement apparent des trois principes une dynamique — celle qui fait du citoyen le passage. Il suffit

3. A. Philonenko, *Théorie et praxis dans la pensée politique de Kant et Fichte en 1793*, Vrin, 1968, p. 36 sq.

4. Cf. le texte suivant.

pour s'en convaincre de suivre attentivement la démonstration des trois principes :

1. *La liberté*

Ce que la philosophie populaire appelle quête du bonheur a en réalité son fondement dans la liberté : « Personne ne peut me contraindre à être heureux d'une certaine manière. » Le patriarcalisme ou paternalisme en est en quelque sorte la preuve par l'absurde : en voulant faire le bonheur de ses sujets à leur place, il se transforme en despotisme. Kant procède au passage à une clarification, importante au XVIIIᵉ siècle, du vocabulaire : il faut se garder de confondre *väterlich* et *patriotisch*. Les deux termes s'opposent l'un à l'autre comme le patriarcalisme au républicanisme. Le vrai patriotisme n'est, comme chez la plupart des auteurs de l'époque, en aucune manière contradictoire avec la citoyenneté universelle ; il s'agit bien plutôt chez tous de l'expression d'une volonté bourgeoise de s'émanciper du patriarcalisme des petits États princiers. Citons Isaak Iselin (1728-1782), qui publiait en 1758 les *Patriotische Träume* (*Rêves patriotiques*) de Franz Urs Balthasar et avait lui-même écrit en 1755 *Philosophische und patriotische Träume eines Menschenfreundes* (*Rêves philosophiques et patriotiques d'un philanthrope*), dont l'inspiration cosmopolitique s'affirme délibérément comme utopie « philanthropique », se réclamant par ailleurs de Rousseau contre la théorie hobbésienne du contrat social. Citons encore les trois contributions de Friedrich Karl von Moser — *Der Herr und der Diener* (*Le Maître et le Serviteur*, 1759), qui prend au mot Frédéric II, *Von dem deutschen Nationalgeist* (*De l'esprit national allemand*, 1765) et *Patriotische Briefe* (*Lettres patriotiques*, 1767). Emil Ermatinger souligne que, dans les années où paraissent ces ouvrages, Lessing affirme, des *Literaturbriefe* à la *Hamburgische Dramaturgie*, la prise de conscience d'une opinion publique bourgeoise [5]. C'est bien de cela qu'il s'agit aussi chez Kant : le « patriotisme », c'est l'adhésion du citoyen qui s'affirme comme *Mitgesetzgeber* (colégislateur) à l'État de droit. Kant n'hésite pas à dire que le paternalisme est contraire à l'*Aufklärung* : il considère les hommes comme des mineurs incapables de se décider librement.

L'affirmation que l'État se fonde sur la liberté vise *Hobbes* et sa conception de l'état de nature et du droit naturel, bien qu'il ne soit expressément mentionné qu'à la fin. Kant renverse les prémisses de Hobbes. Hobbes a en effet entrepris

---

5. Emil Ermatinger, *Deutsche Kultur im Zeitalter der Aufklärung*, Potsdam, 1935, p. 160.

dans son *Léviathan* une remontée à l'origine du contrat comme fondement de toute constitution civile. Il ne s'arrête pas, comme le feront à nouveau Herder ou Humboldt, aux liens effectifs et affectifs qui constituent les formes primitives de société, par exemple les liens existant entre les membres d'une famille [6]. À ses yeux, ils ne sont eux-mêmes que l'effet d'un mobile plus puissant. La plus forte de toutes les passions est la peur de la mort, et plus particulièrement de la mort violente. Si, comme l'écrit Leo Strauss, la loi naturelle se déduit du désir de conservation, le seul droit naturel inconditionnel est le droit à la vie ; tous les devoirs dérivent ensuite de lui ; tous les droits et devoirs de la société civile autant que du souverain découlent de ce droit qui appartient à l'origine à l'individu [7]. Le contrat est l'acte par lequel il en confie la « gestion » à l'État. En sorte que pour Hobbes, comme l'a particulièrement relevé Cassirer, l'individu abdique sa liberté en même temps qu'il conclut le contrat et que ce dernier — le *pactum societatis* — est un *pactum subjectionis,* que « le contrat d'esclavage est la source de toute vie sociale » [8]. Il faut voir dans cette conception une étape décisive de la sécularisation, car elle affirme l'idée que la source du droit est dans l'individu, alors que ce dernier n'avait auparavant que le devoir de s'intégrer à l'ordre de domination voulu par Dieu. Certes, Kant n'hésite pas à la renverser et à affirmer à nouveau que l'homme ne peut s'affirmer que dans la société, et même que cette dernière est antérieure à l'affirmation consciente de l'individu, mais une étape nouvelle est néanmoins franchie car la société civile en question n'a plus rien à voir avec un *ordo* voulu par Dieu ; il s'agit vraiment de la société civile que les hommes constituent eux-mêmes ou qui se constitue à partir de leur nature, sans qu'ils le veuillent ou s'en rendent compte (ce qui permet de récupérer l'idée d'un ordre divin de la « Providence » mais en le réinscrivant dans une histoire humaine). En tout cas, l'état social est chez Kant le point de départ inévitable — non point, comme chez Grotius, en tant qu'*appetitus socialis* [9] mais comme résultat de fait de l'inso-

6. Cf. supra le texte de Herder « La machine étatique » dans la section « Théorie et critique du despotisme éclairé », et infra le texte de Humboldt dans la section « Les théories de l'État après la Révolution française ».

7. Leo Strauss, *Droit naturel et histoire* [1953], Plon, 1954, p. 195 sq.

8. Ernst Cassirer, *La Philosophie des Lumières,* Fayard, 1966, p. 258.

9. Cf. supra notre introduction à la section sur « Le droit naturel rationnel ».

ciable sociabilité par laquelle s'accomplit téléologiquement la liberté et se réalise donc le postulat moral de la liberté.

2. L'égalité

L'État étant soudé par des *Zwangsgesetze* (lois de contrainte) universellement valables, chacun de ses membres exerce à travers la loi une contrainte sur chacun des autres, sauf le « souverain », qui en est « excepté ». Faut-il voir là une contradiction avec la sixième proposition du traité *Idée d'une histoire universelle d'un point de vue cosmopolitique* ? Deux précisions l'excluent. D'abord, le sens qu'il faut donner au terme « souverain », ensuite la définition de son pouvoir comme « permission de contraindre » (*Befugnis zu zwingen*). Ces deux précisions font toute la différence entre Kant et Hobbes. C'est chez Hobbes en effet que le « pouvoir » devient pour la première fois explicitement l'objet de la réflexion politique. Or, ce terme recouvre chez Hobbes à la fois la *potentia* et la *potestas* (*jus, dominium*), le pouvoir physique et le pouvoir légal. Chez Kant, *Befugnis* traduit *potestas* la permission, l'autorité conférée par la loi. De là découle le sens de « souverain » : la seule souveraineté découle de la loi ; il ne saurait s'agir d'un droit divin. Le souverain en est soit le garant, soit le créateur (*Schöpfer oder Erhalter*).

Certes, la difficulté ne disparaît pas pour autant. Kant la désigne même dans les *Réflexions sur la philosophie du droit* comme une difficulté ontologique :

> « L'état civil est la soumission aux lois, en tant que sujet. Celui qui s'est placé le plus haut, auquel tous les autres sont soumis, n'est pas sujet, donc il est en dehors de l'état civil. D'où résulte que sa responsabilité juridique et son domaine d'action sont absolument libres. En ce cas, ce qui est premier se laisse tout aussi peu concevoir que dans l'ontologie » (Réflexion 7719).

> « Ici réside toute la difficulté, comme en métaphysique à propos de l'absolument nécessaire : comment est possible à une volonté supérieure qui détermine ce que doit être le droit et comment peut être légitime en elle-même une autorité irrésistible, bien qu'elle ne soit nullement limitée de l'extérieur, même par les droits des autres, car autrement il aurait fallu faire appel à une autorité supérieure » (Réflexion 7953).

Donc ce n'est pas une « autorité supérieure », divine, qui fonde la légitimité du souverain et la rend irrésistible en la sortant des rapports réciproques de limitation que sont les *Zwangsgesetze*. Dans la « Doctrine du droit » de la *Métaphy-*

sique des mœurs, là où il traite du droit de résistance, Kant la
définit encore comme « impénétrable du point de vue pratique » (*in praktischer Absicht unerforschlich*) — et c'est précisément pourquoi elle ne peut être controversée. Loin de
nous dérouter, ces précisions sur l'autorité doivent au
contraire nous permettre d'en comprendre le statut
rationnel. Il est comparable à celui de la cause première (en
d'autres termes Dieu) ; il est donc d'ordre métaphysique et
non physique. Or, le traitement philosophique, non religieux, de la métaphysique est du ressort de la raison pratique ou de la téléologie. L'autorité correspond à l'Idée du
droit, qui est une idée de la raison pratique ; elle n'est pas
postulée comme donnée de toute éternité mais peut être
pensée *a priori* ; elle correspond à la déduction transcendantale du droit comme synthèse *a priori*. Le souverain est la
synthèse *a priori* et, en ce sens, il crée l'État ou le maintient
uni. Il est, précise Kant dans une note, la « loi personnifiée »,
ce qui revient cependant à dire que son autorité est un pouvoir impersonnel (« la loi »), « invisible » (*unsichtbar*). La
« Réflexion » 1398 dit clairement : « Le vrai souverain (*Ober-
herr*) de l'État, *c'est l'Idée de la société tout entière* et celui qui
lui procure de ce fait le pouvoir (*Gewalt*), Dieu, c'est celui
qui réalise et personnifie cette Idée [10]. » L'État se rapporte à
la réalité de la société comme le transcendantal à l'empirique. En franchissant prématurément une étape du raisonnement, on peut encore dire que le souverain représente la
société tout entière, mais que son statut d'Idée de la société
exclut que son autorité soit tirée de l'expérience, de la
société empirique. La conséquence décisive est la séparation
de l'autorité souveraine et du peuple, c'est-à-dire la séparation des pouvoirs. Kant dit plus loin à propos de la souveraineté : « ils ne peuvent pas être deux ». La démarche
kantienne sécularise la souveraineté mais en refusant, en
1793, les conséquences de l'abolition de la distinction entre
autorité humaine et autorité divine dont il a pu observer les
effets avec le Comité de salut public. Kant se distingue en
cela de Rousseau, pour qui également « il est de l'essence de
la puissance souveraine de ne pouvoir être limitée : elle peut
tout ou elle n'est rien [11] », mais uniquement parce que le
peuple et le souverain ne se distinguent pas. Le problème de
la souveraineté étant posé à partir de l'égalité devant la loi,
cette conception entraîne que l'égalité empirique, qui

10. C'est nous qui soulignons.
11. *Lettres écrites de la Montagne*, in *Œuvres complètes*, Gallimard,
1964, tome III, p. 826.

s'applique au sujet, au conditionné, ne concerne pas la souveraineté, qui est inconditionnée.

Kant envisage ensuite les rapports entre égalité civile et égalité matérielle. Le lien avec les réflexions précédentes est le suivant : l'égalité civile est certes empirique mais elle ne doit pas pour autant être confondue avec l'égalité matérielle (économique). Modifiant dans le *Traité de paix perpétuelle* la définition des trois principes républicains, Kant dira que l'égalité civile est l'égalité des citoyens. Ce qui signifie que le conditionnement qu'elle exprime n'émane pas de l'ordre des phénomènes mais de l'inconditionné de la loi ; il est d'ordre pratique et peut être qualifié, comme dans le cas du conditionnement de mon action par la loi morale, comme formel (« la forme du droit, non la matière ou l'objet »). Kant parle ensuite de l'*Idée* de l'égalité.

Rousseau avait lui aussi tenu à dégager le contrat social authentique de sa contrefaçon :

> « Vous avez besoin de moi car je suis riche et vous êtes pauvres ; faisons donc un accord entre nous : je permettrai que vous ayez l'honneur de me servir, à condition que vous me donniez le peu qui vous reste pour la peine que je prendrai de vous commander » (article « Économie politique » de l'*Encyclopédie*).

Rousseau visait directement l'Ancien Régime, indirectement la conception hobbésienne du contrat comme aliénation complète des droits naturels, liberté, égalité et propriété. Même volonté chez Kant, mais par une séparation rigoureuse de l'égalité juridique et de l'égalité économique, car, pour Kant, ces droits naturels sont des droits naturels rationnels ; ils n'existent (cf. les *Conjectures sur les débuts de l'histoire humaine*) qu'au stade de la raison.

De même, l'égalité politique va permettre le véritable épanouissement des « droits naturels », lesquels, comme dans les *Conjectures sur les débuts de l'histoire humaine*, ne sont véritablement fondés que sur la pratique. Tous les individus vont pouvoir faire totalement usage de leurs dons naturels. L'égalité politique, déconnectée de l'égalité économique, garantit l'épanouissement de l'homme. Elle exclut l'existence de « droits héréditaires », de privilèges, qui apparaissent comme une *contradictio in adjecto*. Ces droits héréditaires sont exclus parce que ne s'établissant pas par la pratique. De cette façon, Kant parvient à éviter que la hiérarchie sociale se transforme en domination politique. Il existe certes des degrés hiérarchiques — ceux « du *superior* et de l'*inferior*, [mais] sans que l'un soit *imperans* et l'autre *subjectus* ».

Enfin, l'égalité est inaliénable — et elle ne l'est pas moins ainsi comprise que dans la conception rousseauiste, pour laquelle il fallait « que nul citoyen ne soit assez opulent pour pouvoir en acheter un autre, et nul assez pauvre pour être contraint de se vendre » (*Contrat social*, livre II, chapitre XI).

L'aliénation de l'égalité civile correspond à une aliénation de la liberté et, en tant que telle, à une aliénation de l'humanité elle-même (d'où le terme de « bétail domestique » — « Haus*vieh* ») ; elle prive l'homme de son aptitude à la citoyenneté — et en ce sens ce dernier aspect constitue la transition vers le troisième principe : l'indépendance du citoyen ; toutefois il faut bien comprendre que l'indépendance du citoyen n'est en rien liée à la propriété.

3. *L'indépendance*

La citoyenneté est l'expression de la volonté générale, de « la volonté générale (unie) du peuple » ; le citoyen est *Mitgesetzgeber* (colégislateur). De la conception précédente de l'égalité et du refus de l'aliénation, qui est toujours aliénation *de soi,* donc perte de l'indépendance, découle la distinction entre citoyens actifs et citoyens passifs, ou *Schutzgenossen* (protégés). Le critère de la citoyenneté est l'indépendance, non la propriété, et c'est pourquoi Kant définit en un sens très large « ce qui est mien » ; la *sibisufficientia* requiert, dit-il dans les *Vermischte Schriften,* « que l'on possède quelque propriété (tout art, métier, les beaux-arts, la science peuvent être considérés comme une propriété) qui soit un moyen d'existence [12] ».

Si large que soit la définition de la *sibisufficientia,* il n'en découle pas moins, comme Kant le dit encore dans les *Vermischte Schriften,* qu'« au point de vue de la législation, tous les hommes qui sont libres et égaux comme soumis aux lois publiques déjà instituées ne sont pas cependant en droit à considérer comme égaux lorsqu'il s'agit d'instituer ces lois » [13].

La loi, est, dans ces conditions, instituée par la volonté générale : « Le pouvoir législatif ne peut appartenir qu'à la volonté collective du peuple [14]. » La volonté générale constitue en fait le véritable « contrat originaire [15] » — et c'est ce qui distingue radicalement la conception kantienne de celle de Hobbes ; en concluant le contrat les hommes n'abdi-

12. *Vermischte Schriften*, éd. Cassirer, tome VI, p. 378 sq.
13. *Ibid.*
14. *Rechtslehre* (Doctrine du droit), § 46.
15. Cf. supra in « Le droit naturel rationnel » l'analyse de l'extrait correspondant.

quent pas leur volonté. Cette dernière doit néanmoins être clairement distinguée de la volonté de tous. Non seulement elle ne peut être déléguée à une volonté particulière, mais elle n'est pas l'addition de volontés particulières. Elle repose sur le principe de la majorité. Par l'élection s'effectue le transfert de la souveraineté (« contrat originaire »), et c'est pourquoi la forme de la synthèse que constitue cette dernière est, politiquement, l'œuvre du système représentatif. C'est sur ces bases que peut être ensuite examinée la question cruciale du droit de résistance [16].

★
★ ★

Traité de paix perpétuelle (1795)

L'état de paix parmi des hommes vivant les uns à côté des autres n'est pas un état de nature (*status naturalis*) : celui-ci est bien plutôt un état de guerre : même si les hostilités n'éclatent pas, elles constituent pourtant un danger permanent. L'état de paix doit donc être *institué* ; car s'abstenir d'hostilités ce n'est pas encore s'assurer la paix et, sauf si celle-ci est garantie entre voisins (ce qui ne peut se produire que dans un État légal), chacun peut traiter en ennemi celui qu'il a exhorté à cette fin.

Premier article définitif en vue de la paix perpétuelle
La constitution civile de chaque État
doit être républicaine

La constitution instituée premièrement d'après les principes de *liberté* des membres d'une société (comme hommes), deuxièmement d'après les principes de *dépendance* de tous envers une unique législation commune (comme sujets) et troisièmement d'après la loi de leur *égalité* (comme citoyens) — seule constitution qui provient de l'idée de contrat originaire sur laquelle doit être fondée toute législation de droit d'un peuple — est la constitution *républicaine*. Par conséquent, en ce qui concerne le droit, elle est en

---

16. Voir l'extrait de ce même traité dans la section suivante.

elle-même celle qui est au fondement originaire de toutes les sortes de constitution civile et il ne reste plus maintenant que la question de savoir si elle est aussi la seule qui puisse conduire à la paix perpétuelle. [...]

Pour qu'on ne confonde pas (comme cela arrive communément) la constitution républicaine avec la constitution démocratique, il faut faire la remarque suivante. On peut diviser les formes d'un État (*civitas*) soit selon la différence des personnes qui détiennent le pouvoir suprême de l'État, soit selon la *manière*, quelle qu'elle soit, dont le chef *gouverne* le peuple ; la première s'appelle proprement la forme de gouvernement (*forma imperii*) et il n'y en a que trois qui soient possibles : ou bien *un seul,* ou bien *quelques-uns* liés entre eux ou bien *tous* ceux qui ensemble constituent la société civile, détiennent le pouvoir souverain (*autocratie, aristocratie* et *démocratie* ; pouvoir du prince, pouvoir de la noblesse et pouvoir du peuple) ; la deuxième est la forme de gouvernement (*forma regiminis*) et concerne la manière fondée sur la constitution (l'acte de la volonté *universelle* par laquelle la masse devient un peuple) dont l'État fait usage de sa pleine puissance. Sous ce rapport elle est soit *républicaine* soit *despotique.* Le *républicanisme* est le principe politique de la séparation du pouvoir exécutif (le gouvernement) et du pouvoir législatif ; le despotisme est le principe selon lequel l'État met à exécution de son propre chef les lois qu'il a lui-même faites, par suite c'est la volonté publique maniée par le chef d'État comme si c'était sa volonté privée. — Des trois formes d'État, celle de la *démocratie* est, au sens propre du mot, nécessairement un *despotisme* parce qu'elle fonde un pouvoir exécutif où tous décident au sujet d'un seul, et, si besoin est, également contre lui (qui par conséquent n'est pas d'accord), par suite une forme d'État où tous, qui ne sont pourtant pas tous, décident — ce qui met la volonté universelle en contradiction avec elle-même et avec la liberté.

En effet, toute forme de gouvernement qui n'est pas *représentative* est proprement une *non-forme*, parce que le législateur ne peut être, en une seule et même personne, en même temps l'exécuteur de sa volonté (pas plus que l'universel de la majeure dans un syllogisme ne peut en même temps subsumer sous elle le particulier dans la mineure) ; même si les deux autres constitutions de l'État sont toujours vicieuses dans la mesure où elles laissent le champ libre à cette manière de gouverner, il est cependant au moins possible avec elles d'admettre une manière de gouverner conforme à l'*esprit* d'un système représentatif, comme par exemple Frédéric II qui au moins disait qu'il était simplement le serviteur suprême de l'État, alors que la forme démocratique rend la chose impossible puisque tous veulent y être le maître. — On peut dire par conséquent que plus le personnel du pouvoir d'État (le nombre des dominants) est petit et plus est grande par contre sa représentation, plus la constitution de l'État s'accorde avec la possibilité du républicanisme, et elle peut espérer s'y élever finalement par des réformes progressives. Pour cette raison il est déjà plus difficile dans une aristocratie que dans une monarchie de parvenir à cette constitution, la seule qui soit parfaitement de droit, mais il est impossible d'y parvenir dans une démocratie autrement que par une révolution violente. Il est incontestable que la manière de gouverner importe plus au peuple que la forme de l'État (bien que ce soit de cette dernière que dépende surtout sa plus ou moins grande conformité à cette fin). Or, c'est de la manière de gouverner, si elle doit être conforme au concept de droit, que relève le système représentatif qui rend seul possible une manière de gouverner républicaine ; sans cela (et quelle que soit la constitution), celle-ci est despotique et violente. Aucune des prétendues anciennes républiques n'a connu cela et elles durent par suite également se résoudre tout simplement en un despotisme qui, s'il est le pouvoir suprême d'un seul, est encore le plus supportable de tous.

Zum ewigen Frieden, in *Werke,* éd. par W. Weischedel, Insel, Frankfurt/Main, 1964, tome VI, p. 203-213 ; trad. fr. : « Vers la paix perpétuelle », in *Vers la paix perpétuelle, Que signifie s'orienter dans la pensée ?, Qu'est-ce que les Lumières ? et autres textes,* introduction, notes, bibliographie et chronologie par Françoise Proust, traduction par Jean-François Poirier et Françoise Proust, Flammarion, Paris, 1991, p. 83-93 (traduction modifiée).

*

Le commentaire détaillé de l'extrait précédent permet d'être ici plus bref. Quant à l'intention et à la forme du *Projet de paix perpétuelle,* on rappellera seulement que Kant — comme l'abbé de Saint-Pierre à l'occasion de la paix d'Utrecht en 1713 — saisit l'occasion du congrès de Bâle pour faire paraître, en 1795, une application de sa philosophie pratique au problème concret du rétablissement d'une paix durable en Europe ; la paix séparée entre la Prusse et la France n'a en effet nullement mis fin aux hostilités puisque l'Autriche et l'Angleterre poursuivent la guerre. Sa brochure adopte, d'une façon à la fois satirique et tout à fait sérieuse, la forme d'un traité de paix. Six articles préliminaires définissent, en termes d'interdictions (*Verbotsgesetze*), les conditions préalables de toute paix durable. Les trois articles définitifs énoncent les principes de l'état de paix, aux trois niveaux traditionnels du droit constitutionnel (article 1), du droit des peuples (article 2) et du « droit cosmopolitique » (article 3). Le projet de traité comporte en outre deux additifs — ou « suppléments » (*Zusätze*) — et deux annexes [17] reprenant le problème de fond de l'accord ou du désaccord entre la théorie et la pratique, c'est-à-dire la morale et la politique, sur les mêmes bases que celles du traité *Théorie et pratique* — à savoir qu'un désaccord ne se produit que lorsque la théorie est mal fondée, lorsqu'elle est affectée d'attendus hypothétiques au lieu de reposer sur le seul fondement théorique inébranlable : le caractère formel et *a priori* de la loi morale. Le premier additif est intitulé « De la garantie de la paix perpétuelle » ; il ajoute aux *Verbotsgesetze* des articles préliminaires et aux prescriptions formelles des articles définitifs l'approche de l'histoire selon la téléologie [18]. Il n'est pas inintéressant de noter que Kant a placé cette approche téléologique *avant* la réaffirmation de

17. *Anhänge.* Sur ce problème de traduction, voir chapitre III, section 8, note 64.
18. Cf. supra l'extrait à la fin du chapitre III.

l'approche morale ; il s'établit ainsi une progression qui confirme que l'on a tort de traiter souvent la téléologie kantienne comme une position de repli due aux difficultés de l'application pratique [19]. Le second additif porte fort ironiquement le titre d'« Article secret en vue de la paix perpétuelle » — alors même que le premier des articles préliminaires excluait toutes adjonctions ou restrictions secrètes à un traité ! La raison en est simple et montre à quel point le jeu satirique est sérieux : il ne saurait y avoir qu'un seul article secret de ce type et dans un tel article il est question du rôle du philosophe et de la *publicité* de ce rôle, donc de rien moins que de l'enjeu même de tout le *Projet de paix perpétuelle* ! Kant y ajoute une idée essentielle à sa conception de la publicité des maximes [20] : la distinction entre l'usage privé et l'usage public de la raison, la sphère de l'obéissance et celle de la liberté, implique aussi une sorte de séparation des pouvoirs entre la philosophie et la politique. Il ne serait pas souhaitable que les philosophes devinssent rois, et le philosophe ne revendique pas non plus de supplanter le juriste [21] ; il est en revanche indispensable que les princes les consultent. Toute l'ironie de Kant réside dans ce raisonnement : ce serait ravaler l'autorité législative d'un État (donc le droit) que de lui demander de s'éclairer sur ses principes d'action auprès de ses sujets (en l'occurrence les philosophes) ; il convient donc que l'État reconnaisse tacitement (« en tenant la chose secrète ») au philosophe le droit de le conseiller... en « parlant librement et publiquement sur les maximes générales concernant la conduite de la guerre et la conclusion de la paix ». Démarche parfaitement conforme à la conception de la souveraineté que nous avons pu cerner à partir des extraits de *Théorie et pratique*, mais dont l'effet ironique consiste en ceci que le secret implique la publicité ! En ce sens, l'article « secret » constitue la transition entre les additifs et les annexes qui réaffirment la morale et l'unité synthétique *a priori* de la théorie morale et de la pratique.

Il faut, nous semble-t-il, bien comprendre cette structure de l'écrit pour assigner aux articles définitifs leur fonction et leur signification précises [22]. Ils réaffirment la conception de la citoyenneté, *a priori*, c'est-à-dire sans entrer encore dans

19. Nous défendons l'opinion inverse dans *Kant. Histoire et citoyenneté*, PUF, 1995.
20. Cf. chapitre I, « Qu'est-ce que les Lumières ? ».
21. Cf. *Le Conflit des facultés* (1798).
22. Notre texte ne reproduit que des extraits des deux premiers, le troisième posant d'énormes problèmes qu'il n'était pas question d'aborder dans ce cadre.

la question de sa viabilité — garantie par la nature — et de son incontournabilité pour la concordance de la théorie et de la pratique, et ils montrent que seule cette conception peut constituer la base d'une paix durable. L'argumentation est volontairement réduite à la cohérence interne de la doctrine du républicanisme (on portera attention, à la lecture de ces articles, au retour fréquent de la formule « il y aurait contradiction » et à la démarche ostensiblement syllogistique). Ici le devoir (« La constitution civile doit être républicaine », « Le droit des gens doit être fondé sur un fédéralisme d'États libres ») s'appuie sur un rigorisme logique [23].

Le premier article présente ainsi la cohérence de la constitution républicaine comme reposant sur trois principes fondamentaux dont la dissociation engendrerait des contradictions insoutenables : liberté, dépendance et égalité. Comment s'articulent-ils ? La liberté, postulat de la raison pratique, est de l'ordre de la morale ; elle concerne l'homme en tant que sujet moral (sujet transcendantal). La dépendance est de l'ordre du droit, elle concerne l'individu en tant que sujet empirique, sujet (*Untertan*) d'un prince ou citoyen d'un État. L'égalité des citoyens est à la fois leur égalité devant la loi et leur égalité en tant qu'hommes. Ce troisième principe républicain réunit ainsi dans le statut de citoyen le droit et la morale. La meilleure constitution sera celle qui permettra à la morale de se réaliser dans la politique (dans le droit) et à l'individu d'être citoyen (et donc aussi sujet) sans abdiquer sa liberté morale.

Cette construction théorique du républicanisme n'entre pas et n'a pas à entrer dans les variantes empiriques de sa réalisation. C'est pourquoi Kant distingue les « formes de gouvernement » (*Regierungsformen*) et les « façons de gouverner » (*Regierungsarten*). Dans le premier cas, on distinguera l'autocratie (gouvernement d'un seul), l'aristocratie (gouvernement de plusieurs, souveraineté de la noblesse) et la démocratie (gouvernement de tous, souveraineté du peuple). Dans le deuxième cas, le seul décisif, la variété est ramenée à une alternative : d'une part, le républicanisme, fondé sur la séparation des pouvoirs, et, d'autre part, le despotisme, qui ignore cette séparation. Si pour Kant la démocratie est le pire des gouvernements, c'est précisément que sa façon de gouverner ignore, comme celle du despotisme, la séparation des pouvoirs. La confusion du législatif

23. Par quoi il ne faut évidemment pas entendre que Kant fasse abstraction de sa conception du contrat et de la « source pure de la notion de droit », la liberté — on va en parler immédiatement — étant un postulat moral.

et de l'exécutif a pour conséquence que le peuple est à la fois juge et partie et qu'aucune instance ne peut plus garantir l'application des trois principes indissociables de la liberté, de la dépendance par rapport aux lois et de l'égalité. Du même coup, quoique l'égalité et la liberté semblent réalisées, elles se traduisent en réalité, dans la « volonté de tous », par l'affirmation de toutes les volontés et donc par l'arbitraire des volontés individuelles. La société est menacée de rechute dans l'état de nature, qui est un état de *guerre* de tous contre tous. Or, le *Projet de paix perpétuelle* a justement pour but de définir les principes intangibles permettant d'éviter une telle rechute. Enfin, si l'affirmation de la liberté individuelle retombait ainsi au niveau de l'arbitraire des penchants, la progression de l'homme vers la morale se trouverait elle aussi compromise. Elle ne peut être garantie que par un « État de droit » (*Rechtsstaat*) assurant à la fois juridiquement les acquis et permettant au sujet moral de viser, au-delà de l'ordre établi, la réalisation de la loi morale.

Dans le deuxième article définitif, les rapports des États entre eux peuvent être comparés aux rapports entre individus. On devrait donc en principe pouvoir mettre fin à la guerre, à l'état de nature entre les États, en réunissant ces derniers dans un *Völkerstaat* mondial qui, logiquement, devrait prendre la forme d'une république universelle. D'une certaine façon, dès le deuxième article, le niveau cosmopolitique du troisième devrait être acquis. Les choses ne sont pas aussi simples. Kant est toujours attentif à la diversité voulue par la nature (et ce n'est donc pas par hasard qu'il se tournera d'abord vers elle dans le premier additif). À l'idée morale de République mondiale, il convient pour le présent de préférer un *Völkerbund*, c'est-à-dire l'établissement par le *droit* de relations contractuelles associant les États dans une sorte de fédération et permettant, tout en empêchant la guerre, le progrès de chacun vers le stade moral selon son rythme propre et en fonction de ses conditions propres. Le droit a pour fonction d'assurer l'acquis et de permettre le progrès moral, non de l'imposer.

6. LA RÉVOLUTION

LA QUESTION DU DROIT DE RÉSISTANCE
KANT ET LES JACOBINS ALLEMANDS

Il n'est évidemment pas question ici de proposer une
somme des réactions théorico-politiques à l'événement de
la Révolution française [1]. Chez Kant lui-même, il a donné
lieu à plusieurs positions successives dont on essaiera de
rendre compte à partir d'un extrait de *Théorie et pratique*
(1793) sur le droit de résistance et d'un extrait du *Conflit
des facultés* (1798), où Kant ajoute à l'approche de principe
(celle du droit fondé sur la morale) et à l'approche téléologique une approche « esthétique », ou esthético-morale,
du phénomène révolutionnaire [2]. Outre ceux de Kant, les
textes que nous avons retenus portent à leur paroxysme les
réflexions sur le droit naturel et sur le droit tout court. Ils
ont été choisis afin de montrer comment la pensée du droit
naturel débouche sur un « droit naturel révolutionnaire ».
Pour une telle approche, les jacobins allemands sont tout
aussi incontournables que la justification fichtéenne de la
Révolution française au nom du droit naturel. Certes, la
notion de droit de résistance n'apparaît pas avec le droit
naturel révolutionnaire. Elle est partie intégrante du droit
naturel hobbésien, puisque la conception hobbésienne du
contrat social repose sur l'idée que la légitimité du souverain est liée à sa capacité à assurer la sécurité des sujets
qui lui en ont confié le soin, et que ces derniers peuvent
dénoncer le contrat lorsqu'il ne remplit pas cet engage-

1. Cf. notamment Maurice Boucher, *La Révolution de 1789 vue
par les écrivains allemands*, Marcel Didier, 1954, et Jacques Droz,
L'Allemagne et la Révolution française, PUF, 1949.
2. Voir le dernier texte de cette section.

ment. Elle est également présente dans toute la tradition du droit naturel rationnel, chez Pufendorf comme chez Wolff[3]. Et elle remonte au droit naturel chrétien et, notamment, à la distinction que fait Thomas d'Aquin entre le tyran *ex defectu tituli* et le tyran *ex parte exercitii*. Le premier règne sans légitimité légale, le second règne contre le bien général. Dans les deux cas, quoique avec de nombreux attendus, toute la pensée politique du Moyen Âge et de la Renaissance reconnaît le droit à la résistance et même au renversement du tyran. Pour Thomas d'Aquin la rébellion (*seditio*) est certes en principe interdite, mais une révolte contre un tyran n'est précisément pas une *seditio* puisque c'est bien plutôt le tyran qui n'est pas en règle avec le droit. Tous ces arguments, entre autres la distinction entre le « pouvoir légal » (*rechtlich*) et le « pouvoir légitime » (*rechtmäßig*), vont pouvoir être réactivés par le droit naturel rationnel. Si l'on veut schématiser, on dira que toute la différence entre Kant et les jacobins qui s'inspirent de lui réside dans l'articulation de la légalité et de la légitimité. Pour Kant, l'existence d'un ordre légal est essentielle ; tous ses écrits historiques et politiques ont pour axe intangible l'établissement d'un « ordre de droit » (*Rechtszustand*). Ce dernier représente en tout état de cause un progrès tel par rapport à l'état de nature qu'il importe de ne régresser en aucun cas en deçà. Certes, la légitimité requiert plus : elle requiert que les lois soient justes ; mais un pouvoir légal dont la légitimité est déficiente ne peut être changé que de façon légale. Ehrard reprend la distinction entre *rechtlich* et *rechtmäßig* mais de manière telle que la légitimité l'emporte toujours sur la légalité et que, fondée en dernière instance sur la morale[4], elle justifie l'abolition d'un ordre certes légal mais injuste[5].

3. Sur les origines du débat, voir supra la section consacrée au « droit naturel rationnel ».

4. Dès le premier chapitre de son livre (« Déduction des droits de l'homme »), Ehrard affirme que le seul fondement ultime du droit est la morale et le seul véritable critère la conscience, qui détermine l'exercice que fait un individu d'un droit (positif) qu'il possède dans un ordre légal donné. Cette liberté de conscience est « illimitée » (*unbeschränkt*) et inaliénable (Johann Benjamin Ehrard, *Über das Recht des Volks zu einer Revolution*, Syndikat Verlag, Frankfurt/Main, 1976, p. 13 sq.).

5. Cf. *ibid.*, p. 32 : « De ce qui vient d'être dit résultent les principes suivants pour la définition des droits : 1) Rien ne peut devenir un droit qui ne soit d'abord juste. 2) Ce qui est juste devient un droit en étant mis en pratique. 3) Ce qui supprimerait un tel droit ne saurait être un droit. »

JOHANN BENJAMIN EHRARD
Sur le droit d'un peuple à la révolution (1795)

Par révolution du peuple, on ne saurait rien
entendre d'autre sinon qu'un peuple tente par la violence de se donner la jouissance de ses droits à être
majeur et à abolir les rapports juridiques existant entre
lui et les privilégiés. La seule définition que nous
ayons donnée plus haut de ce qu'est une révolution
est qu'il s'agit d'un bouleversement de la constitution
fondamentale d'un État ; si maintenant on la définit
plus précisément, en prenant en compte aussi l'auteur
d'une telle révolution, il faut alors que la transformation de la constitution soit entreprise au bénéfice de
ceux qui se révoltent, et une révolution du peuple ne
peut donc avoir d'autre but que de modifier la constitution fondamentale au profit du peuple. Il faut en
ce point distinguer une *révolution du peuple* d'une révolution qui n'est menée qu'*au moyen du peuple*. Dans ce
dernier cas, il se peut que le peuple, par ignorance ou
parce qu'il est abusé, se révolte à son propre détriment, auquel cas on ne pourra cependant pas dire que
ce peuple a entrepris une révolution mais seulement
qu'il s'est laissé utiliser pour l'accomplir. On se gar-
dera plus encore de confondre une révolution du
peuple, qui vise en tant que telle une modification des
droits constitutionnels du peuple, avec une rébellion
lors de laquelle on refuse seulement d'obéir aux diri-
geants sans pour autant envisager de changer le gouvernement, ou bien encore avec une insurrection qui
vise seulement l'abolition de certains droits oppressifs,
de certains comportements ou prétentions du gouvernement. Du fait que, dans le cas d'une révolution, il
est exclu de juger au moyen du droit existant, lequel
est opposé à toute révolution mais doit reconnaître la
morale comme l'instance suprême à laquelle il doit
rendre des comptes, une révolution du peuple n'est
pas une affaire que l'on puisse trancher au niveau juridique. En revanche toute révolution, et par conséquent aussi une révolution du peuple, a la sanction de

la morale lorsqu'elle est le seul moyen pour faire valoir les droits de l'homme. Or, le droit de l'homme qui appartient collectivement à un peuple est le droit aux lumières ; les autres droits sont personnels et dépendent tous, quant à leur influence sur une révolution, des lumières du peuple. Si un peuple n'est pas majeur, il en porte cependant lui-même la responsabilité et, par là même, il n'a jamais raison de se révolter pour se venger d'être traité comme un être mineur ; mais dans la mesure où il doit réparer cette faute en déployant des efforts pour compenser sa nonchalance, il peut exiger les moyens qui lui sont nécessaires pour devenir majeur. Si donc on veut empêcher un peuple de s'éclairer, ce dernier a le droit de se soulever, et si les obstacles qu'on lui oppose ont leur source dans la constitution, il a le droit d'abolir cette constitution. Tous les avantages extérieurs des privilégiés, les biens et la fortune qu'ils possèdent et qu'ils n'ont pas acquis du seul fait qu'ils sont privilégiés, ne constituent aucun motif légitime justifiant une révolution, car ils ne sont pas de nature à restreindre les droits de l'homme ; seuls justifient une révolution les avantages qui sont en contradiction avec l'affirmation des droits de l'homme. Lorsque les tâches exécutées par le peuple sont à ce point pesantes qu'elles ne lui laissent plus du tout le temps d'entreprendre quelque chose d'humain et que tout est fait au contraire pour le maintenir dans la condition stupide d'une bête de somme, alors il a le droit d'entreprendre une révolution. Mais il ne saura pas facilement faire usage de ce droit et les privilégiés courraient moins de risques si l'homme n'avait que le sentiment de son droit et n'avait pas aussi de sentiment religieux. C'est au moyen de la religion que Dieu conduit un tel peuple à sortir de sa servitude.

Dans un peuple une révolution est, du point de vue politique, possible à tout moment et toutes les considérations sur les conditions politiques requises pour qu'une révolution prévisible soit légitime sont sans objet en ce qui le concerne. Le peuple peut à tout moment mener une révolution sans pour autant avoir toujours raison de le faire. Toutefois, il est peu envisageable que le peuple se révolte sans avoir raison de le faire car il ne peut se révolter en tant que peuple s'il n'est pas unanime et cette unanimité n'est possible que grâce à une conscience claire de la nécessité de la révolution, conscience qui n'est elle-même possible que si le peuple a le sentiment de ses droits. S'entendre sur des principes est une chose dont les philosophes n'ont jusqu'à présent jamais été capables et qu'on ne saurait donc attendre du peuple. Mais comme l'unanimité requiert que l'on parte de principes universellement valables, le peuple qui agit unanimement ne peut partir que de la nature morale de l'homme ou du sentiment de son droit. Ma connaissance de l'histoire me porte cependant à penser qu'on aura du mal à y trouver jusqu'à ce jour un exemple d'une révolution que le peuple aurait accomplie de son proche chef et non en étant utilisé.

Dans la mesure où chaque peuple avance sans répit vers sa majorité, tous les peuples se préparent à une révolution. Ce faisant, il est néanmoins possible que les constitutions s'adaptent aux différents degrés de majorité et qu'elles empêchent ainsi une véritable révolution, en sorte que les choses progressent petit à petit et qu'imperceptiblement la constitution acquiert sa forme morale juste. De même que l'on peut dire du peuple qu'il est responsable de son état de minorité, on peut dire du gouvernement qu'il est responsable de toute révolution pour ne pas s'être adapté à son degré de majorité ou ne pas avoir respecté les droits de l'homme dont le peuple prenait conscience. On peut encore imaginer le cas où les lumières diminuent chez les privilégiés tandis qu'elles augmentent dans le peuple. C'est là une situation qui ne peut que dresser le peuple contre les rapports juridiques existants, ces derniers n'ayant plus aucun fondement moral, et entraîner le renversement de la constitution sans que le peuple soit mûr pour la liberté civile. Ce cas est notamment celui qu'on caractérise comme la décadence d'un État en tant

qu'État et qui, d'ordinaire, précipite un peuple ne res-
pectant plus son gouvernement, mais incapable de s'en
donner un meilleur, sous la domination d'une autre
nation. On pourrait montrer sans faire violence à l'histoire que la décadence d'un empire a toujours été provoquée par le déséquilibre entre les lumières des diri-
geants et celles des sujets. Mais il semble aussi qu'on ne
puisse pallier un tel déséquilibre en maintenant le
peuple dans la bêtise mais au contraire seulement par
une plus grande sagesse des privilégiés. Car, quand bien
même on tente avec une prudence toute pharaonique
de s'assurer de la bêtise des animaux de trait, il demeure
toujours en l'homme une étincelle de divinité qu'il suffit
à un Moïse de raviver pour mettre en échec toute la
prudence des hommes, et tous les artifices de la cour ne
peuvent que se plier devant les miracles qu'accomplit
alors la nature morale de l'homme. Si le rapport entre
les lumières des privilégiés et celles du peuple demeurait
toujours équilibré, jamais ne pourrait se produire une
révolution *du* peuple, tout au plus une révolution *au
moyen* du peuple — que les privilégiés utiliseraient
dans ce but.

Par conséquent, tant que les privilégiés n'empêchent pas le peuple d'accéder aux Lumières tout en
affirmant leur supériorité par le surcroît de Lumières
qu'ils possèdent, il n'y a pas de révolution du peuple.
Cette situation ne peut toutefois durer éternellement
car il y a un degré de Lumières au-delà duquel les
progrès de la sagesse et de la connaissance sont
certes possibles à l'infini, mais où il faut estimer
l'*Aufklärung* achevée et où la bêtise est poussée dans
ses derniers retranchements ; ce degré est la parfaite
connaissance des droits de l'homme. L'homme n'a
bien sûr pas atteint pour autant son accomplissement, il commence même tout juste à véritablement
se former, mais il connaît désormais sa dignité et
cherche à agir en conformité avec elle. L'humanité
ne connaît donc pas encore tous les enjeux importants mais elle a suffisamment de lumière pour
apprendre à les connaître. Elle ne comprend pas

encore tout, mais elle est assez éclairée pour le comprendre lorsque ses forces y suffisent ou pour se protéger des atteintes de l'erreur lorsque ses forces sont
insuffisantes. Les Lumières ne rendent pas non plus
les hommes moralement bons, pourtant elles les rendent capables de reconnaître le bien. Elles leur donnent seulement de quoi éclairer le chemin sur lequel
la morale doit les guider. Cette étape est le degré
ultime au-delà duquel, même dans l'espoir de
conquérir une majorité plus forte, il n'est pas possible
d'aller. Lorsqu'un peuple a atteint ce stade, deux cas
se présentent : — ou bien les privilégiés sont
arriérés et ils ont alors gâché leur droit, ou bien ils
en sont eux-mêmes à ce stade et ils agissent injustement en voulant traiter le peuple comme mineur et
en usant à cette fin de violence. Si le peuple prend
conscience des droits de l'homme qui sont les siens
et si les privilégiés les respectent, alors une révolution
violente est inutile. Les deux parties se mettront
d'accord pour fonder une constitution morale et vivre
dans la paix civile sous l'égide de lois conformes à
la justice. Un État est heureux lorsque les privilégiés,
progressant du même pas que le peuple vers les
Lumières, se comportent de façon si juste qu'ils traitent le peuple en fonction des Lumières qu'il possède
et qu'ils favorisent par leur comportement. Dans un
tel État, ce qui advient dans d'autres par des *révolutions* se produit par une *évolution* initiée par la
sagesse.

Über das Recht des Volks zu einer Revolution, Jena und Leipzig, 1795, p. 179-190 ; rééd. Syndikat Verlag, Frankfurt/
Main, 1976, p. 91-96**.

*

Le jacobinisme allemand est un courant complexe et multiforme qu'il convient d'opposer à ce que l'on a coutume
d'appeler, de façon d'ailleurs assez vague, l'*Aufklärung* libérale. L'épisode de la république de Mayence est un peu

l'arbre qui cache la forêt [6], car le jacobinisme s'est répandu dans toute l'Allemagne, au nord et même en Bavière. Partout, il s'implante à la faveur de l'agitation idéologique et politique antidespotique, et, s'il ne faut pas le confondre avec divers courants nourrissant des velléités révolutionnaires, comme les Illuministes [7], il s'agit d'un jacobinisme *allemand,* qui se greffe sur des situations locales et qui emprunte des voies théoriques spécifiques. La référence d'Ehrard à Kant [8] est à ce titre exemplaire. Fils d'un artisan (il travailla comme dessinateur de vitraux dans l'atelier paternel jusqu'à sa vingt-deuxième année), Johann Benjamin Ehrard (1766-1827) est un autodidacte qui avait appris le latin en lisant Wolff et Baumgarten et s'était déjà plongé dans la *Critique de la raison pure* lorsqu'il suivit pendant l'hiver 1790-1791 les cours de Reinhold à Iéna. Lors d'un périple européen qui le mena à Copenhague et en Italie, il rencontra Kant à Königsberg pendant l'été de 1791 [9]. Ehrard obtient en 1792 le titre de docteur en médecine et installe sa pratique à Nuremberg, mais sa renommée dépasse les limites de sa discipline et de son état. Kant se référera de façon appuyée à lui dans son *Conflit des facultés* en 1798. Entre-temps, le ministre résident prussien Hardenberg avait embauché Ehrard comme juriste — selon toute vraisemblance pour formuler les revendications prussiennes sur les principautés d'Ansbach et de Bayreuth annexées par la France en 1791. C'est donc avant tout comme théoricien du droit et plus précisément comme constitutionnaliste qu'Ehrard a laissé une trace dans l'histoire, et c'est sous cet angle qu'il s'attaque à la question du

6. Le naturaliste et polygraphe Georg Forster (avec qui Kant polémique dans l'important essai « Sur l'usage des principes téléologiques en philosophie ») joua un rôle décisif ; c'est lui qui livra Mayence à Custine le 21 octobre 1792. Le 5 novembre, quelques jours avant le décret de la Convention qui promet aux peuples voisins l'aide de la France pour l'abolition du despotisme (19 novembre 1792), Forster devient membre du club des Jacobins mayençais. Mais l'idéologie des clubistes est par bien des aspects plus proche des Girondins que des Jacobins et Forster, qui fait figure d'extrémiste et poussa la convention rhénane, réunie à Mayence, à voter le rattachement à la France, sera lui-même divisé. Il en sera de même du mouvement cisrhénan de Görres, composé essentiellement d'intellectuels aisés, hostiles à la masse plébéienne, adversaires résolus de l'Église et des princes, mais partisans d'un constitutionnalisme modéré (cf. J. Droz, *L'Allemagne et la Révolution française, op. cit.,* chapitre II).

7. I. Stephan, *Literarischer Jakobinismus in Deutschland 1789-1806,* Stuttgart, 1976, p. 38-47 et p. 62.

8. Auquel se réfèrent aussi Forster et Görres.

9. Il y rencontra d'ailleurs aussi Fichte, venu soumettre à Kant sa *Critique de toute révélation,* qui parut en 1792.

droit à/de la révolution dans l'ouvrage qu'il termine en septembre 1794. De nombreux témoignages attestent qu'il est
resté « jacobin » et extrémiste même après la chute des jacobins
en juillet 1794. L'ouvrage fut immédiatement interdit ; bon
juriste, Ehrard se défendit en plaidant qu'il n'avait nullement
fondé un droit positif. Du reste, comme il le dit dans notre
extrait, une révolution abolit le droit existant et ne peut donc
être jugée à l'aune de ce droit. Une révolution implique un
« bouleversement de la constitution fondamentale d'un État ».

Le droit à la révolution introduit dans la Constitution du 24
juin 1793 par Robespierre disparaîtra de la Constitution du
Directoire en septembre 1795 : le point essentiel est la façon
dont il a été justifié puis aboli, et c'est très précisément sur ce
terrain qu'argumente Ehrard. Il ne s'agit pas d'un droit positif
mais d'un *devoir* résultant d'un droit naturel.

Dans l'ouvrage d'Ehrard (et dans notre extrait), ce droit
est le « droit aux Lumières », qui est fondé sur le devoir de
s'éclairer [10]. La raison est en effet indissociable de la nature
humaine. Ehrard redéfinit ainsi le droit naturel à la liberté
comme un droit à la majorité (*Recht zur Mündigkeit*), et, par
là, il inscrit les droits naturels rationnels dans une perspective historique : ils ne sont pas donnés de toute éternité mais
sont à conquérir.

Sur cette conception se greffe le *droit de tout peuple* à la
révolution lorsqu'il est empêché par le gouvernement établi
(lequel est alors certes légal mais non légitime) de réaliser
son droit aux Lumières et à la majorité, quoique Ehrard
introduise certaines conditions en apparence restrictives.
Reprenant à son compte des distinctions qui existaient déjà
dans la tradition du droit naturel [11], il distingue la révolution
de la rébellion et de l'insurrection. Le critère est l'universalité ; il est peu d'exemples d'insurrections, note Ehrard, qui
aient été exclusivement motivées par les droits de
l'homme [12]. Une insurrection ou une rébellion, même si
elles se parent du qualificatif de révolution, sont illégitimes
lorsqu'elles sont animées par des motifs particuliers, y compris la vengeance ou la revanche. Ce critère de l'universalité
s'exprime également par la distinction entre une *révolution
du peuple* et une *révolution au moyen du peuple* (allusion peut-
être à l'évolution de la Révolution française). Seule une

10. Johann Benjamin Ehrard, *Über das Recht des Volks zu einer
Revolution*, Syndikat Verlag, Frankfurt/Main, 1976, p. 24.
11. Y compris chrétien, voir ci-dessus dans l'introduction à cette
section.
12. J. B. Ehrard, *Über das Recht des Volks zu einer Revolution*,
op. cit., p. 54.

révolution du peuple est légitime car elle seule est motivée par les droits de l'homme. Ehrard a en vue une réalisation concrète de l'intérêt général, et les études critiques tentent toutes de démêler la part jacobine et la part kantienne de cette conception de la souveraineté et de la volonté générale. Un critère décisif dans le contexte des « jacobinismes » allemands de l'époque est de savoir dans quelle mesure Ehrard admet une souveraineté directe du peuple. Car il n'est pas facile de déterminer dans l'ouvrage d'Ehrard, même dans la troisième partie qui est expressément consacrée au concept de peuple, s'il entend peuple au sens de nation ou de masse plébéienne [13]

Très clairement, Ehrard estime cependant qu'une révolution ne peut être une révolution du peuple que lorsque ce dernier est éclairé, c'est-à-dire agit au nom de buts universels et non particuliers, donc lorsque le peuple plébéien ou la nation particulière identifient leur intérêt à l'intérêt universel. Par là Ehrard, qui argumente en termes ostensiblement kantiens, ne dépasse pas seulement la séparation kantienne — que l'on peut dire conservatoire — entre le droit (positif) et le maintien de l'obéissance d'une part, la morale et le droit naturel à la liberté d'autre part. Il enfonce un coin dans cette nouvelle doctrine des deux règnes [14] et, en fondant toute son argumentation sur le progrès des Lumières et la revendication du droit aux Lumières, annonce l'argumentation hégélienne, puis marxienne, en s'interrogeant sur le devenir universel du particulier, sur la façon dont le peuple exclu des Lumières peut accéder au rang d'acteur de l'émancipation universelle [15].

*
* *

13. *Ibid.*, p. 90 sq. De même dans notre extrait.
14. On sera d'ailleurs attentif, à cet égard, au ton et aux références bibliques, qui annoncent le *Messager hessois* de Georg Büchner. Cf. par exemple : « Les privilégiés courraient moins de risques si l'homme n'avait que le sentiment de son droit et n'avait pas aussi de sentiment religieux. C'est au moyen de la religion que Dieu conduit un tel peuple à sortir de sa servitude. » Ou encore : « Car quand bien même on tente avec une prudence toute pharaonique de s'assurer de la bêtise des animaux de trait, il demeure toujours en l'homme une étincelle de divinité qu'il suffit à un Moïse de raviver pour mettre en échec toute la prudence des hommes et tous les artifices de la cour ne peuvent que se plier devant les miracles qu'accomplit alors la nature morale de l'homme. »
15. Cf. notamment la conclusion du chapitre III, *ibid.*, p. 90 sq.

KANT
Théorie et pratique (1793)

Toute opposition au pouvoir législatif suprême, toute révolte destinée à traduire en actes le mécontentement des sujets, tout soulèvement qui éclate en rébellion est, dans une république, le crime le plus grave et le plus condamnable, car il en ruine le fondement même. Et cette interdiction est *inconditionnelle,* au point que quand bien même ce pouvoir ou son agent, le chef de l'État, ont violé jusqu'au contrat originaire et se sont par là destitués, aux yeux du sujet de leur droit à être législateurs, puisqu'ils ont donné licence au gouvernement de procéder de manière tout à fait violente (tyrannique), il n'en demeure pas moins qu'il n'est absolument pas permis au sujet de résister en opposant la violence à la violence. En voici la raison : c'est que dans une constitution civile déjà existante le peuple n'a plus le droit de continuer à statuer sur la façon dont cette constitution doit être gouvernée. Car, supposé qu'il en ait le droit, et justement le droit de s'opposer à la décision du chef réel de l'État, qui doit décider de quel côté est le droit ? Ce ne peut être aucun des deux, car il serait juge dans sa propre cause. Il faudrait donc qu'il y eût un chef au-dessus du chef pour trancher entre ce dernier et le peuple, ce qui se contredit. — Il ne se peut faire non plus qu'intervienne en ce cas un droit de nécessité (*Nothrecht* — *jus in casu necessitatis*), qui d'ailleurs au titre de droit prétendu de faire « infraction au droit » (*Unrecht*) dans l'extrême détresse (physique) est un non-sens (*Unding*), ni qu'il fournisse la clé qui permettrait de lever la barrière limitant le pouvoir propre du peuple. Car le chef de l'État peut tout aussi bien, pour justifier la dureté de son procédé à l'égard des sujets, arguer de leur insoumission que ces derniers peuvent justifier leur révolte en se plaignant de subir un traitement qu'ils n'ont pas mérité — et qui tranchera en ce cas ? Celui qui se trouve en possession de l'administration suprême de la justice, et c'est précisément le chef de l'État, est seul à pouvoir le faire ; et il n'est par conséquent personne dans la république qui puisse avoir le droit de lui contester cette possession. [...]

Je suis sûr qu'on ne fera pas à mes assertions l'objection que je flatte trop les monarques en leur attribuant cette inviolabilité ; j'espère qu'on m'épargnera aussi celle de trop favoriser le peuple si je dis qu'il possède pareillement ses droits imprescriptibles en face du chef de l'État, encore que ce ne puissent être des droits de contrainte.

Hobbes est de l'avis contraire. Selon lui (*De Cive*, chap. VII, § 14), le chef de l'État n'est aucunement lié par contrat au peuple et ne peut se montrer injuste à l'égard du citoyen (quoi qu'il décide à son sujet). — Cette thèse serait tout à fait exacte si par injustice on entend cette « lésion » (*Läsion*) qui reconnaît à celui qui est lésé un *droit de contrainte* contre celui qui l'a traité injustement ; mais, prise dans sa généralité, la thèse est effrayante.

Le sujet qui n'est pas en rébellion doit pouvoir admettre que son souverain ne *veut* pas lui faire d'injustice. Par conséquent, comme tout homme a ses droits inamissibles, auxquels il ne peut renoncer, même s'il le voulait, et dont il a lui-même le droit de juger, et comme d'autre part l'injustice dont, à son avis, il est victime ne peut, dans cette hypothèse, se produire que par erreur, ou par ignorance de la part du pouvoir souverain de certains effets des lois, il faut accorder au citoyen, et cela avec l'autorisation du souverain lui-même, la faculté de faire connaître publiquement son opinion sur ce qui dans les décrets de ce souverain lui paraît être une injustice à l'égard de la chose publique. Car admettre que le souverain ne puisse pas même se tromper ou ignorer quelque chose, ce serait le représenter comme un être gratifié d'inspirations divines et supérieur à l'humanité. Aussi la *liberté d'écrire* — dans les limites du respect et de l'amour de la Constitution sous laquelle on vit, par la façon de penser libérale des sujets qu'inspire en outre cette Constitution (et là, c'est d'eux-mêmes que les écrivains de leur côté se limitent mutuellement, afin de ne pas perdre leur liberté) — est-elle l'unique palladium des droits du peuple. Car vouloir lui refuser également cette liberté, ce n'est pas seulement lui ôter toute prétention au droit relativement au souverain (comme le prétend Hobbes), mais c'est enlever à ce dernier, dont la volonté, par cela seul qu'elle représente la volonté générale du peuple, donne des ordres aux sujets comme à des citoyens, toute connaissance de ce qu'il modifierait lui-même s'il était informé, et c'est le mettre en contradiction avec lui-même. Mais inspirer au souverain la crainte que penser par soi-même et déclarer sa pensée puisse susciter des troubles dans l'État reviendrait à éveiller en lui de la défiance à l'endroit de son propre pouvoir, ou même de la haine contre son peuple.

Über den Gemeinspruch ; Das mag in der Theorie richtig sein, taugt aber nicht für die Praxis, in *Werke*, éd. par W. Weischedel, tome VI, Insel, Frankfurt/Main, 1964, « *Folgerung* », p. 153-155 ; trad. fr. : *Sur l'expression courante : il se peut que ce soit juste en théorie, mais en pratique cela ne vaut rien*, traduction de Louis Guillermit, Paris, Vrin, 1967, p. 38-40.

*

Dans le « corollaire » dont est tiré cet extrait, la volonté générale est définie comme le véritable contrat originaire. Pour fonder la souveraineté, il n'est nul besoin de « présupposer le contrat comme un fait » [16]. L'idée d'origine est, pour Kant comme pour Rousseau, fictive ; elle ne peut donc être conçue par l'application du modèle physique au prétendu état naturel originaire, ainsi que le fait Hobbes [17].

Si le droit à la rébellion est chez Hobbes inévitable, c'est du fait même de la conception historique et physique du contrat : « L'obligation des citoyens envers le souverain ne saurait durer qu'aussi longtemps que ce dernier est en mesure de protéger les citoyens, car le droit naturel des

16. *Sur l'expression courante : il se peut que ce soit juste en théorie, mais en pratique cela ne vaut rien*, trad. fr., Vrin, 1967, p. 39.
17. Voir l'extrait de ce même traité dans la section sur le « droit naturel ».

hommes de se protéger, dans le cas où nul autre ne peut s'en charger, n'est aboli par aucun contrat » (*Léviathan*, chapitre XXI). De même d'ailleurs pour Rousseau : « L'émeute qui finit par étrangler un sultan est un acte aussi juridique que ceux par lesquels il disposait la veille des vices et des biens de ses sujets. La seule force le maintenait, la seule force le renverse » (*Discours sur l'origine de l'inégalité*, in *Œuvres complètes*, Gallimard, 1964, III, p. 191). Il ne peut en aller de même chez Kant puisque la souveraineté (l'exercice du droit) n'est pas fondée sur « la seule force », c'est-à-dire empiriquement mais sur la liberté et le devoir [18], ainsi que Kant le rappelle au début du corollaire.

La loi conforme à ce fondement étant donc universelle, elle ne saurait être contestée : « Si une loi publique est conforme au droit, donc irréprochable de ce point de vue (irrépréhensible), en ce cas le droit de contrainte s'y trouve attaché ainsi que d'autre part l'interdiction de s'opposer à la volonté du législateur, même si ce n'est pas par des actes, c'est-à-dire que le pouvoir dans l'État, qui donne à la loi son effet, est tel qu'on ne peut s'y opposer (il est irrésistible) [19]. » L'opposition à la loi serait opposition au législatif, donc opposition des citoyens à eux-mêmes, de la volonté générale à soi-même, ce qui est tout simplement une absurdité (cet argument est expressément utilisé par Kant dans la conclusion des *Remarques explicatives sur les premiers principes métaphysiques de la doctrine du droit*). Il ne peut y avoir contradiction entre le peuple et le législateur ; en se pliant à l'autorité souveraine, le peuple de citoyens n'obéit qu'à lui-même. Donc le droit de révolte serait au bout du compte un crime contre le fondement même de la république.

Malgré les apparences, cette conception maintient la séparation des pouvoirs et même la requiert. En effet, la souveraineté (représentative) a été instaurée pour que puissent être tranchés des conflits empiriques sinon insolubles, c'est-à-dire afin que le juge ne soit pas en même temps partie [20].

À la différence de ce qui se passe chez Hobbes, dont toute la construction repose sur la notion de droit d'urgence (l'état de nature dont il faut sortir est déjà un état de guerre civile et c'est cet état qui révèle le ressort ultime de tout ordre social : la nécessité d'échapper à la mort violente), il n'y a donc pas de *Notrecht* (droit d'urgence) — pas plus en

18. Voir dans la section précédente notre commentaire du début de « Contre Hobbes » et l'interprétation du début du corollaire dans la section sur le droit naturel rationnel.

19. Trad. fr., *op. cit.*, p. 41.

20. Idée reprise à nouveau plus loin, à la fin de notre extrait.

faveur du peuple que contre lui ou en son nom (contrairement à la théorie du *Ausnahmezustand* — « état d'exception » — qu'un Carl Schmitt pourra tirer de Hobbes et qui
confère à la souveraineté le droit d'exception, éventuellement plébiscitaire, de décider). Pour Kant, un tel droit
d'exception est nécessairement contraire à la publicité. C'est
vers cette notion de publicité que conduit dès lors le développement ; la volonté générale est dans le fonctionnement
de la légitimité politique ce qu'est la publicité dans la
société. Déconnecter l'État de la publicité, c'est le dresser
contre la société — ce qui n'était nullement le but, on a
essayé de le faire comprendre, de l'« exception » que constitue la souveraineté ; cette exception est d'ordre transcendantal, donc moral, et, loin de le contredire, elle exprime
précisément par là le consensus idéal de la volonté générale.

Kant est ainsi conduit, dans un passage que nous avons ici
coupé, à renouveler son jugement négatif sur les Constitutions
anglaise et américaine. Comme les déclarations françaises des
droits de 1791 (article 2) et de 1793 (article 35 : « Quand le
gouvernement viole les droits du peuple, l'insurrection est
pour le peuple et pour chaque portion du peuple le plus sacré
des droits et le plus indispensable des devoirs »), la déclaration
d'indépendance des États-Unis d'Amérique inclut le droit à la
résistance contre l'oppression. Pour Kant, toute idée de sanction du souverain par le peuple est, on l'a dit, une contradiction dont l'absurdité ne peut qu'être camouflée par un artifice
logique qui est une offense à la publicité. La deuxième section
du *Conflit des facultés* (chapitre VIII) dénoncera pour cette
raison la « publicité mensongère » qu'est la conception d'une
« monarchie limitée ».

Contre cette publicité mensongère, Kant exige tout autant
du souverain que de la société l'exercice d'une publicité sans
restriction (« la liberté d'écrire » — cf. *Qu'est-ce que les
Lumières ?*). Cette publicité, loin d'être source d'un différend
entre le souverain et la volonté générale, est la garantie de
leur communication et permet donc la réforme. Si le souverain redoutait la publicité, c'est-à-dire la volonté générale, il
se redouterait en quelque sorte soi-même, il concevrait de la
crainte, voire de la haine envers sa propre autorité, il la
détruirait du même coup.

Grâce à la liberté de penser et de publier, le peuple ne
renonce pas une fois pour toutes, comme chez Hobbes, à sa
liberté en concluant le « contrat », bien qu'il y ait *Unterwer-
fungsvertrag* (*pactum subjectionis* — « *contrat de soumission* »)
comme chez Pufendorf. Comme Pufendorf dans le *Jus
naturae et gentium*, et contrairement à Hobbes, Kant admet

tout à fait qu'on puisse se demander si l'État est juste ou injuste et qu'on puisse donc critiquer les lois. Le pouvoir de la souveraineté n'est en rien divinisé et hors d'atteinte ; c'est bien le contraire qui se produit — et c'est pourquoi, à la fin du corollaire, comme déjà dans *Qu'est-ce que les Lumières ?*, c'est la question de la liberté de penser en matière religieuse qui sera prise comme exemple. La publicité assure, par une communication constante, l'unité de la théorie et de la pratique. Incontestablement, Kant a pris ainsi position sur la Constitution française de 1791, dont l'article 11, jugé « très dangereux » entre autres par Rehberg, déclare : « La libre communication des pensées et des opinions est un des droits les plus précieux de l'homme ; tout citoyen peut donc parler, écrire, imprimer librement, sauf à répondre de l'abus de cette liberté dans les cas déterminés par la loi. » La dernière partie de l'article ne pouvait que paraître trop empirique à Kant.

*   *
*

FICHTE

Dans son grand ouvrage *Fichte et son temps* [21], Xavier Léon n'hésite pas à qualifier Fichte de « démocrate et de jacobin ». Les *Considérations destinées à rectifier les jugements du public sur la Révolution française* et la *Revendication de la liberté de penser auprès des princes de l'Europe qui l'ont opprimée jusqu'ici*, toutes deux publiées en 1793, lui valurent en effet la réputation de jacobinisme. Son ralliement à la Révolution française fut tardif, mais il se produisit à l'occasion d'un événement significatif : l'émeute du 10 août 1792, et, si certains interprètes estiment qu'en 1793 c'est l'idéologie de 1789 que Fichte épouse [22], il ne s'en convertit pas moins à la conception rousseauiste et n'en sanctionne pas moins l'application jacobine contre la solution modérée de la Constituante et de la monarchie constitutionnelle [23]. On a exposé plus haut la conception du droit naturel exposée dans les *Considérations* [24]. Le problème de la légitimité de la Révolution française est ramené à celui de la moralité, seule instance légitimante. Contrai-

21. 3 tomes, Armand Colin, 1922-1927.
22. Pierre-Philippe Druet, *Fichte*, Seghers, 1977, p. 56.
23. Cf. J. Droz, *L'Allemagne et la Révolution française, op. cit.*
24. Section 2 de ce chapitre.

rement à ce qu'affirme Burke et à l'écho que rencontrent ses *Réflexions sur la Révolution française,* après leur traduction en allemand en 1793, il n'y a pas de contrat acquis une fois pour toutes — contrat hobbésien — que le peuple n'aurait pas le droit et le *devoir* de dénoncer, fût-ce unilatéralement, car le contrat social n'est pas en dernier recours du ressort du droit positif mais du ressort du *droit naturel.* Et le droit naturel, ce n'est rien d'autre que « la loi morale en tant qu'elle détermine le monde des phénomènes » [25]. La loi morale coïncide avec la conscience de sa liberté que l'homme possède à l'état de nature, « isolé avec sa conscience », « instance suprême à laquelle toutes ses autres relations sont subordonnées ». Cette liberté qui précède et préside à tout contrat est inaliénable ; elle ne fait pas partie du contrat. La liberté de penser est non seulement le seul bien que l'homme et le peuple tout entier ne peuvent aliéner mais son aliénation va contre la « marche de la nature », et les princes qui confisquent ce droit sont eux-mêmes responsables des explosions révolutionnaires car ils empêchent toute évolution pacifique. La philosophie politique de Fichte en 1793 est donc déterminée par la tension entre le postulat d'une liberté morale « naturelle » ou transcendante et, d'autre part, les contrats réels : d'une part, l'exigence de *justice* ; de l'autre, les formes tentant de transposer cette exigence en termes de *bonheur.* Position dualiste qui se révélera intenable [26].

Revendication de la liberté de penser (1793)

Les révolutions violentes sont toujours un coup hasardeux de l'humanité ; quand elles réussissent, la victoire obtenue vaut bien les maux qu'elles ont causés ; mais quand elles échouent, vous ne faites que vous précipiter, à travers la misère, dans une misère plus grande. Il est plus sûr de poursuivre peu à peu la propagation des Lumières et par elles le perfectionnement de la constitution politique. Les progrès que vous faites sont moins remarquables pendant qu'ils arrivent ; mais regardez derrière vous et vous verrez une longue étendue de chemin parcourue. C'est ainsi

25. *Considérations destinées à rectifier les jugements du public sur la Révolution française,* traduit de l'allemand par Jules Barni, Chamerot, 1858, p. 163.
26. Cf. supra la section sur le « droit naturel ».

que, dans notre siècle, surtout en Allemagne, l'humanité a fait un grand chemin sans aucun bruit. Il est vrai que les contours gothiques de l'édifice sont encore visibles sur presque tous les côtés, que les nouvelles ailes sont loin d'être reliées en un tout harmonieux et solide ; mais elles existent pourtant, et commencent à être habitées. Les vieux châteaux de brigands tombent de toutes parts. [...]

Lorsqu'on arrête le progrès de l'esprit humain, il ne peut arriver que l'une de ces deux choses : ou bien, ce qui est le plus invraisemblable, nous demeurons où nous étions, nous renonçons à toute prétention de diminuer notre misère et d'augmenter notre bonheur, nous nous laissons tracer des limites que nous nous engageons à ne pas franchir ; ou bien, ce qui est beaucoup plus vraisemblable, le cours de la nature, que l'on veut arrêter, brise violemment et détruit tout ce qui lui fait obstacle, l'humanité se venge de ses oppresseurs de la manière la plus cruelle, les révolutions deviennent nécessaires. Un drame terrible en ce genre nous a été donné de nos jours ; on ne s'en est pas encore appliqué la leçon. Il est grand temps, si toutefois il n'est déjà trop tard, d'ouvrir les digues que l'on continue d'opposer à la marche de l'esprit humain, en dépit du spectacle que l'on a devant les yeux, si l'on ne veut pas qu'il le rompe violemment et qu'il jette la dévastation dans les champs d'alentour. [...]

Le prince tient [...] ses droits de la délégation de la société ; mais la société ne peut lui déléguer des droits qu'elle n'a pas elle-même. La question que nous voulons traiter ici, savoir : « Un prince a-t-il le droit de limiter notre liberté de penser ? » se fonde donc sur celle-ci : « Un État pourrait-il avoir un pareil droit ? »

La faculté de penser *librement* est le caractère qui distingue l'intelligence de l'homme de celle de l'animal. Il y a aussi des représentations dans la dernière ; mais elles se suivent nécessairement, elles se produisent les unes les autres, comme dans une machine *un* mouvement en produit un autre. C'est le privilège de l'homme de résister par son activité à ce mécanisme aveugle de

l'association des idées où se borne un esprit purement
passif et de donner au cours de ses idées une direction
déterminée par sa force propre, suivant sa libre volonté ;
plus on maintient en soi ce privilège, plus on est
homme. La faculté qui en rend l'homme capable est
précisément celle par laquelle il *veut* librement. La
manifestation de la liberté dans la pensée, tout aussi
bien que dans le vouloir, est un élément essentiel de sa
personnalité ; elle est la condition nécessaire qui seule
lui permet de dire : « Je *suis*, je suis un être agissant par
lui-même. » [...]

La libre recherche appliquée à tous les objets possibles de la réflexion, dans toutes les directions possibles
et à l'infini, est certainement un droit de l'homme.
Nul ne peut déterminer mon choix, ma direction, mes
limites que moi-même. [...] Il n'est donc plus ici question que de savoir si l'on ne peut pas s'imposer à
soi-même de telles limites par un contrat. [...]

Un contrat, par lequel on s'imposerait ici certaines
limites, ne signifierait pas, il est vrai, directement : Je
veux être un animal, — mais il reviendrait à dire : Je ne
veux être un être raisonnable que jusqu'à un certain
point (à supposer que ces propositions privilégiées par
l'État aient réellement une valeur universelle pour la
raison humaine, ce que nous vous avons accordé avec
une foule d'autres difficultés) ; dès que je serai parvenu
à ce point, je redeviendrai un animal sans raison. [...]

La société n'a donc nullement le droit d'exiger ou
de recevoir une promesse de ce genre. Cette promesse
est contraire à un droit inaliénable de l'homme :
aucun membre n'a le droit de faire une pareille promesse ; car elle est en opposition avec la personnalité
des autres, et elle tend à les mettre en général dans
l'impossibilité d'agir moralement. Quiconque la fait
agit contrairement au devoir ; et, dès qu'il le reconnaît, c'est son devoir de reprendre sa promesse.

Zurückforderung der Denkfreiheit von den Fürsten Europas, die
sie bisher unterdrückten. Eine Rede (1793), in *Fichtes Werke,*

éd. par Immanuel Hermann Fichte, Berlin, 1845-1846 ;
rééd. De Gruyter, Berlin, 1971, tome VI, p. 5-24 ; trad. fr. :
Considérations destinées à rectifier les jugements du public sur la
Révolution française, précédées de la *Revendication de la liberté*
de penser auprès des princes de l'Europe qui l'ont opprimée
jusqu'ici, traduit de l'allemand par Jules Barni, avec une
introduction du traducteur, Chamerot, Paris, 1858, p. 6 sq.,
p. 15 sq., p. 28 sq.

*
* *

KANT
Le Conflit des facultés (1798)

Le Conflit des facultés réunit en trois sections trois essais
rédigés à des dates et dans des circonstances diverses ; la
première section dès la fin de 1794, la deuxième en 1797, la
troisième la même année, à l'occasion de la parution de
l'ouvrage de Christoph Wilhelm Hufeland, *Makrobiotik, oder*
die Kunst das menschliche Leben zu verlängern (*La Macrobio-*
tique ou l'Art de prolonger la vie humaine). Leur lien est la
situation de conflit permanent dans lequel se trouve la
faculté de philosophie, faculté inférieure, vis-à-vis des
facultés supérieures de théologie, de droit et de médecine.
La faculté de philosophie est dite inférieure, bien qu'elle
englobe en fait toutes les autres disciplines qui ne relèvent ni
de la théologie, ni du droit, ni de la médecine, parce qu'elle
n'a aucune part à l'autorité. Ce conflit est donc un conflit
entre l'autorité reconnue socialement et politiquement et la
liberté que revendique la philosophie d'exercer sa réflexion
dans toutes les matières. C'est donc d'abord un conflit entre
tradition et dogmatisme d'une part, liberté de penser d'autre
part, car la contrepartie de l'autorité reconnue aux facultés
supérieures est la mission qui leur est confiée de défendre la
tradition. Il s'exacerbe en conflit entre tradition et réfor-
misme, car si une réforme de l'université et de la société tout
entière doit être engagée, c'est de la faculté « inférieure » que
viendra l'initiative. En outre, ce sont les facultés supérieures
qui forment les fonctionnaires de la justice, les ecclésiastiques (nommés par le roi de Prusse) et les médecins (les trois
sortes de « tuteurs » dont parlait *Qu'est-ce que les Lumières ?*
en 1784). Bien évidemment, la portée des trois conflits est
d'importance inégale ; c'est le conflit avec la faculté de théologie qui est le plus grave. Les trois conflits sont classés par

ordre décroissant. C'est du reste dans le domaine religieux que Kant tomba sous le coup de la censure établie par l'édit de Woellner de 1788 (l'année de la parution de la *Critique de la raison pratique*) ; en 1792 la censure interdit la publication de la deuxième partie de *La Religion dans les limites de la simple raison,* mais Kant publia malgré tout la totalité de l'ouvrage en 1793, ce qui lui valut, en octobre 1794, une réprimande royale. En 1798, Kant estime que le remplacement de Woellner par Massow lui permet de regrouper ses trois conflits en les assortissant dans la « Préface » d'un appel au prince éclairé. C'est aussi dans la première section qu'est définie la méthode du conflit. Kant y énonce les conditions auxquelles une paix peut être conclue entre les facultés et, notamment, entre la faculté de théologie et la faculté de philosophie, non point par un compromis, mais par la reconnaissance du différend et de l'autorité de chaque faculté sur son territoire : « les théologiens de la faculté ont le devoir et par suite le droit de maintenir la foi en la Bible ; sans gêner cependant la liberté qu'ont les philosophes de la soumettre en tout temps à la critique de la raison ». Dans le quatrième paragraphe du premier conflit, il ajoute : « 1) Ce conflit ne peut ni ne doit s'arranger par un accord amiable (*amicabilis compositio*), mais il exige (en tant que procès) une sentence, c'est-à-dire l'arrêt ayant force de loi d'un juge (de la raison) ; car il ne saurait y avoir ici accommodement que par défaut de probité, dissimulation des causes du différend et artifices de persuasion ; maxime tout à fait contraire à l'esprit d'une faculté de philosophie qui se propose l'exposé public de la vérité ; 2) ce conflit ne peut jamais se terminer et la faculté de philosophie est celle qui doit toujours être armée à cette fin. »

La deuxième section reprend (« question renouvelée ») la question qui est au cœur de tous les essais de philosophie de l'histoire, mais elle la renouvelle en ajoutant à la quête téléologique du « jugement réfléchissant », à sa recherche de séquences qui fassent sens, une « pathologie » esthétique de la perception de « signes historiques » dont l'origine est à chercher non pas dans la deuxième partie de la *Critique de la faculté de juger,* mais bien dans la critique de la faculté de juger esthétique.

Le « paradoxe » de la téléologie est qu'elle cherche la confirmation de l'Idée du but dans le passé et dans le présent. La pathologie qui vient la flanquer ou la compléter fonde sur une « expérience » présente une « histoire annonciatrice ». Cette expérience est de nature bien particulière : elle va « indiquer » (*hinweisen*), mais non « prouver » (*bewei-*

sen) ; toutefois, elle doit « permettre de conclure au progrès vers le mieux comme conséquence inéluctable ».

Kant s'attache donc à la distinguer d'un effet ou d'une conséquence et la désigne par les termes de *Begebenheit* (« événement » — titre du § 6) ou de *Zeichen* (« signe » — § 5). C'est un événement qui fait signe (*hindeuten*) vers autre chose situé au-delà de lui. « Les signes ne sont pas des conséquences. La causalité par liberté donne des signes, jamais des effets constatables, ni des chaînes d'effets [27]. » Le signe à proprement parler ne désigne pas (*bezeichnen*). Si le signe se réduisait au *datum,* l'intelligible vers lequel il fait signe serait lui-même ramené à une représentation empirique. Le signe historique n'est donc pas un signe sensible, du moins pas uniquement ; seule sa matière est sensible ; c'est aussi ce qu'on peut appeler un « signe transcendantal » ; Kant le définit dans le paragraphe 59 de la *Critique de la faculté de juger* comme une forme particulière d'« hypotypose », le « symbole ».

Signe symbolique, il ne supprime pas l'abîme entre le sensible et l'intelligible. Kant précise ainsi, à propos du Beau comme symbole de la moralité, la façon dont fonctionne l'opération symbolisante : « Elle consiste à appliquer en premier lieu le concept à l'objet d'une intuition sensible, et en second lieu à appliquer la simple règle de la réflexion sur cette intuition à un tout autre objet, dont le premier n'est que le symbole » (§ 59) ; mais il n'en jette pas moins un pont entre le sensible et l'intelligible. Toutefois, en tant que signe sensible, il n'est évidemment pas non plus la cause de cet intelligible.

Ce signe-événement n'est pas d'ordre objectif, comme le sont les causes matérielles et les effets matériels (« N'attendez pas que cet événement consiste en hauts gestes ou forfaits importants... »). Il est subjectif (« Il s'agit seulement de la manière de penser des spectateurs »). Il va être signe *pour la sensibilité esthétique.* Et, en même temps, il va être le signe *d'*une sensibilité à la liberté.

Dans le domaine esthétique, cette liaison entre la sensibilité et la morale relève d'une « expérience » spécifique. Ce n'est pas celle du Beau, qui est certes lui aussi universel et sans concept, mais qui concerne un spectateur jugeant de la beauté ou de la laideur du monde sans en être violemment ébranlé comme c'est le cas ici. Il s'agit du sublime : « Le sublime n'est pas un objet pour le goût, mais pour le sentiment et l'émotion » (*Anthropologie,* § 68). Cette affection

---

27. Jean-François Lyotard, *Le Différend,* Éd. de Minuit, 1983, p. 186.

sublime est l'enthousiasme, que Kant caractérise comme un
« ébranlement » (*Erschütterung*), c'est-à-dire « la rapide succession de la répulsion et de l'attraction par un même objet »
(*Critique de la faculté de juger*, § 27).

C'est bien ce qui se passe ici : « Que la révolution d'un
peuple spirituel que nous avons vu s'effectuer de nos jours
réussisse ou échoue, qu'elle amoncelle la misère et les
crimes affreux, [elle] trouve néanmoins dans les esprits de
tous les spectateurs (qui ne sont pas engagés dans ce jeu)
une sympathie d'aspiration qui touche de près à l'enthousiasme. »

Cette expérience du sublime s'exprime, d'une part, dans
l'enthousiasme avec lequel la plupart des têtes pensantes ont
salué l'événement révolutionnaire (on le sait, Goethe lui-
même ne parvient pas à réprimer, en pleine « campagne de
France », le sentiment d'assister à l'avènement d'une époque
nouvelle), d'autre part, dans les images, empruntées au
registre du sublime naturel, au moyen desquelles ils le décri-
vent. Au début, les réactions majoritairement positives illustrent parfaitement l'expérience du sublime que théorisera
Kant. L'année 1792 et les massacres de septembre vont
cependant accroître la tension entre le sensible et le suprasensible. Ainsi Wieland, qui en 1789 distinguait dans le
Teutscher Merkur entre les atrocités réelles et les atrocités
inventées de toutes pièces (*wirkliche und erdichtete Greuel*) et
qui tenait la révolution pour « une œuvre nécessaire et salu-
taire, le seul moyen de sauver la nation », perd-il devant le
spectacle de la première Terreur toute sympathie pour cette
« révolution privée de raison ». Il en va de même — et je
fais volontairement abstraction de la diversité des positions
de départ — du disciple de Kant, Friedrich Gentz, qui tra-
duira en 1793 les *Réflexions sur la Révolution française* de
Burke parues en 1790 (un ouvrage qui aura une influence
considérable sur toute la génération postkantienne et la
remise en question du droit naturel rationnel). Comme on le
sait, c'est aussi l'année 1792 qui verra se constituer en Allemagne des fronts politiques.

Les *Parisische Umrisse* de Georg Forster sont l'un des
témoignages philosophiquement les plus parlants [28]. Même
après septembre, Forster maintiendra que « la révolution ne
pouvait être évitée ; elle s'est produite en quelque sorte
d'elle-même, par l'effroyable effondrement du corps de
l'État antérieur dont toutes les parties se décomposaient et

28. Les citations sont tirées de l'édition suivante : Georg Forster,
Schriften zur Natur, Kunst, Politik, éd. par Karl Otto Conrady,
Rowohlt, 1971.

qui ne pouvait plus être sauvé... La révolution doit véritablement être comprise comme une œuvre de la justice naturelle ». D'une part, la révolution est une « catastrophe naturelle » ; comme l'écrit encore Forster dans ses *Parisische Umrisse*, en 1793, « la révolution est la révolution : un phénomène naturel, trop rare pour que nous puissions en connaître les lois particulières, ne saurait être circonscrit et défini au moyen des règles de la raison mais doit être abandonné à son libre cours ». D'autre part, il convient d'y voir l'œuvre de la Providence — un « signe » (*Wink*) ou un « appel de la nature », dit Kant dans son *Traité sur la paix perpétuelle*. La « force brute de la masse » (*die rohe Kraft der Menge*) est aussi énigmatique que la violence des éléments naturels : « La force motrice de la révolution n'est assurément rien de rationnel, rien d'intellectuel... » (*Parisische Umrisse*, 22 octobre 1793). Pourtant, le jugement téléologique, c'est-à-dire la traduction sécularisée de la Providence, permet de la réinscrire dans l'ordre de la création et de reconnaître en elle une force qui impose contre la volonté des hommes les exigences de la morale, « car elle est la plus grande, la plus importante et la plus étonnante révolution de l'évolution et de la formation morales de l'espèce humaine tout entière » (*ibid.*, 5 novembre). Telle est, on le sait, également la position de Kant jusqu'au *Conflit des facultés*.

Même face aux excès révolutionnaires, Forster maintient que l'« élan irrésistible » de la révolution, qui a « rompu toutes les digues et transgressé toutes les bornes que la plupart des têtes les plus éminentes lui avaient prescrites dans leurs systèmes », aurait plus pâti que profité d'une « prépondérance de la Raison » ; il en est résulté une « lutte chaotique des éléments » mais, en même temps aussi, une « dynamique inébranlable » qui n'est autre que la volonté du peuple. Des aléas du processus révolutionnaire se dégage une opinion publique, une volonté générale qui n'est ni la composition des opinions individuelles ni la résultante des événements particuliers [29].

Dans la deuxième section du *Conflit des facultés*, Kant établit pour sa part un lien direct entre cette universalité supérieure de l'opinion publique et l'expérience du sublime, et avance une conception de la *Öffentlichkeit* qui n'a plus grand-chose à voir avec la publicité des maximes. Comme l'a souligné Jean-François Lyotard, l'universalité ne procède plus de la propagation de propositions morales-pratiques, et ce n'est pas non plus la téléologie qui permet de passer du

29. Un argument qu'on retrouve chez Fichte en 1793 ; cf. supra.

chaos terrifiant du vécu sensible à l'ordre intelligible d'un sens, mais le sentiment du sublime lui-même :

> « L'enthousiasme (2ᵉ section, 6) qu'éprouvent les peuples [...], l'enthousiasme [...] des spectateurs n'est pas suspect d'être particulier (il requiert une unanimité de principe, comme le sentiment esthétique), ni d'être intéressé (sous le joug des despotismes, les peuples n'avaient aucun avantage à rendre public ce sentiment). Considéré comme une passion, il n'est pas de valeur éthique (seul le respect pour la loi morale est un sentiment éthiquement pur). Mais, comme cas extrême de l'affection sublime, sa valeur de signe politique est indéniable aux yeux de Kant. La sentimentalité sublime exige en effet, pour avoir lieu, une sensibilité aux Idées qui n'est pas naturelle mais obtenue par la culture. L'humanité doit être cultivée (être en progrès) pour pouvoir ressentir, jusque dans le crime perpétré par les jacobins la "présence" de l'imprésentable Idée de liberté [30]. »

Mais l'affection sublime partage des caractéristiques communes avec le jugement sur le beau : immédiateté, désintéressement, liberté, universalité. Elle crée entre spectateurs étrangers et acteurs français une « communauté des affects » que Kant, dans la *Critique de la faculté de juger*, appelle *sensus communis — gemeinschaftlicher Sinn* (§ 20-22). Le *sensus communis* est dans le registre de l'esthétique l'équivalent de la communauté des êtres pratiques raisonnables dans l'éthique. Communauté subjective, qui, en raison même de la répulsion que suscite l'objet qui déclenche l'affect, ne correspond à aucune « velléité de coopération ». Lorsque Kant souligne que les Allemands n'ont nullement l'intention de suivre l'exemple des Français, il ne s'efforce pas seulement de prémunir cet éloge de l'enthousiasme révolutionnaire contre une réaction de la censure. Il souligne le désintéressement comme caractéristique de la nature morale de la réaction suscitée par le spectacle de la révolution. Sans oublier, bien sûr, de remarquer que cet enthousiasme n'est pas sans risques. L'expérience du sublime de la révolution amène en effet les peuples à prendre conscience de leur liberté : la *Denkungsart* (façon de penser) qu'elle met en branle est la dynamique même de la publicité, comme exercice de la liberté de penser morale, que Kant distingue cependant, aussi soigneusement ici que dans *Qu'est-ce que les Lumières ?*, de tout activisme révolutionnaire. Pourtant, c'est très préci-

30. *Le Postmoderne expliqué aux enfants*, Galilée, 1986, p. 112.

sément par là, en tant que modification de la *Denkungsart*, que la réaction à l'événement révolutionnaire « fait signe » ; c'est une preuve du progrès de la faculté de juger, désormais capable de faire abstraction de l'intérêt immédiat et de se hisser à l'universel. Elle est la « preuve » qu'il y a progrès. La note met en garde les princes contre une façon de gouverner qui prétend faire le bonheur du peuple, mais le prive par là même de sa liberté ; cette dernière s'exprime par le fait que l'être doué de liberté, à la différence de l'animal, ne se contente pas « de jouir de l'agrément de la vie » — argument déjà utilisé dans la deuxième section de *Théorie et pratique*, et qu'il faut entendre ici, en référence à l'esthétique, de la façon suivante : l'être libre n'est pas seulement accessible au plaisir ou au déplaisir sensibles ; il peut éprouver une forme de déplaisir qui soit l'initiation à une forme supérieure de « plaisir » : telle est l'expérience du sublime.

Elle est la « preuve » qu'il y a une « cause morale » — la liberté. Liberté qui se manifeste sous une double forme : D'abord comme autodétermination du peuple français (liberté extérieure, du point de vue du droit) ; ensuite comme liberté morale (devoir : action selon la fin et non selon les moyens). Cette fin « qui est aussi un devoir », c'est la seule constitution qui, selon Kant, soit à la fois conforme au droit et à la morale, à savoir la constitution républicaine. C'est à sa nature médiatrice qu'est du reste sensible l'enthousiasme, qui est lui-même un passage entre le sensible et l'intelligible.

Car, en ce point du paragraphe 6, l'enthousiasme n'est pas seulement celui des spectateurs, mais bien « la grandeur d'âme qu'éveillait chez les révolutionnaires eux-mêmes le pur concept du droit », « exaltation avec laquelle sympathisait le public ». La *Teilnehmung am Guten mit Affekt* (participation passionnée au bien) est commune aux spectateurs et aux acteurs. C'est à travers elle qu'ils communiquent, qu'ils sont en communion, ou en communauté.

VI. *D'un événement de notre temps qui prouve cette tendance morale de l'humanité*

N'attendez pas que cet événement consiste en hauts gestes ou forfaits importants commis par les hommes, à la suite de quoi, ce qui était grand parmi les hommes est rendu petit, ou ce qui était petit rendu grand, ni en

d'antiques et brillants édifices politiques qui disparaissent comme par magie, pendant qu'à leur place d'autres surgissent en quelque sorte des profondeurs de la terre. Non ; rien de tout cela. Il s'agit seulement de la manière de penser des spectateurs qui se trahit *publiquement* dans ce jeu de grandes révolutions et qui, même au prix du danger que pourrait leur attirer une telle partialité, manifeste néanmoins un intérêt universel, et par ailleurs non égoïste, des joueurs d'un parti pour ceux de l'autre, démontrant ainsi (à cause de l'universalité) un caractère du genre humain dans sa totalité, et en même temps (à cause du désintéressement) un caractère moral de cette humanité, tout au moins dans ses dispositions — caractère qui non seulement permet d'espérer le progrès, mais représente en lui-même un tel progrès dans la mesure où il est actuellement possible de l'atteindre.

Peu importe si la révolution d'un peuple plein d'esprit, que nous avons vu s'effectuer de nos jours, réussit ou échoue, peu importe si elle accumule misère et atrocités au point qu'un homme sensé qui la referait avec l'espoir de la mener à bien ne se résoudrait jamais néanmoins à tenter l'expérience à ce prix — cette révolution, dis-je, trouve quand même dans les esprits de tous les spectateurs (qui ne sont pas eux-mêmes engagés dans ce jeu) une *sympathie* d'aspiration qui frise l'enthousiasme et dont la manifestation même comportait un danger ; cette sympathie par conséquent ne peut avoir d'autre cause qu'une disposition morale du genre humain.

Cette cause morale qui intervient est double : d'abord c'est celle du *droit* qu'a un peuple de ne pas être empêché par d'autres puissances de se donner une constitution politique à son gré ; deuxièmement c'est celle de la *fin* (qui est aussi un devoir) : seule est en soi *conforme au droit* et moralement bonne la constitution d'un peuple qui est propre par sa nature à éviter selon des principes la guerre offensive — ce ne peut être que la constitution républicaine, théoriquement du moins —, celle qui est par suite propre à se placer dans les conditions qui écartent la guerre (source de tous les maux et de toute corruption des mœurs), et qui assurent de ce fait négativement le progrès du genre humain, malgré toute son infirmité, en lui garantissant que, du moins, il ne sera pas entravé dans son progrès.

Cela donc, ainsi que la participation *passionnée* au Bien, l'*enthousiasme,* qui par ailleurs ne comporte pas une approbation sans réserve, du fait que toute émotion comme telle mérite un blâme, permet cependant, grâce à cette histoire, de faire la remarque suivante, qui a son importance pour l'anthropologie : le véritable enthousiasme ne se rapporte jamais qu'à ce qui est *idéal,* plus spécialement à ce qui est purement moral, le concept de droit par exemple, et il ne peut se greffer sur l'intérêt. Malgré des récompenses pécuniaires les adversaires des révolutionnaires ne pouvaient se hausser jusqu'au zèle et à la grandeur d'âme qu'éveillait en ces derniers le pur concept du droit ; et même le concept d'honneur de la vieille noblesse guerrière (proche parent de l'enthousiasme) finit par s'évanouir devant les armes de ceux qui avaient en vue le *droit* du peuple auquel ils appartenaient, et s'en considéraient comme les défenseurs ; exaltation avec laquelle sympathisait le public qui du dehors assistait en spectateur, sans la moindre intention de s'y associer effectivement.

Der Streit der Fakultäten, in *Werke,* éd. par W. Weischedel, tome VI, Insel, Frankfurt/Main, 1964, p. 357-360 ; trad. fr. : *Le Conflit des facultés*, in *Opuscules sur l'histoire,* traduction de Stéphane Piobetta, Flammarion, Paris, 1990, p. 210-213 (traduction modifiée).

7. LES THÉORIES DE L'ÉTAT
APRÈS LA RÉVOLUTION FRANÇAISE
LA NAISSANCE DU LIBÉRALISME

L'*Aufklärung* s'était donné pour ambition de préparer et de réaliser la meilleure forme d'État. Ainsi la Révolution française fut-elle pour elle une sorte d'épreuve du feu. Une épreuve que beaucoup jugent précipitée ; pour Schiller la réalisation a pris de vitesse la préparation. Les jugements critiques, cependant, ne se contentent, pas seulement de faire le bilan des intentions et des actes et de déplorer les bavures. Ces dernières suscitent une interrogation plus radicale encore qu'à la veille de la révolution [1], une interrogation qui remet en cause l'idée même de raison dans l'histoire et inaugure en quelque sorte la thèse célèbre d'Adorno et Horkheimer : l'idée qu'une « dialectique de l'*Aufklärung* » fait basculer l'hyperrationalisme dans l'irrationalisme [2]. Dans la génération postkantienne, cette interrogation prend la forme suivante : et si les excès et les échecs étaient dus à la forme même de rationalité qui prétendait orienter infailliblement la pratique ? Et si cette rationalité était au fond un nouveau dogmatisme, pire peut-être que le dogmatisme du rationalisme scolastique contre lequel elle s'était affirmée ? On l'a vu, ces doutes hantaient déjà l'esprit des contemporains de Kant au milieu des années 1780. Mais il ne s'agissait à l'époque que du combat d'arrière-garde des théologiens d'une part, des « philosophes populaires » d'autre part, et la rigueur philosophique de la démarche kantienne, affirmant le lien intrinsèque entre la pratique et la théorie fondée sur l'auto-

1. Cf. le chapitre I, « Qu'est-ce que les Lumières ? »
2. Theodor W. Adorno et Max Horkheimer, *Dialektik der Aufklärung*, Amsterdam, 1944 ; trad. fr., *La Dialectique de la raison*, Gallimard, 1975.

détermination de la raison, n'avait guère de mal à l'emporter sur les derniers bastions du dogmatisme et sur l'appel à la mesure de la philosophie populaire. La crise postkantienne est considérablement plus grave.

Schiller diagnostique une maladie inhérente à la raison elle-même, qui se serait affirmée tyranniquement contre les penchants et serait du même coup exposée à un « retour du refoulé ». Dans ses écrits théoriques [3], il cherche, en termes symptomatiquement dualistes, à fonder une nouvelle synthèse qui mettrait fin à l'affrontement des penchants et de la morale. Cette synthèse serait, en politique, « l'État esthétique ».

La pensée de Wilhelm von Humboldt répond aux mêmes préoccupations : refus de l'identification de la raison politique à la « physique » ou à la raison morale tyrannique. L'État est pour Humboldt ce que Kant entendait par le droit : un garant provisoire qui préserve des débordements. Mais, pour cette raison même, l'exercice de son autorité est limité ; elle ne s'étend ni à l'éducation, ni à la religion, ni aux mœurs (§ 5), c'est-à-dire à tout ce qui constitue le « caractère de la nation » (§ 6). À la « primauté de la constitution » (Staatsverfassung), Humboldt oppose la « réunion dans l'État » (Staatsvereinigung, § 8), en d'autres termes la nation. Le rôle de l'État et la mission du droit positif consistent à garantir la sécurité, intérieure et extérieure, et à permettre par là même l'épanouissement de la liberté. L'État ne saurait donc être la fin de l'histoire ; la « vraie fin » (wahrer Zweck) est le développement complet et harmonieux des dispositions humaines, dont la « formation » (Bildung) doit engendrer un tout harmonieux. C'est cette synthèse harmonieuse que Humboldt appelle raison.

WILHELM VON HUMBOLDT
Les limites des compétences de l'État

La véritable fin de l'homme — non point celle que des penchants changeants lui font rechercher, mais celle que lui prescrit la raison éternelle et immuable — est le développement le plus grand et le plus équilibré possible de ses forces de façon à ce

---

3. Cf. chapitre v, « L'esthétique philosophique ». On trouvera dans ce chapitre une présentation plus développée de l'esthétique de Schiller.

qu'elles forment un tout. Cette formation [4] a pour condition première et indispensable la liberté. Mais, en dehors de la liberté, le développement des forces humaines requiert encore autre chose, encore que cette autre chose soit étroitement liée à la liberté : la diversité des situations [chapitre II, p. 64].

Je tiens pour démontré par ce qui précède *que la vraie raison de l'homme ne peut souhaiter aucun autre état en dehors de celui dans lequel non seulement chaque individu jouit de la liberté la plus complète de se développer par soi-même, dans toute son originalité individuelle, mais où la nature physique ne se voit elle aussi imposer aucune autre forme par la main de l'homme que celle que chaque individu lui donne librement et de lui-même en fonction de ses besoins et de ses penchants, uniquement limité par la mesure de sa force et de son droit* [chapitre II, p. 69].

Si je tire de tout le raisonnement développé jusqu'à maintenant la conséquence ultime, il en résulte que le premier principe de cette partie de la présente étude doit être le suivant : *que l'État se garde bien de se soucier du bien-être positif des citoyens et qu'il n'aille pas plus loin qu'il n'est nécessaire pour les protéger d'eux-mêmes et d'ennemis extérieurs ; qu'il ne limite leur liberté au nom d'aucune autre fin* [chapitre III, p. 90].

Sans sécurité l'homme ne peut ni se former en développant ses forces, ni jouir de leurs fruits ; car sans sécurité il n'y a pas de liberté. Mais il y a également quelque chose que l'homme ne peut se procurer par lui-même ; c'est ce que montre [...] l'expérience, qui nous enseigne que nos États, alors même qu'ils se trouvent dans une situation de loin plus favorable qu'il n'est permis de se représenter les hommes dans l'état de nature puisqu'ils sont liés les uns aux autres par un si grand nombre de traités et d'alliances et que, par ailleurs, la peur empêche bien souvent que n'éclatent des hostilités, ne jouissent pourtant pas de la sécurité dont bénéficie le plus modeste des sujets sous la constitution la plus médiocre. Aussi, quoique j'aie précé-

4. *Bildung.*

demment exclu le concours de l'État à propos de bien
des choses que la nation peut se procurer tout aussi
bien par elle-même et sans les inconvénients qui résultent dès que l'État s'en soucie, il me faut maintenant
mettre ce concours de l'État au service de la sécurité,
car il s'agit là de la seule chose que l'individu humain
ne puisse atteindre par ses seules forces. Je crois donc
pouvoir énoncer en ce point ce premier principe
positif — qu'il importera par la suite de définir et de
délimiter plus précisément : la conservation de la
sécurité tant par rapport à des ennemis extérieurs
qu'en raison de querelles internes doit constituer le
but de l'État et mobiliser ses compétences [chapitre
IV, p. 95 sq.].

Je crois, eu égard à mes intentions, avoir suffisamment montré à quel point il y a lieu de s'inquiéter
chaque fois que l'État se préoccupe de prévenir, voire
d'anticiper, les moindres écarts des mœurs, dès lors que
ces derniers ne lèsent pas directement le droit d'autrui,
combien il est douteux qu'on puisse notamment en
attendre des conséquences salutaires pour la moralité et
dans quelle mesure une telle intervention n'est pas
nécessaire à la conservation de la sécurité. Si l'on se
réfère en outre aux raisons invoquées au début de cet
essai, lesquelles contestent toute compétence de l'État
visant un but positif et se révèlent ici d'autant plus
valables que l'homme moral ressent justement plus
profondément toute limitation, si par ailleurs on
n'oublie pas qu'une espèce, quelle qu'elle soit, doit sa
beauté la plus achevée à la formation de sa liberté et que
celle-ci n'est autre que la formation des mœurs et du
caractère, alors la justesse du principe qui suit ne devrait
être sujette au moindre doute, *à savoir que l'État doit
s'abstenir absolument de toute tentative pour influencer
directement ou indirectement les mœurs et le caractère d'une
nation, dès lors qu'une telle intervention n'est pas la conséquence inévitable et automatique des dispositions qu'il doit
nécessairement prendre par ailleurs, et que tout ce qui peut
aller dans ce sens, notamment toute surveillance particulière
de l'éducation, des institutions religieuses, des lois concernant*

le mode de vie, etc., sort absolument des limites de ses compétences [chapitre XVIII, p. 144 sq.].

Dans un premier temps on a exclu le concours de l'État en toutes les matières qui ne relèvent pas de la sécurité, tant extérieure qu'intérieure, des citoyens. Ensuite on a présenté cette sécurité comme étant le véritable objet des compétences de l'État et on a enfin établi le principe que, pour promouvoir et conserver cette dernière, il ne fallait pas tenter d'influer directement sur les mœurs et sur le caractère d'une nation pour l'orienter dans une direction et le détourner d'une autre. Dans une certaine mesure, on pourrait donc considérer qu'on a déjà amplement répondu à la question des limites dans lesquelles l'État doit maintenir ses compétences puisque ces compétences se limitent à la conservation de la sécurité et qu'en ce qui concerne les moyens requis, elles se limitent plus exactement à ceux qui ne se proposent pas de façonner en quelque sorte la nation selon les fins dernières de l'État, ou plutôt de la tirer dans ce sens. Car, si cette délimitation est en quelque sorte négative, elle n'en désigne pas moins avec suffisamment de clarté ce qui demeure, une fois tout le reste exclu. L'État, en effet, n'étendra son intervention que sur des actions qui attentent directement et notoirement au droit d'autrui, il se contentera de trancher les différends, de rétablir les droits lésés et de punir ceux qui les violent. Toutefois, la notion de sécurité que nous n'avons pour l'instant autrement définie qu'en disant qu'elle concerne la sécurité par rapport à des ennemis extérieurs, et eu égard aux atteintes venant des concitoyens, est trop large et beaucoup trop englobante pour ne pas requérir une explication plus précise [...]. *Sont en sécurité* les citoyens d'un État qui ne sont pas gênés par des interventions extérieures lorsqu'ils veulent exercer les droits qui leur reviennent — qu'il s'agisse de droits concernant leur personne ou leur propriété. *La sécurité* est par conséquent — si ce terme est trop succinct et paraît pour cette raison confus — *la garantie de la liberté dans le cadre des lois.* Cette sécurité n'est pas gênée par toutes les actions qui empêchent l'homme dans l'exer-

cice de l'une quelconque de ses forces ou dans la jouissance d'une de ses facultés, mais uniquement par celles
qui l'en empêchent *en lésant le droit*.

Ceux dont la sécurité doit être conservée sont d'une
part tous les citoyens, sur un pied d'égalité absolue,
d'autre part l'État lui-même. La sécurité de l'État
constitue un enjeu de plus ou moins grande ampleur
selon que l'on donne plus d'extension à ses droits ou
qu'on les limite plus étroitement, et c'est pourquoi la
définition de la sécurité dépend de la définition de la
fin qu'on lui assigne. De la façon dont j'ai cependant
tenté de définir ici cette dernière, il ne devrait revendiquer sa sécurité à nulle autre fin que pour les pouvoirs qui lui sont reconnus et les moyens qui lui ont
été accordés pour les exercer. En revanche, il ne saurait limiter les actions visant à cette forme de sécurité
par laquelle un citoyen — sans porter véritablement
atteinte à un droit, et à supposer donc qu'il ne se
trouve pas dans une relation personnelle ou conjonc-
turelle particulière avec l'État, comme par exemple
dans le cas d'une guerre — se soustrait et soustrait sa
propriété à son emprise. Car la réunion dans un État
n'est qu'un moyen secondaire auquel le véritable but,
l'homme, ne doit pas être sacrifié, sous peine de provoquer un conflit tel que, même si l'individu n'était
pas obligé de se sacrifier, la masse aurait néanmoins le
droit d'exiger son sacrifice. En outre, conformément
aux principes ici exposés, l'État n'a d'ailleurs pas le
droit de se soucier du bien-être des citoyens et, s'il
s'agit d'assurer leur sécurité, rien ne peut être nécessaire qui supprime la liberté et par là même aussi la
sécurité [chapitre IX, p. 145 sq. et p. 147 sq.].

Wilhelm von Humboldt, *Ideen zu einem Versuch, die Grenzen
der Wirksamkeit, des Staates zu bestimmen* (*Idées visant à déterminer les limites des compétences de l'État*), 1792, in *Werke*,
éd. par A. Flitner, Cotta, Stuttgart, 1960, tome I**.

*
* *

SCHILLER
Lettres sur l'éducation esthétique de l'homme

Huitième lettre

La philosophie doit-elle donc, découragée et sans
espérance, se retirer de ce territoire ? Tandis que
l'empire des formes s'agrandit dans toutes les autres
directions, convient-il que ce domaine important entre
tous soit abandonné au hasard informe ? Le conflit de
forces aveugles doit-il dans l'ordre de la politique
durer éternellement et la loi de la sociabilité ne triom-
phera-t-elle jamais de son ennemi l'égoïsme ?

Nullement ! Sans doute la Raison elle-même ne ten-
tera-t-elle pas d'engager directement la lutte contre
cette force sauvage qui résiste à ses armes, et, pas plus
que le fils de Saturne dans l'*Iliade*, elle ne descendra
dans l'arène assombrie pour se battre en personne.
Mais parmi les combattants elle choisira le plus
digne ; elle le munira d'armes divines, comme fit Zeus
pour son descendant, et, grâce à sa force victorieuse,
elle emportera la grande décision.

La Raison a fait ce qui est en son pouvoir quand
elle découvre et proclame la loi ; l'application doit être
l'œuvre de la volonté résolue et du sentiment vivant.
Pour que dans sa lutte avec des forces la vérité
obtienne la victoire, il faut d'abord qu'elle-même
devienne force, et qu'elle établisse pour son représentant dans le royaume des apparences un instinct ; car
les instincts sont dans le monde sensible les seules
forces motrices. Si jusqu'à présent la Raison a encore
si peu attesté sa force victorieuse, la responsabilité
n'en incombe pas à l'entendement qui n'a pas su lui
enlever son voile, mais au cœur qui s'est fermé à elle
et à l'instinct qui n'a pas agi pour elle.

D'où vient en effet cette souveraineté encore si universelle des préjugés et cet obscurcissement des cer-
veaux en dépit de tous les flambeaux de lumière que
la philosophie et l'expérience ont brandis ? L'époque
est éclairée, c'est-à-dire qu'ont été découvertes et

divulguées les connaissances qui pourraient suffire au moins à rectifier nos principes d'action pratique ; l'esprit de libre recherche a dissipé les concepts illusoires qui ont longtemps empêché d'accéder à la vérité et il a sapé le terrain sur lequel le fanatisme et l'imposture construisirent leur trône ; la Raison s'est purifiée des illusions des sens et d'une sophistique trompeuse, et la philosophie elle-même, qui nous a d'abord rendus infidèles à la nature, nous rappelle d'une voix sonore et impérieuse dans le sein de celle-ci. D'où vient donc que nous soyons encore et toujours des barbares ?

Il faut, puisque la cause n'en est pas dans les choses, qu'il y ait dans les âmes des hommes quelque obstacle qui les empêche d'accueillir la vérité, aussi éclatante que soit sa lumière, et de l'adopter, aussi vivante que soit la conviction qu'elle procure. Un sage de l'antiquité l'a ressenti et il l'a exprimé en termes voilés par l'adage plein de sens : *Sapere aude.*

Aie la hardiesse d'être sage. Il faut l'énergie du courage pour lutter contre les obstacles que l'indolence de la nature et la lâcheté du cœur opposent à l'enseignement de la vérité. Un vieux mythe plein de signification montre la déesse de la Sagesse surgissant tout armée de la tête de Jupiter ; dès son premier acte elle est belliqueuse. Dès sa naissance elle a à soutenir un dur combat avec les sens qui ne consentent pas à être arrachés à leur douce quiétude. Le plus grand nombre des hommes est beaucoup trop fatigué et lassé par la lutte contre les privations pour être capable de rassembler ses forces en vue d'une lutte nouvelle et plus dure contre l'erreur. Satisfait d'échapper à l'âpre labeur de la réflexion, il laisse volontiers s'exercer une tutelle sur ses pensées et s'il arrive que des besoins supérieurs s'agitent en lui, il saisit d'une foi avide les formules que l'État et les prêtres tiennent en réserve pour cette circonstance. Si ces malheureux méritent notre pitié, notre juste mépris va aux autres, qu'un sort meilleur libère du joug des besoins, mais que leur propre choix courbe sous celui-ci. Ces derniers préfè-

rent aux rayons de la vérité qui chassent l'agréable
fantasmagorie de leurs rêves le crépuscule de concepts
obscurs qui permettent de sentir plus vivement et qui
laissent l'imagination se former à son gré des fictions
commodes. Ils ont fondé tout l'édifice de leur bonheur
sur ces illusions mêmes, que la lumière de la connaissance contrarie et doit dissiper, et il leur faudrait
acheter bien cher une vérité qui commence par leur
ôter tout ce qui possède de la valeur pour eux. Il
faudrait qu'ils fussent déjà sages pour aimer la
sagesse : c'est là une vérité qu'a déjà sentie celui qui a
donné à la philosophie son nom.

Non seulement donc cette lumière de l'intelligence
ne mérite l'estime que dans la mesure où elle se réfléchit sur le caractère ; mais encore elle part dans une
certaine mesure du caractère, car le chemin qui mène
à l'esprit doit passer par le cœur. La formation du
sentiment est donc le besoin extrêmement urgent de
l'époque, non seulement parce qu'elle devient un
moyen de rendre efficace pour la vie une compréhension meilleure de la vérité, mais même parce qu'elle
stimule l'intelligence à améliorer ses vues.

Vingt-septième lettre

Au milieu de l'empire redoutable des forces et du
royaume sacré des lois, l'instinct plastique de beauté
travaille insensiblement à instaurer un troisième et
radieux royaume, celui de l'apparence et du jeu, dans
lequel il affranchit l'homme des chaînes de toutes les
circonstances et le délivre, dans l'ordre de la nature
comme dans celui de la morale, de tout ce qui
s'appelle contrainte.

Si dans l'État dynamique des droits, c'est en tant
que force que l'homme affronte l'homme et qu'il
limite son action, si dans l'État éthique des devoirs il
se dresse contre lui avec la majesté de la loi et
enchaîne sa volonté, il n'a dans la sphère des relations
belles, dans l'État esthétique, le droit de lui apparaître

qu'en tant que forme et de ne s'affirmer devant lui qu'en tant qu'objet de libre jeu. Donner de la liberté par le moyen de la liberté est le principe fondamental de cet empire.

L'État dynamique peut rendre la société seulement possible en maîtrisant la nature par des forces naturelles ; l'État éthique peut la rendre seulement nécessaire (moralement) en soumettant la volonté individuelle à la volonté générale ; l'État esthétique seul peut la rendre réelle parce qu'il accomplit la volonté de tous par le moyen de la nature des individus. S'il est vrai que le besoin déjà contraint l'homme à entrer en société, et si la raison lui inculque des principes de sociabilité, la beauté seule peut lui communiquer un caractère sociable. Le goût seul met de l'harmonie dans la société parce qu'il crée de l'harmonie dans l'individu. Toutes les autres formes de la perception fragmentent l'homme parce qu'elles se fondent exclusivement soit sur la partie de son être qui est vie sensible, soit sur celle qui est vie spirituelle ; seule la perception de la beauté fait de lui une totalité, parce qu'elle oblige ses deux natures à s'harmoniser en un tout. Toutes les autres formes de relations divisent la société parce qu'elles sont exclusivement en rapport soit avec la réceptivité spécifique, soit avec l'activité spécifique de ses différents membres, c'est-à-dire avec ce qui les distingue les uns des autres ; seules les relations fondées sur la beauté unissent la société, parce qu'elles se rapportent à ce qui est commun à tous. C'est seulement en tant qu'individu que nous goûtons les joies des sens, et l'espèce qui nous est immanente n'y a aucune part ; nous ne pouvons donc pas élargir nos joies sensibles aux proportions de joies universelles parce que nous ne pouvons pas donner l'universalité à notre individu. C'est seulement en tant qu'espèce que nous goûtons les joies de la connaissance et en les goûtant nous éliminons soigneusement de notre jugement toute trace de notre particularité individuelle ; nous ne pouvons donc pas rendre universelles nos joies raisonnables parce que nous ne

pouvons pas exclure du jugement d'autrui, comme
nous le faisons du nôtre, les traces de particularité
individuelle. De la beauté seule nous jouissons à la
fois en tant qu'individu et en tant qu'espèce, c'est-à-
dire en tant que représentants de l'espèce. Le bien
sensible ne peut procurer le bonheur qu'à l'individu,
car il se fonde sur une appropriation qui entraîne toujours une exclusion ; il ne peut en outre procurer à cet
individu qu'un bonheur fragmentaire, parce que sa
personnalité n'y a pas de part. Le bien absolu ne peut
procurer le bonheur que dans des conditions dont on
ne peut pas présumer l'existence chez tous les hommes ; car la vérité n'est le prix que de l'abnégation et
seul un cœur pur croit à la volonté pure. La beauté
seule procure le bonheur à tous les hommes, et tout
être oublie ses limites dès qu'il subit son charme.

Aucun privilège, aucune dictature ne sont tolérés
pour autant que le goût règne et que l'apparence belle
accroît son empire. Cet empire s'étend vers les régions
supérieures jusqu'au territoire où la raison règne avec
une nécessité inconditionnée et où prend fin tout ce
qui est matière ; il s'étend vers les régions inférieures
jusqu'à la terre où l'instinct naturel gouverne en exer-
çant une aveugle contrainte et où la forme ne commence pas encore ; même à ces confins les plus
extrêmes où le goût est dépossédé du pouvoir législatif, il ne se laisse pas arracher l'exécutif. [...] Dans
l'État esthétique, tout le monde, le manœuvre lui-
même qui n'est qu'un instrument, est un libre citoyen
dont les droits sont égaux à ceux du plus noble, et
l'entendement qui plie brutalement à ses desseins la
masse résignée est ici mis dans l'obligation de lui
demander son assentiment. Ici donc, dans le royaume
de l'apparence esthétique, l'idéal d'égalité a une existence effective, lui que les illuminés aimeraient tant
voir réalisé dans son essence même ; et s'il est vrai que
c'est à proximité des trônes que les belles manières se
développent le plus tôt et le plus parfaitement, ne
faut-il pas reconnaître là encore la main de la Destinée
bienveillante qui dans le monde réel semble souvent

n'assujettir l'homme à des limites que pour le presser de s'élever à un monde idéal ?

Mais un tel État de la belle apparence existe-t-il donc et où le trouve-t-on ? Il existe à titre de besoin dans toute âme délicate ; à titre de réalité sans doute ne le trouvera-t-on comme la pure Église et la pure République que dans un petit nombre de cénacles d'élite où l'homme se propose dans sa conduite non pas d'imiter sans esprit des mœurs étrangères, mais d'obéir à sa propre nature belle, où il avance à travers les situations les plus compliquées avec une audacieuse simplicité et une innocence tranquille, où enfin il n'a pas besoin de léser la liberté d'autrui pour affirmer la sienne ni de renier sa dignité pour manifester de la grâce.

Briefe über die ästhetische Erziehung des Menschen, in *Schillers Werke,* Nationalausgabe, tome XX, Hermann Böhlaus Nachfolger, Weimar, p. 330-332, et p. 410-412 ; trad. fr. : *Lettres sur l'éducation esthétique de l'homme,* traduites de l'allemand et préfacées par Robert Leroux, édition mise à jour par Michèle Halimi, Aubier, Paris, 1992, p. 143-147 (*Huitième lettre*) et p. 365-373 (*Vingt-septième lettre*). Traduction modifiée.

CHAPITRE V

L'ESTHÉTIQUE PHILOSOPHIQUE [1]

BAUMGARTEN
La naissance de l'esthétique philosophique

Baumgarten est souvent présenté dans les histoires de la philosophie comme un élève de Wolff — ce qu'il fut assurément. On lui doit une *Métaphysique* (1739) comptant quelque mille articles et qui passe avec raison pour un exemple de la sytématicité introduite par la *Schulphilosophie* wolffienne. Kant lui-même en tira le plus grand profit, notamment pour ses cours de métaphysique. En métaphysique Baumgarten est ce qu'on pourrait appeler un « jeune wolffien »; il s'engouffre dans la brèche ouverte par le maître; la métaphysique n'est plus ontothéologie mais *prima philosophia*; c'est la science des premiers principes valables dans toutes les sphères de la « métaphysique spéciale ». Sans doute faut-il voir là l'impulsion première qui le conduisit, dès sa « dissertation » (thèse de doctorat) de 1735, *Meditationes philosophicae de nonnullis ad poema pertinentibus*, à inventer une nouvelle sphère d'application : *l'esthétique*. La psychologie, la psychologie wolffienne elle-même, nous enseigne en effet qu'il existe deux formes et sans doute deux facultés de connaissance : une faculté supérieure — l'entendement — et une faculté inférieure — la sensibilité. L'« esthétique » inventée par Baumgarten n'est donc nullement hérétique dans l'économie du système wolffien à partir

1. On trouvera une approche historique et problématique d'ensemble des questions traitées dans ce chapitre dans l'ouvrage collectif *Von der Rhetorik zur Ästhetik*, éd. par G. Raulet, Philia, Rennes, 1995.

duquel il accède à sa découverte. C'est « la science du mode
sensible de la connaissance d'un objet » (*Méditations,*
§ CXV) ; c'est une partie de la *Psychologie* — de la psychologie empirique [2] — et c'est ainsi que Baumgarten la traite
dans sa *Métaphysique* : « La science du mode de connaissance et d'exposition sensible est l'esthétique (logique de la
faculté de connaissance inférieure, gnoséologie inférieure,
art de la beauté du penser, art de l'*analogon* de la raison »
(*Métaphysique,* § 533) [3]. On verra plus loin les conséquences
qu'entraîne la reconnaissance de la *faculté inférieure.* Si,
comme tout permet de le penser, Baumgarten créa le terme
« esthétique » pour désigner cette discipline nouvelle (cf.
l'avant-dernier paragraphe des *Meditationes,* § CXVI), c'est
qu'il avait besoin d'une appellation nouvelle et que l'enjeu
qu'il poursuit dépasse la définition qu'il en donne lui-même
dans son cours sur l'esthétique [4]. Il ne s'agit en effet pas
seulement de systématiser les règles du Beau, de leur donner
un fondement métaphysique. Même s'il ne cesse de citer
l'*Art poétique* d'Horace, comme s'il ne s'agissait que de
reprendre, en la fondant selon la scientificité wolffienne,
l'ancienne poétique, à laquelle il se réfère de façon insis-
tante, l'esthétique de Baumgarten n'est ni une poétique
— dans la tradition de l'Antiquité qui s'est maintenue sans
interruption jusqu'au XVIIIe siècle —, ni une théorie du
Beau — dans la tradition française du rationalisme français
du XVIIe siècle —, ni une théorie du goût — qui mettrait
seulement à profit l'influence sensualiste anglaise et ses
variantes continentales (comme l'esthétique subjective de
Dubos). L'approche de Baumgarten est radicalement différente. Certes ses *Meditationes* et ensuite son *Esthétique* sont
aussi une théorie de l'art et une théorie du Beau, mais le fait
complètement nouveau est qu'elles ont leur fondement dans
une théorie de la perception sensible. Ernst Cassirer écrit à

2. Et très précisément du § 580 de la *Psychologia empirica* de
Wolff.

3. L'*analogon rationis* n'est pas une notion innocente. Baumgarten en fait le lien entre les différents modes de connaissance ; or
il s'agit chez les leibnizo-wolffiens d'une notion anthropologique qui
s'applique d'abord aux animaux (cf. Ursula Franke, « *Analogon
rationis* », in *Historisches Wörterbuch der Philosophie,* éd. par Joachim
Ritter et al., tome I). Baumgarten crée ainsi un dénominateur
commun des différentes formes de connaissance qui est l'analogon
et non plus « la Raison ». Le déplacement est de taille, quoique peu
souvent relevé.

4. Voir A.G. Baumgarten, *Esthétique,* précédée des *Méditations
philosophiques sur quelques sujets se rapportant à l'essence du poème* et de
la *Métaphysique,* L'Herne, 1988.

juste titre : « Baumgarten est le premier penseur qui se soit arraché au dilemme du "sensualisme" et du "rationalisme", qui ait amorcé une synthèse neuve et productive entre "raison" et "sensibilité" [5]. » Baumgarten inaugure une véritable théorie de la sensibilité articulant le rôle de la sensibilité dans la connaissance avec son rôle évident, mais jusqu'alors jamais thématisé comme tel, dans les beaux-arts, dans leur production comme dans leur réception.

L'extension du système de Wolff que propose Baumgarten va bien au-delà de ce qu'avait pu produire jusqu'alors ce système et dont l'exemple est l'esthétique de Gottsched, qui domine à cette époque la scène allemande et entend fonder un goût allemand [6]. Pour l'essentiel, Gottsched en reste à une déduction logique (wolffienne) du critère du Beau ; les « belles sciences » (*schöne Wissenschaften*) sont un cas particulier des sciences tout court. Les critères esthétiques peuvent être déduits de la même façon de l'ontologie que toutes les autres vérités. « En effet, les règles que l'on introduit dans les arts libéraux ne dépendent pas du bon vouloir des hommes, mais ont leur fondement dans la nature immuable des choses elles-mêmes, dans la concorde de sa diversité et dans son harmonie [7]. » Dans l'avant-dernier paragraphe des *Méditations*, où il justifie la nécessité d'une « esthétique », Baumgarten, tout en se réclamant de la psychologie de Wolff, souligne que la logique, clé de voûte de la science philosophique wolffienne, n'est pas en mesure de rendre compte de la connaissance sensible des choses. Logique et esthétique sont donc également nécessaires. Mais il y a plus : alors qu'un Gottsched rejette catégoriquement tout fondement subjectif du goût, Baumgarten en arrive par là à distinguer deux domaines de la connaissance, ou de l'évidence, l'un intelligible et l'autre sensible, l'un rationnel et objectif, l'autre subjectif. Il y a des vérités métaphysiques, ou objectives, et des vérités « esthético-logiques » (*Esthétique*, § 423 et 424). L'œuvre d'art, le « poème », n'est pas une réalité harmonieuse, ni la reproduction d'une réalité objective harmonieuse, mais une perception réussie, une

5. Ernst Cassirer, *La Philosophie des Lumières*, Fayard, 1966, p. 342.

6. Nous renvoyons à notre article sur Gottsched et Baumgarten, « *Zur Vorgeschichte der Einbildungskraft. Abbild, Vorbild, Bildung und Einbildungskraft bei J.C. Gottsched* », in Richard Heinrich/Helmut Vetter (dir.), *Bilder der Philosophie. Reflexionen über das Bildliche und die Phantasie*, Oldenbourg, Wien, 1991 (Wiener Reihe, tome V).

7. *Critische Dichtkunst für die Deutschen*, in *Schriften zur Literatur*, Reclam, Stuttgart, 1972, p. 63.

belle représentation. La « vérité subjective » n'est donc pas
adequatio intellectus et rei (définition du rationalisme cartésien
et leibnizo-wolffien), mais adéquation de la chose *et de sa
représentation dans le sujet*. Il est vrai que Wolff avait là
encore, à partir de Leibniz, ouvert une perspective nouvelle,
dont même Gottsched fait usage dans sa polémique contre
les Suisses Bodmer et Breitinger à propos du merveilleux :
de même que la métaphysique n'est pas la science du réel
mais la science de tout le possible [8], la *mimesis* ne doit pas
être comprise en art au sens d'une plate imitation ; l'artiste
invente des mondes que Dieu n'a pas retenus parce qu'ils
n'étaient pas les meilleurs possible — mondes qui étaient
néanmoins possibles et dont il est toujours possible
d'éprouver, de pousser à bout la perfection potentielle. L'art
n'est pas « merveilleux » mais seulement, comme dit
Baumgarten, « hétérocosmique » [9]. Les inventions (*Erdich-
tungen*) de l'art ne sont, conformément à Wolff (*Psychologia
empirica*, § 144), que des divisions et des recompositions des
éléments dont se compose tout monde réel. Si, chez
Baumgarten, le principe de la *mimesis* est maintenu, c'est
uniquement (§ 108-111) au sens où l'artiste, comme la
nature, produit des représentations sensibles. Kant dira-t-il
autre chose à propos du génie qui crée « comme la nature »
et de l'art qui est un « *analogon* de la nature » ?

La thèse générale de Baumgarten est que l'expérience
esthétique possède une évidence et une valeur de vérité propres. Le paragraphe 531 de la *Métaphysique* parle de « certitude sensible ». Il est manifeste que Kant reprendra à son
compte cette idée en affirmant l'autonomie et la spécificité
de l'expérience esthétique, à côté de la connaissance théori-
co-empirique et de l'expérience morale-pratique. Cette
reconnaissance d'une *gnoseologia inferior* n'était guère pensable sans une reprise du problème à partir de la théorie
leibnizienne des degrés de la connaissance. Elle s'interroge
sur la possibilité et la nature d'une connaissance sensible qui
n'accède pas à la clarté et à la distinction de la connaissance
scientifique, mais ne la contredit pas et ne lui cède en rien
en perfection — une *perfection sensible*. C'est cette inscription
de l'« esthétique » dans la théorie de connaissance elle-même
qui fonde l'*esthétique philosophique*. Ce que cette esthétique
philosophique apporte de nouveau par rapport à Leibniz
tient à ce que, chez lui, il n'y a encore qu'une différence de

---

8. Voir au chapitre II nos commentaires sur Wolff.

9. *Figmenta heterocosmica*, *Méditations*, § LII et *Esthétique*,
§ 584 sq. Baumgarten refuse en revanche les *figmenta utopica*, les
« inventions utopiques ».

degré entre le sensible et l'intelligible ; la perception sensible est une perception confuse.

Leibniz oppose, il est vrai, représentation claire et représentation distincte ; la connaissance claire suffit dans la vie quotidienne, où elle permet de reconnaître un objet sans qu'il soit nécessaire de l'expliquer, mais seule la connaissance distincte a un statut véritablement scientifique. Cette dernière résout tous les phénomènes complexes en leurs éléments simples qui les déterminent et les fondent. Baumgarten perçoit une faille dans cette conception en réfléchissant sur la couleur : sa réduction physicaliste ne rend en rien compte de son impact esthétique [10]. Il introduit alors l'opposition entre une *clarté intensive* — celle du concept — et une *clarté extensive* — celle de l'œuvre d'art, du « poème ». La clarté extensive n'est pas seulement une forme primitive de la clarté intensive, mais une façon spécifique et irréductible — du moins pour l'entendement humain — de percevoir certaines choses, notamment la multiplicité et la singularité. Il ne s'agit rien moins que de l'inauguration de deux façons différentes d'accéder à l'universalité : l'une qui ramène toute la diversité à quelques données simples, éventuellement réductibles à des formules logico-mathématiques, l'autre qui saisit le général dans le particulier de la réalité intuitive sans abolir sa diversité et sa multiplicité. C'est la *dispositio naturalis ad perspicaciam* dont parle le paragraphe 32 de l'*Esthétique*. Or, et il faudra encore y revenir, seul l'entendement divin est en mesure de satisfaire à l'exigence de la métaphysique leibnizienne et wolffienne : connaître l'individualité comme *entièrement déterminée* (« Ens singulare, sive Individuum esse illud, quod *omni modo determinatum* est » — Wolff, *Ontologia*, § 227). Le complexe de déterminations qui constitue la multiplicité des existences singulières est en revanche inaccessible à l'entendement humain ; quelle que soit par ailleurs la validité des principes fondamentaux (non-contradiction, principe de raison suffisante), que Baumgarten reconnaît pleinement, l'expérience commune se constitue de singularités qu'il n'est jamais possible de fonder exhaustivement quoiqu'elles possèdent une évidence immédiate.

10. On notera au passage que la peinture est au cœur des interrogations du XVIIIᵉ siècle sur le phénomène esthétique. Cette réflexion atteint son apogée dans le *Laokoon* de Lessing (cf. infra). Baumgarten prend déjà position dans les *Méditations* en définissant le poème comme un mode particulier de discours (*oratio*), un « discours sensitif » (*oratio sensitiva*), lequel est constitué de représentations des sens liées ensemble et véhiculées par des sons articulés (§ VI).

Jusqu'à un certain point, cette expérience esthétique commune est même plus « intéressante » que la connaissance intellectuelle des idées distinctes ; comparée à l'abstraction de ces dernières, elle est en tout cas plus riche, et l'opposition d'une clarté intensive et d'une clarté extensive débouche chez Baumgarten sur deux modes de la perfection : l'un formel, l'autre matériel. Le philosophe devra ramener la diversité à l'unité, le poète en revanche atteindra le maximum possible de perfection « extensive » en enrichissant son poème par une abondance de caractéristiques (*Méditations*, § 16 sq.).

Bien que Baumgarten raisonne encore au moyen des concepts et des schémas hérités de la tradition rhétorico-poétique [11], l'articulation de la théorie du Beau, de la théorie de l'art et de la connaissance sensible est radicalement nouvelle. L'enjeu de Baumgarten, on l'a dit, n'est pas une esthétique normative mais la valeur cognitive de l'expérience sensible. Dans la mesure où cette valeur est d'autant plus grande que le « poème » tend à la perfection qui lui est propre et où cette perfection est la beauté, les règles de la poétique interviennent comme partie de l'esthétique, comme règles déterminant la production du maximum de perfection sensible. C'est à ce titre, et à ce titre uniquement, que Baumgarten reprend et refonde par exemple la règle des trois unités (*Esthétique*, § 439).

La notion de perfection que formule le paragraphe 7 des *Méditations* (cf. extraits ci-dessous) appelle néanmoins une mise en garde : elle n'est pas une notion statique mais un *effort* (en latin *tendere*). Baumgarten reprend manifestement la conception leibnizienne selon laquelle chaque monade, chaque individu, a en quelque sorte le devoir métaphysique de s'efforcer de développer toute la perfection possible dont ses dispositions innées la rendent capable. Ainsi « le but de l'esthéticien est la perfection (l'accomplissement) de la connaissance sensible en tant que telle. Et celle-ci est la beauté » (*Esthétique*, § 14). L'origine leibnizienne de cette

---

11. Cette filiation se traduit notamment par le plan des *Méditations*. Après les thèses fondamentales sur le poème, sa clarté extensive, sa perfection et la nature de la fiction artistique, les § 65-76 traitent du « thème » du poème — ce qui correspond en gros à l'*invention* dans la rhétorique — les § 77 à 107 des *termini poetici,* et proposent donc une réinterprétation de la théorie des figures. Les § 108 à 117 dépassent à nouveau ce cadre traditionnel (les § 115-117 en justifiant le projet même de l'esthétique face à la logique rationaliste d'une part, à la rhétorique et la poétique de l'autre — § 117 ; les § 108 sq. en traitant la question fondamentale de la *mimesis*).

conception exclut que l'on y voie une reprise de la théorie platonicienne de la Beauté, telle qu'on la trouve par exemple chez Winckelmann, qui distingue les beautés sensibles et le Beau idéal [12]. Pour Baumgarten, en revanche, « la beauté n'est pas la trace sensible de l'idée, mais bien plutôt le seul mode d'apparition possible de certains objets, donc le seul mode possible de leur connaissance [13] ». Selon Winckelmann, les beautés sensibles doivent être sublimées [14] ; elles n'ont de valeur que comme propédeutique de la perfection, sous peine de n'être que des apparences et des illusions. L'intention de Baumgarten est toutefois de réhabiliter l'expérience sensible en tant que telle. Il n'hésite pas pour ce faire à maintenir un dualisme radical entre l'intelligible et le sensible, la faculté supérieure de l'entendement et la faculté inférieure (*gnoseologia inferior*) de la sensibilité, et rapporte ce dualisme à la finitude humaine. Là encore, cette idée vient sans nul doute de Leibniz, pour qui Dieu ne se meut pas dans le monde des représentations sensibles, mais uniquement dans celui des idées adéquates [15]. Seul Dieu peut saisir le réel comme un système de connexions logiques. L'homme est en revanche « condamné » à n'accéder qu'en partie à la forme supérieure de la connaissance, et c'est bien pourquoi rendre compte aussi de la forme inférieure est une tâche absolument incontournable. Cassirer a sans aucun doute raison de parler d'une *humanisation* de la métaphysique. On retrouvera dans la cinquième des *Lettres sur les sentiments* de Mendelssohn [16] cette idée que le Beau est lié à l'impuissance de l'entendement humain. Parler d'humanisation sonne bien et correspond tout à fait à ce que l'on sait du XVIIIe siècle ; mais il faut bien comprendre ce dont il est question : la finitude humaine est irréductible ; Baumgarten fait donc partie de ceux qui, avec les moyens mis à leur disposition par le « leibniziano-wolffisme », a revu à la baisse la prétention de la métaphysique à être la science de l'être autant réel que possible et à formuler les premiers principes à la fois rationnels et divins. La naissance de l'esthétique

12. Cf. infra.

13. Sur ce point, voir l'introduction de Jean-Yves Pranchère à A.G. Baumgarten, *Esthétique*, précédée des *Méditations philosophiques sur quelques sujets se rapportant à l'essence du poème* et de la *Métaphysique, op. cit.*, p. 12 sq., citation p. 13.

14. C'est le sens du « sublime » chez Winckelmann : le beau porté à la perfection.

15. *Meditationes de cognitione, veritate et ideis, Philosophische Schriften*, éd. C.I. Gerhardt, tome IV, p. 423 ; cf. sur ce point E. Cassirer, *La Philosophie des Lumières, op. cit.*, p. 340.

16. Cf. infra.

philosophique comme mode d'expérience spécifique est un
moment décisif de cette limitation des prétentions métaphysiques et de la décomposition du savoir en sphères autonomes.

Méditations sur quelques sujets philosophiques
se rapportant à l'essence du poème

§ III — On doit nommer SENSIBLES les REPRÉSEN-
TATIONS *fournies par la partie inférieure de la faculté de*
connaître.

Le désir est dit sensible tant qu'il provient d'une
représentation confuse du bien ; or la représentation
confuse est, ainsi que la représentation obscure,
fournie par la partie inférieure de la faculté de connaître ; il sera donc possible d'appliquer également ce
même nom de sensible aux représentations elles-
mêmes, de façon à les distinguer des représentations
intellectuelles et distinctes par tous les degrés possibles.

§ IV — On doit nommer SENSIBLE le DISCOURS *qui*
consiste en représentations sensibles.

Aucun philosophe ne parvient à une profondeur
telle qu'il contemple toutes choses par l'entendement
pur sans jamais en rester à la connaissance confuse de
certains objets ; de même, presque aucun discours
n'est à tel point scientifique et intellectuel qu'il ne se
rencontre pas une seule idée sensible à travers tout
son enchaînement. Ainsi celui qui se consacre avant
tout à la connaissance distincte peut trouver telles ou
telles représentations distinctes dans un discours sensible ; ce dernier n'en reste pas moins sensible, tout
comme le discours scientifique reste abstrait et intellectuel.

§ V — *Le discours sensible permet de connaître les repré-*
sentations sensibles liées ensemble, § II, IV.

§ VI — *Les divers éléments du discours sensible sont :*
1) *les représentations sensibles* ; 2) *leur liaison* ; 3) *les mots,*
c'est-à-dire les sons articulés consistant en lettres qui les
désignent, § IV, I. [...]

§ VII — Le DISCOURS SENSIBLE PARFAIT *est celui dont les éléments tendent vers la connaissance des représentations sensibles,* § V.

§ VIII — *Plus un discours sensible comportera d'éléments faisant surgir des représentations sensibles, et plus il sera parfait,* § IV, VII.

§ IX — *Le discours sensible parfait* est le POÈME ; *l'ensemble des règles auxquelles le poème doit se conformer* est la POÉTIQUE ; *la science de la poétique* est la POÉTIQUE PHILOSOPHIQUE ; *l'aptitude à confectionner un poème* est l'art de la POÉSIE ; *celui qui jouit de cette aptitude* est un POÈTE.

§ X — *Les divers éléments du poème* sont 1) *les représentations sensibles* ; 2) *leur liaison* ; 3) *les mots qui les désignent,* § IX, VI.

§ XI — Nous dirons qu'est POÉTIQUE *tout ce qui peut contribuer en quelque façon à la perfection du poème.*

§ XII — Les représentations sensibles sont des éléments du poème, § X, elles sont donc poétiques, § XI, VII ; or les représentations sensibles peuvent être ou bien obscures ou bien claires, § III ; donc *les représentations obscures et les représentations claires sont poétiques.*

Une même chose peut assurément faire l'objet de représentations dont l'une serait obscure, l'autre claire la troisième enfin distincte ; mais lorsque nous parlons de représentations désignées par un discours, nous entendons par là celles que le locuteur a l'intention de communiquer. Nous nous demandons donc ici quelles représentations le poète a l'intention, dans son poème, de désigner.

§ XIII — Les représentations obscures ne contiennent pas suffisamment de représentations de marques distinctives pour permettre de reconnaître l'objet représenté et de le distinguer des autres ; les représentations claires en revanche en contiennent suffisamment (par définition) ; les éléments permettant la communication des représentations sensibles seront donc plus nombreux lorsque celles-ci seront claires que lorsqu'elles seront obscures. Donc le poème dont les représentations sont claires est plus parfait que celui dont elles sont obscures ; et *les représentations claires sont plus poétiques, § XI, que les représentations obscures* [...]

§ XIV — *Les représentations distinctes*, complètes, adéquates, et profondes ne sont à aucun degré sensibles ; elle ne sont donc plus *poétiques, § XI.* [...]

§ XV — *Les représentations* claires sont *poétiques,* § XIII ; or les représentations claires peuvent être distinctes ou confuses ; mais nous savons déjà que les représentations distinctes ne sont pas poétiques, § XIV ; ce sont donc les représentations *confuses* qui le sont. [...]

§ XVIII — Plus les choses sont déterminées, et plus leurs représentations comprennent d'éléments ; or plus une représentation confuse est riche, et plus elle est claire au point de vue extensif, § XVI, donc plus elle est poétique, § XVII. Il est donc *poétique que, dans un poème, les choses à représenter soient déterminées autant que possible, § XI.* [...]

Meditationes philosophicae de nonnullis ad poema pertinentibus, éd. par H. Paetzold, Meiner, Hamburg, 1983, p. 8-20 ; trad. fr : *Méditations philosophiques sur quelques sujets se rapportant à l'essence du poème,* in A.G. Baumgarten, *Esthétique,* précédée des *Méditations philosophiques sur quelques sujets se rapportant à l'essence du poème* et de la *Métaphysique,* L'Herne, Paris, 1988, p. 31-37.

*

* *

MENDELSSOHN
La théorie des sentiments

Les lettres sont avec les dialogues une des formes prisées par le XVIIIᵉ siècle pour mettre en scène un débat d'idées. Dans les *Lettres sur les sentiments* [17], ce débat porte, selon le préambule, sur trois manières différentes de penser : la

17. Une traduction des *Briefe über die Empfindungen* est parue en cinq livraisons, de mai à décembre 1761, dans le *Journal étranger* sous le titre « Lettres sur les sensations ». Nous avons préféré retraduire, en remplaçant « sensations » par « sentiments ». Les *Lettres*

manière anglaise, la manière française et la manière allemande [18]. Lassé par le mélange « d'imagination débordante et de galanterie française que ses concitoyens vendent pour de la métaphysique », un jeune savant anglais nommé Palémon se met à la recherche d'un « peuple pour qui la pensée *juste* a plus de valeur que la pensée *libre*. L'Allemagne lui semblait promettre ce peuple ». Mais l'Allemagne du XVIIIᵉ siècle n'est plus celle du rationalisme du XVIIᵉ ; la galanterie et les « petits maîtres » y tiennent désormais le haut du pavé. Il y rencontre un jeune homme du nom d'Euphranor, converti au sensualisme — dans la conclusion (notre deuxième extrait) il avouera avoir été séduit par les *Réflexions critiques sur la peinture et la poésie* de l'abbé Dubos (1719) [19]. Palémon est présenté par le préambule comme un descendant du Palémon des *Moralistes* de Shaftesbury (1709). Toutefois, il ne faut pas surinterpréter cette prétendue ascendance ; Palémon est avant tout le porte-parole de Mendelssohn, dont l'intention première semble avoir été de réaffirmer contre le sensualisme le rationalisme « leibniziano-wolffien ». Mais, par le jeu même de la controverse et de l'échange, Palémon-Mendelssohn est conduit à esquisser une troisième voie et, si l'on peut bien souligner les incohérences et les limites des *Lettres,* qui sont, avec les *Dialogues philosophiques* publiés la même année, un des tout premiers écrits du jeune philosophe [20], on ne saurait pour autant nier qu'elles participent de (et à) la naissance de l'esthétique philosophique. Non seulement la conception de la pitié exposée dans la conclusion [21] sera l'un des fondements de la théorie lessingienne de la tragédie, et plus précisément du

sont en effet dirigées contre le sensualisme et, chez Mendelssohn, c'est plutôt le terme *Gefühl* qui désigne la sensation. Sur ces problèmes terminologiques, voir Jean-Paul Meier, *L'esthétique de Moses Mendelssohn (1729-1786),* Lille et Paris, 1978, p. 66 sq.

18. Mendelssohn résume ainsi cette typologie nationale dans une lettre à Lessing, datée du 27 février 1758 : « Les Anglais ne philosophent que jusqu'à un certain point et s'y arrêtent. Ils semblent trop fiers pour lire les Allemands et trop soucieux de leur confort pour plonger eux-mêmes leurs regards à l'intérieur de l'âme. Les Français philosophent avec esprit, les Anglais avec sentiment, et seuls les Allemands ont assez de sang-froid pour philosopher avec l'entendement. » Palémon est donc pour ainsi dire un Anglais qui n'est pas fier.

19. Si Dubos est expressément nommé dans la conclusion, on a pu établir que les *Lettres* visaient surtout la *Théorie des plaisirs* (1753) du Suisse Sulzer, membre de l'Académie prussienne, et, par ailleurs, figure clé du débat esthétique.

20. Cf. la thèse de J.-P. Meier, *op. cit.*

21. Voir le deuxième extrait.

« drame tragique bourgeois » (*bürgerliches Trauerspiel*) [22], tout
comme les « sentiments mêlés » sont également à la base des
conceptions esthétiques du *Laokoon* [23], mais les *Lettres*, en
dépit des moyens théoriques inadéquats qu'elles tiennent du
wolffisme, substituent à la question « Qu'est-ce que le
beau ? » l'interrogation « Comment ressentons-nous la
beauté ? ».

Dans la première lettre, le sensualiste Euphranor défend
le point de vue que « l'analyse trop détaillée de la beauté
gâche le plaisir » ; le plaisir ressenti au spectacle de la
beauté est une impression immédiate donnée par la sensation (*Gefühl*). Or, s'il en est ainsi, rien ne distingue fondamentalement la beauté des plaisirs procurés par les
impressions sensorielles — c'est la position de Dubos [24],
que Palémon ne peut accepter. Le Beau est réduit à
l'agréable, le jugement esthétique sur le Beau ne se distingue pas du jugement de goût [25]. Pourtant, dans la troisième lettre (notre premier extrait), ce dernier adopte une
position moyenne qui n'est pas sans rappeler celle de Baumgarten [26]. Le plaisir esthétique ne relève ni entièrement
de la raison, ni entièrement de la sensation. De même que
Baumgarten, pour fonder la spécificité de l'esthétique, avait
dû réintroduire la distinction leibnizienne entre représentations distinctes (connaissances) et représentations claires,
Palémon ne se contente plus de la version « simplifiée »,
réduite à deux termes — le distinct et l'obscur —, que la
Psychologia empirica de Wolff avait donnée de la hiérarchie
des représentations : « C'est là une vérité établie : ni un
concept distinct, ni non plus un concept complètement
obscur ne sont compatibles avec le sentiment de la
beauté... Toutes les notions qui existent de la beauté doivent se situer dans les limites de la clarté. » Il y a une
différence, comme le reconnaît la fin de la deuxième lettre,
« entre ces deux jugements : "cet objet est beau", et "cet

22. Voir la correspondance entre Lessing, Nicolai et Mendelssohn sur la tragédie dans les années 1756-1757 et bien sûr, dix ans
plus tard, la *Dramaturgie de Hambourg*.

23. Cf. infra.

24. Cf. dans la conclusion (deuxième extrait) : « Il fallait que
Dubos n'ait pas séparé la satisfaction de l'âme du plaisir sensible et
qu'il l'ait comparée, dans son domaine propre, avec le simple vouloir. »

25. Les distinguer sera encore l'enjeu essentiel de la *Critique de la
faculté de juger esthétique* de Kant.

26. Bien que Mendelssohn, comme l'a établi J.-P. Meier, n'ait
« découvert » Baumgarten qu'à la fin de 1756. Sur Baumgarten, cf.
supra.

objet est vrai" ». Palémon ne reconnaît à la raison dans le
jugement sur le beau, qu'un rôle préparatoire, le rôle d'une
« utile préparation à la jouissance d'un plaisir ».

Utile mais aussi nécessaire et même indispensable :
« Prête donc attention, noble jeune homme, à la façon dont
je me prépare à jouir d'un plaisir ! Je contemple l'objet de ce
plaisir, je réfléchis sur chacune de ses parties et je m'efforce
de les saisir distinctement. Je porte ensuite mon attention
sur leur relation d'ensemble ; je m'élève des parties au tout.
Les différents concepts distincts reculent en quelque sorte
dans un lointain obscur. Ils conservent leur effet sur moi,
mais ils l'exercent en gardant un tel équilibre les uns par
rapport aux autres qu'il n'en émane en somme pour moi
que la vision du tout et que ma réflexion m'a seulement
rendu la diversité plus perceptible. » « L'unité dans la diversité » est une formule dont toute l'esthétique des XVIIᵉ et
XVIIIᵉ siècles se réclame ; tout tient cependant à la façon
dont l'harmonie de la variété est établie. S'agit-il d'une harmonie subjective ou de l'harmonie objective du monde hors
de nous ? Sur ce point aussi, Mendelssohn adopte une position intermédiaire lorsqu'il déclare : « On dit que le système
de l'univers est beau lorsque l'imagination en ordonne les
aspects principaux avec ce même équilibre parfait dont la
raison et la perception nous apprennent qu'il en régit
l'ordonnancement hors de nous. » La beauté est donc en
quelque sorte le reflet subjectif de la perfection objective.
Car Palémon-Mendelssohn ne parvient pas à s'émanciper
complètement des cadres wolffiens et à dégager le jugement
esthétique de la connaissance. Aussi réintroduit-il également
une hiérarchie entre facultés supérieures et facultés inférieures, entre la perception de la beauté et la perception de
la perfection. Si la propédeutique du plaisir esthétique est
« d'une extrême importance » pour la poésie, seul le sage
s'élève à la jouissance supérieure de la perfection dans la
contemplation du merveilleux agencement des causes finales [27]. L'imagination apparaît même comme un palliatif
rendu nécessaire par la faiblesse et l'impuissance de notre
entendement humain. Du même coup, l'effort pour établir
la spécificité de l'esthétique se réinscrit dans une théologie et
une éthique [28].

27. Et non seulement, on le relèvera, du « squelette » de la
connaissance physique.
28. Voir dans la conclusion (deuxième extrait). « La différence
n'est qu'une question de degré, le plaisir peut tout aussi peu que la
volonté avoir pour motivation autre chose qu'une bonté véritable ou
apparente. »

Lettres sur les sentiments

I

C'est là une vérité établie : ni un concept distinct, ni non plus un concept complètement obscur ne sont compatibles avec le sentiment de la beauté. Le premier parce que notre âme limitée n'est capable de percevoir aucune diversité en une seule fois de façon distincte. Il lui est en quelque sorte nécessaire de détourner son attention du tout pour réfléchir sur les parties de l'objet les unes après les autres. Le second en revanche parce que la diversité de l'objet est pour ainsi dire plongée dans l'obscurité et échappe à notre perception. Toutes les notions qui existent de la beauté doivent donc se situer dans les limites de la clarté. Plus encore : plus est claire la représentation d'un bel objet, plus le sentiment qu'elle suscite est vif et fougueux le plaisir qui en résulte. Une représentation plus claire nous fait percevoir une plus grande diversité, un plus grand nombre d'aspects de cette diversité les uns par rapport aux autres. Autant de sources de plaisir !

Prête donc attention, noble jeune homme, à la façon dont je me prépare à jouir d'un plaisir ! Je contemple l'objet de ce plaisir, je réfléchis sur chacune de ses parties et je m'efforce de les saisir distinctement. Je porte ensuite mon attention sur leur relation d'ensemble ; je m'élève des parties au tout. Les différents concepts distincts reculent en quelque sorte dans un lointain obscur. Ils conservent leur effet sur moi, mais ils l'exercent en gardant un tel équilibre les uns par rapport aux autres qu'il n'en émane en somme pour moi que la vision du tout et que ma réflexion m'a seulement rendu la diversité plus perceptible.

Le sage Stagirite [29] attribue à chaque beauté une grandeur et des limites bien définies et il affirme qu'elle n'est plus digne de son nom lorsqu'elle outrepasse ces limites ou bien n'atteint pas cette grandeur.

---

29. Aristote, natif de Stagire.

Ce propos a créé d'indicibles embarras à ses exégètes. Si l'on suit ce principe, conclurent-ils, alors le monde tout entier doit cesser d'être beau ; et qui affirmerait une chose pareille ?

Seulement cet univers incommensurable n'est pas une beauté visible. Rien ne mérite d'être dit beau qui ne se présente d'emblée clairement à nos sens. C'est pourquoi on dit du reste que le système de l'univers est beau lorsque l'imagination en ordonne les aspects principaux avec ce même équilibre parfait dont la raison et la perception nous apprennent qu'il en régit l'ordonnancement hors de nous. Si les choses se passent ainsi, on ne perçoit alors que les relations d'ensemble qui lient les parties du monde au tout et la beauté atteint dans l'imagination la grandeur qui lui manque dans la nature.

L'imagination peut en quelque sorte ramener chaque beauté dans les limites qui s'imposent en étendant ou en contractant les parties de l'objet autant que nécessaire pour que nous puissions percevoir d'un seul coup toute la diversité requise. Un animal grand de quelques stades [30] ou une mite imperceptible pour l'œil le plus exercé peuvent devenir en imagination des objets beaux ; leur constitution organique n'a-t-elle pas souvent ravi l'amoureux de la nature ? Mais Aristote leur a refusé le titre de beautés visibles parce que notre vue myope ne peut saisir d'un coup la diversité des membres du monstre et qu'elle ne peut même pas voir du tout la bien trop petite mite. Cette vérité est d'une extrême importance pour les poètes dramatiques.

En revanche, la contemplation du tout est pour le sage une source intarissable de plaisir. Elle agrémente ses heures de solitude, elle emplit son âme des sentiments les plus sublimes, détourne ses pensées du tumulte des choses terrestres et les rapproche du siège de la divinité. Élève-toi, cher adolescent, à la dignité de cette contemplation ! Applique mon enseignement

30. Unité de mesure grecque et romaine, environ 625 pieds.

à la beauté de la nature universelle ! Elle est la preuve
la plus noble de la vérité de ma théorie. Tire d'elle la
leçon qu'il est infiniment avantageux pour le sentiment du tout d'avoir auparavant réfléchi de la façon la
plus distincte sur toutes ses parties.

Applique mon enseignement ! Je te le dis. Car si tu
ne savais rien du merveilleux arrangement des corps
célestes, si tu ignorais qu'une chaîne infinie d'êtres
habite chacune des planètes, si tu ignorais que du
centre de chacun des systèmes planétaires un courant
tempéré de lumière et de vie rayonne dans toutes les
directions, si donc tu ne savais rien de toutes ces
vérités si importantes et si tu ne percevais ici et maintenant que la liaison générale des corps célestes, leur
situation, leur grandeur, leur éloignement, c'est-à-dire
en somme seulement le squelette de la construction
copernicienne du monde, cette connaissance, je te le
dis, te procurerait certes du plaisir mais elle ne com-
blerait pas ton âme. Sa pauvreté en diversité laisserait
dans ton concept du tout des lacunes étonnantes et
l'harmonie censée te ravir se ramènerait à un petit
nombre de lois de la nature par lesquelles les corps
célestes sont régis dans leurs évolutions.

« *Über die Empfindungen* » (1755), in *Gesammelte Schriften*,
Jubiläumsausgabe, tome I, Friedrich Frommann Verlag
(Günther Holzboog), Stuttgart/Bad Cannstatt, 1974,
p. 50-52 (*Troisième lettre* : « Pourquoi ni des concepts complètement distincts ni des concepts complètement obscurs
ne sont compatibles avec le sentiment de la beauté... » **.

II

On ne manquera pas de se souvenir qu'Euphranor
dans sa lettre a invoqué que les sentiments « douloureusement agréables » (c'est ainsi qu'ils [31] désignaient,
pour faire court, ceux auxquels s'attache selon toute
apparence une imperfection) s'inscrivaient en faux

31. Palémon et Euphranor. Voir le commentaire.

contre la théorie de Palémon parce qu'ils ne semblent rien moins nous garantir que la connaissance d'une perfection. Il a admis verbalement que c'est Dubos [32] qui lui a inspiré une telle opinion. Cet auteur accumule d'innombrables exemples de réjouissances qui plaisent à des nations entières et dans lesquelles la cruauté semble avoir plus de part que l'humanité. Les arènes, les tournois, les chasses à courre, les combats de coqs des Anglais et le théâtre tragique lui-même lui servent à démontrer que les âmes n'aspirent qu'à être émues, fût-ce par des représentations désagréables. Ils tombèrent tous trois [33] d'accord qu'il fallait que Dubos n'ait pas séparé la satisfaction de l'âme du plaisir sensible et qu'il l'ait comparée, dans son domaine propre, avec le simple vouloir ; en effet, comme la détermination de notre faculté de représentation est la même dans les deux cas et que la différence n'est qu'une question de degré, le plaisir peut tout aussi peu que la volonté avoir pour motivation autre chose qu'une bonté véritable ou apparente. Eudox remarqua même judicieusement que les hommes, selon l'hypothèse de Dubos, devraient trouver de l'agrément à la colère, au repentir ou à la peur puisque leur âme est émue mais que l'expérience contredit cette hypothèse.

Ils ne purent cependant se mettre aussi aisément d'accord sur la façon d'expliquer l'origine des sentiments douloureusement agréables mentionnés par Dubos ; jusqu'au moment où Palémon prit la parole

32. *Les Réflexions critiques sur la peinture et la poésie* (1734).
33. Palémon, Euphranor et Eudox. Eudox apparaît dans la 6ᵉ lettre comme celui qui va acheminer le courrier de Palémon à Euphranor ; il est présenté comme Anglais, dans un contexte intéressant où resurgissent les oppositions entre les philosophies nationales évoquées par la préface. Une note précise qu'il doit son nom à ses convictions patriotiques. Il faut sans nul doute entendre « patriotique » au sens universaliste du XVIIIᵉ siècle. Mais on songe d'emblée à Shaftesbury (à qui Palémon doit son nom), l'un des penseurs de la *Glorious Revolution* de 1688-1689, dont l'influence en Europe fut considérable (notamment celle de ses *Characteristics of Men, Manners, Opinions, Times,* 1711). Il est celui qui pense juste, ou droit, qui tranche sans préjugé entre les parties.

et tenta de surmonter la difficulté de la manière suivante.

En vertu de la nature de notre âme, dit-il, il est
établi qu'elle ne peut rien vouloir et ne peut prendre
de plaisir à rien d'autre en dehors de ce qui se présente à elle sous l'aspect d'une perfection. L'expérience le contredirait ? Nous allons voir. Les exemples
invoqués là contre ne sont pas tous de même nature.
Dans le cas de réjouissances sanglantes, il faut, pour
ainsi dire, réprimer toute pitié, tout sentiment humain
pour y trouver du plaisir. Les Grecs, êtres délicats,
durent s'habituer peu à peu à faire taire leurs sentiments compatissants avant de pouvoir goûter les combats de gladiateurs des Romains ; et si les tournois, la
chasse ou la traque d'animaux suscitent chez les spectateurs le moindre sentiment mélancolique, ce dernier
nuit incontestablement à leur plaisir.

D'autres spectacles attirants doivent en revanche
susciter notre pitié pour nous plaire. À cette catégorie
appartiennent les tragédies, les tableaux émouvants
destinés aux personnes bien éduquées, ou un écha-
faud sanglant pour la plèbe insensible. Le plaisir qu'ils
nous procurent est à la mesure de la pitié qu'ils
éveillent en nous [...].

Sur ce sujet vos opinions sont partagées, très chers
amis ! Mais qu'est-ce donc que la pitié ? N'est-elle pas
elle-même un mélange de sentiments agréables et
désagréables ? Ici se découvre une caractéristique par
laquelle cette émotion se distingue de toutes les
autres. Elle n'est rien d'autre que l'amour pour un
objet, associé à l'idée d'un malheur, d'une souffrance
physique, qui le frappe sans qu'il l'ait mérité. L'amour
porte sur des perfections et doit nous procurer du
plaisir, tandis que l'idée d'un malheur immérité nous
rend l'innocent être aimé encore plus cher et grandit
ses perfections.

Telle est la nature de nos sentiments. Si quelques
gouttes amères se mêlent à l'ambroisie du plaisir, elles
augmentent la qualité de ce plaisir et redoublent ses
attraits. Pour autant toutefois que les deux sortes de

sentiments dont se compose le mélange ne soient pas radicalement opposées l'une à l'autre.

Lorsque à l'idée d'un bonheur présent s'ajoute le souvenir mélancolique de la misère que nous avons connue avant, nous pleurons des larmes de joie, des larmes qui sont le sommet de toute joie. Pourquoi ? L'idée d'une imperfection passée ne contredit pas celle de la perfection présente. Elles peuvent coexister et la première nous rend plus sensibles à la sensation de plaisir.

Si en revanche ce bonheur présent n'était pas complet, s'il subsistait quelques sources de maux qui nous tourmentaient encore au même moment, elles anéantiraient une partie de notre joie et en diminueraient notablement l'intensité. C'est pourquoi j'ai dit que les deux sentiments ne doivent pas être radicalement opposés ; ils doivent pouvoir coexister.

« *Über die Empfindungen* » (1755), in *Gesammelte Schriften*, Jubiläumsausgabe, tome I, Friedrich Frommann Verlag (Günther Holzboog), Stuttgart/Bad Cannstatt, 1974, p. 107-110 (« Conclusion »)**.

*
* *

WINCKELMANN
La crise des paradigmes

Le lecteur des *Pensées sur l'imitation des œuvres grecques en peinture et en sculpture* est confronté, dès la deuxième page, à une formulation paradoxale : « *L'unique moyen pour nous de devenir grands et, si c'est possible, inimitables, c'est d'imiter les Anciens.* » [34] La solution de facilité consiste à ne voir dans

34. Johann Joachim Winckelmann, *Gedanken über die Nachahmung der griechischen Werke in der Malerei und Bildhauerkunst*, Dresden, 1756 ; les références renvoient à la traduction française : *Réflexions sur l'imitation des œuvres grecques en peinture et en sculpture*, traduction, introduction et notes par Léon Mis, Aubier, 1954 ; ici : p. 95. Cette traduction ne comporte ni le *Sendschreiben* (lettre à M. Winckelmann sur les *Réflexions*), ni la *Erläuterung* (Explication

cette déclaration qu'une position assimilable à celle que
défendaient les partisans des Anciens lors de la querelle des
Anciens et des Modernes, qui se poursuit en Allemagne
comme en France pendant tout le XVIIIe siècle. Mais il est
clair qu'on néglige alors la complexité logique et idéologique
de cette proposition. En effet, si nous devenons inimitables
en imitant les Anciens, c'est que nous devons apprendre des
Anciens cette qualité... inimitable qui caractérise leurs
œuvres d'art ! La seule perspective de salut que Winckelmann propose aux Modernes se ramènerait donc à imiter
l'inimitable. L'absurdité apparente de ce précepte découle
en fait des prémisses *modernes* de Winckelmann. Dans sa
concision paradoxale, il résume l'enjeu des *Pensées* : mettre
fin aux imitations, à un rapport épigonal à l'Antiquité — et
rien ne serait plus faux que de faire de Winckelmann un
épigone et le théoricien d'un art d'épigones. En bonne
logique, l'affirmation selon laquelle les Anciens auraient
atteint une perfection absolue qu'il ne nous resterait plus
qu'à imiter se révèle d'ailleurs incompatible avec la première
phrase de l'essai : « Le bon goût, qui se répand de plus en
plus dans l'univers, *a commencé à se former* tout d'abord sous
le ciel grec [35]. » C'est là admettre en effet d'emblée une
progressivité qui ne confine pas les Modernes dans le rôle
d'imitateurs serviles. Certes, la première page est ambiguë et
Winckelmann, en admettant d'emblée l'espace de l'histoire
et une histoire du goût, hésite manifestement entre l'option
du progrès et la thèse de la décadence, car « le goût dont
cette nation [la Grèce] a témoigné dans ses œuvres lui est
resté propre ; il s'est rarement éloigné de la Grèce sans
s'altérer et il a été tardivement connu sous les climats de
pays lointains » (*ibid.*). Toutefois cette ambiguïté, comme le
paradoxe sur lequel elle débouche, reflète la situation de
Winckelmann : c'est bien en Moderne qu'il se tourne vers
les Anciens, et l'intérêt de son essai, si on le soumet à une
lecture attentive, réside tout entier dans la tension constante
du discours que génère cette situation. L'un des moments
forts de cette tension est ce qu'on pourrait appeler l'esquisse
d'une conception de l'imitation ne consistant plus seulement à prendre les œuvres pour modèles mais à se réappro-
prier les principes de leur conception, de leur réalisation et
de leur réussite — une *herméneutique* de la façon de créer

des *Réflexions* et réponse à la lettre relative à ces réflexions), que l'on
trouvera dans la nouvelle traduction de Marianne Charrière, Éd.
Jacqueline Chambon, Nîmes, 1991. Lorsque nous citerons ces com-
pléments, nous renverrons donc à la traduction de M. Charrière.

35. Trad. fr., *ibid.*, p. 93 ; c'est nous qui soulignons.

propre aux Grecs. Le fait que Winckelmann se contente d'inscrire cette herméneutique dans le moule de la dialectique platonicienne et, en concevant du même coup le « principe » de la perfection grecque comme élévation aux Idées (lesquelles, et non la nature, sont le véritable « original » — *Urbild* —, la véritable ἀρχή [36]), développe une esthétique qui, en apparence, ne se distingue guère du classicisme français et de sa théorie du Beau idéal, n'enlève rien à l'intérêt de cette démarche. Elle est en effet révélatrice d'une étape décisive de la pensée esthétique par la nécessité impérieuse qu'elle ressent d'une esthétique moderne, qu'elle n'a pas les moyens théoriques de formuler. Winckelmann réfléchit une crise de la modernité dans les termes de paradigmes théoriques dépassés : comme un affrontement entre la représentation baroque, héritière du *prepon* ou *decorum,* et la théorie platonicienne des Idées, c'est-à-dire en reprenant dans le contexte baroque un vieux débat de la rhétorique antique.

Winckelmann ne simplifie cependant pas la tâche de l'interprète en situant sa contre-offensive sur le terrain même de l'allégorie baroque [37] et en tentant de la « sauver » par une référence à l'Antiquité, qui n'est plus simplement le *decorum* antique mais la théorie platonicienne des Idées. Il critique le baroque parce qu'il y voit une mondanisation et une banalisation de valeurs pour lui transcendantes, une vision du monde dans laquelle les signes et la représentation deviennent plus importants que ce qu'ils désignent. C'est contre cette décadence qu'il recourt à Platon.

Chez les Anciens, le langage allégorique demeurait déchiffrable, alors que son sens n'est plus accessible aux hommes modernes : « On ne peut nier que la signification d'un grand nombre de représentations allégoriques des Anciens repose sur de pures suppositions et qu'elles ne peuvent donc être utilisées de façon générale par nos artistes [38]. » Privé de toute référence métaphysique ou traditionnelle, l'allégorisme prolifère sans règle. Ces réflexions de Winckelmann sur la nature de la représentation allégorique sont d'autant plus importantes qu'elles répondent à une crise de la représentation au double sens du terme : au sens de la représentation politique et au sens de la théorie des représentations qui est

36. *Ibid.,* p. 99.
37. Cf. Werner Kohlschmidt, *Form und Innerlichkeit. Beiträge zur Geschichte und Wirkung der deutschen Klassik und Romantik,* München, s.d., p. 29.
38. *Pensées...,* trad. fr. par M. Charrière, *op. cit.,* p. 133 (traduction modifiée).

au cœur du rationalisme du XVIIᵉ et du début du XVIIIᵉ siècle. Il faut incontestablement, pour bien situer Winckelmann comme penseur de transition, lier ces deux aspects. Si l'on se réfère à la tradition leibnizienne et wolffienne, qui sert de fondement à la première esthétique philosophique, celle de Baumgarten, on dira que la représentation allégorique n'est évidemment pas une représentation claire et distincte ; elle est claire sans être distincte ; elle ne relève pas de l'entendement mais plutôt de cette « connaissance sensible » (*cognitio sensitiva*) dont la forme parfaite est, selon le paragraphe 14 de l'*Esthétique* de Baumgarten, la beauté. Au paragraphe 14 des *Méditations* [39], Baumgarten ajoute du reste : « *Repraesentationes distinctae... non sunt sensitivae, ergo nec poeticae.* » Les critères de la connaissance claire semblent tout à fait s'appliquer à la « bonne » allégorie winckelmannienne : le premier de ces critères est la possibilité de reconnaître la chose que désigne la représentation, ce qui n'est possible que si cette dernière conserve des caractères de la chose désignée (*Meditationes*, § 12) ; le second critère est le caractère synthétique de la représentation. Cette synthèse, la médiation du sensible et de l'intelligible qu'accomplit chez lui l'allégorie, la réunion des parties en un tout harmonieux et le dépassement de la diversité des beautés sensibles dans le Beau idéal, Winckelmann la définit comme plénitude sans excès — une définition ici aussi très proche de ce que Baumgarten appelle la « clarté extensive », l'enrichissement de la représentation par des qualités sensibles qui ne sont toutefois pas dissociées analytiquement (cf. *Méditationes*, § 17). L'allégorie winckelmannienne occupe donc, quoique issue d'autres prémisses philosophiques, la place de ce que Baumgarten appelle poème ou *Erdichtung* [40]. Et pourtant l'esthétique de Winckelmann semble à mille lieues du rationalisme leibnizo-wolffien. C'est sans doute ce qui explique certaines déclarations que l'on pourrait invoquer contre le rapprochement que nous suggérons. Ainsi lorsque Winckelmann dit que « de la simplicité [*Einfalt*] naît la distinction [*Deutlichkeit*] ». Mais cette « distinction » n'a rien à voir avec l'entendement analytique ; on peut d'ailleurs interpréter aussi en ce sens la phrase : « ... les notions du tout indivis et du parfait dans la nature de l'Antiquité purifieront et rendront plus apparentes

---

39. *Meditationes philosophicae de nonnullis ad poema pertinentibus* (*Philosophische Betrachtungen über einige Bedingungen des Gedichtes*), Meiner, Hamburg, 1983.
40. Voir plus haut l'usage de ce terme par Winckelmann (p. 418).

les notions de notre nature divisée ; en découvrant les
beautés de ces dernières [l'artiste] saura les rattacher au
beau parfait [41] ». La faculté esthétique, c'est l'âme platonicienne, « douée d'une sensibilité naturelle aux idées », même
si Winckelmann, qui n'argumente absolument pas sur le terrain et avec les termes du rationalisme, l'appelle aussi *Verstand.* Cette « sensibilité naturelle » est un mystère. Il n'existe
pas de « concept universel » du beau qui puisse être déduit
philosophiquement de la connaissance de l'ordre de la
nature : « En sorte, dit Winckelmann dans son *Histoire de
l'art,* que notre concept de la beauté universelle demeure
indéterminé [42] » ; et, dans son *Mémoire sur la contemplation
des œuvres d'art,* il récuse encore plus nettement le rationalisme wolffien : « Le plus difficile tient à ce que la beauté ne
se subsume pas au nombre et à la mesure [43]. » Le « labyrinthe des subtilités métaphysiques », dit-il encore, au début
du chapitre « Sur l'essentiel dans l'art » de son *Histoire de
l'art de l'Antiquité,* ne saurait le détourner de la jouissance du
beau ; mais s'il invoque le sentiment, contre le rationalisme,
on ne saurait toutefois y voir une adhésion à l'esthétique
subjective de Dubos et des Anglais ; le sentiment comme
sensibilité à la Beauté est l'amour platonicien.

Pour sauver l'allégorie d'un *decorum* qui n'est plus
qu'ornement, Winckelmann requiert qu'elle devienne une
initiation sensible à la vérité. Le recours à Platon présente
en somme cette singularité de vouloir reconstituer une normativité qui n'est pas celle des Modernes, mais qui n'est
par ailleurs plus celle des Anciens. On peut, pour schématiser grossièrement, distinguer dans l'histoire de la poétique et de l'esthétique trois paradigmes ou épistémés successifs : le paradigme rhétorique, celui de la convenance
rationalisée et celui de l'expérience esthétique, qui naît et
s'émancipe de la théorie rationaliste de la représentation et
constitue, notamment chez Baumgarten, l'émergence de
l'esthétique comme discipline philosophique. La raison
pour laquelle Winckelmann ne saurait souscrire au paradigme rationaliste de la convenance est claire et résume
d'une certaine façon le double visage du baroque. La
norme du Beau, chez les théoriciens français notamment,
semble proche de la conception winckelmannienne du

41. *Pensées...,* trad. fr. par L. Mis, *op. cit.,* p. 125.
42. *Geschichte der Kunst des Altertums (Histoire de l'art de l'Antiquité,* 1764), 1. und 2. Teil, in *Kunsttheoretische Schriften,* tome V,
Baden-Baden/Strasbourg, 1966, p. 59.
43. « *Erinnerung an die Betrachtung der Werke der Kunst* », in
Kunsttheoretische Schriften, tome X, Baden-Baden, 1971, p. 207.

Beau idéal ; chez lui comme chez eux, l'idéalisation est le
dépassement de la diversité incohérente ; chez eux, ce
dépassement est censé obéir aux lois de la raison, qui
connaît les lois régissant l'ordre du monde et qui détermine
les règles. En réalité, cette démarche rationalise dans les
termes de l'entendement moderne le *prepon* ou la convenance antiques. Propriété, convenance et bienséance sont
dans une large mesure des concepts interchangeables, et le
lien entre la physique et la poétique recouvre le plus souvent un tour de passe-passe consistant à exiger de l'artiste
qu'il se conforme dans son imitation de la nature à ce qui
est universellement admis comme raisonnable, donc convenable. Winckelmann a percé à jour ce subterfuge que l'on
peut résumer en associant les deux aspects, philosophique
et politique, de la représentation — la *Vorstellung* et la
Repräsentation. Il oppose donc aux critères et aux normes
de la société baroque, tiraillée entre le rationalisme philosophique et un excès de représentation qui exprime un
malaise de la légitimité métaphysique (dont la difficile équilibre entre le rationalisme et le christianisme est évidemment responsable), la référence aux Anciens.

Winckelmann conçoit la création artistique comme un
processus de maturation, de purification, d'élévation à
l'Idée. Les Grecs surent tirer profit des nombreuses occasions qui leur étaient données d'observer la nature, et
notamment la beauté des corps nus dans les gymnases, pour
« aller plus loin », c'est-à-dire pour élaborer des concepts
généraux des beautés qui s'offraient à eux et s'élever ainsi
« au-dessus de la nature » [44]. Imiter les Grecs nous épargne
donc d'abord de refaire pour notre compte le « long et
pénible chemin » qui conduit à la connaissance de la beauté
parfaite [45]. Mais surtout l'époque moderne n'est plus en
mesure d'accomplir aussi aisément la purification de la
beauté sensible.

L'artiste moderne doit donc laisser « la règle grecque de la
beauté guider sa main et ses sens » ; alors « les notions du
tout indivis et du parfait dans la nature de l'Antiquité purifieront et rendront plus apparentes les notions de notre
nature divisée [46] ». C'est la division comme condition
moderne qui conduit Winckelmann à récuser l'imitation de
la nature qui permettait au rationalisme de réaffirmer une
normativité — celle d'une recréation artistique de l'ordre du
monde tel que l'entendement prétend le connaître — et de

44. *Pensées...*, trad. fr. par L. Mis, *op. cit.*, p. 113.
45. *Ibid.*, p. 123.
46. *Ibid.*, p. 125.

lui opposer de façon apparemment antimoderniste l'imitation des Anciens.

La perfection grecque est dans la philosophie winckelmannienne de l'histoire un sommet indépassable et en même temps éphémère. Winckelmann a critiqué dans son essai « De la grâce dans les œuvres d'art » les restaurations abusives, plus tributaires du « goût des restaurateurs » que fidèles à celui des artistes grecs[47].

Winckelmann admet donc tout à fait l'historicité du goût, mais sans renoncer au modèle qui permet d'en arrêter la relativité. Cette historicisation fait de lui « un Moderne chez les Anciens ». Car ce modèle intangible n'est pas pour autant intemporel. L'artiste doit en effet créer avec les moyens de son époque. Winckelmann écrit en ce sens dans son *Mémoire sur la contemplation des œuvres d'art* (1759) : « À la pensée autonome j'oppose l'acte de copier [*Nachahmen*] et non l'imitation ; par le premier j'entends une obédience servile, par la seconde, en revanche, ce que l'on imite peut, lorsque la raison le guide, prendre pour ainsi dire les traits d'une autre nature et devenir quelque chose d'autonome. » Les restaurations sont pour les mêmes raisons condamnées à l'échec, comme le prouve celle d'Hadrien, évoquée dans l'*Histoire de l'art de l'Antiquité,* qui voulut « ramener en quelque sorte l'art à ses origines et aux principes du dessin »[48].

Pensées sur l'imitation des œuvres grecques

Le bon goût, qui se répand de plus en plus dans l'univers, a commencé à se former tout d'abord sous le ciel grec. Toutes les inventions de peuples étrangers ne vinrent en Grèce, en quelque sorte, que comme une première semence, et reçurent une nature et une forme différentes dans le pays que Minerve, dit-on, à cause des saisons tempérées qu'elle y avait rencontrées, avait assigné comme séjour aux Grecs, de préférence à tous les autres pays, comme étant celui qui produirait des hommes intelligents.

---

47. « *Von der Grazie in Werken der Kunst* », in *Kunsttheoretische Schriften,* tome X, *op. cit.* Pendant les six premiers mois de son séjour à Rome, en 1756, Winckelmann avait conçu le plan d'un « ouvrage d'une certaine importance sur le goût des artistes grecs » (à Hagedorn, Rome, 3 avril 1756), qui commençait par des réflexions sur le goût des restaurateurs).

48. *Geschichte der Kunst des Altertums, op. cit.,* p. 279.

Le goût dont cette nation a témoigné dans ses œuvres lui est resté propre ; il s'est rarement éloigné de la Grèce sans s'altérer, et il a été connu tardivement sous les climats de pays lointains. [...]

L'unique moyen pour nous de devenir grands et, si c'est possible, inimitables, c'est d'imiter les Anciens ; et ce que l'on a dit d'Homère, à savoir que quiconque apprit à bien le comprendre apprend à l'admirer, vaut aussi pour les œuvres d'art des Anciens, et singulièrement des Grecs. Il faut les avoir connues comme on connaît son ami pour trouver le Laocoon aussi inimitable qu'Homère. Grâce à cette exacte connaissance on les jugera comme Nicomaque jugea l'Hélène de Zeuxis : « Prends mes yeux », dit-il à un ignorant qui voulait critiquer l'image, « et tu verras en elle une déesse ».

C'est avec cet œil du connaisseur que Michel-Ange, Raphaël et Poussin ont examiné les œuvres des Anciens. Ils ont puisé le bon goût à sa source même, et Raphaël dans le pays même où s'est formé le bon goût. On sait qu'il envoya des jeunes gens dessiner pour lui en Grèce les œuvres de l'Antiquité qui ont survécu.

Une statue exécutée par un Romain de l'Antiquité se comportera toujours, par rapport à son modèle grec, comme la Didon de Virgile avec son cortège, comparée à Diane au milieu de ses Oréades, se comporte par rapport à la Nausicaa d'Homère, que le poète latin a essayé d'imiter.

Laocoon était, pour les artistes de la Rome antique, exactement ce qu'il est pour nous : le canon de Polyclète, une règle parfaite de l'art. [...]

Les connaisseurs et imitateurs des ouvrages des Grecs trouvent dans leurs chefs-d'œuvre non seulement la plus belle nature, mais en outre plus que la nature, c'est-à-dire certaines beautés idéales de cette nature qui, comme nous l'enseigne un ancien exégète de Platon, sont produites par des images que trace le seul entendement. [...]

L'étude de la nature doit donc, tout au moins, être pour la connaissance du beau parfait un chemin plus long et plus pénible que l'étude des œuvres de l'Antiquité ; et Bernini, qui recommandait toujours aux jeunes artistes d'étudier de préférence ce que la nature renferme de plus beau, ne leur aurait donc pas montré le chemin le plus court pour cela.

L'imitation du Beau dans la nature ou bien concerne un objet unique, ou bien rassemble les remarques suggérées par divers objets particuliers et en fait un seul tout. Le premier procédé revient à faire une copie ressemblante, un portrait ; c'est la voie qui conduit aux formes et figures des Hollandais. Le deuxième est le chemin qui mène au beau universel et à des images idéales de ce beau : c'est celui qu'ont suivi les Grecs. Mais la différence qui existe entre eux et nous est la suivante : les Grecs auraient obtenu ces images, même s'ils ne les avaient empruntées à des corps plus beaux que les nôtres, par l'occasion qu'ils avaient quotidiennement d'observer le beau dans la nature ; cette occasion, par contre, ne s'offre pas à nous tous les jours et se présente rarement telle que l'artiste la désire. [...]

Quand l'artiste bâtit sur ce fondement et laisse la règle de la beauté propre aux Grecs diriger sa main et ses sens, il est sur la voie qui le mènera avec sûreté à l'imitation de la nature. Les notions du tout indivis et du parfait dans la nature de l'Antiquité purifieront en lui et rendront plus apparentes les notions de notre nature divisée ; en découvrant les beautés de cette dernière, il saura les rattacher au beau parfait et, à l'aide des formes sublimes constamment présentes devant ses yeux, il deviendra une règle pour lui-même.

Gedanken über die Nachahmung der griechischen Werke in der Malerei und Bildhauerkunst (1755), Reclam, Stuttgart, 1969, p. 3-5 et p. 13-14 ; trad. fr. : *Pensées sur l'imitation des œuvres grecques en peinture et en sculpture*, traduction, introduction et notes par Léon Mis, Aubier, Paris, 1954, 1990, p. 93-99 et p. 123-125.

*

*   *

LESSING
L'esthétique de la réception et du matériau

Si l'on en croit Cassirer, la seule originalité de Lessing résiderait « bien moins dans l'invention de thèmes de pensée neufs, inconnus jusqu'alors, que dans l'ordre et la connexion, dans la maîtrise souveraine, dans la distribution logique et le choix de ces thèmes [49] ». Certes, sa dette envers la théorie des sentiments de Mendelssohn est énorme ; énormes sans doute aussi l'influence de l'esthétique subjective des Anglais et celle de l'esthétique de Diderot. Mais Lessing n'est ni Mendelssohn, ni Diderot, ni Dubos..., et c'est faire bien peu de cas des deux percées décisives qu'il a opérées dans le domaine de l'esthétique : *transformer l'esthétique subjective en une théorie de la réception et la théorie du Beau en une esthétique du matériau.* Percées d'autant plus importantes qu'il a lié ces deux esthétiques et dépassé ainsi l'opposition ambiante entre l'esthétique subjective et l'esthétique rationaliste. La conjugaison de l'esthétique de la réception et de l'esthétique du matériau engendre chez Lessing la première théorie du génie qui crée « comme la nature » dans le médium qui est le sien. Anticipant largement les conceptions kantiennes, tant en ce qui concerne l'autonomie du jugement esthétique que l'autonomie du génie créateur, l'esthétique de Lessing doit être considérée comme la première esthétique moderne [50].

C'est dans son *Laokoon ou Sur les limites de la peinture et de la poésie,* achevé en 1766, que Lessing jette les bases de cette nouvelle esthétique. Le débat sur la sculpture hellénistique de Laocoon et de ses fils a été lancé par les *Pensées sur l'imitation des œuvres grecques* de Winckelmann. Il va se poursuivre pendant tout le XVIIIᵉ siècle et servir de terrain d'affrontement à une théorie esthétique en pleine mutation, jusqu'au débat du « classicisme » et du « romantisme » [51]. Mais le débat de Lessing avec l'interprétation

49. E. Cassirer, *La Philosophie des Lumières, op. cit.,* p. 343.

50. Et nous n'utilisons pas le terme moderne en un sens vague mais bien en opposition à ce qu'il y avait encore de prémoderne chez un Baumgarten ou un Winckelmann (cf. les commentaires précédents). En fusionnant les apports de l'esthétique subjective, du rationalisme et de Mendelssohn, Lessing élabore la première esthétique philosophique.

51. Herder, *Forêts critiques (Premières petite forêt,* 1769) ; Schiller, *Sur le pathétique* (1793), Aloysius Hirt, *Laokoon* (1797) — auquel se réfère Goethe — ; Goethe, *Über Laokoon* (1798) et *Le Collectionneur et les siens* (1799).

que Winckelmann donne du groupe n'est que l'arbre qui cache la forêt. Dans le chapitre II, il semble s'agir seulement de savoir pourquoi les Anciens ont modéré l'expression de leurs représentations, y ont introduit une mesure. Cette question de la mesure est cependant déjà la question essentielle : celle de la norme. Pour Winckelmann, cette norme est éthique : il fallait exprimer la sérénité et la grandeur d'âme de Laocoon au moment de sa mort. Pour Lessing, la première raison tient au médium : le cri de Laocoon, sa bouche grande ouverte, auraient constitué dans la représentation picturale ou sculpturale une « tache » ou une « béance » qui auraient détruit l'harmonie de cette représentation (esthétique du matériau). Pourtant, il y a aussi une autre raison que Lessing introduit ensuite et qui affirme une nouvelle morale contre la morale stoïcienne : l'expression des passions doit être tempérée afin de pouvoir nous *intéresser*. Nous ne pouvons nous *identifier* à des héros qui ne sont pas des hommes comme nous (esthétique de la réception) [52].

Cette esthétique doublement appuyée sur le matériau et la réception entend rompre, comme l'indique le sous-titre, avec une tradition poétique qui remonte à l'Antiquité et assimile la poésie et les arts plastiques. Le principe *ut pictura poesis* d'Horace est en effet repris, sur de nouvelles bases, par le rationalisme pendant tout le XVIIe et jusqu'au milieu du XVIIIe siècle : en 1746 encore, Charles Batteux publie *Les Beaux-Arts réduits à un même principe*, présentés comme un complément aux *Réflexions critiques sur la poésie et la peinture* de l'abbé Dubos (1719) [53]. Le tour de force de Lessing consiste à montrer que ce principe ne vaut et ne peut être récupéré par le rationalisme ou son pendant, l'esthétique subjective, que parce qu'ils reposent sur une théorie de l'imitation et une théorie du goût dont la prétendue universalité repose sur l'ignorance des conditions de création et de réception des arts. En apparence, Lessing souscrit à l'idéalisation que le classicisme français requiert de l'imitation pour qu'elle atteigne la beauté. Mais l'harmonie du « beau idéal » résulte pour lui dans chaque art du « rapport convénient » (*bequemes Verhältnis*) entre le médium de la représen-

---

52. Lessing reprend ici, comme dans sa *Dramaturgie de Hambourg*, la théorie des *vermischte Empfindungen*, des « sensations mêlées », de Mendelssohn (cf. supra les commentaires sur Mendelssohn).

53. Charles Batteux est traduit dès 1751 en allemand par Johann Adolf Schlegel, le père de Friedrich Schlegel, qui était un disciple de Gottsched.

tation et l'objet représenté. Dans les arts plastiques, l'harmonie — le tout harmonieux du corps humain au premier chef — réside dans ces rapports que sont les proportions ; dans la poésie, dont le médium n'est pas l'espace mais le temps, et dont le critère suprême est l'apparence de vie [54], elle réside dans le tout harmonieux d'une action — et c'est pourquoi le genre poétique le plus achevé est pour Lessing le drame, dans lequel l'unité d'action procède de l'enchaînement sans faille des causes (fussent-elles multiples) et des effets, et dans l'unité des caractères et de l'action [55]. L'esthétique rationaliste issue de Wolff, au premier chef celle de Gottsched, avait déjà reconnu que l'artiste crée des mondes possibles. Mendelssohn avait, contre l'imitation, mis l'accent sur la puissance créatrice de l'artiste et affirmé que « l'artiste humain se rapproche plus des beautés idéales que la nature » — allant même jusqu'à dire que ce que nous trouvons beau dans les œuvres d'art, ce n'est point la perfection du modèle mais celle de l'artiste. Lessing enfonce le clou en déplaçant résolument le critère du modèle vers le résultat, de la « belle nature » vers le tout créé par l'artiste. Déplacement décisif, car il implique un tout autre fondement des normes esthétiques ; ce dernier passe définitivement de l'onto-cosmo-théologie au sujet. Cependant, il s'agissait dès lors de refonder une normativité universellement valable du goût et de la beauté. La réponse que propose Lessing ne recule pas devant la difficulté mais la porte au contraire à l'extrême : le génie qui crée « comme la nature » crée aussi les règles, ses propres règles ; elles sont contraignantes parce qu'elles procèdent de la nécessité interne de sa création et qu'elles seules peuvent la rendre belle et « vraie ». Encore faut-il qu'elles soient reçues comme telles.

Au « rapport convénient » dans l'ordre du médium fait donc pendant la communication réussie entre l'œuvre et son récepteur et, à travers l'œuvre, entre le créateur et le récepteur. Cette communication présentait *a priori* les mêmes risques de relativisation du goût. Mais Lessing ne souscrit pas à l'esthétique subjective de Dubos. C'est dans la transformation que lui a fait subir Diderot qu'il trouve le concept adéquat : celui de « beau moment ». Diderot avait introduit cette conception notamment dans sa *Lettre sur les sourds-*

---

54. C'est une « beauté en mouvement », comme dira plus tard Schiller (cf. infra).
55. Voir le chapitre XXXII de sa *Dramaturgie de Hambourg*, dont la première livraison intervient le 1er mai 1767, dans la foulée de l'achèvement du *Laokoon*.

muets (1751) [56], dont l'idée centrale était la différence essentielle entre les arts visuels et la poésie. Le beau moment de Diderot devient chez Lessing le « moment fécond » ou « propice » (*der fruchtbare Augenblick*). Ce moment est à la fois subjectif et objectif ; il est fondamental pour la réception subjective, mais il se fonde sur la façon dont chaque art, avec ses moyens propres, peut créer cet instant en lequel se concentrent la perfection de l'œuvre selon ses règles immanentes et autonomes et la force de conviction qu'elle possède pour le récepteur. C'est là que l'artiste met en œuvre et sollicite chez son récepteur une faculté particulière : l'imagination. S'il en dit trop (si le poète se prend pour un peintre — esthétique du matériau — ou s'il exprime trop violemment les passions et ne permet plus au récepteur moyen, « l'homme » auquel se réfère Lessing, de s'intéresser à l'œuvre, de s'identifier, mais lui permet seulement de craindre et d'admirer — esthétique de la réception), l'imagination du récepteur n'est pas mise en branle et il ne saurait entrer dans celle du créateur.

Lessing crée véritablement une esthétique philosophique parce que le goût devient chez lui une faculté spécifique, dont n'avaient besoin ni la poétique antique, ni l'esthétique du rationalisme. Cette faculté est l'« imagination » (*Phantasie*). L'imagination est le lien entre le créateur et le récepteur. Si ce dernier considère belle l'œuvre de l'artiste et admet ainsi les règles imposées par le génie, c'est qu'un accord (Kant dira plus tard une *Zusammenstimmung*) s'établit à travers l'œuvre d'art comme expérience spécifique. C'est là un enjeu tout à fait capital de l'esthétique lessingienne : faire de la « littérature » — ou « poésie » — un vecteur de l'*Aufklärung*.

Laokoon

Chapitre II

Il y a des passions et des degrés de passion qui se traduisent sur le visage par de hideuses grimaces et qui agitent si violemment tout le corps qu'il ne reste rien du beau contour des attitudes tranquilles. Les artistes anciens s'en gardaient avec le plus grand soin ou les réduisaient à un degré susceptible, dans une certaine mesure encore, de beauté.

---

56. Dont Lessing rendit compte en juin dans son mensuel, *Das Neueste aus dem Reich des Witzes*.

La fureur et le désespoir ne profanaient aucune de leurs œuvres. Je peux affirmer qu'ils n'ont jamais représenté une Furie.

Ils réduisent la colère à la sévérité. C'est chez le poète que l'on trouvait Jupiter irrité lançant la foudre ; chez l'artiste, on ne voyait qu'un Jupiter sévère.

Le désespoir se tempère en tristesse. Et lorsque ce n'était pas possible, lorsque l'expression du désespoir eût été aussi avilissante que laide, que fit alors Timanthe ? On connaît son tableau du *Sacrifice d'Iphigénie* où il avait donné à chacun des assistants le degré convenable de tristesse, mais voilé le visage du père qui aurait dû exprimer le degré suprême du désespoir. [...]

Timanthe connaissait les bornes que les Grâces assignaient à son art. Il savait que le désespoir qui convenait à Agamemnon, comme père, devait se traduire en des grimaces toujours hideuses. Il a poussé l'expression aussi loin que possible sans déroger à la beauté ni à la dignité. Il eût volontiers omis la laideur, il l'eût volontiers adoucie ; mais puisque son sujet ne le lui permettait pas, que lui restait-il à faire sinon la voiler ? Ce qu'il n'osait peindre, il le laissait deviner. Bref, ce faisant, l'artiste a sacrifié à la beauté. C'est un exemple qui montre, non pas comment on doit pousser l'expression au-delà des limites de l'art, mais comment on doit la soumettre à la première loi de l'art : la loi de la beauté.

Si l'on applique maintenant cette loi au *Laokoon*, on voit apparaître clairement la raison que je cherche. L'artiste voulait représenter la beauté la plus grande compatible avec la douleur physique. Celle-ci, dans toute sa violence déformatrice, ne pouvait s'allier avec celle-là. L'artiste était donc obligé de l'amoindrir, de modérer le cri en gémissement, non pas parce que le cri indique une âme basse, mais parce qu'il donne au visage un aspect repoussant. [...]

Une bouche béante est, en peinture, une tache, en sculpture un creux, qui produisent l'effet le plus choquant du monde, sans parler de l'aspect repous-

sant qu'elle donne au reste du visage tordu et gri-
maçant.

Chapitre III

Mais, comme nous l'avons déjà fait remarquer, l'art
s'est assigné dans les temps modernes un domaine
incomparablement plus vaste. Son imitation, dit-on,
s'étend à toute la nature visible, dont le beau n'est
qu'une petite part ; la vérité et l'expression en sont la
première loi, et comme la nature elle-même sacrifie à
chaque instant la beauté à des fins plus importantes,
de même l'artiste doit aussi la subordonner à son plan
général sans la rechercher plus que ne le permettent la
vérité et l'expression. Bref, la vérité et l'expression
transforment la laideur naturelle en beauté artistique.

Supposons que, pour le moment, on veuille
accepter sans conteste ces idées bonnes ou mauvaises ;
n'y aurait-il pas d'autres considérations d'un autre
ordre, qui de toute façon obligeraient l'artiste à garder
une certaine mesure dans l'expression et à ne jamais
représenter le suprême degré d'intensité d'une action ?

Je crois que nos considérations résultent de la
nature de l'instant unique auquel les conditions matérielles de l'art limitent toutes ses imitations.

Si l'artiste ne peut jamais saisir qu'un seul instant
de la nature toujours changeante ; si, en outre, le
peintre ne peut utiliser qu'un unique point de vue
pour saisir cet unique instant ; si, d'autre part, ses
œuvres sont faites pour être non seulement vues, mais
contemplées longuement et souvent, il est alors certain que cet instant et ce point de vue uniques ne
sauraient être choisis trop féconds. Or cela seul est
fécond qui laisse un champ libre à l'imagination. Plus
nous voyons de choses dans une œuvre d'art, plus elle
doit faire naître d'idées ; plus elle fait naître d'idées,
plus nous devons nous figurer y voir de choses. Or
dans le cours d'une passion, l'instant du paroxysme
est celui qui jouit le moins de ce privilège. Au-delà, il
n'y a plus rien, et présenter aux yeux le degré extrême,
c'est lier les ailes à l'imagination. Ne pouvant s'élever

au-dessus de l'impression sensible, elle doit se rabattre
sur des images plus faibles et craindre de se limiter à
ce qui lui apparaît dans la plénitude du visible. Si
Laocoon gémit, l'imagination peut l'entendre crier ;
mais s'il crie, elle ne peut ni s'élever d'un degré ni
descendre d'un degré de cette image sans le voir dans
un état plus supportable, donc moins intéressant. Ou
elle l'entend seulement gémir, ou elle le voit déjà
mort.

Poursuivons. Puisque cet unique instant acquiert
par l'art une durée immuable, il ne doit pas exprimer
ce qui ne se conçoit que comme transitoire. Tous les
phénomènes que, dans notre esprit, nous jugeons
devoir, par leur nature, se produire et cesser subite-
ment, ne pouvoir être ce qu'ils sont qu'un seul
moment, tous ces phénomènes, agréables et terribles,
prennent, en raison de la durée que leur impose l'art,
un aspect contre nature, de sorte que, chaque fois que
nous les regardons, l'impression s'affaiblit un peu plus
et qu'enfin l'objet ne nous inspire qu'aversion ou
répugnance. La Mettrie, qui s'est fait peindre et graver
en Démocrite, ne rit que la première fois qu'on le voit.
Regardez-le davantage : le philosophe devient un
niais, et son rire un ricanement. Il en est de même du
cri. La douleur violente, qui arrache le cri, s'apaise
bientôt ou détruit l'objet souffrant. Si donc il est vrai
que même le plus patient et le plus ferme des hommes
puisse crier, il ne crie cependant pas sans cesse.

Chapitre IV

En examinant les raisons avancées pour expliquer la
modération que l'auteur du *Laokoon* a apportée dans
l'expression de la douleur physique, je trouve qu'elles
sont toutes tirées de l'essence même de l'art, de ses
limites nécessaires et de ses exigences. Il serait donc
peut-être bien difficile de les appliquer complètement
à la poésie [...].

De plus, rien n'oblige le poète à concentrer son
tableau sur un seul instant. Il prend chacun de ses
drames, s'il le veut, à leur commencement et les conduit

à travers toutes les modifications possibles jusqu'à leur conclusion. Chacune de ces modifications, qui demanderait à l'artiste une œuvre distincte et complète, ne coûte au poète qu'un seul trait et, quand bien même ce trait, considéré en lui-même, eût pu choquer l'imagination de l'auditeur, il a été si bien préparé par ce qui précède, ou bien il est si adouci, si amélioré par ce qui suit, qu'il perd son intensité propre et produit dans l'ensemble le meilleur effet du monde. Admettons même qu'il soit vraiment inconvenant pour un homme de crier au paroxysme de la douleur, quel tort cette inconvenance passagère pourrait-elle faire auprès de nous à un homme en faveur duquel d'autres vertus nous ont déjà prévenus ? Le Laocoon de Virgile crie, mais ce Laocoon qui crie est le même que nous connaissons et que nous aimons déjà comme le patriote le plus clairvoyant, comme le père le plus affectueux. Nous attribuons son cri, non à son caractère, mais uniquement à son intolérable souffrance. C'est elle seule que nous entendons dans son cri, et c'est par ce cri seul que le poète pouvait nous la rendre sensible.

Laokoon : oder über die Grenzen der Mahlerey und Poesie (1766), in *Sämtliche Schriften*, éd. par Karl Lachmann, 3ᵉ édition revue et augmentée, établie par Franz Muncker, Göschen'sche Verlagshandlung, Stuttgart, 1893, tome IX, p. 14-17 (chapitre II), p. 18-20 (chapitre III), p. 22-33 (chapitre IV) ; trad. fr. partielle : *Laokoon ou Des frontières de la peinture et de la poésie*, textes réunis et présentés par J. Bialostocka avec la collaboration de R. Klein, Hermann, Paris, 1964, 1990, p. 50 (traduction modifiée).

* * *

KANT
La critique de la faculté de juger esthétique

L'esthétique philosophique s'affirme, comme on l'a vu chez les auteurs traités précédemment — en particulier chez Baumgarten et Mendelssohn –, par un double débat : en revendiquant son autonomie par rapport à l'entendement d'une part, et en se démarquant, d'autre part, d'un sensualisme qui assimile le sentiment du Beau aux autres sensations. C'est en établissant la spécificité du jugement esthétique que Kant va pouvoir établir également l'autonomie du Beau. Cette double discrimination constitue proprement l'enjeu de la *critique* de la faculté de juger esthétique. Elle est affirmée dès le paragraphe 1 : le jugement de goût n'est pas logique, il n'est pas un jugement de connaissance. Le beau sera donc, selon les définitions célèbres, « ce qui est représenté sans concept comme objet d'une satisfaction universelle » (§ 6) et « ce qui plaît universellement sans concept ». Le paragraphe 1 va d'emblée très vite en besogne et introduit en peu de phrases toutes les données essentielles de la faculté de juger le beau : le rôle de l'imagination, la relation qu'elle entretient « peut-être » avec l'entendement.

« Pour distinguer si quelque chose est beau ou non, nous ne rapportons pas la représentation à l'objet par l'intermédiaire de l'entendement en vue d'une connaissance, mais nous la rapportons par l'imagination (peut-être associée à l'entendement) au sujet et au sentiment de plaisir et de peine que celui-ci éprouve. Le jugement de goût n'est donc pas un jugement de connaissance ; par conséquent ce n'est pas un jugement logique mais esthétique – ce par quoi l'on entend que son principe déterminant *ne peut être que subjectif*[57]. »

Une fois admise l'opposition de l'esthétique à la logique, l'essentiel est évidemment ce que Kant entend par « esthétique ». L'esthétique est subjective ; elle ne vise ni la connaissance, ni le contact ou la consommation d'un objet ; elle ne concerne que ce que ressent le sujet, ses « sentiments de plaisir et de peine » à la représentation de cet objet. La critique du jugement esthétique va donc en quelque sorte traquer les jugements faussement subjectifs, ceux qui véhiculent sous l'apparence de jugements de goût des intentions relevant de la connaissance ou des motivations relevant du désir[58]. Elle va s'efforcer d'établir le sentiment de plaisir et de peine comme une forme de jugement à part entière, comme une faculté distincte, d'une part, de la faculté de connaître, et, de l'autre,

57. *Critique de la faculté de juger*, trad. Alain Renaut, Aubier, 1995, p. 181 (traduction modifiée par nous).
58. En ce qui concerne les premières, le § 16 dira que « le jugement de goût par lequel un objet est déclaré beau sous la condition d'un concept déterminé n'est pas pur » (*ibid.*, p. 208).

de la faculté de désirer. En fonction de ces prémisses l'opposition entre le beau et l'utile va pratiquement de soi. Mais la « surenchère » de Kant consiste à inscrire le critère de l'utile dans une catégorie plus large, celle de *l'intérêt*. Sera faussement subjectif tout jugement de goût contaminé par un intérêt. Déjà nette chez le jeune Mendelssohn, *la distinction entre sensations et sentiments* est ainsi le premier résultat de la *critique* du jugement esthétique [59]. « La satisfaction prise à l'agréable est associée à un intérêt » (titre du § 3) : elle relève donc de la forme inférieure de la faculté de désirer, elle « plaît aux sens dans la sensation » et cette sensation ressent comme agréable le fait que les *sens* soient affectés par *l'objet* de la représentation et non le sentiment purement subjectif par la seule représentation. Le « pur jugement de goût » devra donc être clairement dissocié « de l'attrait et de l'émotion », qui portent « sur une chose en tant qu'elle plaît ou déplaît » (§ 13). Mais la démarcation entre ce sentiment purement subjectif et *toute forme d'intérêt* est si rigoureuse que le paragraphe 4 ne récusera pas seulement ce qui est « bon à quelque chose » (l'utile), mais aussi ce qui est « bon en soi » parce qu'il y a encore dans ce dernier cas « rapport à un acte de volonté » – c'est-à-dire en l'occurrence avec la forme supérieure de la faculté de désirer, qui relève de la Raison ; Kant coupe par là tous les ponts avec l'esthétique antérieure en disqualifiant une détermination qui ne viendrait certes plus de l'entendement mais prétendrait venir de la raison [60]. L'enjeu de cette stratégie de la terre brûlée, qui caractérise toute l'analytique de la *Critique de la faculté de juger* esthétique, est clairement exprimé dès le paragraphe 2 : « C'est ce que je fais de cette représentation en moi-même, et non ce par quoi je dépends de l'existence de l'objet. » *L'autonomie du Beau qu'il s'agit d'affirmer engage l'affirmation de l'autonomie du sujet.* Une autonomie qui, cependant, ne le coupera pas du monde sensible mais doit, au contraire, lui fournir les moyens de dépasser la coupure entre la sensibilité et la liberté. Sans doute pas de façon immédiate, mais en lui offrant des formes symboliques d'accord entre le sensible et l'intelligible qu'expriment les deux définitions kantiennes, elles aussi célèbres, du beau : il est, du côté du/des sujets, *universel* et, quoique sans

59. Cf. supra les extraits des *Lettres sur les sentiments* et nos commentaires. Mais Kant, pour en finir avec les difficultés terminologiques, propose au § 3 de réserver le terme de « sentiment » (*Gefühl*) à « ce qui doit nécessairement rester simplement subjectif » (*ibid.*, p. 184).

60. Dans tout le rationalisme la frontière est perméable et floue. Il fallait donc trancher.

concept, rencontre l'adhésion de chacun [61] et il exprime, du côté de l'objet, une *finalité* de l'objet beau sans qu'il faille pour autant assigner une fin déterminée à cet objet. Enfin, et ce n'est pas le moins important – nous ne pouvions comprendre cette parenthèse du paragraphe 1 d'emblée : « peut-être associée à l'entendement » –, le jugement de beau implique, bien que de manière purement subjective, une harmonie entre nos facultés sensibles et nos facultés intellectuelles qui est non seulement, dans le sujet, une concordance, un accord entre l'entendement et le « libre jeu de l'imagination », mais l'« expérience » d'un accord entre sa vie sensible, son existence empirique de sujet physique, et sa destination d'être moral via l'accord avec une finalité cosmique. Le Beau est symboliquement, dans l'ordre qui est le sien, *analogon* de la moralité réussie.

Bien qu'il ne soit pas question de gommer la différence radicale entre le beau et le sublime puisque le paragraphe 23 traite justement de leurs parentés et de leurs différences, cette dimension morale, cette fonction de pont entre la sensibilité et la moralité constitue néanmoins incontestablement le lien profond entre l'analytique du Beau et l'analytique du Sublime. De façon certes absolument différente, en dépit de toutes les caractéristiques communes qu'il possède avec le Beau, le Sublime fonctionne comme expérience sensible de la moralité. À la différence du Beau, d'ailleurs, il nous « contraint » même à la moralité en faisant violence à nos sentiments de plaisir et de peine. Du même coup, cette médiation prend assurément une forme très différente de celle, en quelque sorte sans obligation ni sanction, que permettait le Beau. Le Sublime ne mise pas sur l'harmonie de nos facultés mais, au contraire, sur leur violente dissonance :

> « Le cœur se sent *ému* dans la représentation du Sublime dans la nature, tandis que, lors du jugement esthétique sur le Beau dans la nature, il est dans un état de calme contemplation. Ce mouvement peut (tout particulièrement à son début) être comparé à un ébranlement, c'est-à-dire à une rapide alternance de répulsion et d'attraction par le même objet. Ce qui excède les limites de l'imagination (et jusqu'à quoi celle-ci est poussée dans l'appréhension de l'intuition) constitue pour ainsi dire un abîme où elle a peur de se perdre elle-même ; mais, néanmoins, pour l'Idée rationnelle du suprasensible, il n'est nullement excessif mais légitime de produire un tel effort

61. Il fonde donc un sens commun – un véritable « sens communautaire » (§ 20-22).

de l'imagination ; c'est justement là ce qui devient alors attirant, dans l'exacte mesure où cela était repoussant pour la simple sensibilité » (§ 27) [62].

À l'accord le sublime substitue une réaction en deux temps [63] : de quelque nature qu'il soit (sublime mathématique ou sublime naturel), le sublime nous arrache aux limites de la mesure humaine et ne nous inspire au premier chef qu'un déplaisir saisissant, lequel réveille cependant en nous le pouvoir qu'a la raison de « surpasser toute mesure des sens ». Dans le paragraphe 23, le phénomène du Sublime est décrit comme un « mouvement » (*Bewegung*), un « jaillissement » (*entspringen*), un « épanchement » (*Ergießung*) qui met l'« esprit » – ou plus exactement le *Gemüt* – « en branle » (*rege machen*), qui l'« excite » (*erregen*). Nous ne pouvons maîtriser le Sublime qu'au moyen de notre raison. C'est elle qui est sollicitée par un violent « ébranlement » (*Erschütterung*) et qui est alors notre seule planche de salut, nous faisant prendre conscience de notre nature suprasensible.

1. Contre le sensualisme : l'autonomie du Beau

Paragraphe 1 – *Le jugement du goût est esthétique*

Pour distinguer si quelque chose est beau ou non, nous ne rapportons pas la représentation à l'objet par l'intermédiaire de l'entendement en vue d'une connaissance, mais nous la rapportons par l'intermédiaire de l'imagination (peut-être associée à l'entendement) au sujet et au sentiment du plaisir ou de la peine que celui-ci éprouve. Le jugement du goût n'est donc pas un jugement de connaissance ; par conséquent, ce n'est pas un jugement logique, mais esthétique – ce par quoi l'on entend que son principe déterminant *ne peut être que subjectif*. Il est vrai que

62. Trad. fr. par A. Renaut, *op. cit.*, p. 240 (traduction modifiée ; nous rétablissons notamment « cœur » pour *Gemüt* (le siège des sentiments).
63. Sur laquelle Schiller, dans son traité « Sur le pathétique et le sublime », fondera la notion de résistance (*Widerstand*). Sans doute faut-il voir là la raison profonde du dualisme qu'il ne parvient pas à surmonter (cf. infra nos commentaires sur le traité « Sur la grâce et la dignité »).

tout rapport concernant les représentations, même
celui des sensations, peut être objectif (et dans ce cas
il signifie ce qu'il y a de réel dans une représentation
empirique), mais simplement n'en va-t-il pas de même
pour le rapport qu'elles peuvent entretenir avec le sentiment de plaisir et de peine, lequel ne désigne absolument rien dans l'objet, et où le sujet, au contraire,
s'éprouve lui-même tel qu'il est affecté par la représentation.

Appréhender par son pouvoir de connaître un édifice régulier qui répond à une fin (que le mode de
représentation en soit clair ou confus), c'est tout autre
chose que d'avoir conscience de cette représentation à
la faveur de la sensation de la satisfaction. Dans ce
dernier cas, la représentation est rapportée entièrement au sujet et, plus précisément, au sentiment qu'il
éprouve d'être vivant – ce que l'on exprime sous le
nom de sentiment de plaisir ou de peine : c'est sur
celui-ci que se fonde un pouvoir tout à fait particulier
de discerner et de juger, qui ne contribue en rien à la
connaissance, mais simplement rapproche la représentation donnée dans le sujet de tout le pouvoir des
représentations dont l'esprit prend conscience dans le
sentiment de son état. Des représentations données
dans un jugement peuvent être empiriques (donc
esthétiques), mais le jugement qui est porté par leur
intermédiaire est logique, dès lors seulement que celles-ci sont rapportées dans le jugement à l'objet.
Inversement, même si les représentations données
étaient rationnelles, dès lors que, dans un jugement,
on les rapporterait purement et simplement au sujet (à
son sentiment), ce jugement serait alors toujours de
type esthétique.

Paragraphe 2 – *La satisfaction qui détermine
le jugement de goût est totalement désintéressée*

On nomme intérêt la satisfaction que nous asso-
cions à la représentation de l'existence d'un objet.
Une telle représentation se rapporte donc toujours en
même temps au pouvoir de désirer, ou bien comme à

son principe déterminant, ou en tout cas comme se rattachant nécessairement à son principe déterminant. Mais quand la question est de savoir si quelque chose est beau, on ne veut pas savoir si nous-mêmes ou quelqu'un d'autre portons à l'existence de cette chose ou même pourrions lui porter un intérêt, mais comment nous l'apprécions lorsque simplement nous la considérons (que ce soit dans l'intuition ou dans la réflexion). Quand quelqu'un me demande si je trouve beau le palais que j'ai devant moi, je peux certes répondre : « Je n'aime pas les choses de ce genre, qui sont faites uniquement pour les badauds, ou bien, comme ce sachem iroquois qui n'appréciait rien davantage dans Paris que les rôtisseries, je peux encore déclamer, tout à fait dans la manière de Rousseau, contre la vanité des grands qui emploient la sueur du peuple pour des choses aussi superflues ; je peux enfin, très facilement, me persuader que, si je me trouvais dans une île inhabitée sans espoir de jamais revenir chez les hommes et si, par mon simple désir, je pouvais y transporter par un coup de baguette magique un tel palais, je ne m'en donnerais même pas la peine pourvu simplement que je possède déjà une cabane assez confortable pour moi. On peut m'accorder toutes ces considérations et les approuver ; seulement, ce n'est pas là, pour l'instant, la question. On veut seulement savoir si la simple représentation de l'objet est accompagnée en moi de satisfaction, si indifférent que je puisse être à l'existence de l'objet de cette représentation. On voit facilement que ce qui importe pour dire que l'objet est *beau* et pour prouver que j'ai du goût, c'est ce que je fais de cette représentation en moi-même, et non ce par quoi je dépends de l'existence de cet objet. Chacun doit convenir que le jugement sur la beauté où se mêle la moindre dimension d'intérêt est très partial et ne constitue pas un pur jugement de goût. Il ne faut pas se préoccuper le moins du monde de l'existence de la chose, mais être sous ce rapport entièrement indifférent pour pouvoir en matière de goût jouer le rôle de juge.

Cela étant, nous ne pouvons mieux commenter cette proposition, qui est d'une importance capitale, qu'en opposant à la satisfaction pure et désintéressée du jugement du goût celle qui est associée à l'intérêt, surtout quand nous pouvons en même temps être certains qu'il n'y a pas d'autres espèces d'intérêt que celles que nous allons maintenant désigner.

Kritik der Urteilskraft, in *Werke,* éd. par W. Weischedel, Insel, Wiesbaden, 1957, tome V, p. 279-281 ; trad. fr. : *Critique de la faculté de juger,* traduction, présentation, bibliographie et chronologie par Alain Renaut, Aubier, Paris, 1995, p. 181-183 (traduction modifiée).

2. *La théorie du Sublime*

Paragraphe 23 — *Passage du pouvoir de juger du beau à celui de juger du sublime*

Le beau et le sublime s'accordent en ceci que tous deux plaisent par eux-mêmes. En outre, en ceci que chacun d'eux suppose, non un jugement des sens ou un jugement logique déterminant, mais un jugement de réflexion, et donc que la satisfaction ne dépend pas d'une sensation, comme celle de l'agréable, ni d'un concept déterminé, comme c'est le cas pour la satisfaction prise au bien ; pourtant elle est rapportée à des concepts, sans qu'il soit déterminé, il est vrai, de quels concepts il s'agit ; il en résulte que c'est à la simple présentation ou pouvoir de présenter que la satisfaction est liée et que par là le pouvoir de présentation, autrement dit l'imagination, est considéré, dans une intuition donnée, comme se trouvant en accord avec le *pouvoir des concepts* de l'entendement ou de la raison, et ce au profit de ces derniers. De là vient que, dans les deux cas, les jugements sont *singuliers* et que cependant ils s'attribuent une validité universelle à l'égard de chaque sujet, bien qu'ils n'élèvent, il est vrai, de prétention que concernant le sentiment de plaisir et non pas touchant à la connaissance de l'objet.

Reste qu'il y a aussi des différences importantes qui sautent aux yeux entre le beau et le sublime. Le beau naturel concerne la forme de l'objet, laquelle consiste dans la limitation ; en revanche, le sublime se peut trouver aussi dans un objet informe, pour autant qu'une illimitation est représentée en lui ou qu'il la suscite et que cependant vient s'y ajouter par la pensée la dimension de sa totalité — en sorte que le beau semble pouvoir être tenu pour la présentation d'un concept indéterminé de l'entendement, le sublime quant à lui pour celle d'un concept indéterminé de la raison. Ainsi la satisfaction est-elle, dans le cas du beau, associée à la représentation de la *qualité*, tandis que, dans le cas du sublime, elle est associée à celle de la *quantité*. En outre, la seconde satisfaction est assurément très différente de la première : celle-ci (le beau) apporte directement avec elle un sentiment d'intensification de la vie, et c'est pourquoi elle est compatible avec des attraits et un jeu de l'imagination ; celle-là, en revanche (le sentiment du sublime), est un plaisir qui ne surgit qu'indirectement, c'est-à-dire qu'il est produit par le sentiment d'un arrêt momentané des forces vitales, immédiatement suivi par une *effusion* d'autant plus forte de celles-ci — et par conséquent, en tant qu'émotion, il ne semble pas être un jeu, mais une affaire sérieuse dans l'activité de l'imagination. De là vient aussi qu'il est incompatible avec l'attrait ; et comme l'esprit (*Gemüt*) n'est pas seulement attiré par l'objet, mais qu'alternativement il s'en trouve aussi toujours repoussé, la satisfaction prise au sublime ne contient pas tant un plaisir positif que bien plutôt de l'admiration ou du respect, ce qui veut dire qu'elle mérite d'être appelée un plaisir négatif.

Cependant, la plus importante différence interne entre le sublime et le beau est sans doute celle-ci : si tout d'abord, comme il convient, nous ne prenons en considération ici que le sublime relatif aux objets naturels (celui de l'art est, en effet, toujours soumis aux conditions d'un accord avec la nature), la beauté

naturelle (autonome) véhicule avec elle, dans sa
forme, une finalité pour laquelle l'objet semble être
comme prédéterminé pour notre faculté de juger, et
c'est ainsi que cette beauté constitue en soi un objet
de satisfaction ; en revanche, ce qui en nous suscite le
sentiment du sublime sans que nous nous lancions
dans des raisonnements, dans la simple appréhension,
peut certes paraître en sa forme contraire à l'idée
d'une quelconque finalité pour notre faculté de juger,
inapproprié à notre faculté de présentation et faisant,
pour ainsi dire, violence à l'imagination : il n'en est
pas moins, pour cette raison, jugé d'autant plus
sublime.

Par où l'on voit immédiatement que nous nous
exprimons d'une manière parfaitement incorrecte
quand nous nommons sublime un *objet de la nature*,
alors que nous pouvons de manière tout à fait correcte
appeler beaux de très nombreux objets de la nature ;
car comment peut-on désigner par un terme qui
marque l'assentiment ce qui est appréhendé comme
opposé à la finalité ? Tout ce que nous pouvons dire,
c'est que l'objet est propre à la présentation d'une
sublimité qui peut être rencontrée dans l'esprit
(*Gemüt*) ; en effet, le sublime proprement dit ne peut
être contenu en aucune forme sensible, mais il ne
concerne que les Idées de la raison, lesquelles, bien
qu'aucune présentation qui puisse leur être adéquate
n'en soit possible, sont mises en branle et rappelées
dans l'esprit (*Gemüt*) précisément par cette inadéquation, dont une présentation sensible est possible. Ainsi
le vaste océan soulevé par la tempête ne peut-il être
nommé sublime. Sa vision est horrible ; et il faut avoir
déjà rempli son esprit (*Gemüt*) de bien des idées
diverses pour qu'il soit disposé par une telle intuition
à un sentiment qui est lui-même sublime, dans la
mesure où l'esprit (*Gemüt*) est appelé à se dégager de
la sensibilité et à s'occuper d'Idées qui contiennent
une finalité supérieure.

La beauté naturelle autonome nous révèle une
technique de la nature qui la rend représentable

comme un système structuré selon des lois dont le principe ne peut être rencontré dans l'ensemble de notre entendement dans la mesure où ce dernier concerne une finalité se rapportant à l'usage de la faculté de juger relativement aux phénomènes — en sorte que ceux-ci doivent être jugés non seulement en tant qu'appartenant à la nature dans son mécanisme dépourvu de finalité, mais aussi à ce qui est pensé par analogie avec l'art. Une telle finalité n'élargit donc certes pas réellement notre connaissance des objets de la nature, mais en tout cas notre concept de la nature qui, de concept d'une nature entendue comme un simple mécanisme, est étendu jusqu'à celui de la nature en tant qu'art, lequel invite à de profondes recherches sur la possibilité d'une telle forme. Mais, dans ce que nous avons l'habitude, en elle, de nommer sublime, il n'y a absolument rien qui conduirait à des principes objectifs particuliers et à des formes de la nature conformes à ceux-ci, et c'est plutôt dans son chaos ou dans son désordre et ses dévastations les plus sauvages et les plus déréglés, dès lors simplement que de la grandeur et de la force s'y peuvent percevoir, que la nature suscite, le plus souvent, les Idées du sublime. Nous voyons par là que le concept du sublime de la nature est largement moins important et riche en conséquences que celui du beau naturel, et qu'il n'indique absolument rien de final dans la nature elle-même, mais seulement dans l'*emploi* possible de ses intuitions pour nous faire ressentir en nous-mêmes une finalité tout à fait indépendante de la nature. Pour le beau naturel, c'est hors de nous qu'il faut chercher un principe ; pour le sublime, en revanche, c'est seulement en nous et dans le mode de pensée qui introduit de la sublimité au sein de la représentation de la nature : il y a là une remarque préalable très nécessaire, qui sépare totalement les Idées du sublime de celle d'une finalité de la *nature* et qui fait de la théorie du sublime un simple appendice à l'appréciation esthétique de la finalité de la nature — cela dans la mesure où, par là, aucune forme particulière n'est représentée dans la nature, mais se trouve développé simplement un usage final que l'imagination fait de sa représentation.

Kritik der Urteilskraft, in Werke, éd. par W. Weischedel, Insel, Wiesbaden, 1957, tome V, p. 328-331 ; trad. fr. : *Critique de la faculté de juger,* traduction par A. Renaut, Aubier, Paris, 1995, p. 226-228 (traduction modifiée).

*

* *

SCHILLER

Toute l'esthétique du XVIIIᵉ siècle se débat entre un fondement subjectif du Beau et un fondement objectif qui n'est que la refondation de la cosmo-ontologie ancienne par le rationalisme. On a vu comment Kant coupe court à cette alternative en montrant en quelque sorte qu'il y a là un malentendu, que le jugement esthétique est bien évidemment subjectif et qu'on cherche à tort l'universalité qu'il possède néanmoins du côté de l'objectivité. Le jugement esthétique a sa manière propre de constituer des normes tout aussi contraignantes que celles des lois scientifiques et ayant même, de façon du moins symbolique, une validité morale. C'est sur la base de l'esthétique kantienne que Schiller va relancer le débat sur l'objectivité du Beau. Sur cette base, il ne s'agit évidemment pas de revenir à un fondement cosmo-ontologique, mais de se demander si cette normativité et cette validité morale peuvent faire de l'art une autre rationalité, efficace notamment dans le domaine politique. Schiller rédige en effet ses principaux écrits esthétiques sous le coup de la Révolution française — qui, comme on le sait, suscitera chez Kant lui-même une réinterprétation esthétique du phénomène révolutionnaire [64]. En revanche, son approche est plus radicale : il perçoit dans le phénomène même de la révolution, et *a fortiori* dans ses bavures, les effets d'une rationalité tronquée. La révolution et ses bavures seraient un retour du refoulé, les conséquences d'une oppression et d'une répression de la sensibilité. Il

[64]. *Le Conflit des facultés,* 2ᵉ section ; cf. supra dans le chapitre IV la section sur la Révolution.

cherche donc dans l'accord des facultés qui caractérise le jugement esthétique l'organon d'une nouvelle rationalité dont l'objectivation politique réaliserait la synthèse de l'ordre et de la liberté — problème qui est au centre de toute la création schillérienne avant même son étude de la philosophie kantienne, à laquelle il ne s'initie qu'en 1791 à l'instigation de Karl Reinhold [65]. L'œuvre de jeunesse de Schiller est le reflet des influences qui imprègnent toute la *Popularphilosophie* : d'un côté Leibniz et Wolff, de l'autre Shaftesbury et Locke ; l'idée de perfection et d'harmonie, incontestablement leibnizienne, y joue un rôle central, mais c'est par une philosophie de l'amour que Schiller tente de réaliser la synthèse entre ces deux courants, le rationalisme leibnizowolffien et le sensualisme anglais. L'amour est censé être la loi universelle régissant à la fois l'harmonie cosmologique et l'harmonie morale [66]. Ce postulat est en quelque sorte mis à l'épreuve par l'affrontement de l'ordre et de la liberté que mettent en scène les drames de jeunesse, tout particulièrement *Les Brigands*. Or, tant dans les scènes qui laissent espérer une rédemption morale de Karl Moor (III, 2, IV, 5) que dans *La Conjuration de Fiesque à Gênes*, s'annonce le rôle décisif que jouera l'éducation esthétique. Dans la scène 17 de l'acte III, Fiesco oppose l'action à l'apparence et renverse le tableau que lui présente le peintre Romano ; il subira lui-même le sort qu'il a réservé au tableau. Dans aucun des drames de jeunesse, le dualisme de la sensibilité et de la moralité n'est surmonté (le dénouement des *Brigands* condamne la « bête » et sauve l'homme), mais l'orientation générale de la quête schillérienne est donnée, et elle l'est sur le terrain politique. Lorsqu'il poussera son ami Körner à traduire *Sur l'éducation publique* de Mirabeau, Schiller lui écrira le 15 octobre 1792 : « Au cœur du tumulte dans lequel la Constitution française vit le jour, Mirabeau n'avait pour ainsi dire d'autre idée que de lui implanter le germe d'une éternelle durée grâce à une organisation adéquate de l'éducation. » La conviction de Schiller est que la lutte contre la tyrannie extérieure n'est que l'épiphénomène d'une crise interne de la rationalité et qu'elle ne saurait

---

65. Qui, dans une certaine mesure, a aussi initié Goethe — cf. infra. Or, Reinhold lui-même est préoccupé par le dualisme kantien de la sensibilité et de l'entendement tout autant que par la coupure entre entendement et raison. Dans son *Essai d'une nouvelle théorie des facultés représentatives de l'homme* (1789), il pense trouver dans la « représentation » *(Vorstellung)* un dénominateur commun. Sur Reinhold, voir supra, chapitre II, section 4.

66. Cf. la *Théosophie des Julius* de 1786.

déboucher sur des résultats durables si la rationalité elle-même n'est pas réformée. Dans la vingt-troisième *Lettre sur l'éducation esthétique*, il dira : « Il n'y a pas d'autre voie pour rendre raisonnable l'homme sensible que de le rendre d'abord esthétique. » De plus, cette éducation esthétique n'est pas uniquement une réforme intérieure ; elle vise à devenir l'organon d'une nouvelle philosophie pratique, capable d'insérer harmonieusement ses actes dans l'ordre naturel. L'acteur de l'histoire devient un artiste — « l'artiste politicien » — qui doit, plus que jamais, créer « comme la nature » et ne peut plus se contenter de produire des objets qui « semblent » naturels [67].

Sur la grâce et la dignité, qui paraît en 1793, est le premier grand traité témoignant de la maturité théorique à laquelle parvient Schiller au moyen de l'esthétique kantienne. Il met en forme les idées avancées pendant l'hiver 1792-1793 dans les lettres de Schiller à Körner (*Kallias, oder über die Schönheit — Kallias, ou Sur la beauté*), dans lesquelles on trouve la formule lourde de conséquences : « La beauté est la liberté en tant qu'elle apparaît » (*Freiheit in der Erscheinung*). La beauté n'est donc pas seulement belle apparence, mais expression phénoménale de la liberté. Les quatre extraits qui suivent tentent de rendre compte de la façon dont Schiller travaille l'esthétique kantienne pour opérer cette objectivation du Beau [68].

Ce travail se sert de la notion de grâce qui, dans la tradition rhétorico-esthétique, désigne l'expression de spontanéité naturelle à laquelle doit viser l'art, mais qui caractérise aussi un idéal éthique [69]. Dans le cas de Schiller, l'influence des philosophes anglais, Shaftesbury, Hogarth, Burke et Home, est plus que vraisemblable — d'autant que Home et Burke (ce dernier en référence à Hogarth, qui associe la grâce aux arabesques) définissent la grâce comme la beauté du mouvement. C'est vraisemblablement de Home qu'il tient l'opposition entre la grâce et la dignité. Mais, à partir

67. « Dans le cas de l'État, l'artiste politicien doit aborder sa matière avec un tout autre regard que celui de l'artiste créant une œuvre d'art : non seulement subjectivement et en cherchant à produire un effet trompeur pour les sens, mais objectivement et en visant l'intériorité de son être, il doit en préserver la particularité et la personnalité » (4e *Lettre sur l'éducation esthétique*).

68. Ils doivent être évidemment complétés par les extraits des *Lettres sur l'éducation esthétique*, proposés dans la section sur « Les théories de l'État après la Révolution française » du chapitre IV, dans lesquels se révèle l'enjeu proprement politique.

69. Voir l'article « *Anmut* » du *Historisches Wörterbuch der Rhetorik*, dirigé par G. Ueding, tome I, Tübingen, 1992.

du milieu du XVIIIᵉ siècle, la « grâce », qu'on la nomme *Grazie* ou *Anmut*, est au cœur de toutes les théories esthétiques ; dans les *Lettres sur les sentiments* de Mendelssohn (1755), elle est également liée au mouvement ; de Wieland (*Traité sur la naïveté*, 1755) Schiller reprend non seulement le terme de naïveté (cf. *Über naive und sentimentalische Dichtung — Sur la poésie naïve et la poésie sentimentale*, 1795-1800), pour désigner l'harmonie spontanée de la nature et de l'art, mais aussi l'idée que la grâce est le « reflet d'un cœur beau » — la *belle âme* ; de Winckelmann il peut avoir repris la définition de la grâce comme ce « qui plaît à la raison ».

Schiller fait de la grâce l'expression d'une beauté qui a une réalité objective et, qui plus est, une réalité animée — une beauté en mouvement, à partir de laquelle il va pouvoir aussi penser son inscription dans l'histoire comme expression de la synthèse réussie entre la moralité et l'ordre naturel. *La forme d'objectivation de la beauté est le mouvement.* Partant de l'opposition kantienne entre le beau naturel et le beau artistique, le traité *Sur la grâce et la dignité* distingue d'emblée (voir le premier extrait ci-dessous) la beauté gracieuse de la beauté architectonique. Cette dernière est une création naturelle qui existe partout où la nécessité naturelle nous apparaît bien proportionnée ; par exemple dans le physique d'un être humain. La beauté gracieuse lui est incomparablement supérieure. Elle peut d'ailleurs être l'apanage d'un être humain dénué de beauté naturelle. Schiller rompt ainsi avec le canon de l'esthétique objective du rationalisme — les proportions — et avec la référence de l'esthétique classicisante à la beauté du corps humain. À cette objectivité architectonique, il oppose non pas une définition subjective du beau, mais une autre forme d'objectivité : l'*objectivation* de la liberté dans l'être, du suprasensible dans le sensible, de l'âme dans le mouvement du corps. C'est pourquoi la grâce est la figuration de la beauté morale. Par là elle ajoute cependant à cette beauté morale un effet sensible qui « ravit », qui emporte l'adhésion ; elle la rend sensible et réconcilie la morale avec les sens. C'est pourquoi aussi la beauté gracieuse est pour Schiller, qui radicalise ainsi la rupture avec l'esthétique baroque accomplie par Lessing, la seule véritable beauté : la beauté architectonique, dit-il à la fin de la section du traité consacrée à la grâce (la deuxième section traite de la dignité), ne peut que susciter l'étonnement ou l'admiration. Seule la grâce suscite le ravissement.

L'intérêt des extraits que nous avons retenus tient à la façon dont Schiller « esthétise » la liberté et, par là, la poli-

tique. Dans le vocabulaire même, la politique manifeste avec
insistance sa présence comme horizon de la réflexion,
notamment au début du troisième texte. Schiller dit encore
ailleurs que la beauté est « citoyenne de deux mondes »
(*Bürgerin zwoer Welten*), qu'elle accède à l'existence dans le
monde des sens et n'acquiert ses droits civiques que dans le
monde de la raison [70]. Il ne s'agit de rien moins que de
fonder une légalité sur la beauté, qui est pourtant selon Kant
une « légalité sans lois ». Schiller exploite en la poussant à
l'extrême *l'analogie* qu'établit Kant entre l'esthétique et la
morale (le Beau est le symbole de la moralité [71]) et, de façon
générale, la conception kantienne selon laquelle la liberté,
qui ne peut avoir de représentation sensible, ne peut être
rendue sensible que de façon analogique ou symbolique. Ce
faisant, il déplace délibérément l'idée de liberté de la philosophie morale-pratique et de la téléologie vers la « beauté du
jeu », c'est-à-dire vers le concept esthétique de liberté qui
résulte, dans la *Critique de la faculté de juger*, de l'harmonie
des facultés dans l'expérience de la beauté. Il est parfaitement conscient des dangers d'une telle opération et, en se
référant de façon appuyée à Kant, il se défend de vouloir
rendre la morale à nouveau tributaire de motivations hété-
ronomes [72] et s'efforce de démarquer sa conception de la
liberté selon l'esthétique d'une « esthétisation » qui la livre-
rait aux sensations. L'aspiration à la félicité n'intervient
donc pas comme motif de la moralité mais elle revendique le
droit de « faire entendre sa voix » (*mitsprechen*) — ce sont les
« mouvements sympathiques » dont parle le deuxième extrait
ci-après et dans lesquels la sensibilité s'accorde avec la
morale sans la déterminer ni sans être déterminée par elle
— ceux-là même qui, selon Schiller, caractérisent la grâce.
L'argumentation de Schiller n'est guère différente de celle
de Kant contre Garve dans *Théorie et pratique*. Selon les
Fondements de la métaphysique des mœurs, la morale n'est pas
faite *pour* accéder au bonheur. Une telle finalisation contredirait la possibilité même d'une volonté bonne. Toutefois,
cela ne signifie nullement que la morale soit contraire au
bonheur ; Kant montre bien plutôt qu'elle en est la condition *sine qua non*, puisque seule une détermination universelle de l'action peut rendre cette dernière conforme au souverain bien comme bonheur universel. La morale n'impose
pas le « devoir » (*sollen*) de renoncer au bonheur. Les *Fon-*

70. NA (Nationalausgabe, Weimar, 1943 sq.), tome 20, p. 260.
71. *Critique de la faculté de juger*, § 6 et 59.
72. On songe à la polémique de Kant contre Garve dans *Théorie
et pratique*.

dements de la métaphysique des mœurs montrent seulement qu'« il faut » (müssen) y renoncer dans la détermination de la volonté morale, si l'on veut que cette dernière soit autonome et bonne. Il n'est pas en notre pouvoir d'assurer la convergence de la vertu et du bonheur ; nous ne pouvons y contribuer que « d'un côté », c'est-à-dire par la pureté et l'universalité de notre volonté. Cela renvoie à la « Dialectique » de la Critique de la raison pure, qui traite du Souverain bien comme accord de la vertu et du bonheur. Kant oppose deux positions (qui sont en fait des idéaux types traversant toute la discussion des Lumières) : celle du stoïcien et celle de l'épicurien. Schiller reprend le schéma en opposant le « rigoriste » et le « laxiste ». Il y a toutefois une différence de taille : c'est que, dans cette reprise, Kant, le rigoriste, prend la place du stoïcien ! Il n'en prendra pas outre mesure ombrage lorsqu'il réagira dans la seconde édition de La Religion dans les limites de la simple raison. Sans doute parce que Schiller, d'une part, maintient une distinction stricte entre l'ordre de la légalité (quoiqu'il tente de le fonder sur la beauté) et celui du devoir (de la morale), d'autre part, parce qu'il se garde de réintroduire une influence des penchants sur la moralité, mais parle seulement de l'accord que cette dernière rencontre a posteriori. L'expression de cet accord est la grâce. Schiller recourt ensuite fort habilement aux passages de Kant sur « l'amour du devoir » pour avancer l'idée qu'il y a néanmoins un accord plus profond entre la sensibilité et les sens, un accord qui, selon Kant lui-même, ne repose pas sur les penchants et malgré tout sur une implication de la sensibilité dans la moralité. L'entreprise est osée car, là où Kant parle de cet amour du devoir, il n'entend certes pas la grâce comme expression phénoménale.

La première section du traité de Schiller se termine par la belle âme, qui, tout à la fois, constitue l'expression idéale de la beauté morale objectivée par la grâce et marque les limites de cette réconciliation de la nature et de la morale. Car la beauté gracieuse ne relève pas d'un acte volontaire ; elle n'est soumise à aucune nécessité, ni à la nécessité naturelle ni à la contrainte qu'exerce la loi morale sur la vie sensible. Elle est un mouvement involontaire, spontané, naturel et libre en même temps. Aussi n'a-t-elle « d'autre mérite que d'être » ; elle ne sait même rien de la beauté de son action. On la rencontre plus fréquemment, ajoute Schiller, parmi le sexe féminin. En termes clairs, la synthèse du féminin et du masculin, et des types de civilisations considérées comme féminines avec les civilisations masculines — dans la typologie de tout l'idéalisme allemand : la Grèce d'une part, la

modernité de l'autre —, ne s'accomplit que chez la femme,
qui évolue certes gracieusement mais, à l'époque de Schiller,
n'a aucune influence reconnue sur le mouvement de l'histoire [73]. La structure même du traité, avec sa première partie
sur la grâce et sa deuxième partie sur la dignité, reflète cette
irréconciliation. Notre quatrième extrait en rend compte.
Reprenant la conception kantienne des rapports entre la
raison et la sensibilité dans l'action morale, Schiller distingue trois cas de figure susceptibles de déboucher sur un
accord entre les sens et la morale. Dans le premier cas, il se
trouve que la justice coïncide heureusement — c'est-à-dire
par hasard — avec les penchants ; mais ce sont alors les
penchants qui motivent l'action morale. Dans le deuxième
cas, celui d'un conflit, il faut un sacrifice ; la sensibilité doit
se soumettre à la moralité. Dans le troisième, celui de la
belle âme (du « beau caractère »), la moralité est à l'origine
de l'action et elle a seulement confié la réalisation du devoir
à la sensibilité. Ce cas de figure (celui dans lequel il y a
« sympathie » et non seulement soumission pathologique aux
penchants) est le plus difficile à prouver ; le seul critère
infaillible, prétend Schiller, est que la belle âme soit capable
de se transformer en une âme sublime. C'est là postuler une
continuité qu'il ne parvient pas à démontrer alors qu'elle est
la clé de toute sa construction théorique. Il tente dans la
suite de son raisonnement d'exploiter l'adhésion qu'emporte
la belle âme pour établir la possibilité d'une moralité non
tyrannique : la belle âme « contraint » — ou plutôt elle « fait
un devoir de » (*verpflichtet*) —, sa liberté en appelle à la
liberté, alors que la dignité caractérise celui qui *est contraint*
(verpflichtet *wird*). Mais n'est-ce pas alors simplement un
retour à une éthique et à une esthétique de l'exemplarité ?
Schiller s'efforce de s'en dégager en se repliant sur le dualisme kantien : la grâce et la dignité parlent à deux composantes différentes de notre être ; elles ne sont pas à proprement parler contradictoires mais constituent une synthèse
en mouvement, jamais achevée. Lorsque dans une représentation artistique la grâce et la dignité sont réunies, l'une
parle à notre sensibilité, l'autre à notre nature suprasensible.
En ce point il se démarque, en prenant position dans le
débat sur le *Laokoon* [74], à la fois de Winckelmann et de
Home, qui, l'un et l'autre mais de façon opposée, ont pré-

73. Sur la belle âme schillérienne et la critique hégélienne de la
belle âme, cf. mon article « L'histoire guérie du concept par l'imagination », in *Philosophiques*, Montréal, 1979.

74. Et sur Niobé, autre exemple constamment associé au *Laokoon*, chez Winckelmann comme chez Lessing ou Goethe.

tendu à une synthèse de la dignité et de la grâce, mais soit
en appelant grâce ce qui est trop sublime pour être beau
(Winckelmann), soit en assimulant à la grâce des traits qui
relèvent de la dignité (Home). Les positions en présence
sont certes clairement identifiées, toutefois le repli sur la
solution kantienne n'est pas à la mesure des promesses et
des ambitions de l'entreprise.

Sur la grâce et la dignité

I

La légende grecque attribue à la déesse de la beauté
une ceinture qui a le pouvoir de conférer la *grâce* à
celui qui la porte et de susciter l'amour. Cette même
divinité est accompagnée par les Grâces.

Les Grecs *distinguent* donc la grâce et les Grâces de
la beauté puisqu'ils qualifiaient ces dernières au
moyen d'attributs qu'il convenait de séparer de la
déesse de la beauté. Toute grâce est belle car la ceinture qui représente les attraits de l'amour est la *propriété* de la déesse de Gnide [75], mais tout ce qui est
beau n'est pas gracieux, car sans cette ceinture Vénus
n'est que ce qu'elle est.

Selon cette même allégorie, c'est la déesse de la
beauté *et elle seule* qui porte cette ceinture et en
confère l'attrait. Junon, la souveraine reine de
l'Olympe, doit *emprunter* cette ceinture à Vénus
lorsqu'elle veut sur le mont Ida ensorceler Jupiter. La
grandeur, même lorsqu'elle est parée d'un certain
degré de beauté (que l'on ne dénie point ici à l'épouse
de Jupiter), n'est donc pas sûre de plaire ; ce n'est pas
en effet par ses propres charmes mais par la ceinture
de Vénus que la reine des dieux, dans sa grandeur,
espère conquérir le cœur de Jupiter.

Toutefois, la déesse de la beauté peut aliéner sa
ceinture et *transmettre* son pouvoir à moins beau
qu'elle. La grâce n'est donc pas une prérogative exclusive du beau mais peut être communiquée, quoique
toujours de la main même de la beauté, à des beautés

75. Ville de Carie où Vénus avait un temple.

moindres et même à ce qui est dépourvu de toute beauté.

Les Grecs toujours recommandaient à ceux à qui faisaient défaut la grâce et le don de plaire, quelles que soient par ailleurs les qualités de leur esprit, de sacrifier aux Grâces. Ces déesses, ils les représentaient certes comme accompagnant le beau sexe mais pouvant néanmoins être favorables aux hommes et comme indispensables à ceux qui veulent plaire.

Qu'est-ce donc que la grâce si elle est ainsi associée par prédilection mais pourtant sans exclusive à la beauté ? Si elle émane ainsi du beau mais peut également révéler les effets de la beauté en l'absence de toute beauté ? Si la beauté peut certes exister *sans elle* mais ne peut inspirer de penchant que *par elle* ?

La sensibilité affinée des Grecs a distingué précocement ce que la raison n'était pas encore en mesure de *discerner* et, en s'efforçant d'exprimer ce qu'elle sentait, elle a tiré de l'imagination des images pour lesquelles l'entendement ne pouvait encore lui fournir aucun concept. Ce mythe force pour cela le respect du philosophe, qui doit lui-même se contenter de chercher les concepts correspondant aux intuitions en lesquelles se condensent les découvertes du simple sens naturel et, pour le dire autrement, doit expliquer l'écriture imagée des sensations.

Si l'on dépouille maintenant le mythe grec de son enveloppe allégorique, il semble que son sens se ramène à ce qui suit.

La grâce est une beauté *mobile* ; une beauté qui peut s'attacher de façon contingente à un sujet et s'en détacher de même. Elle se distingue par là de la beauté *fixe*, qui est donnée nécessairement avec le sujet. Vénus peut ôter sa ceinture et la prêter un moment à Junon ; de sa beauté elle ne pourrait se défaire qu'en renonçant en même temps à sa personne.

Cette ceinture, symbole de la beauté mobile, a cependant ce caractère tout à fait particulier qu'elle confère à la personne qui en est parée la propriété objective de la grâce, et elle se distingue par là de tout autre ornement qui ne change pas la personne elle-même mais seulement l'impression qui en émane, dans sa perception subjective par une autre personne. Le sens précis du mythe grec est que la grâce se transforme en la qualité d'une personne et que celle qui porte la ceinture ne *semble* pas seulement digne d'amour mais l'*est* aussi.

Une ceinture qui n'est jamais rien d'autre qu'une parure extérieure et accessoire paraîtra sans doute n'être une image guère adéquate pour désigner cette propriété *personnelle* qu'est la grâce ; mais à l'inverse une qualité personnelle conçue comme indissociable du sujet ne pouvait guère être symbolisée autrement que par un ornement contingent que l'on peut enlever à la personne sans conséquence pour elle.

La ceinture et son attrait n'ont donc pas seulement un effet *naturel,* auquel cas ils ne changeraient rien à la personne, mais ils ont un effet *magique,* c'est-à-dire que leur pouvoir s'étend au-delà des limites imposées par les conditions naturelles. Cette formulation (qui n'est au demeurant rien de plus qu'un expédient) ne vise qu'à mettre fin à la contradiction dans laquelle notre faculté de nous représenter les choses ne cesse de s'enferrer dès lors qu'il s'agit de trouver dans la nature une expression de ce qui ne ressortit pas de la nature mais relève du règne de la liberté.

II

Chez l'homme tous les mouvements ne sont cependant pas capables de grâce. La grâce ne s'attache jamais qu'à la beauté de *la figure animée par la liberté,* et des mouvements *qui ne relèvent que de la nature* ne mériteront jamais cette distinction. C'est un fait qu'un esprit animé finit par dominer presque tous les mouvements de son corps, mais lorsque l'enchaînement par lequel un beau trait est relié à des sentiments moraux est très long, il devient une propriété du physique et ne peut plus guère être attribué à la grâce. Finalement, on peut même dire que c'est l'esprit qui forme son corps ; le physique doit lui aussi obéir à son jeu et il n'est pas rare que la grâce se transforme de la sorte en beauté architectonique.

De même qu'un esprit hostile, en désaccord avec soi-même, ruine même la plus sublime beauté physique au point qu'on ne peut plus retrouver, sous l'œuvre indigne de la liberté, le magnifique chef-d'œuvre de la nature, il arrive que l'on voie une âme sereine et harmonieuse porter secours à la technique lorsque celle-ci se heurte à des obstacles, qu'elle donne la liberté à la nature et qu'elle épanouisse dans sa divine gloire la forme encore embryonnaire et confinée. La nature plastique de l'homme trouve en elle-même des ressources infinies pour réparer ses oublis et corriger ses fautes pour autant que l'esprit éthique l'épaule dans son œuvre de formation ou que, parfois, il se contente de ne pas la déranger.

Puisque même les *mouvements figés* (les gestes qui se sont transformés en traits) ne sont pas exclus de la grâce, il pourrait sembler que l'on doive y rattacher de manière générale aussi les *mouvements apparents* ou les *mouvements imités* (les lignes flamboyantes ou sinueuses), comme Mendelssohn l'affirme effectivement. Mais, dans ce cas, la notion de grâce s'en trouverait élargie jusqu'à rejoindre celle de beauté ; car *toute* beauté n'est en fin de compte qu'une qualité du mouvement véritable ou apparent (objectif ou subjectif), ainsi que j'espère le montrer dans une analyse du Beau. Or, seuls font preuve de grâce les mouvements qui correspondent en même temps à un sentiment.

La personne — on sait ce que je veux désigner par ce terme — prescrit au corps ses mouvements de deux façons : ou bien au moyen de sa volonté, lorsqu'elle veut réaliser dans le monde des sens un effet qu'elle se représente — dans ce cas les mouvements sont dits *volontaires* ou délibérés — ou bien les mouvements se produisent selon une loi nécessaire, indépendamment de sa volonté, mais sous l'effet d'un sentiment — je les appelle alors mouvements *sympathiques*. Quoique ces derniers soient involontaires et aient leur origine dans un sentiment, on ne doit pas les confondre avec ceux que motivent la faculté d'éprouver des sensations et le penchant naturel ; car le penchant naturel n'est pas un principe libre et ce qu'il accomplit n'est pas l'action d'une personne. Au nombre des mouvements sympathiques dont il est ici question je compte donc uniquement ceux qui accompagnent le sentiment moral ou la disposition morale.

III

De même que la *liberté* se tient à mi-chemin entre la contrainte légale et l'anarchie, c'est également à mi-chemin entre la *dignité*, qui est l'expression de la domination de l'esprit, et la *volupté*, qui est celle de la domination des penchants, que nous rencontrons la *beauté.*

Dès lors en effet que ni *la raison dominant la sensibilité*, ni *la sensibilité dominant la raison* ne sont compatibles avec la beauté de l'expression, cet état de l'âme dans lequel *la raison et la sensibilité*, le devoir et l'inclination, *sont en accord* est (car il n'y a pas de quatrième possibilité) la condition qui permet la liberté du jeu.

Pour faire l'objet d'une inclination, l'obéissance à la raison doit fournir un motif de satisfaction car c'est seulement par le plaisir et la douleur que le penchant est mis en branle. Dans l'expérience commune on observe, il est vrai, le contraire et la satisfaction est la raison pour laquelle on agit raisonnablement. Si la morale a cependant enfin cessé de tenir ce langage, nous le devons à l'immortel auteur de la critique, à qui revient le mérite d'avoir rétabli la raison philosophante comme saine raison.

Or, de la façon dont les principes de ce grand sage ont coutume d'être présentés par lui-même et également par d'autres, l'inclination apparaît comme une compagne fort ambiguë du sens éthique et la satisfaction comme un complément suspect des dispositions morales. Même si l'aspiration à la félicité n'exerce pas une aveugle domination sur l'homme, il n'en reste pas moins qu'elle entend bien *dire son mot* dans les choix éthiques et nuire ainsi à la pureté de la volonté, laquelle ne doit obéir qu'à la *loi* et jamais au *penchant*. Afin donc d'être absolument sûr que l'inclination n'a pas pris de part dans la décision, on préfère la voir en guerre plutôt qu'en accord avec la loi de la raison, parce qu'il est bien trop aisé que son intercession lui ait conféré son pouvoir sur la volonté. Dans l'action éthique, ce n'est pas en effet la *légalité* des actes mais uniquement la *conformité des dispositions intérieures au devoir* qui compte ; aussi a-t-on raison de n'accorder aucune importance au fait qu'il soit habituellement profitable à la première que l'inclination se range du côté du devoir. Il semble de même établi que l'adhésion de la sensibilité, même si elle ne rend pas la conformité de la volonté au devoir pour autant suspecte, n'est néanmoins pas en mesure de la *garantir*. L'expression sensible de cette adhésion que l'on rencontre dans la grâce n'apportera donc jamais un témoignage valable et suffisant de la moralité de l'action à laquelle elle est associée et la belle présentation d'une disposition intérieure ou d'une action ne permettra jamais d'en connaître la valeur morale.

Jusqu'ici je crois donc être parfaitement d'accord avec les moralistes *rigoristes* ; j'espère cependant ne pas devenir un *laxiste* du fait que je cherche à faire valoir dans le domaine phénoménal, lorsqu'il y va de l'accomplissement effectif du devoir éthique, les droits de la sensibilité qui sont *complètement* bannis du domaine de la raison pure et de la législation morale.

Autant je suis en effet convaincu — et pour la raison même que j'en suis convaincu — que la part prise par l'inclination dans une action libre ne prouve rien quant à la conformité de cette action avec le devoir, autant je crois pouvoir tirer *de ce même principe* la conclusion que la perfection éthique de l'homme ne peut éclater au grand jour que dans cette participation de son inclination à sa façon morale d'agir. Car l'homme n'est pas destiné à accomplir des actes moraux isolés mais à devenir un être moral. La règle qui lui est prescrite ne réside pas dans *des* vertus mais dans *la* vertu, et la vertu, ce n'est rien d'autre « qu'une inclination au devoir ». Par conséquent, autant des actions accomplies par inclination et des actions accomplies par devoir s'opposent au sens objectif, autant il n'en va pas de même au sens subjectif, et il est non seulement *permis* à l'homme, mais il a le *devoir* de réunir le plaisir et le devoir ; il doit obéir avec joie à sa raison. Si sa pure nature spirituelle est accompagnée d'une nature sensible, ce n'est certes pas pour qu'il s'en débarrasse comme d'un fardeau ou s'en dépouille comme d'une simple enveloppe, mais pour qu'il l'unisse de la façon la plus étroite avec son Soi supérieur. Du fait même qu'elle a fait de lui un être raisonnable et sensible, c'est-à-dire un homme, la nature lui a donné à comprendre que son devoir est de ne pas séparer ce qu'elle a uni, de ne pas laisser derrière lui, même dans les manifestations les plus pures de ce qu'il a de divin, cette part sensible de sa nature et de ne pas fonder le triomphe de l'un sur la répression de l'autre. C'est seulement lorsqu'elle découle de *son humanité tout entière*, lorsqu'elle est l'effet conjugué de ces deux principes, *lorsqu'elle lui est devenue naturelle*, que la moralité de son esprit est hors d'atteinte ; car aussi longtemps que l'esprit moral utilise la *force*, le penchant naturel ne peut que lui opposer la *force*. L'ennemi qu'on a seulement abattu peut se relever, celui avec qui l'on s'est *réconcilié* est vraiment vaincu.

IV

Chaque fois que la nature émet une exigence et qu'elle veut utiliser la violence de l'affect pour prendre de court la volonté, cette dernière a pour tâche de la tenir en lisière jusqu'à ce que la raison se soit prononcée. Quant à savoir si le verdict de la raison sera *contre* ou *en faveur* de l'intérêt de la sensibilité, cela ne lui est pour le moment pas possible ; c'est pour cette raison même qu'elle doit procéder de cette façon à l'égard de tout affect sans exception et qu'elle doit interdire à la nature, chaque fois qu'elle intervient *au départ*, d'exercer un effet direct. C'est seulement en brisant le pouvoir de ses désirs, qui se précipitent vers

leur satisfaction et préféreraient éluder complètement
l'instance de la volonté, que l'homme manifeste son
autonomie et qu'il prouve son être moral, car ce dernier ne saurait consister seulement à désirer ou à
détester mais doit à tout moment *vouloir* ce qu'il
désire ou ce qu'il déteste [...].

Par conséquent, dans les affects « dans lesquels la
nature (le penchant) agit *d'abord* et tend ou bien à
contourner complètement la volonté ou bien à la mettre
de *force* de son côté, la moralité du caractère ne peut se
manifester que par la *résistance* et, afin que le penchant
ne limite pas la liberté de la volonté, par une limitation
du penchant [76] ». Dans l'affect, un accord avec la loi de
la raison n'est donc pas possible autrement qu'en
contredisant les exigences de la nature. Et comme la
nature ne se rétracte pas en vertu de raisons morales,
c'est-à-dire que de son côté rien ne bouge quelle que
soit la façon dont la volonté se comporte à son égard,
aucun accord n'est ici possible entre le penchant et le
devoir, entre la raison et la sensibilité, et l'homme ne
peut donc pas agir en mettant harmonieusement en
œuvre toute sa nature mais seulement en recourant de
façon exclusive à sa nature raisonnable. Dans ces circonstances, il n'agit donc pas non plus de façon *moralement belle,* car la beauté de l'action requiert nécessairement la participation du penchant, avec lequel il est
en l'occurrence plutôt en conflit. Mais il agit de façon
moralement élevée, car est grand tout ce qui témoigne
d'une supériorité de la faculté supérieure sur la sensibilité —   et uniquement ce qui en témoigne.

Aux prises avec un affect, la *belle* âme doit donc se
transformer en une âme *sublime* ; c'est là le critère
infaillible qui permet de la distinguer du *bon cœur* ou
de la *vertu par tempérament* [77]. Si, dans un individu,
l'inclination ne se trouve du même côté que la justice
que parce que la justice se trouve par bonheur du

76. Karl Reinhold, *Briefe über die Kantsche Philosophie (Lettres sur
la philosophie de Kant),* Leipzig, 1790-1791, 6e lettre.
77. Sur cette opposition voir Kant, *Observations sur le sentiment du
beau et du sublime* (1764).

même côté que l'inclination, le penchant naturel exer-cera dans l'affect un pouvoir absolument contraignant sur la volonté et, dès lors qu'un sacrifice est requis, c'est la moralité et non la sensibilité qui le fera. Si en revanche, comme c'est le cas dans un beau caractère, c'est la raison elle-même qui a *soumis les penchants au devoir* et n'a fait *que confier* la conduite à la sensibilité, elle la lui reprendra dès que le penchant voudra abuser de cette procuration. La vertu par tempéra-ment déchoit dans l'affect au rang de simple produit de la nature ; la belle âme accède à l'héroïsme et s'élève au rang de pure intelligence.

Dominer les penchants au moyen de la force morale, en cela réside la *liberté de l'esprit,* et la *dignité* en est l'expression phénoménale.

Au sens strict, la force morale de l'homme n'est pas susceptible de représentation puisque le suprasensible ne peut jamais être rendu sensible. Mais, de façon indirecte, elle peut être présentée à l'entendement par des manifestations sensibles, comme c'est réellement le cas avec la dignité de la culture humaine.

Über Anmut und Würde (1793), in *Schillers Werke,* National-ausgabe, Hermann Böhlaus Nachfolger, Weimar, 1962, tome XX, p. 251-253, p. 265 sq., p. 282-284, p. 292-294 [78] **.

*
* *

GOETHE

Simple imitation de la nature,
manière et style (1789)

Il n'est sans doute pas superflu d'indiquer de façon précise ce que nous désignons par ces termes que

78. Les trois premiers extraits sont tirés de la première partie du traité, le quatrième est tiré de la seconde, intitulée « *Würde* » (Dignité).

nous utiliserons de manière répétée. Car bien qu'ils soient employés depuis longtemps dans les écrits et semblent être définis par des textes théoriques, chacun les utilise le plus souvent dans un sens qui lui est particulier et leur associe plus ou moins de choses, selon que leur consept a pour lui une étendue plus large ou plus restreinte.

La simple imitation de la nature

Lorsqu'un artiste des premiers temps, disposant d'un talent naturel, se tournait vers les objets de la nature (après s'être quelque peu exercé l'œil et la main par des modèles), lorsqu'il copiait au plus près les figures et couleurs naturelles en faisant preuve de fidélité et d'application et en s'efforçant scrupuleusement de ne jamais s'en éloigner, lorsqu'il commençait et terminait chacun de ses tableaux à son contact, nous avons toujours affaire à un artiste estimable. Car en vérité il ne peut manquer de produire des œuvres solides, vigoureuses et riches.

Lorsqu'on réfléchit bien à ces conditions, on voit facilement qu'un homme doué d'une nature talentueuse mais bornée peut traiter de cette façon des objets agréables mais limités.

Ces objets doivent pouvoir être trouvés facilement et il faut qu'ils soient toujours disponibles. On doit en outre pouvoir les contempler commodément et les reproduire dans le calme. L'âme qui s'adonne à une telle tâche doit être paisible et repliée sur elle-même ; il faut qu'elle soit modérée dans la jouissance.

Ce genre d'imitation pourrait donc être réalisé dans le cas de ce qu'on appelle des natures mortes ou des objets inanimés, par des hommes calmes, sincères et limités. Sa nature n'exclut pas un degré élevé de perfection.

Manière

Cependant une telle façon de procéder paraît en général trop sage ou insuffisante à l'homme. Il découvre une concordance d'objets multiples qu'il ne peut représenter dans une image unique que s'il sacrifie le particulier. Il est contrarié d'en être réduit à épeler en quelque sorte dans son dessin les lettres tracées par la nature ; il invente sa propre manière et son propre langage, afin d'exprimer à sa façon ce que son âme a saisi ; il veut donner une forme significative à un objet déjà maintes fois reproduit par lui, sans avoir, lors de la reproduction, la nature devant lui, ni même en avoir un souvenir vivace.

Ainsi naît un langage dans lequel l'esprit de celui qui parle s'exprime et se traduit directement. Et de même que les opinions concernant des objets moraux s'ordonnent et se forment différemment dans l'âme de tout homme pensant par soi-même, de même chaque artiste de ce genre saisira le monde d'une manière différente et le représentera différemment. Il saisira ses apparitions de façon plus réfléchie ou plus légère et il les reproduira de manière plus pondérée ou plus fugitive.

On voit que ce genre d'imitation est le plus approprié dans le cas d'objets qui rassemblent dans une vaste totalité beaucoup d'éléments plus petits et subordonnés. Ces derniers doivent être sacrifiés si on veut atteindre l'expression universelle du grand objet, comme par exemple dans le cas d'un paysage, où on manquerait complètement son but si on s'attachait scrupuleusement au particulier au lieu de tenter plutôt de retenir le concept de la totalité.

Style

Lorsque, par l'imitation de la nature, par l'effort pour se constituer un langage universel et par l'étude précise et approfondie des objets, l'art en arrive enfin à connaître de manière de plus en plus précise les propriétés des choses et leur manière d'être, et qu'ainsi il obtient une vue d'ensemble de la série de leurs configurations et est capable de juxtaposer et d'imiter les différentes formes caractéristiques, alors naît le *style*, qui représente le plus haut sommet qu'il puisse atteindre. Alors l'art pourra se mettre au même rang que les efforts humains les plus nobles.

Tout comme la *simple imitation* repose sur une existence calme et une présence aimable, tout comme la *manière* se saisit d'un cœur léger et avec talent d'une apparition, de même le *style* repose sur les fondements les plus profonds de la connaissance, sur l'essence des objets pour autant qu'il nous soit permis de la connaître sous forme de figures visibles et tangibles. [...]

On peut facilement se rendre compte que les trois façons de produire des œuvres d'art, que nous avons distinguées les unes des autres, sont intimement liées et peuvent se fondre délicatement l'une dans l'autre.

La *simple imitation* d'objets faciles à saisir (prenons par exemple des fleurs et des fruits) peut déjà être élevée à un haut niveau. Il est naturel que celui qui reproduit des roses connaîtra et distinguera bientôt les roses les plus belles et les plus fraîches et qu'il les sélectionnera parmi les milliers que l'été lui offrira. Il y a donc déjà intervention d'un choix, sans que l'artiste ait élaboré un concept universel et précis concernant la beauté de la rose. Il a affaire à des formes tangibles. Tout dépend de la détermination multiple ainsi que de la couleur de la surface. [..]

Il est évident qu'un tel artiste ne peut que devenir encore plus grand et plus incontesté, lorsque à son talent se joignent les connaissances d'un botaniste bien informé, lorsqu'en partant des racines, il reconnaît l'influence des différentes parties sur l'épanouissement et la croissance de la plante, lorsqu'il saisit leurs effets réciproques et qu'il réfléchit au développement successif des feuilles, des fleurs, de la pollinisation, du fruit et du nouveau germe. Alors son goût ne se manifestera pas uniquement à travers les choix qu'il opère en partant de l'apparition extérieure : par la représentation adéquate des caractéristiques des plantes, il provoquera notre admiration et en même temps il nous instruira. Dans ce cas, on pourrait dire qu'il s'est formé un *style*, de même qu'inversement il semble évident qu'un tel maître en viendrait rapidement à la *manière*, s'il n'était pas tout à fait aussi méticuleux et s'il s'efforçait seulement d'exprimer avec légèreté ce qui frappe et éblouit les sens.

La *simple imitation* travaille donc pour ainsi dire dans le vestibule du *style*. Plus elle fera preuve de fidélité, de soin et de pureté, plus elle ressentira paisiblement ce qu'elle aperçoit, l'imitera calmement et apprendra à le méditer, plus elle saura comparer ce qui est pareil, distinguer ce qui dissemblable et subordonner des objets particuliers à des concepts universels, et plus elle sera digne de franchir le seuil du sanctuaire.

Si par ailleurs nous considérons la *manière*, nous voyons qu'elle est un intermédiaire, au meilleur sens du terme et dans sa signification la plus pure, entre la *simple imitation* et le *style*. Elle sera d'un niveau d'autant plus élevé, d'autant plus important et d'autant plus digne de respect, qu'elle s'approchera davantage de l'imitation fidèle, tout en saisissant et en exprimant de façon tangible ce qui est caractéristique pour chaque objet, et finalement en liant ces deux aspects grâce à une individualité pure, vivante et active. Si un tel artiste omet de s'en tenir à la nature et d'y penser, il s'éloignera toujours davantage du fondement de l'art tandis que sa *manière* deviendra de plus en plus vide et insignifiante à mesure qu'elle s'éloignera de la *simple imitation* et du *style*.

Il n'est pas besoin de répéter ici que nous employons le terme de *manière* dans un sens élevé et respectable. Par conséquent les artistes dont les travaux tombent, à notre avis, dans le domaine de la *manière,* n'ont pas à se plaindre de nous. Il nous importe uniquement de réserver la place d'honneur au terme de *style,* afin qu'il nous reste une expression pour désigner le grade le plus élevé que l'art ait jamais atteint et qu'il puisse jamais atteindre. Reconnaître seulement ce grade est déjà un grand bonheur, et le fait de pouvoir nous en entretenir avec des connaisseurs nous procure un plaisir noble ; ce plaisir nous aurons l'occasion par la suite de le goûter à plusieurs reprises.

« *Einfache Nachahmung der Natur, Manier, Stil* », in *Werke*, Hamburger Ausgabe, C.H. Beck'sche Verlagsbuchhandlung, München, 1981, tome XII (*Schriften zur Kunst, Schriften zur Literatur, Maximen und Reflexionen*), p. 30-34 ; trad. fr. : « Simple imitation de la nature, manière, style », in *Écrits sur l'art*, textes choisis, traduits et annotés par Jean-Marie Schaeffer, Klincksieck, Paris, 1983, p. 83-87 (traduction modifiée).

★

Il n'est pas aisé de présenter la pensée esthétique de Goethe au moyen d'un seul texte dès lors qu'il faut tout à la fois rendre compte de sa réflexion sur l'art, de l'esthétique du « classicisme allemand » qu'elle est censée avoir fondée, de son débat avec le romantisme naissant et de la philosophie de la nature dont elle est indissociable. L'essai sur « La simple imitation de la nature, la manière, le style », conçu en 1789 pour la revue de Wieland, *Der Teutsche Merkur*, après le long voyage en Italie (de l'automne 1786 à juin 1788) pendant lequel Goethe développe à la fois sa philosophie de l'art et sa philosophie de la nature [79], s'y prête à peu près. Par *style* Goethe entend en effet un art qui dépasse à la fois la plate imitation et la manière — qu'il appelle ailleurs « caractéristique ». En forçant le trait, on peut dire que la notion d'imitation vise chez Goethe un art réaliste, auquel lui semble tendre l'esthétique des Lumières (il pense surtout à Diderot [80]), la « caractéristique » un art subjectif qui est, selon lui, le défaut de l'art romantique ; la notion de style serait le dépassement du conflit entre art objectif et art

79. Lettre à Knebel d'octobre 1887 : « Par bonheur j'ai découvert encore une combinaison de l'art avec ma façon de concevoir la nature, ce qui me les rend l'un et l'autre encore plus chers. » *Voyage en Italie*, Rome, 28 janvier 1787 : « J'ai le sentiment qu'ils [les artistes grecs] procédaient au moyen de ces mêmes lois au moyen desquelles procède la nature et que je cherche à saisir » ; Rome, 6 septembre 1787 : « Les grandes œuvres d'art sont en même temps les plus grandes réalisations de la nature, produites par des hommes d'après les lois vraies et naturelles ».

80. En 1799, dans les notes de sa traduction de l'*Essai sur la peinture*, Goethe reprochera à Diderot de confondre la nature et l'art et de nuire par là tout autant à une « connaissance approfondie de la nature » qu'à « une activité artistique bien fondée ».

subjectif et elle résumerait donc l'esthétique du classicisme, qui se définit, comprise ainsi, non point comme l'opposé du réalisme et l'antithèse du romantisme mais comme leur synthèse. Cette synthèse repose sur une philosophie de la nature qui vise une unité plus profonde de la nature et de l'art que celle que peut atteindre la mimesis. Le point de départ de l'essai est, pour cette raison, une séparation rigoureuse de la vérité naturelle et de la vérité artistique, du « naturalisme » et de l'« idéalisme » [81], son aboutissement l'idée que seul l'art permet de saisir l'unité profonde « dans la mesure où il [la] donne à connaître dans des figures visibles et tangibles » (notre extrait). « Le Beau, écrit Goethe dans la *Réflexion nº 183*, est une manifestation de lois secrètes de la nature qui nous resteraient à jamais cachées sans son apparition. » L'art a certes « un fondement réel » mais « il n'est pas réaliste » ; il a « une origine idéale et une orientation idéale » [82]. « *L'art est constitutif*. L'artiste détermine la beauté, il ne la reçoit pas [83]. » Dans une lettre à Eckermann, datée du 18 septembre 1823, Goethe dira encore : « La réalité doit fournir les motifs, les points qu'il s'agit d'exprimer, le noyau proprement dit ; mais quant à en faire un tout animé et beau, c'est là le travail du poète. » L'art n'est cependant pas seulement mise en forme. L'« orientation idéale » dont parle Goethe n'a rien à voir avec l'idéalisation du classicisme français ou celle, platonicienne, de Winckelmann [84]. L'« origine idéale » renvoie en fait au « phénomène originaire » (*Urphänomen*) dont parle la philosophie de la nature. L'« Idée [85] » est l'expression de lois profondes de la nature.

Goethe attribue à l'art une fonction de connaissance : l'art saisit des rapports plus profonds à travers des « objets symboliques ». Le génie artistique consiste dans la conception

81. Dans les « Nouvelles conversations sur différents sujets de l'art », écrites avec son ami Meyer pour la revue *Propyläen* (*Les Propylées*), Goethe déclare : « La beauté naturelle est soumise aux lois de la nécessité, la beauté de l'art aux lois de l'esprit humain porté aux plus hauts degrés de la culture ; la première nous paraît pour cette raison limitée, la seconde pour ainsi dire libre. »

82. *Ibid.*

83. Fragment « *Von der Natur zur Kunst* » (*De la nature à l'art*), datant de l'époque des *Propylées*. C'est nous qui soulignons.

84. Cf. supra.

85. Au fil des années, Goethe a utilisé des termes différents pour désigner le « phénomène originaire » ; à partir de 1794, il parle d'« Idée » (en référence expresse à Kant). Entre 1798 et 1801, on trouve les termes « phénomène pur », « phénomène constant », « phénomène fondamental » (*Grundphänomen*). Cf. Karl Vorländer, *Kant, Schiller, Goethe*, Leipzig, 1907, p. 158 sq. et p. 210 sq.

d'un tout « significatif » (*bedeutend* — le terme *Bedeutung* est un concept clé de l'esthétique goethéenne) : « La nature organise un être vivant mais indifférent, l'artiste un être mort mais significatif. » La constatation d'un « abîme immense » entre la nature et l'art conduit donc à affirmer d'abord l'autonomie de l'art ; l'artiste crée quelque chose qui n'existe pas dans la nature *telle qu'elle nous apparaît* ; s'il se contentait de simplement l'imiter, il n'imiterait que ce qui apparaît à l'entendement humain : « Une imitation parfaite de la nature n'est en aucun sens possible, l'artiste est condamné à représenter la surface d'un phénomène. » Ces déclarations révèlent un rejet du rapport physicien à la nature. Ce que Goethe condamne lorsqu'il parle de l'imitation, de réalisme ou de naturalisme, c'est la transposition dans l'art du modèle de connaissance de la physique. Il tire à sa façon la leçon du criticisme kantien : la nature de la physique, c'est la nature des phénomènes, c'est-à-dire ce que nous pouvons connaître de la nature. Mais cette dernière ne s'y réduit pas. L'essai de 1789 ne peut être dissocié de la découverte de Kant par Goethe à son retour d'Italie en 1788 ; dans la *Critique de la faculté de juger*, Goethe voit la recherche d'un fondement commun de l'art et de la philosophie de la nature [86]. La « conversion » de Goethe au criticisme kantien correspond à une problématisation croissante des rapports entre « Idée » et « expérience ». D'un côté, il maintient la préséance de l'intuition [87], de l'autre, il souscrit à la conception fondamentale du criticisme kantien, selon

[86]. Relatant dans sa *Campagne de France* une conversation avec un jeune professeur de philosophie français, Goethe déclare : « Lorsque Kant dans sa *Critique de la faculté de juger* flanque le jugement esthétique du jugement téléologique, il s'ensuit qu'il voulait faire comprendre la chose suivante : une œuvre d'art doit être traitée comme une œuvre de la nature, une œuvre de la nature comme une œuvre d'art, la valeur de l'une et de l'autre résultant d'elles et d'elles seules et devant être considérée en elle-même » (25 octobre 1792). Ce passage résume sans doute mieux que tout autre l'affirmation à la fois de l'autonomie de l'art et en même temps la recherche de leur unité profonde. Dans une conversation avec Eckermann, le 11 avril 1827, Goethe relatera ainsi sa découverte de Kant : « C'est alors que la *Critique de la faculté de juger* me tomba entre les mains et je lui suis redevable d'une époque extrêmement heureuse de ma vie. J'y vis mes occupations si disparates associées, les productions de l'art et celles de la nature traitées au même titre ; la faculté de juger esthétique et la faculté de juger téléologique s'éclairaient réciproquement. »

[87]. Tandis que les philosophes de la nature voient tout « d'en haut » et les naturalistes tout « d'en bas », il se définit comme un

laquelle nous ne pouvons avoir d'expérience de l'Idée [88]. Dans le cadre de ses réflexions sur la nature, il s'aperçoit que la simple observation se voit confrontée à des aspects toujours nouveaux des mêmes phénomènes et que « l'hydre aux mille bras de l'empirie », comme il dit dans la fameuse « Lettre sur le symbolisme » *(Symbolbrief)* qu'il adresse à Schiller les 16 et 17 août 1797, dépasse les capacités de l'entendement. À l'« empirisme sans limites » de l'« expérience dans l'étendue » *(Erfahrung in der Breite)* il oppose alors une « expérience de la profondeur » *(Erfahrung in der Tiefe)*, qui « dirige son attention sur la signification », sur les « objets symboliques ». Lorsqu'il se replongera dans Kant en 1817 [89], il opposera encore plus nettement, en se référant directement au paragraphe 77 de la *Critique de la faculté de juger*, l'*intellectus archetypus* — dont la conscience de soi inclut d'emblée l'intuition de toute la multiplicité — et l'intellect humain, *intellectus ectypus*, dont la conceptualité est insuffisante et a besoin d'images.

La tâche du philosophe de l'art comme celle du philosophe de la nature consiste à saisir l'unité dans la multiplicité. Dans « *Baukunst 1795* », Goethe dit ainsi des temples doriques qu'ils sont « tous bâtis selon une même idée bien qu'ils soient très différents les uns des autres » [90]. Dans son « Essai d'explication de la métamorphose des plantes » (1790), il applique une conception identique aux végétaux : à partir d'une même « forme fondamentale » *(Grundform)* naissent « par spécification et ramification » des figures différentes qui peuvent cependant être toutes rapportées à un même « principe » *(Prinzipium)*. C'est très précisément ce que doit atteindre le style : ramener la diversité à l'unité et non, comme l'imitation, se perdre dans la multiplicité ou, comme l'art « caractéristique », la « manière », faire prévaloir une vision subjective.

Cette unité est principe, fondement et synthèse. Cela se traduit dans la démarche même de l'essai de 1789. L'imitation, la manière et le style sont les trois degrés par lesquels l'art s'élève à cette synthèse. À chacun de ces trois niveaux, Goethe envisage l'aspect objectif — la « matière » *(Stoff)* ou

---

« spectateur de la nature » qui cherche la solution « dans la seule intuition, qui est entre les deux » (à Schiller, 30 juin 1798).

88. Notamment contre Jacobi, dans une lettre du 2 janvier 1800.

89. Voir son *Journal* à la date du 3 janvier 1817 et le petit essai qu'il écrit la même année sur « La faculté de juger intuitive » *(Anschausende Urteilskraft)*.

90. « *Baukunst 1795* » *(Art architectural, 1795)*, in *Hamburger Ausgabe*, tome XII, p. 37.

l'« objet » *(Gegenstand)* — , l'aspect subjectif (la « nature » de
l'artiste) et le « résultat ». Au niveau de l'imitation, le talent
naturel de l'artiste n'est que « fidélité et application », il
requiert un œil exercé et une main habile. Au niveau de la
manière l'esprit invente un nouveau langage : il ne se
contente plus « d'épeler lettre après lettre la nature » mais
crée une syntaxe, un nouvel agencement des perceptions ; il
« idéalise » en sacrifiant là où il le faut le singulier. Mais cette
universalité se révèle particulière. À ces différents talents
correspondent des sujets de prédilection : la nature morte à
la simple imitation, à la manière des tableaux « qui rassemblent dans une vaste totalité beaucoup d'éléments plus petits
et subordonnés », par exemple des paysages. Goethe
reviendra sur la hiérarchie des sujets dans l'essai qu'il rédi-
gera pour le premier volume des *Propylées*, « Sur les différents sujets de l'art plastique ». Seul le degré supérieur de
l'art, le « style » est en mesure d'intégrer à la fois les fleurs et
les fruits, les animaux et les hommes, les héros et les dieux.
Cette hiérarchie est moins négative qu'il n'y paraît pour les
formes d'art « inférieures », dont la spécificité est reconnue.
Du reste, même la simple initiation suppose déjà un choix,
« un certain concept général de la beauté » et, en ce sens,
l'imitation reste une composante essentielle du style ; sans
elle, la « manière » sombre dans le subjectivisme arbitraire.
Là où ce n'est pas le cas, cette dernière est elle aussi indispensable comme moment subjectif. L'artiste accompli, celui
qui atteint le style, dit Goethe dans son commentaire de
l'*Essai sur la peinture* de Diderot est « le talent qui sait recevoir, conserver, généraliser, symboliser, caractériser — et ce
dans chaque partie de l'art, dans la forme autant que la
couleur ». L'idée essentielle est donc plutôt que toute forme
d'art est une correspondance réussie entre le choix du matériau et l'aptitude subjective de l'artiste. Il y a donc à chaque
niveau des matériaux « propices », des matériaux « indiffé-
rents » et des matériaux « récalcitrants ». Ces derniers sont
ceux qui nuisent au critère d'harmonie interne entre l'objet
(le thème, le matériau) et le sujet (le talent de l'artiste), ceux
qui par là même portent atteinte à l'autonomie de l'art,
laquelle résulte de cette cohérence interne. À maintes
reprises, Goethe met notamment les artistes en garde contre
les sujets religieux, dont la « signification » *(Bedeutung)* ne
saurait résulter de cette cohérence interne [91].

91. Voir, entre autres, le fragment posthume intitulé par Eckermann « Sujets se prêtant à la peinture » (« *Zu malende Gegenstände* »,
Hamburger Ausgabe, tome XII, *op. cit.*, p. 223) ou encore « *Christus* »
(1830), *ibid.*, p. 210 sq.

CHRONOLOGIE

	Principales œuvres citées	Principaux événements
1687	Leibniz : *Scientia generalis* Thomasius : *Fondamentum juris naturae et gentium* Tschirnhaus : *Medicina mentis*	
1688-1689		1688 : mort du Grand Électeur de Brandebourg Révolution anglaise
1690	Locke : *Two Treatises of Government*	
1691	Thomasius : *Vernunft-Lehre*	
1692	Bayle : *Dictionnaire critique* Leibniz : *Animadversiones in partem generalem principiorum cartesianorum* Thomasius : *Sitten-Lehre* (2ᵉ partie : 1696)	
1693	Locke : *Some Thoughts concerning Education*	
1701		Frédéric Iᵉʳ devient roi *en* Prusse
1703	Wolff : *Philosophia practica universalis*	
1704	Leibniz : *Nouveaux essais sur l'entendement humain*	
1705		Mort de Spener, initiateur du piétisme
1710	Leibniz : *Essais de Théodicée* Thomasius : *Kurzer Entwurf der politischen Klugheit*	
1713	Wolff : *Logique allemande* Abbé de Saint-Pierre : *Projet de paix perpétuelle*	Frédéric-Guillaume Iᵉʳ (« le Roi-Sergent ») devient roi en Prusse (1713-1740) Paix d'Utrecht

1714	Leibniz : *Monadologie* *Principes de la nature et de la grâce*	
1715		France : mort de Louis XIV ; Louis XV devient roi (1715-1774)
1719	Dubos : *Réflexions critiques sur la poésie et la peinture* Wolff : *Vernünftige Gedanken von Gott, der Welt und der Seele des Menschen* (« Métaphysique allemande »)	
1720	Wolff : *Vernünftige Gedanken von der Menschen Tun und Lassen*	
1722	Wolff : *Vernünftige Gedanken von dem gesellschaftlichen Leben der Menschen*	
1723	Anderson : *Livre des Constitutions*	
1728	Wolff : *Philosophia rationalis sive logica*	
1729	Wolff : *Philosophia prima sive ontologia*	
1730	Gottsched : *Poétique critique pour les Allemands* Wolff : *Le philosophe-Roi et le Roi-philosophe*	
1731	Wolff : *Cosmologia generalis*	
1732	Wolff : *Psychologia empirica*	
1734	Wolff : *Psychologia rationalis*	
1735	Baumgarten : *Meditationes philosophicae de nonnulis ad poema pertinentibus*	
1736	Wolff : *Theologia naturalis*	

	Principales œuvres citées	Principaux événements
1738	Frédéric II : *L'Anti-Machiavel*	
1739	Baumgarten : *Metaphysica*	
1740	Wolff : *Jus naturae*	Frédéric II devient roi *en* Prusse 1740-1748 : Guerre de succession d'Autriche 1745 : François III, duc de Lorraine, époux de Marie-Thérèse, reine de Hongrie et de Bohême, devient empereur d'Autriche sous le nom de François Ier
1746	Batteux : *Les Beaux-Arts réduits à un même principe*	
1748		Paix d'Aix-la-Chapelle

1750	Baumgarten : *Esthétique*
	Rousseau : *Discours sur les sciences et les arts*
	Wolff : *Jus gentium*
	      Philosophia moralis
	      Œconomica
		Mort de J.S. Bach

1752	Frédéric II : *Testament politique* Basedow : *Methodus erudiendae juventius naturalis*	
1753	Sulzer : *Théorie des plaisirs* Rousseau : *Discours sur l'origine de l'inegalité*	
1754	Reimarus : *Dissertations sur les plus distinguées vérités de la religion naturelle*	

1755	Mendelssohn : *Dialogues philosophiques* *Lettres sur les sentiments* Lessing et Mendelssohn : *Pope métaphysicien* Kant : *Histoire générale de la nature et théorie du ciel* *Nova dilucidatio*	
1756	Kant : *Monadologia physica* Winckelmann : *Pensées sur l'imitation des œuvres grecques en peinture et en sculpture*	1756-1763 : guerre de Sept Ans
1758	Wolff : *Principes du droit de la nature et des gens* (publication)	
1759	Lessing : *Le Christianisme de la raison* Friedrich Karl von Moser : *Le Maître et le Serviteur*	
1762	Rousseau : *Émile* *Du contrat social*	
1763	Kant : *Essai pour introduire le concept de quantité négative en philosophie* *Unique fondement possible d'une démonstration de l'existence de Dieu* Lessing : *Sur la réalité des choses en dehors de Dieu*	Traité de Hubertsbourg entre la Prusse et les Habsbourg
1764	Winckelmann : *Histoire de l'art de l'Antiquité* Kant : *Observations sur le sentiment du beau et du sublime*	
1765	Friedrich Karl von Moser : *Sur l'esprit national allemand*	Autriche : Joseph II devient empereur (1765-1790)

	Principales œuvres citées	Principaux événements
1766	Lessing : *Laokoon*	
1767	Lessing : *Dramaturgie de Hambourg* (1767-1769) Friedrich Karl von Moser : *Lettres patriotiques*	
1768	Abbé Jérusalem : *Considération sur les vérités les plus distinguées de la religion*	
1769	Herder : *Forêts critiques*	
1770	Kant : *De mundi sensibilis atque intelligibilis forma et principiis*	
1772	Herder : *Sur l'origine de la langue*	Premier partage de la Pologne Frédéric II devient roi *de* Prusse
1774	Herder : *Sur la connaissance et les sensations* *Une autre philosophie de l'histoire*	
1774-77	Lessing : publication des *Fragments d'un anonyme,* suivi des « Objections de l'éditeur » *Une duplique* *Anti-Goeze* *Sur la preuve de l'esprit et de la force*	France : Louis XVI devient roi
1775	Kant : *Sur les différentes races humaines*	
1777	Frédéric II : *Essai sur les formes de gouvernement*	
1778	Lessing : *Dialogues maçonniques*	
1779	Lessing : *Nathan le Sage*	

1780	Lessing : *L'Éducation du genre humain*	
1781	Kant : *Critique de la raison pure* (1re édition) Dohm : *De la réforme du statut civil des juifs*	Joseph II abolit le servage
1782	Mendelssohn : *Du salut des juifs*	Joseph II édicte la *Toleranzpatent* en faveur des juifs
1783	Kant : *Prolégomènes à toute métaphysique future* Mendelssohn : *Jérusalem*	
1784	Kant : *Qu'est-ce que les Lumières ?* Herder : *Idées* (1re partie) Mendelssohn : *Que signifie éclairer ?* Kant : *Idée d'une histoire universelle d'un point de vue cosmopolitique*	
1785	Kant : *Compte rendu des « Idées » de Herder* *Sur la définition du concept de race humaine* Jacobi : *Lettres à M. Mendelssohn sur la doctrine de Spinoza* Mendelssohn : *Heures matinales*	
1786	Kant : *Conjectures sur les débuts de l'histoire humaine* *Qu'est-ce que s'orienter dans la pensée ?* Mendelssohn : *Lettre aux amis de Lessing*	
1787	Kant : *Critique de la raison pure* (2e édition) Herder : *Quelques conversations sur le système de Spinoza*	Frédéric-Guillaume II devient roi de Prusse
1788	Kant : *Critique de la raison pratique* *Sur l'usage des principes téléologiques en philosophie*	Édit de censure du ministre prussien Woellner

	Principales œuvres citées	Principaux événements
1789	Reinhold : *Essai d'une nouvelle théorie des facultés représentatives de l'homme* Goethe : *Simple imitation de la nature, manière, style*	Ouverture des États généraux (5 mai) Assemblée nationale constituante (9 juillet) Prise de la Bastille (14 juillet) Abolition des droits féodaux (5-11 août)
1790	Kant : *Critique de la faculté de juger* Maimon : *Essai sur la philosophie transcendantale*	Indépendance de la Belgique
1790-1792	Reinhold : *Lettres sur la philosophie de Kant*	1791 : mort de Mozart 15 août 1791 : déclaration de Pillnitz (promesse d'assistance de l'empereur Léopold II aux nobles français) 14 sept. 1791 : promulgation de la Constitution française Octobre 1791 : réunion de la Législative
1792	Fichte : *Essai d'une critique de toute révélation* Herder : *Lettres pour l'avancement de l'humanité* (1792-1797) Humboldt : *Essai sur les limites des compétences de l'État* Schulze : *Aenesidemus*	Avril : déclaration de guerre de la France au roi de Hongrie et de Bohême Juillet : la patrie française est déclarée en danger Manifeste de Brunswick Émeute du 10 août Massacres de septembre Campagne de France 20 sept. : Canonnade de Valmy réunion de la Convention 6 nov. : victoire de Dumouriez à Jemmapes

1793	Fichte : *Revendication de la liberté de penser* *Considérations sur la Révolution française* Kant : *Sur l'expression courante : il se peut que ce soit vrai* *en théorie, mais en pratique cela ne vaut rien* *La religion dans les limites de la simple raison* Schiller : *Sur le pathétique* *Sur la grâce et la dignité*	21 janvier : exécution de Louis XVI 23 janv. : deuxième partage de la Pologne Guerre entre l'Empire et la France (Première guerre de coalition, 1793-1797) 18 mars : défaite de Dumouriez à Neerwinden 23 mars : annexion de Bâle 24 juin : vote de la Constitution de 1793 juillet : chute de Mayence tenue par Kléber 5 sept. : promulgation de la Terreur 16 oct. : exécution de Marie-Antoinette
1794	Fichte : *Fondement de la doctrine de la science* *Conférences sur la destination du savant*	26 juin : victoire de Jourdan à Fleurus Oct. : Jourdan occupe les pays rhénans Promulgation du droit général prussien (*Allge-* *meines Preussisches Landrecht*)
1795	Kant : *Traité de paix perpétuelle* Ehrard : *Sur le droit d'un peuple à la révolution* Schiller : *Sur la poésie naïve et la poésie sentimentale* *Lettres sur l'éducation esthétique de l'homme*	Congrès de Bâle (paix séparée entre la Prusse et la France) Annexion de la Belgique Oct. : début du Directoire troisième partage de la Pologne
1796	*Premier programme de l'idéalisme allemand* Fichte : *Fondement du droit naturel selon les principes de* *la doctrine de la science* Goethe : *Les années d'apprentissage de Wilhelm Meister* Schelling : *Lettres sur le dogmatisme et le criticisme* Friedrich Schlegel : *Sur l'étude de la poésie grecque*	Août-oct. : échec de Jourdan et Moreau en Bavière

	Principales œuvres citées	Principaux événements
1797	Kant : *Métaphysique des mœurs* Friedrich Schlegel : *Fragments critiques* (1797-1800)	Traité de Campoformio (la rive gauche du Rhin revient à la France)
1798	Goethe : *Sur « Laokoon »* Kant : *Le Conflit des facultés* Schelling : *L'Âme du monde*	
1799	Herder : *Métacritique de la critique de la raison pure* Schelling : *Idées pour une philosophie de la nature*	Deuxième guerre de coalition (1799-1802) 9-10 nov. : coup d'État du 18 Brumaire
1800	Fichte : *L'État commercial fermé* Herder : *Kalligone* Schelling : *Système de l'idéalisme transcendantal*	
1801-1805		1801 : traité de Lunéville entre la France et l'Autriche 1802 : paix d'Amiens entre la France et l'Angleterre 1803 : Recès germanique de Francfort Bonaparte occupe le Hanovre 1804 (déc.) : couronnement de Napoléon 1805 : troisième guerre de coalition ; bataille d'Austerlitz (dite « des trois empereurs ») 1804 : mort de Kant 1805 : mort de Schiller
1806		Quatrième guerre de coalition (1806-1807) 1807 : traité de Tilsit et démantèlement de la Prusse Stein devient Premier ministre en Prusse abolition du servage en Prusse Jérôme Bonaparte devient roi de Westphalie

1808	Fichte : *Discours à la nation allemande*	Le premier ministre prussien Stein est renvoyé en novembre
1810	Madame de Staël : *De l'Allemagne*	1810 : l'Empire napoléonien annexe Lübeck et les côtes de la mer du Nord Hardenberg devient chancelier en Prusse 1812 : campagne de Russie
1813	Schopenhauer : *Sur la quadruple racine du principe de raison suffisante*	1813-1814 : guerre de libération allemande et défaite de Napoléon à Leipzig 1814 : Waterloo. Traité de Paris.
		1815 : Congrès de Vienne. Création de la Sainte-Alliance et de la Confédération germanique
1818	Schopenhauer : *Le Monde comme volonté et comme représentation*	

INDEX DES NOMS

LA PHILOSOPHIE DANS LA GF-FLAMMARION

GF Flammarion

06/07/122869-VII-2006 – Impr. MAURY Eurolivres, 45300 Manchecourt.
N° d'édition LO1EHPNFG0793A002. – Octobre 1995. – Printed in France.